中华舞人口述志实录

2010—2014

第2卷

主　编　邓佑玲　江东
执行主编　毛毳
副主编　闫晶　阮岷

文化藝術出版社
Culture and Art Publishing House

序一

邓佑玲

北京舞蹈学院·中国舞蹈博物馆的成立是北京舞蹈学院历史上一项具有学术探寻和文化积淀意义的创举。中国舞蹈博物馆的功能除了承载高校博物馆共性的文物收藏、学术研究、展览展示、社会教育之外，还紧扣北京舞蹈学院人才培养、专业建设、教学研究等目标，体现了学院教学研究型大学的定位。

2014年，北京舞蹈学院·中国舞蹈博物馆有了自己短暂而值得总结的10年历史。10年间，我们陆续展开了“中国民间舞蹈”“中国古代舞蹈”和“新中国舞蹈”三个专题的藏品收集及学术研究工作。在“中国民间舞蹈”专题方面，以长期课题“中国民族民间舞蹈资源的挖掘、收藏与保护研究”为依托，完成了207件典型传承道具、371本手稿舞谱书籍、137件各民族传统手工服饰和355份实地影像视听材料的收集工作。在“中国古代舞蹈”专题方面，以“舞蹈文化的传承保护与开发建设”“中国传统舞蹈的多媒体应用与研究”等课题为载体，完成了41张舞蹈全景画像砖石拓片、30尊各个朝代典型舞姿舞俑及兄弟博物馆系统舞蹈相关文物复制工作。在“新中国舞蹈”专题方面，以长期课题“中国近现当代典型舞蹈事例实考”“新中国舞蹈发展历程典型个案研究”为平台，完成了54位中华人民共和国舞蹈工作者人物档案，在中文核心期刊登载研究性文章20篇。应当说，中国舞蹈博物馆的现有馆藏已基本连缀起中国舞蹈发展的大致轮廓。

“活态人文资源”是北京舞蹈学院·中国舞蹈博物馆与“静态实物资源”同样重视的研究对象，它近距离考验着我们的历史观和学术胸怀。作为一名中国舞蹈博物馆人，在田野间的行走中，我们学习人类学家、民族学家的敏锐；面对前辈学者的访谈，我们学习历史学家、社会学家的审慎；摸着石头过河的策展过程中，我们从头学习博物馆专业、展览展示专业的空间运用知识……无论如何学习，我们始终知道我们是舞蹈人，我们的使命是在千头万绪的博物馆工作中搜集舞蹈、研究舞蹈、传承舞蹈、传播舞蹈。

隶属“新中国舞蹈史研究”和“中国近现当代舞蹈史研究”方向的《中华舞人口述志实录》项目是我们的长期课题。从2010年走进彭松、叶宁、梁伦、郭明达等“新中国舞蹈”的第一代奠基人和年逾九旬的前辈学者家中，至今我们已完成54位“新中国舞蹈”亲历者的访谈工作，形成了较为稳定的研究视角和访谈特色。为了贴近被访者的艺术和生活原貌，全面掌握被访者的生存全境，我们的足迹遍及20多个省市地区，从云南、广州到南浔、延边，深入被访者的居所、家乡或办学原址，追随他们的艺术轨迹和生命足迹。我们坚信持之以恒的工作将为中国舞蹈史学研究保留下第一手珍贵资料，为中国舞蹈博物馆的馆藏提供第一批珍贵的活态人物专档。

相信本卷《中华舞人口述志实录》能与《且忆且述》卷相呼应，为舞蹈学人提供第一手研究材料，也期待更多后学将这些珍贵而有生命力的史料，置入近现代中国百年社会历史中去做多维度阅读。这里所记录的这批舞蹈人，有的见证了20世纪发展历史，有的跨入新的21世纪，成为了两个世纪的见证人。他们人生书写的不仅仅是舞蹈人和舞蹈的历史，而是中华民族从屈辱的殖民地半殖民地社会走向繁荣复兴的社会发展大历史，使我们的研究和记录获得舞蹈之外的意义。

我要向本项目的策划主持者——中国艺术研究院舞蹈研究所江东研究员致以特别的敬意和谢意，是他以持之以恒的学术耐力和致敬前辈的谦恭学养，历时4年，带领并手把手培养课题组成员完成了全部口述采访工作。此次出版收录了他完整的访谈手记，作为对被访者口述视角的补充和互动，相信会为读者带来丰富的阅读趣味。

我们在舞蹈学术研究中树立博物馆意识，在博物馆工作中树立舞蹈学术意识和理念。字里行间记录着我们对舞蹈博物馆事业的热情和理想，邀约着更多同道中人比肩为伴。我们坚信北京舞蹈学院在舞蹈博物馆事业上的创举和眼光将翻开中国舞蹈事业历史新篇章。

2014年7月于北京

序二

江东

中国当代舞坛显然呈现出了一个风景这边独好的景致。

自20世纪初滥觞以来，中国当代舞蹈已经沿着自己的轨迹走出了一条具有历史性意义的独特道路。毫无疑问，任何一个艺术门类的发展，都是一个国家在一定历史条件下的政治、经济、文化等场域相互作用、彼此影响的结果，因此，中国当代舞蹈的发展也同样负有类似的荷载。也就是说，中国当代舞蹈不啻是一面镜子，它折射着当代中国社会发展的运命，能动地反映着在这个时期中国社会的方方面面。可以说是中国特有的当代史让中国当代舞蹈具有了今天的面貌和性质，是中国特具的社会环境，左右了中国当代舞蹈艺术的成长，营造了中国当代舞蹈的发展氛围。

在这里，“中国当代舞蹈”是一个历史概念，不是一个舞种概念，因而它是指自20世纪初以来成长起来的我国当代舞蹈艺术。不错，中国古代文献中的确拥有大量精彩的关于舞蹈的记述，通过这些文献及其考古的不断发现，总让我们敬畏于我们中华文明在舞蹈艺术上曾经有过的辉煌。然而斯人已去，当历史跨入20世纪门槛的时候，中国古代舞蹈的辉煌早已杳如黄鹤，踪影难觅。而随着西式文明的不断涌入，以西式舞蹈形式为参照样式发展起来的当代舞蹈艺术开始萌芽并起步。及至吴晓邦和戴爱莲的大量舞蹈活动开始出现在中华大地之时，新的舞蹈形式开始脱颖而出，它伴随着中华儿女争取民族独立的脚步，大跨步地向中国人民走来。于是，与古代中国舞蹈差异很大的中国当代舞蹈艺术开始萌芽。

这种形式在中华人民共和国成立之后获得了全面的发展。

在社会主义文艺政策的提倡和推动下，中国当代舞蹈从小到大获得了空前的发展驱动力。迄今经过近一个世纪的磨砺，中国当代舞蹈逐渐形成了它特有的模样。在形式上，它呈现出多元舞种同步发展的态势，并从中涌现出大量形态各异的舞蹈、舞剧佳作；在人才结构上，从编到演到教到研，各个领域的人才呈全面勃发之势，也正是他们的这份呕心沥血，使得中国当代舞蹈这棵当年弱小的树苗成长为今天的参天大树。在这近百年的发展过程中，是一代又一代舞者的艰苦付出和潜心奉献，才让这个事业一步又一步、扎扎实实地走到了今天。如今，当我们站在这条发展之路的这一端回望时，那条布满荆棘的路虽然是不平坦的，但走的人多了，竟也蹚成了一条康庄大道。

无疑，中国当代舞蹈之路是靠众人的集体付出而走出来的，没有他们的汗水，没有他们的智慧，就不可能获得今天这等景致。我们在崇敬他们、敬重他们之余，更有责任把他们的经历记录下来，让他们的贡献彪炳于中华舞蹈青史。这就是我们目前这个项目缘起的由头和初衷，我们希望在力所能及的条件内，尽可能多地记录下中国当代舞人的足迹，并通过这一系列舞者的足迹来透视中国当代舞蹈所取得的巨大成就。于是，《中华舞人口述志实录》这个项目应运而生。

这个项目之所以能够得以正常运行，完全得益于北京舞蹈学院·中国舞蹈博物馆的运作 —— 在人力、物力上均做出了适当而合理的安排。

眼下在世界学界范围内都较为走红的“口述史”研究方法为我们的记录提供了学理支撑，让我们在记录过程中有了可以参照和依据的方法论。当然，由于某些条件所限，这个项目的首要任务便是要“记录”被访者口述的内容，而相关于口述史研究的其他环节和工作，尚有待于进一步深化，也正因此，我们特意把我们的记录工程命名为“口述志”。同时也由于某些条件的限制，入选第一批记录名单的舞蹈名家只有区区50余位，而且年龄的截止下限为70周岁，这与上面提到过的、在这个波澜壮阔的发展过程中涌现出来的大量舞蹈家的庞大数量相比，实在是微不足道。我们特别希望这项工作在可能的条件下得以继续展开，让社会见证更多舞蹈家们的付出和追求。

虽然记录下来的人并不多，但这也是花费了我们前后3年的时间和心血而完成的。要感谢那些全力配合我们采访的前辈们，正是他们与我们的共同努力，才让这个项目告一段落成为了可能。在将这个项目付梓时，其中所记录的老一辈舞蹈家们有的已经离开了我们，这让我们更加珍惜这些资料。当然，也有部分前辈在还没来得及被我们记录之前已离我们而去，从而留下了永久的遗憾。所有这些，更加剧了这项记录工作的紧迫感。我们希望这些“记录”能尽可能真实地帮助后来者还原这些被访者的音容笑貌，尽可能让历史真实地记住他们。

由于是“口述”，难免会有一些内容有失精确，毕竟在我们记录时，大部分口述者已是耄耋老人。单凭个人对记忆的回忆，不见得十分准确。然而这些都不妨碍这些记录成为我们在研究中国当代舞蹈史时的一份鲜活而难得的宝贵素材，它们为我国当代舞蹈史的研究带来的有益积极参照。

历史不会漠视中国当代舞蹈所取得的历史性进展，而这个进展中的人们毫无疑问是推动这个进展的主要力量。历史还会继续下去，而人仍会是这其中最重要的推手。我们要让历史“看到”这些人，我们要让历史的真正主人青史留名。心怀着对这些人的由衷敬意，谨以此项目为他们的舞蹈人生和所做出的历史贡献立此存照。

2015年12月于北京

序三

毛毳

在国际视野中，随着“口述史”研究方法的推广，以当事人对亲历事件的回忆和讲述作为对历史教科书的有效补充，已成为各个研究领域经常使用的方法和研究途径。20世纪后半叶，随着语言学的发展，一个由语言塑造出来的历史被揭示出来，原本在人们心目中严谨审慎的历史学研究显示出支离破碎的一面。面对这种局面，口述史方法的应用应当说在一定范围内缓解了人们对史学真实性的惶恐心理，被卷入历史事件的每一个人物都能在这一视野中独立发声，为官方学说提供佐证和补充。与此同时，口述史研究是一项人文色彩浓厚的学术工作，面对一个个活泼的生命，一次次声情并茂的讲述，记录历史的研究功能中滋生出访谈双方在人生观、价值观方面的深层沟通。直面而真诚的交谈是对处在各种生存境遇下的生命的尊重。

《中华舞人口述志实录》项目是北京舞蹈学院·中国舞蹈博物馆中国近现当代舞蹈研究、中华人民共和国舞蹈研究中的一项重要长效工作。从2010年走进彭松、叶宁、梁伦、郭明达等中华人民共和国舞蹈的第一代奠基人和年逾九旬的前辈学者家中，至今我们已完成54位中华人民共和国舞蹈亲历者口述志访谈工作，形成了较为稳定的研究视角和访谈特色。在对这项工作的实际推展中，我们遵循三个原则：贴近被访者的艺术和生活原貌、以博物馆意识进行长效访谈、尊重被访者个性与访谈范式相对稳定的结合。贴近被访者的艺术和生活原貌能够保障被访者在舒适、放松的环境中畅所欲言，更有利于我们全面掌握被访者的生存全境。因此，我们的足迹遍及全国各个省市，90%以上进入被访者的居所、家乡或办学原址，捕捉他们携带着完整信息的艺术轨迹。而以博物馆意识进行口述志访谈，要求我们以博物馆的收集、研究意识发现被访者持有的典型舞蹈器物、手稿、照片、证书，并与被访者保持长期沟通，预留出与其进行进一步合作和举行专题展览的空间。我们以谦恭求教的诚意和记录历史的公心投入其中，与被访前辈学者、艺术家们保持互信互谅的合作关系。与此同时，在最大限度尊重被访者个性化讲述要求的同时，我们制作了统一的《中华舞人口述志实录》项目名牌，颁发给每一位被访者，以“北京舞蹈学院·中国舞蹈博物馆”的名义，真诚感谢每一位被访者对中国舞蹈事业做出的贡献。统一出现在访谈镜头中的栗色银字名牌是我们对该项目完整性的自我要求和长效意识。我们坚信持之以恒的工作将为“新中国舞蹈”史学研究保留下第一手珍贵资料，为中国舞蹈博物馆的馆藏提供第一批活态人物专档。

中国艺术研究院舞蹈研究所副所长江东研究员是此项目的特聘出镜主持。江老师与我们同样意识到该项目的长效意义，以其具有社会公信力的学养，不遗余力地与被访者沟通、联络、接洽，与中国舞蹈博物馆的三位研究者紧密合作，带出了一支素质过硬的研究队伍，形成了中国舞蹈博物馆带队＋主持人＋志愿者＋专业摄像团队的人员配置。访谈路上有争论，也有商榷；是旅途，也是课堂。同样需要真诚致谢的还有我们可爱的志愿者们，他们是我们从北京舞蹈学院在读硕士研究生和本科生中选出的志同道合者，相信见证了老一代舞蹈艺术家、前辈学者风采的他们，将是传承精神的接力棒，他们的名字会出现在每一篇章的署名页上。

我们向为中国舞蹈事业奉献终身的老艺术家致敬，历史不会忘记他们全身心的倾注和浇灌。适逢郭明达先生于2014年5月16日病逝，我们再一次感怀舞蹈人物口述志工作的分量和意义，北京舞蹈学院·中国舞蹈博物馆将把对中华人民共和国老艺术家的走访工作继续进行下去。

2015年12月

目录

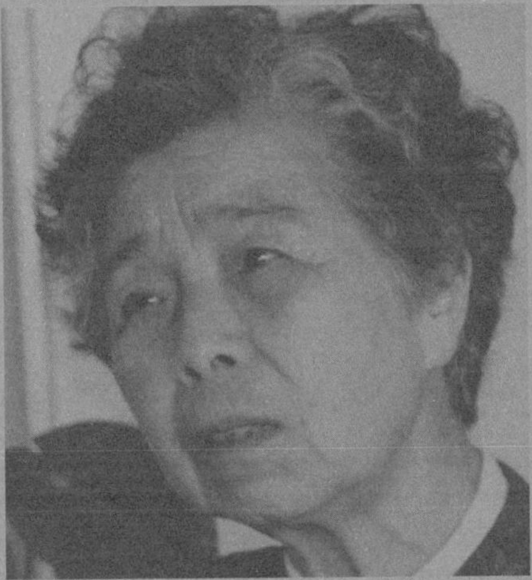

王曼力

1932—

国家一级编导，著名舞蹈编导家，舞蹈理论家

主要创作作品:《三千里江山》《不爱红装爱武装》《无声的歌》获全国、全军舞蹈比赛会演优秀创作奖。主要理论研究:《心中诗，诗入画，画传情》《水》等入选《新文学大系》《舞蹈舞剧创作经验文集》。歌词《我们同是炎黄子孙》《宝岛夜歌》被选入《中外抒情歌曲三百首》。报告文学《啊，历史在你的旋律中》获解放军昆仑文艺大奖。《舞台风景》《一个女兵的年轻岁月》等各类专著曾多次获奖。主要演出作品:两次参加大型音乐舞蹈史诗《东方红》《中国革命之歌》(是其编导之一)的创作、演出。曾为深圳锦绣中华所撰稿的大型广场综艺博览《中华百艺盛会》，开了全国文化主题公园演艺项目之先河。2004 年任大型综艺晚会《我的中国心》艺术总顾问，并应邀举办《艺术与人生》等专题讲座。

2009年，中国舞蹈家协会授予王曼力“卓越贡献舞蹈家”称号。

曾任中国舞蹈家协会《舞蹈》杂志主编。

王曼力访谈录

访谈地点·北京　王曼力家中
访谈时间·2011年3月29日
底稿记录·张静
成稿整理·阮岷
完稿审阅·王曼力
完稿订正·史燕玲

王曼力老师是我们非常尊敬的一位长辈，是沈阳军区前进歌舞团的编导，曾经编过很多非常出色的作品，还曾担任中国舞蹈家协会主办的《舞蹈》杂志主编。今天我们来到了王曼力老师的家，跟王老师一块聊聊。

问：您是哪年出生在哪个城市的呢？

答：我是1932年出生在哈尔滨。

问：您是哈尔滨人啊！您能跟我们说说您的家庭吗？

答：好的，我的家庭很传奇，个人的经历也很传奇。先说我祖父吧，祖父当年赤手空拳闯关东，我出生的时候，他已拥有三艘大型轮船，往返浦口、营口和汉口。

问：是做运输生意的？

答：不，是载客的轮船。他自幼学过武功，据说刚到哈尔滨的时候，为了谋生，他还当过中学的武术教师。幼年的我亲眼见过他那蹿房越脊的功夫：只见他瞄准一间库房，朝前跑了几步，“嗖”的一声就能蹿上房顶。

据说有一天，祖父突然被日本人带走了，从宪兵队回来后，他紧锁眉峰，不声不响地在房间里盘膝打坐。第三天子夜时分，他忽然站起来，在走廊上望着漆黑的夜空，手指掐算着，最后落在中指上。果然就是在凌晨三点整，他以打坐的姿态去世的。

第二天上午八点几名宪兵准时到达，见祖父已经去世，无可奈何地走了。大家百思不得其解，最后终于解开其中缘由：他曾帮助过一名东北抗联志士，借给他一间铺面作掩护。一天，此人失踪了，为此，宪兵找到祖父，限期说明该志士的去向。祖父一不做，二不休，为了保全这位抗联朋友，他以自己的生命为代价，毅然地离开了。据说，他的辞世，正是运用武功中一种自伤的内功。

我的父亲和二叔全是哈尔滨工业大学的高才生。父亲大学毕业后刚工作两年，就不幸病逝，那一年才24岁。二叔在读大学时，一天在操场上，有人问他某某同学在哪里，他不假思索地指明地点，不料来人是便衣宪兵，把同学抓走了。他立刻回家央求祖父出钱赎他的同学，否则跟同学一起坐牢。二叔后来去德国留学，带回一些马克思的书籍，少年的我就从书的首页见过马克思的照片。二叔不幸于27岁时也去世了。

问：那您出生的时候家里情况怎么样？

答：当时是家庭的全盛时期。遗憾的是我两岁时没有父亲，3岁时母亲独自去北平读大学，我和5岁的哥哥留在祖父母家。

问：还是在哈尔滨吗？您生长在这样的家庭环境里，一定接受过良好的教育。

答：是的，小姑姑只大我3岁，她读书，我就在旁边跟着背诵，还给她提词儿。也许这就是所谓的早期教育。因此，我5岁上学，10岁小学毕业，当时中学有一条严格的规定，必须13周岁才准予报考。家里只好为我联系了一个两年制的私立商业中学，我直接跳到初中二年级，结果11岁又毕业了。

问：就是属于具有学习天赋的学生。

答：那时不能继续读书怎么办哪？我先给几个小学应届毕业生补习功课，取得了实践经验，便驾轻就熟地去当小学教员。

问：您多大年纪就当小学教员啊？

答：我只有13岁，报的是18岁，连户口本全改了。那时是被日本占领的年代，为了安全起见，我家又为我恢复了真实年龄，并考进一家私立银行。我边工作、边补习功课，中学主要的数理化课程基本学了一遍。继父于1945年年底调入中苏合办的东北中长铁路局任中方局长。他从西北赴沈阳就职时，特地到哈尔滨找我和哥哥，我们才知道了妈妈的准确消息。继父和父亲同是哈工大的，他是父亲的学兄，毕业后曾留美、留德、留苏。他十分爱国，为了抗日义无反顾地归国参加铁路建设，在北平与正在读大学的妈妈组成了家庭。

问：这么长时间，一直到十四五岁您都在哈尔滨吗？

答：是的，后来继父派人到哈尔滨接我和哥哥，我们同母亲分别了12年，终于重逢了！带着这种喜悦的心情，又开始读书了。其实我读书属于跳跃式的，只读过一个初二,一下就跳到高二了。

问：到北平读高二，功课不觉得脱节吗？都能跟上吗？

答：不但跟得上，而且在班里成绩优异，不是第一名，就是第二名。

问：您在读书方面还是有家庭的渊源啊？

答：正因为如此，北平解放后我提出参军，父母坚决不同意。继父认为我文理科成绩如此优秀，期望我报考清华、北大或出国留学，学成之后报效祖国。而母亲与我一别就是12年，她说，不管今后的人生事态如何变化，我们母女绝不再分开。

一天，我从报纸上读到中国人民解放军南下工作团、人民革命大学、华北大学联合招生广告，我倾心于南下工作团，因为它旗帜鲜明地写着中国人民解放军的字样。我自幼就喜欢部队，忘不了在哈尔滨见到的男女军人们那副追求光明的神色，于是，一天夜里，我给妈妈留下一封信，就跑去参军了。

问：是从北平去的吗？

答：是的。但是第二天，弟弟妹妹见父母愁眉不展，便相约放学时去找我。说来也巧，他俩见到一名交通警，对他说姐姐参军了想找姐姐。对方问你姐姐什么样，他俩说我姐姐梳两根辫子。那人说，那院里有很多梳辫子的女兵，到那院去找吧。当我听到弟弟妹妹来了，立刻同他俩见面，他们还小，怕天黑走失。第二天父母赶来了，见我态度那样坚决，继父只提出一个问题让我思考：是文艺能够救国，还是科学能够救国？

问：您还有几个弟弟妹妹？

答：我和哥哥是同一个父亲，此外还有1个弟弟，6个妹妹，我们兄弟姊妹一共是9个。值得高兴的是如今8个兄弟姐妹都在各自的事业上获得一定成就；只有五妹这个北师大毕业的高才生，由于对“文化大革命”的不理解，走上了一条不归路！

问：那么您当时去参军报的是文艺兵？

答：那时心中总是萦绕着一首很喜欢的歌：“擦干了腮边泪，脱去了绣花衫，温室不是我们的家，去追寻塞外的风沙。”

问：那时候完全是文艺青年啊？

答：对，其实那一年高二时我曾以同等学力考取了北师大，因为基本免收学费，学校要求毕业后必须留校当教员。对比之下我更喜欢中国人民解放军南下工作团，首先是当兵，还能走许多地方，最后是解放全中国。

问：您参军的时候是十六七岁？

答：将近17岁。

问：那您的军龄可真够长的啊，而且一直在部队？

答：是啊，从参军那天起，就跟着部队南下，也就是说我们从北平出发，一路行军走到广州。

问：您说的是南下工作团吗？

答：出发前，我就被调到中国人民解放军第十五兵团政治部文工团了。

问：那么您在南工团的时候做些什么呢？

答：南工团的学员啊！

问：学员干什么呢？

答：学员就是学习啊，学习革命道理。我们住的地方一进门，对面是两个长长的地铺，上面铺着稻草。一间宿舍两个班，一个班住一边。

问：它其实是一种培训班吧？不是艺术类的？

答：不是艺术类。但我特别喜欢写诗歌、散文，少年时代就曾在报纸上发表过这类文章。到南工团由我主办的墙报，被文工团的领导看见了，就吸收我参加文工团。

问：实际上你17岁之前没跳过舞啊？

答：没有，根本没跳过，但我喜欢。记得小学六年级，我还自编自导自己设计演出服装，登台表演《燕子舞》，我们6个小孩一起跳。

问：就是有艺术细胞啊，没经过任何专业培训，文工团就看好您了！

答：那时就这样，只要喜欢蹦蹦跳跳，或者有一技之长，就会被吸收。算来我参军仅半个月时间，就开始出发南下了。我记得4月20日深夜（实际上是21日凌晨），那是我从家里跑去参军的时间，正是百万雄师横渡长江的重要时刻，因为两天后就传来南京解放的捷报。

问：所谓行军，就是一步一步走到广州，您受得了吗？

答：对于我们这些学生兵来说，确实是一场严峻的考验。但是与战士相比，差距实在太大了。我们有几辆大马车跟着，背包全放在车上，空身行走，特别是女同志，实在坚持不了就可以登车。而战士全副武装，背着枪支弹药、背包粮袋。根据战况，常常是跑步急行军。为此，我暗下决心，一定要走到底，坚决不坐车。一天，我不慎崴了脚，拄根棍子一瘸一拐地走，每走一步都要忍受钻心般的疼痛。到了宿营地，只见右脚面肿得好高，特别是经过休息再起床时，脚根本不能沾地。疼得我直冒冷汗，眼泪差一点没掉下来。打从南下开始，全团女同志只有我没坐过车，我暗暗遵守自己许下的诺言，定要用双脚走完南下的征程。这是意志的考验，不能半途而废。或许心中有个无形的英雄情结支撑着，我果断地把双脚踩在地上，硬是走一步疼一步地挪动着脚步，心想，坚持就是胜利。不料我的情况被领导发现了，命令我坐车。我说我心中有个誓言，一万里路程走过了九千九百九十九，难道最后一点就不让我画个圆满的句号吗？我伤心地流下泪，把团长逗笑了，他戏说我这是小资产阶级的狂热性，我认真地说这是英雄梦想。他说好，“成全你的英雄梦想”。我不觉破涕为笑，心想，没错，坚持就是胜利！

问：这段行军路真是很动人，你们一共走了多长时间啊？

答：前边解放一个村就进一个村；解放一座城就进一座城。

问：是一边走一边打仗是吧？

答：是呀，记得到江西时有消息说，要打广州了，果然每天都有军车和全副武装的部队跑步通过。团长从政治部开会回来，不但证实了这个消息的准确性，还进行了紧急的战斗动员。团长说，这是华南最后一座大城市，我们的任务是乘胜追击，不让敌人喘息，不给敌人立足之地，也就是说我们要一鼓作气把蒋介石赶出大陆、赶向大海！眼下，我们的先头部队早已出发了。

在分班讨论时，大家谈得十分热烈，而且情绪激昂，众口一词，提出要随大部队一起进军！

“我们不再是新兵了，不能总跟在部队后面，人家英勇奋战，把甲城解放了，我们才从乙城出发，说是进入一个新解放的城市，其实这个城市早已解放多时了！”

“现在是关键的一仗，我们坚决要求同部队一道解放广州！”

就这样，每班都选派一名才子找领导请战。我们这几个代表在团部洋洋洒洒侃侃而谈，动之以情、晓之以理，我们的一片赤诚终于感动了部队领导。

那天，兵团政治部萧向荣主任亲自到文工团，代表总部答应了全团的请战——后续部队在前，文工团随后，同一天出发！最后萧主任还动情地说：“历史要为你们记上一笔，中国人民解放军里有这样一支文艺队伍，同大部队一起参加了解放广州之战。”大家欢呼雀跃，那天整个文工团驻地洋溢着一片欢笑声。

进军广州的时刻终于到了。我们置身于东路军宏大的部署之中，亲眼看到全副武装的战士跑步出征，一拨拨的部队向前开拔，我们席地坐等，渐渐变得焦灼不安了，何时才轮到我们呢？上级不是答应我们同战斗部队一起出发吗？夜晚来临了，广场燃起了多支火把，我们听着出征队伍整齐雷动的脚步声，不禁口出怨言：“看来还是把我们当成少爷小姐，千里征途不是被我们闯过了吗？我们不是也能夜行百里吗？”

战斗部队整整过了一夜，我们也整整念叨了一夜，直到天亮前才轮到了我们这些急不可待的文艺兵。当我们听到整队号令一发出，立即一跃而起，满腹怨气早已飞向九霄云外。我们这次虽然已是1天120里的急行军速度，可是刚走了3天，前边传来了广州解放的捷报。我们紧赶慢赶，还是没赶上。

问：那我明白了，你们当时还属于一群文艺青年。

答：不，我们是文艺兵，从参军那天起，就穿军装了。而且是有部队建制的正规的文工团员。

问：从什么时候起，开始学舞蹈呢？

答：其实我们在江西时，上级就从第四野战军政治部文工团为我们调来新任团长和舞蹈骨干，抵达广州后，就成立了舞蹈队。

问：第四野战军和第十五兵团是什么关系？

答：四野是兵团的上级，兵团下边是军文工团、师文工队，新任的团长带着正副两名舞蹈队长首先宣布成立舞蹈队，然后就在全团范围内选拔舞蹈演员。

问：于是您就成了舞蹈演员了？

答：是啊，团长首先征求我的意见，分配我到舞蹈队当演员。接着又说，一个团体没有创作就没有生命力，考虑你的气质，爱读书，善思考，以及文学方面的专长，分配你兼搞舞蹈创作。于是，我当舞蹈演员伊始，就是当舞蹈编导伊始。

问：这是哪一年？

答：1950年年初，其实1949年我们就开始扭秧歌、打腰鼓搞文艺活动了。

问：主要都是部队文艺吧。

答：是的，包括我当兵也是受部队文艺的启迪。那时，北平刚刚解放，我和几位同窗好友参加北京大学营火晚会，我被那种烈焰腾空的壮阔景象震撼。忽然火光中闪出一支龙腾虎跃的队伍：一队军中男儿威武雄壮，端着枪左突右刺；一队军中女儿英姿飒爽，挥着刀反挑正劈，其排山倒海、一往无前的气概与熊熊烈火的背景交相辉映，蔚为壮观。我流泪了，我感动了，《进军舞》让我刻骨铭心。后来我才知道《进军舞》是新中国舞蹈的奠基人吴晓邦老师的作品，由四野文工团舞蹈演员表演。第二天我又到剧院观看新歌剧《白毛女》，我激动极了，深切感受到“旧社会把人变成鬼，新社会把鬼变成人”这一主题语的深邃内涵和沉甸甸的分量。

散场后，观众不肯离去，北平历来就有革命传统，记得午夜时分，我和素不相识的北平观众肩靠着肩、臂挽着臂，排起几十人的横队，拉着长长的队列，边走边唱：

团结就是力量／团结就是力量
这力量是铁／这力量是钢
比铁还硬／比钢还强
向着法西斯蒂开火
让一切不民主的制度死亡
向着太阳／向着自由
向着新中国发出万丈光芒

问：您参军前后的情景真生动！到广州后你们参加了哪些大型活动？

答：首先，为欢庆广州解放，举行迎接解放军入城式，文工团除参加游行外，还领受了新的任务。其一，组织80人的秧歌队、40人的腰鼓队在街头表演；其二，排演大型活报剧《蒋光头的末日》。舞蹈队长忙碌起来，立即从全团范围内挑选出身材比例匀称、节奏感强、动作灵活的演员，我们这些经过筛选的未来舞蹈队员们成了这次任务的骨干。

问：庆典之后，该进行正规的舞蹈训练了，那时你还不到20岁吧？

答：我也就17岁，开始正规地学习舞蹈了。团部从方方面面为我们请了各门类的专家，有华南歌舞团的梁伦、陈蕴仪老师，有京剧团的武功老师，每天除保持基训课外，还学习了古典舞、民间舞、新兴舞、南方舞、毯子功等；后来还有游惠海老师专门教我们吴晓邦老师的自然法则。

问：像海绵吸水一样吸取舞蹈营养。对，你们这时学习舞蹈节目了吗？既然是专业表演团体，应该登台演出了。

答：我们的两位队长为刚刚投身舞蹈的学生兵，排出《苏联陆军舞》《苏联海军舞》，我们首先表演的是《苏联陆军舞》，演出效果好极了！ 此舞共8男8女，男的是标准的苏联军人，有的潇洒，有的风趣；女的是一群漂亮而又活泼的集体农庄女庄员，她们有着苏维埃少女热情如火的性格。舞蹈轻松愉快，有整齐划一的舞步，也有高难技巧，观众还从未见过如此健康明丽的舞蹈，不觉如醉如痴，每场都和着欢快的节奏为我们鼓掌。这个舞蹈演了几百场，久演不衰。

问：还表演过别的苏联舞蹈吗？

答：我们常说自己是跳苏联舞起家的。还学过《乌克兰舞》《鞑靼舞》《俄罗斯组舞》《林中空地》等舞蹈，不但在各种场合、各种类型的晚会表演，还从中国演到战火纷飞的朝鲜 ……

问：啊？ 你们团还参加了抗美援朝？

答：是的，1950年盛夏，我团突然接到军事命令，立即出发！ 这次行动不是徒步行军，而是乘坐闷罐车，行动路线：北上！

问：当时上级没有宣布去向和最终到达的目的地？

答：属于军事秘密，不便询问，但我们猜到了：从报纸上知道6月25日朝鲜战争爆发，又亲眼看到许多部队在安东（今丹东）集结待命。

问：什么时候宣布建立志愿军？

答：1950年10月25日我国正式提出"抗美援朝保家卫国"的口号，同时宣布中国人民志愿军出国的命令。我团随之改称"中国人民志愿军政治部文工团"。

问：志政文工团应该是最高级别的了吧？

答：在朝鲜战地是最高级别，是志愿军总部的文工团。

问：在安东等待出国的时候进行过演出吗？ 表演什么节目？

答：出国前夕，我们开展了正义战争与非正义战争的讨论，认识到美帝国主义侵略成性，他们发动这场灭绝人性的战争是非正义的，而我们则是为正义而战，为和平而战。"为和平而战"忽然启发了我的文思和灵感，编导组的讨论会立即转为创作会，连夜构思了舞蹈《保卫和平》。这是我们建团以来第一个舞蹈作品。

此舞不着墨于写实，而采用写意的方式。人物除全世界爱好和平的人民外，还有自由飞翔的"和平鸽"和虚拟的"战争"，当世界人民万众一心消灭"战争"时，全场掌声雷动。就在这个时候，我们接到出国的命令。

问：您在朝鲜待了多长时间？

答：作为一名文艺战士，我在朝鲜待了七八个年头，从志愿军入朝作战到1953年7月27日停战，从板门店交换战俘直至1958年撤军，基本经历了抗美援朝全过程。

问：您在朝鲜这么长时间？能活着回来就不简单啊！志愿军在朝鲜牺牲了多少人啊？

答：我还到了最前线，我们文工团到最前线的女同志只有我一人，另外还有几位男同志是创作室的。

问：我终于明白了您为什么会编出《三千里江山》那么感人的作品，您曾以文艺兵的身份主动深入前线，经历那种血与火的考验与历练。请您跟我们聊聊这段不寻常的经历吧。

答：这段经历是很难忘的，我的一生是舞蹈的一生，可是这段生活对于我来说既独特又值得珍视。我深切地体会到：只要我还在创作，只要我的激情还在燃烧，我就感觉战斗仍在继续，沙场没有远去，我的梦想就不会消失。我在朝鲜到过最前线，属于我军的阵地防御战时期。

问：到最前线是体验生活还是宣传？

答：既体验生活又宣传，而且还给部队表演。那天，我们首先到战斗部队团指挥所召开的团庆功大会为战斗英雄演出。团长带我们沿着曲曲弯弯的山路，进入一个奇妙的T字形山洞里，进行了一场奇妙的演出。舞台是英文字母T字的横，长度宽度很符合标准，可惜观众席是T字的竖，窄而长。前几排能看到舞台全貌，两旁与后面的观众只能看到一条狭窄的中心区了。为照顾全场观众看好戏，把横调度的队形尽量改成竖调度的。我和王煊跳的《乌克兰舞》《鞑靼舞》，无论是跑场还是圆圈旋转，都限定在中心区内，这一临场发挥的表演，效果好极了，每个舞蹈都在观众的热烈欢迎下，返场跳了两遍。

问：跳的是苏联舞啊！

答：对，苏联舞，还有新疆舞、蒙古舞。在我的舞蹈生涯中，这一次绝无仅有的演出场景令我终生难忘。无论是演出对象的饱满情绪和热烈气氛，还是我们打破常规的临场发挥，都使我们和观众达到了心与心的贴近、情感与情感的交融。直到今天，当年的一切仍然历历在目。

问：您的真情实感都使我有如身临其境，请您继续讲下去。

答：接下来我和王煊、陈力、赵玉秀由通讯员李大力带着奔向前线，那天正值夕阳西下，头上慢悠悠地掠过一架侦察机。因为它哼哼唧唧，既不投弹也不扫射，战士们管它叫“大病号”。当时，附近没有隐蔽物，我们犹豫了一下，才呈扇面状分别向50米外的土坎奔去。无疑，我们的行动被“大病号”捕了个正着。

“糟糕！马上要放烟幕弹，两分钟后将打来排炮！”有实战经验的李大力着急地说，“谁也不要动，就地隐蔽！”事情的发展正被李大力不幸言中。侦察机捕捉到打击目标后，以烟幕弹为号令，指挥炮群。

我们各自选点隐蔽着，铺天盖地的炮击开始了。密集的炮弹一发接一发都落在方圆50米之内，有的就在身前身后10米处炸响，积雪与尘土把我埋了起来。我忽然听到王煊急切的呼唤声，虽然我们近在咫尺，这声音却如此遥远，我知道这是来势凶猛的炮击把我的耳朵震聋了。我从土里拱出，抖落头上、身上的尘土，与陈力一起匍匐着向王煊奔去。这里是一个死角，后面有两米的高坡，相对安全些。但对面斜坡上面堆满石头，如果恰在此处落下一发炮弹，我们几人必死无疑。在炮击的空隙，赵玉秀不知道从哪里也钻了出来，炮火隔绝开时间与空间的距离，短暂的分散竟好似分别了几年。有情有义的老赵开口便道：“老战友啊，让我们生生死死在一起！”是的，战场上无数流血牺牲和一切狂轰滥炸，使我们这些学生兵迅速成长起来了。只有经历过战争的人才会懂得爱，懂得恨，懂得别离情。望着彼此被烟尘染黑了的脸颊，在硝烟战火之中，不知是谁起了个头，我们和着炮声高亢地唱道：

若是在前线 / 我们在一起 / 遇见了老战友
让我们愉快地 / 愉快地歌唱吧
唱完一曲 / 再唱一曲……

问：这才是乐观主义的精神！ 后来呢？

答：当天夜里，我们迫不及待地要去前沿班。李大力反复交代各种注意事项，诸如敌方对准我前沿射探照灯、射坦克炮，千万不要暴露目标；翻越最后一道交通壕要快，要跟得紧，到了前沿不可大声讲话…… 我心不在焉地连连点头，心说，大力呀大力，怎么小小年纪这么啰唆？

终于出发了，我们编好顺序，我紧跟大力，后面依次是王煊、陈力、赵玉秀。在交通壕的每个拐角都设有荷枪实弹的哨兵，彼此压低嗓音对答口令，我记得那天的口令是：雄鹰！ 蓝天！ 来到通往前沿班的最后路段上，果然对面山头上有探照灯的光束扫过，其明亮度有如正午强烈的阳光。我方只要有人影闪过，一门具有快速反应能力的坦克炮时刻瞄准着，按声光原理，光速超过声速，见到炮出口的闪亮，炮弹已进入射程，顷刻即将爆响。我们在白昼般的强光照耀下弯腰行进，不料最后那段交通壕出现了情况，两棵新炸毁的树干横陈其上，实实在在增加了翻越的难度。我见大力飞身越过，连忙跟上，只是树枝挂住我的裤脚延缓了速度，可能姿势不准确，我的眼睛被强光晃得什么也看不清了。我张开双臂摸索着往前走去，后面的人也跟上来了，走了一会儿，我逐渐看清周边景物，可是…… 李大力怎么不见了？ 有人看前面只有一条小路，便怂恿我继续往前走。我忽然注意到雪地上没有一个脚印，而这里又是最前沿，是敌我对峙的战场，我警惕起来，坚持原道返回重新找路。果然快到交通壕时，闪出个三岔路口，我们看见李大力在左侧隐蔽处焦急地向我们招手，这次我们跟定他，一路小跑钻入前沿班的作战坑道。

前后仅几分钟光景，李大力的嗓子急哑了，看他急得泪水涟涟的样子很是不解。原来那条路万万不可以走，如果再往前走50步，敌我双方一起射击，敌人认定是偷袭，我方以为是敌特投送情报…… 啊，多亏是雪地，使我联想到脚印，才如此这般地排除了险情！

问：真是惊险！ 后来呢？

答：进入前沿坑道，顿时气氛紧张起来。只见全副武装的战士按实战要求据守在各自的岗位上。个个目光炯炯，人人手不离枪，揭封开盖的子弹箱、手榴弹箱、手雷箱一排排码在通道上。面对敌方有三个隐蔽射击孔，各有观察哨密切监视着。连长恰巧也在这里，他听了大力的汇报，很是激动，同我们一一握手，随即转向战士们："文工团的同志代表总部首长到前线……前线中的最前沿看望我们，大家知道这里离敌人前沿阵地也就百八十米，所以，咱们有多少危险，人家就有多少危险。看，还来了一位女同志，一位咱家的亲姐妹。你们说，该怎样回答人家冒着枪林弹雨来前沿的慰问，人家是用生命来关怀咱啊！"连长一席话说得战士们眼泪汪汪的，战士们连连举枪压低嗓音念道："保卫祖国！ 消灭敌人！"

问：您到了战斗第一线，碰到战斗了吗？

答：是的，这时观察哨发现了敌情，大约有一个排的兵力趁着星月暗淡之夜分三路摸上，战士们提枪在手，犹如箭在弦上。连长拿着缴获的夜视望远镜在观察孔亲自观望，我听到他默念着30米、20米……此刻，所有的战士，所有的眼睛都注视他们的连长，也许只有一两秒钟的停顿，连长忽然大喝一声："打！"三个隐蔽射击孔同时吐出火舌，随之战士们像离弦的箭一样冲出坑道。

我听到洞外"轰轰轰""哒哒哒"响成一片，好容易碰上战斗，我不能在坑道里坐等胜利，我要的是真情实感，必须亲自尝尝梨子的味道。我悄悄出了坑道，沿着交通壕摸到阵地上，耳畔枪声大作，影影绰绰地见战士们在码得整整齐齐的沙袋前各自据守一方。手榴弹不断炸响，红的绿的曳光弹飞来飞去，战场近在咫尺，我意识到这些血气方刚的战士们不正是为还给孩子们一个五彩缤纷的梦，才投入这场生死攸关的战斗吗？ 连长过来了，冲我竖起拇指说，好样的，一个女同志敢到最前沿，真棒！ 我见连长没批评我擅自上阵地反而进行表扬，便得寸进尺，想到前面去投一颗手榴弹。这次连长可没答应，递过来夜视望远镜。我看到在一排排手榴弹爆炸的气浪中，美国兵连滚带爬地纷纷撤退了。

连长问我敢不敢到前边看撂倒的几个鬼子？ 我连说“敢敢敢”，就跟他到了刚刚两军厮杀的战场上。

问：您真是不简单，不但到前线，还到了敌我双方厮杀的战场上。我记得您的女儿军旅作家庞天舒也曾到老山前线，你们母女俩真是有点传奇！ 我还有个问题，朝鲜停战后您怎么没回国呢？

答：停战后部队分期分批撤离，志愿军总部是最后撤离的。

问：文工团在哪个城市呢？ 是平壤吗？

答：不，总部一直在桧昌。停战以后我曾和一名舞蹈教员、一名乐队指挥、一名乐手到位于平壤的国立艺术剧院学习。

问：那么您学朝鲜舞等于是科班啊？ 国立艺术剧院是朝鲜的最高艺术学府吧？

答：是的，在这一点上我由衷感谢把我引上舞蹈创作大门的吴晓邦老师。虽然我没有当过他的学生，没直接听过他讲课，但是我在朝鲜战场反复读过他的《新舞蹈艺术概论》。停战前我写了个舞剧台本，赶到北京吴老师家，由于我听不懂他的苏州口音，又珍惜他每句话的分量，于是拿出纸笔同老师进行笔谈。

问：笔谈？ 太生动了，您对这次“交谈”一定印象深刻！

答：是啊。我跟他讲我怎样到的最前线，怎样在生活中获得了第一手资料，怎样从内心深处诞生了作品的主题思想。老师特别高兴，他写了三句话：舞蹈的本质在于创造，没有真诚便没有艺术，艺术旨在奏时代强音。最后他还告诉我，你一定要就近熟悉、掌握朝鲜的舞蹈语言。

问：于是，您就到朝鲜国立艺术剧院学习了！ 都学些什么呢？

答：学朝鲜舞蹈的基础训练，也学习优秀的舞蹈成品如《蔷薇舞》，还研究朝鲜的历史文化、人文情怀和一部舞剧的创作过程。

问：朝鲜战争那样残酷，艺术还能保留下来。

答：确实令人钦佩。这个剧院以上演舞剧为主，实力雄厚，是国家级大剧院。朝鲜有三大历史传说：《春香传》《沈清传》《兴夫传》，剧院副院长、舞蹈团团长郑智树和他的夫人舞蹈家李石艺编导并主演了《沈清传》。剧本是作家李龙善编写的。两位舞蹈家一再强调作家的台本是我们心灵的诗。编舞前，研究设计了独舞、二重舞、四重舞、轮舞、群舞、哑剧部分及各类舞蹈的风格；还请龙善同志进一步分析人物性格、人物情感以及各种复杂的心理状态。多年来我们就有创作朝鲜舞剧的理想，但我们互相告诫，必须保持浓厚的民族风格、气息和特色。《沈清传》便是我们的大胆尝试。比如朝鲜舞蹈素有“鹤步柳手”之说，亦即上肢动作多，有强烈的民族特色，而下肢动作却很平静，我们试着运用芭蕾的下肢动作，尽量使之与我们的朝鲜民族舞蹈动律有机结合，当然当时还是过渡期，芭蕾舞还不过关，我们努力使其日臻成熟。

问：您看过最后的演出吗？成功了吗？

答：是的，大获成功！说到这里我还想插段小故事。半年后，我去平壤出差，路经剧院时，我下意识地向门内观望，可能正赶上下课，排练厅有人看见我，只听得一声欢呼，许多演员涌过来。久别重逢，大家分外高兴，仿佛有说也说不完的话。不知过了多久，忽然来人请我进去坐，舞蹈团的演员们不由分说，便簇拥我走进剧院。

我们来到布置得既简约又隆重的会议室，四行桌椅对面排开，上面铺着绿色台布，有热气腾腾的大麦茶，还有苹果、梨等水果。他们请我坐在第一排中心位置，我东张西望，不明就里，忽然响起一片掌声，只见剧院院长走上主席台。他说，我们临时召开这样一个隆重的会议，是向一位亲爱的朋友表达我们的衷心谢意，这位朋友就是中国人民志愿军文工团的王曼力同志，今天她来到了现场。又是一片掌声，弄得我一头雾水：应该向剧院表示感激的是我，是剧院给了我学习优秀朝鲜舞蹈的机会，是舞蹈团的教师和演员们夜以继日地辅导我……院长继续说：感谢王曼力同志那样及时那样热情地写了对舞剧《沈清传》的评介文章，如此具深刻内涵的文字见诸国外杂志，对剧院来说是首次。中国舞蹈家协会还及时地将刊载此文的杂志赠送我院100册。这是战争年代的一份厚礼！谢谢中国的《舞蹈》杂志！谢谢王曼力同志！全场爆发热烈的经久不息的掌声。

问：您在朝鲜还见过著名舞蹈家崔承喜吗？

答：见过。在朝鲜有机缘接触名扬海内外的舞蹈艺术家、朝鲜人民演员崔承喜，实为一大幸事。第一次看她的表演，我觉得我的心、我的情感完全被征服了，陶醉在如痴如醉的梦幻中，我看到了舞蹈的精灵在飞翔。一台舞蹈晚会中，她以深挚的情感、生动的创造，成功地扮演了形态各异、性格各异的多种类型角色。每一个节目都有艺术追求，都有点睛之笔，看她的表演，是一种艺术享受，觉得舞蹈世界太广阔、太丰富了，舞蹈家是以自己纯熟的思考，带领广大观众走向壮丽的人生。

有几个舞蹈的印象太深刻，几乎所有看过她表演的人，都会永世不忘。

开场的节目名叫《寺院的壁雕》，在漆黑的舞台上，一束淡黄色、一束深紫色追光交叉着照在中央一座雕像上。那尊菩萨是善男信女们千百年来美的偶像，她双手合十，在禅经般的古乐中复活了。她从石壁佛龛上、从历史烟尘里、从人间香火中走下来。她以朝鲜古典舞蹈的韵律塑造女神的心性，从均匀的呼吸展开周身的舞蹈律动，她的动态、旋转以及温婉的表情无一不充满艺术魅力。她使观众从浮躁的心境中沉静下来，“人按照自己的面貌创造了神，再用历史唯物主义观点把神还原于人”，她的创作观念令人信服地完善着人们心中的女神形象。舞台灯光渐次熄灭了，观众的视线又一次集中于两束追光交叉映照的菩萨雕像上。一头一尾如此相像，但，后者是前者的升华。

《乘风破浪》安排在晚会中间。大幕启处，一个身着白衣白裤藏蓝背心、头戴假面的老者出现在舞台上。他在一望无际的海上，划着一叶小舟。在舞蹈进行中，观众竟奇异地感到海的辽阔，海的无穷变化：那明媚阳光下的风平浪静，狂风大作中的波涛汹涌，我看到船儿在波峰浪谷间颠簸着、摇摆着。眼看老人的精力就要耗尽了，人与船将一起被大海吞没了。但，老人有个信念，也许是他的顽强与意志力，使他于不屈的挣扎中终于见到海岸线，风浪也逐渐停下来…… 老者蹒跚着站定，他徐徐摘去假面，啊！ 全场观众惊讶地喊起来，脸上流淌着泪水与汗水的竟是极有风度极为漂亮的女性舞蹈家崔承喜。

最后压轴的舞蹈《母亲》，无论是创意还是表演，都可称之为世纪精品。

一位年轻的朝鲜母亲，背上背着孩子，头上顶着水罐，去村外小河边取水。她的表演是细腻的，用水瓢拂去水面上的浮萍，把清水一瓢瓢地舀在罐里。刚想顶起水罐，却听到孩子醒来，她微微回身，轻轻颠着，似乎听到了声声呜咽，她忙把孩子转到胸前摇着哄着。从母亲的表情上看到孩子委屈地撇着小嘴，直到渐渐露出笑靥，母亲欣慰地把面颊贴在孩子的小脸上。忽然，敌机来了，战争的喧嚣破坏了宁静的田园诗般的氛围，破坏了一幅人间最美好的母与子画面。母亲本能地把孩子搂紧，一面想方设法地躲避着敌机。母亲的臂膀本是人类之初的摇篮，是每一个小生命避风的港湾，然而，炸弹的气浪把母亲掀倒了，万恶的敌机狂轰滥炸，涂炭万物生灵。观众的心缩紧了，不由得攥起了拳头，大家眼睛一眨不眨地望着这对母与子，台上短暂的停顿，仿佛过了千年万年。母亲醒了，她第一个意识到的当然是她至亲至爱的宝宝。但是，孩子去了，孩子的襁褓变成了血泊，方才……就是方才他还对妈妈撒娇地笑着哩！她拼命摇着孩子，母亲期望把她的宝宝摇醒，无情的现实、血淋淋的现实沉重地打击着这位年轻的母亲。她的眼神是迟滞的，步履是蹒跚的，发髻散乱开来，她疯了。下面的表演居然像是特写镜头，疯癫了的母亲忽然看见舞台前角是孩子张着小手呼唤妈妈，她狂喜地奔过去，然而，不是孩子，是狰狞的强盗，她愤怒，不共戴天的仇恨使她要扑上前撕碎他们。不！不是强盗，是孩子！不！不！不是孩子，还是强盗！这时，全场音乐大作，在全景式的长幅画面中，在愤慨而悲壮的《朝鲜人民抗敌歌》的伴奏下，一位年轻的朝鲜母亲抱着她已经死去的孩子逼向前来，直到逼得帝国主义强盗们无地自容，逼得他们低下头来接受人民乃至历史的审判。当时，战火正炽烈，朝鲜的国土到处是废墟瓦砾，多少母亲和孩子们倒在血泊中，此情此景，看着这样既贴近生活又有永恒艺术价值的舞蹈作品，既感人肺腑又见艺术功力的表演，在场的观众无不泪流满面由衷叹服。

问：您是亲眼看过她表演是吧？

答：是的。这台舞蹈晚会是停战前看的。停战后，她又创作并主演了现实题材舞剧《在明朗的天空下》，还特地约我前去观看她的节目。

问：你们还有特别好的个人关系啊？

答：是呀，我也为舞剧《在明朗的天空下》写了一篇评介文章，发表在《舞蹈》杂志上。当我把杂志送给她时，她久久地把它贴在胸前，她说中国和中国朋友的情意永远不会忘怀。

有一次，崔承喜和她的舞蹈研究所在志愿军总部演出，团长派我和崔惠莲陪同全过程，就近观察并学习她的表演体系及创作思维方法。那一天，她提出要去志愿军烈士墓地，墓地就在我团驻地的后山上，我们拾级而上，见苍松翠柏间一行行排列整齐的烈士墓碑。她流泪了，她逐一读着碑文，一面对我们说，中国母亲把自己的儿女送到炮火连天的战场上，孩子们是为了我的国家流尽了最后一滴血啊！后来在最顶层的一座墓碑前，崔承喜看到碑上镌刻着“毛岸英烈士之墓”，碑文记载着“中国人民的领袖毛泽东的长子毛岸英烈士于1950年11月25日壮烈牺牲于朝鲜……”等字样，崔承喜再也忍不住了，她俯在墓碑上泣不成声。她哽咽着对我们说，什么语言都难以表达我心中的感动，这份感情，我们每个朝鲜人定会把它于心底珍存，子子孙孙不会忘记。

问：您经历的每件事都像故事啊！

答：是啊！记忆中保存着太多可歌可泣的故事，我非常珍惜那段生活。记得刚过鸭绿江不久，敌机到处狂轰滥炸，但是在硝烟战火中，我的面前总是闪现着千百个穿着洁白衣裙的妇女，背上背着孩子，头上顶着粮食弹药，在通往前线的山道上奔走，人们称颂朝鲜的后方公路是一条永远也摧不毁、炸不垮的钢铁运输线。许多城镇乡村被毁了，高楼巨厦倒塌了，但是朝鲜的树木照样葱茏，鲜花仍然怒放，春天依旧来到这片美丽的国土上。

记得告别朝鲜的时候，一位大嫂顶了满篮苹果，走了很长的山路赶到站台上，她的嘴唇颤抖着，眼中闪着泪光，短短的话语中饱含着无限深情。她说：“我的家被敌机炸毁了，我没有流泪；我的亲人被炸死了，我也没有流泪；只有满腔怒火。今天，志愿军同志，你们要走啊，我的眼泪怎么也止不住了！”随着一声汽笛长鸣，列车徐徐开动了。啊！只见一位白发苍苍的阿妈妮老泪纵横，她一边跌跌撞撞地跟着火车奔跑，一边扬起手臂高声呼喊着什么，很像是同自己的儿女依依惜别。望着她那随风舞动的白裙，额前飘散的白发，多少志愿军战士哭了："阿妈妮，请您别撵火车，飞驰的列车翻高山越峻岭，是无法追上的，也许今生今世我们再难以相见，但是您的儿女永远会把'亲娘'牵挂在心上。"

战争很惨烈，但在无数残垣断壁间，仍然顽强地生长着一簇簇如火的金达莱，金达莱好红哟，红得好似朝鲜人民流的血，这正是英雄妇女们不屈的象征。武装到牙齿的侵略者们永远不会理解：暴力可以征服一切，为什么偏偏不能征服这些看似孱弱的女性？像这样沉入生活的海洋，像这样斧凿刀刻般印下几多鲜明的形象，一旦内心升起友谊的长虹时，人物的情感脉络清晰可辨，音容笑貌历历在目，沿着心路历程的轨迹顺理成章地发展下去。这作品就像在心灵深处珍藏了许久的一座丰碑。

"天空密布着战争的乌云，地上布满了累累的弹坑，冰峰雪谷间，阿妈妮（大嫂）背着孩子，带领一群身着白衣白裙的姑娘，她们头顶着弹药箱，迎着呼啸的子弹，遥望着志愿军阵地，疾步前行。舞台上演员的洁白衣裙，在多层次的灯光晕染下，闪现出纷飞战火和弥漫硝烟的多重色彩，更增加了战场的真情实感和舞蹈的艺术性。"这就是我们于1964年编创的舞蹈《三千里江山》。

时值全军第三届舞蹈会演，我的心里一直打鼓，不知这种强调意境的、已过去多年的战争题材作品能否打动今天的观众。演出时，我站在侧幕边，不时地观察台下的动静，我看到观众聚精会神的表情，但听不到一点反响，直至演出结束，台下竟然鸦雀无声。随着时间的推移，也许10秒，也许20秒，我的思维仿佛停滞了，心不断往下沉……忽然，台下掀起暴风雨般的掌声。这意想不到的成功，事先没有一点征兆，我们却也缺乏准备，此刻，手忙脚乱，临时通知乐队指挥与演员返场。于是，首场的《三千里江山》返场便和着观众经久不息的掌声结束。这给我以启示：舞蹈编导必需具有责任感、使命感，恪守生活是创作的源泉、牢记文艺为人民大众服务的准则，把为谁表演、怎样表演永远放在心上。

问：这个作品是您在前进歌舞团时的创作？那么您什么时候到前进歌舞团呢？

答：说来话长，记得我在朝鲜志政文工团入党宣誓时，《国际歌》的旋律在我的心中回响，我对自己说，入党，不是为了那顶党员的桂冠。我是文艺战士，党赋予我的使命是在这场波澜壮阔的战争中以舞蹈的形式表现可歌可泣的英雄业绩，这应是我责无旁贷的选择。立功受奖时，首长亲手把军功章佩戴在我胸前。我听到那滚烫的鼓舞人心的话语："我军自建军以来，经历了多场战争，而今天这场战争的深远意义又与以往不同，抗美援朝保家卫国是领袖的决策与号召，是站起来的中国人民的集体意愿。功臣同志们，你们可曾想过，我们打的是出国仗，立的可是国际功啊！"我珍惜这种荣誉，立志为部队的舞蹈事业奋斗终生。不料一个莫须有的罪名从天而降，把我打到生活底层，离开了我热爱的部队。

问：什么莫须有的罪名？

答：反右运动开始时，我团根本没有"鸣放"，大家下部队演出，我留在家里搞建军30周年的舞剧创作。恰在这个时候，我团调来一位副团长，他给歌队排了一出格调十分低俗的小戏《破四门》，表现一个花花公子当街追逐四个姑娘，既没有思想性，也没有艺术性，演出后影响极差。接着又提出再为歌队排大型歌剧《槐荫记》（即《天仙配》）。我觉得我们是部队文工团，又是经历了战争与和平较量，同朝鲜人民有着血肉亲情的志愿军文艺工作者，该排什么，不该排什么，不是显而易见吗？《槐荫记》是个好剧，慰问团上演无可厚非，但作为我团庆祝"八一"的晚会不合适。我觉得，党员就应该坚持原则，讨论问题就应该各抒己见，是非曲直自会越辩越明，我在会上直言不讳地希望领导注重选材，把握选材。

问：可能这就是罪状之一。

答：是呀，后来上纲为攻击领导——"外行不能领导内行"。

问：啊，真是欲加之罪，何患无辞！您当时还在朝鲜，运动中受到这样的冲击，您能想得通吗？

答：我是个理想主义者，即使在最屈辱的日子，我的眼睛也愿意看见光明，我觉得我国的知识分子是可爱的，棒打不散。

问：黑夜给了你黑色的眼睛，你却用它来寻找光明。

答：对，当时我和另一名党员从党支部会走出后，无疑，心里是痛苦的。我们彼此相望，他走向水边，我往山上走去。晚上我俩见面时他问我，你在山上想过什么吗？我说我看着流动的白云与往常一样，心里只有一句话：我相信党，我会回来！他说他望着无尽无休的水流，突然产生一个可耻的念头。我说，我懂了，连保尔那么坚强的人，也曾经产生过这种念头，但他最终战胜了自己。同样，我也相信你！说罢，我俩还紧紧地握了握手。

问：您等于救了他一命。

答：还是他自身的主观能动性起了作用啊。

问：你们去什么地方劳动呢？

答：吉林省双辽县（今双辽市）国营双辽农场。开始劳动时，每天都感到筋疲力尽，浑身像散了架一样。有天晚上，我刚睡下，竟被一阵紧似一阵的钟声惊醒，我想起场长所说："钟声就是命令！"军人的使命感油然而生，忙起身穿衣，这时窗外雷电交加，接着大雨滂沱，同室女友劝我不要去了，我还是随着人流冲进雨夜。原来大堤决口了！

许多农工和所谓劳动改造对象纷纷冒雨跑去，水势甚猛，堤坝不断塌陷，只在岸边垫土已无济于事，大堤随时有全线崩溃的危险。只见场长跳入齐腰深的河水之中，喊了声："共产党员随我来！"本来我已想跟着跳下水，听了这句话，不免犯难，如今我名义上已经不是党员了，但党员的信念是无法泯灭的。我自信自己的无辜，定案材料如何并不重要，重要的是凭政治态度和对党的感情。于是，在同狂风、暴雨、洪水搏击中，只有我一个没有党员头衔的人和党员们在一起；只有我一个年轻的女性在这些高大的男子汉世界里。当人们发现我，表示了极大的关切。有的说：水深流急，女同志怎么受得了？！有的说：夜风透骨凉，你赶快上岸吧！有的干脆要背我泅渡……天是冷的，水是凉的，然而我的心却是热的！人们把我当亲人看待，呼唤我，拉紧我，唯恐我会闪失，会被卷入汹涌的波涛里。

一夜鏖战，堤坝保住了，晨光熹微中，我回到宿舍，不料好几个农工等在门口，他们的家属听到我能同她们的丈夫一样参加雨夜抢险，善良的女人们都落了泪，这家赶着熬了酸辣汤，那家忙着蒸了鸡蛋羹，一定请我去家里坐。

我的力量微乎其微，只为公众做了这样一件区区小事，不值得他们过分褒奖，但使我极其意外的收获是：又重新感受到友爱，无形之中，有根友谊之线，把我与他们的心拉近了。

问：您的经历虽然有磨难有挫折，但您以良好的心态面对，实在令人佩服。

答：一个人经历挫折，经历磨难是财富。何况我是搞创作的，不经历人间的五味七情——酸甜苦辣咸以及喜怒哀乐忧恶惧，怎会懂得创作人生。最近我的一个老战友从多伦多来电话，他说，我的肩上长时期压着一个沉甸甸的包袱。我忙问，你怎么了？他说当年我曾是你的专案组长，那场运动我给你上纲了，害得你受了那么多苦！我说，那是特殊年代的特例，别说你上纲，连我还给自己上纲呢。今天你这样开诚布公地对我说起这件事，我有两点感觉：第一，你是一个好人；第二，我们是战火纷飞年代结下的战友情，这种友谊金不换哪！他半晌没有说话，最后他说，你的境界真高，谢谢你，我肩上的包袱终于卸下来了！

问：关键是您以一颗善心对人对事，不管遇到怎样不公正的待遇，从不怨天尤人。更为难得的是您对环境的适应性强，不管走到哪里，甚至在逆境中也能找到自己的位置，努力冲破眼前的一切艰难险阻。

答：对，我的信念是：在矛盾中求发展，在苦斗中创造环境。在漫漫长夜里，向往的仍然是光明的前景。

问：您在农场正是“大跃进”年代，每天的农活都很累吧？您自幼就生长在城市，能受得了吗？

答：没错，那时候劳动强度很大，后半夜2点起床，2点30分早饭，大约半个小时路程，3点30分准时开工，上午10点30分收工；11点午饭，12点30分敲钟，又是半个小时路程，下午1点准时开工，晚8点收工，8点30分晚饭。这样算下来，每天只有5个小时的睡眠时间，上、下午各7个小时的纯劳动，只在中间有30分钟的休息。

问：您真不简单，从来没干过农活，能坚持下来吗？

答：我仍然按着军人、党员要求，咬紧牙关在坚持！比如，我学会了赶牛车、扛粮上囤、蹬脱谷机，甚至养鸭、捕鼠……后来，场部有位军人出身的干部，深知文艺具有团结群众鼓舞斗志的作用，便同我们商量，能否成立文艺演出队。当然，我和我们一起来的战友义不容辞地充当主要演员和乐手，同时辅导农场的家属、子女，为他们编排节目。

问：哈哈，你们的斗志真旺盛啊！演出的效果怎么样？

答：我们除在田间地头表演，还到附近的乡镇演出。年底双山镇成立了人民公社，镇政府指定农场除担任演出任务外，还要组织全镇的大秧歌。为此，我写了歌词，由章棣华谱曲，那悠扬婉转的曲调，唱起来极为上口，很快，唱遍了几百里山乡。

走过乡村／走过田垄
怀着快乐的心／奔向双山镇
来吧／来吧／英俊的小伙子
来吧／来吧／漂亮的姑娘
在这人民公社成立的节日里
我们怎能不跳舞／我们怎能不歌唱

各乡还调来业余剧团演员，多以演出二人转与单出头为主，我排练的大秧歌中，由她们当骨干，场面很活跃。中间插了段"大头娃娃拔萝卜"的舞蹈，受到观众热烈欢迎。戴着大头娃娃面具的孩子们先是欢快地舞蹈着，忽然秧歌队中闪出写着"人民公社"字样的特大萝卜，孩子们欢呼着一哄而上，但无论如何也拔不动，后来在众多公社社员的帮助下，娃娃们推着、拉着人民公社的大萝卜，行进在热火朝天的秧歌队伍中。

这次演出影响很广，场长到县里开会，县领导称赞农场的文艺活动抓得好，场长也觉得很有脸面。不久，双辽县委下发文件，近期举办全县文艺会演，场党委立即决定演出队报名参加，以扩大农场影响，并在全县打出知名度。

问：嘿，您走到哪里都给哪里带来欢乐，尽管是这种特殊的“下放”。

答：我们的节目丰富多彩，章棣华指挥开场大合唱，小关小提琴独奏《白毛女》，老黑表演山东快书《水浒》系列，我和老孙表演双人舞《欢乐的春天》，还给朝鲜队的姑娘们排了表演唱《在泉边》。在我进行排练时，有个漂亮的小男孩总在一旁观看，他是场部医院谢大夫的儿子，那年才9岁，两只大眼睛透着一股灵气。我唤他过来，教他几个舞蹈动作，他跳得准确到位，还有一种难得的美感。我便将当年王力娟在战地舞台上表演的朝鲜舞蹈《顽皮的孩子》教给他。后来，觉得缺少压场节目，我忽然想起崔承喜的独舞《母亲》，便借用了这个意境。首先写了解说词，由老黑朗诵，我担任独舞和领舞。当表演到怀中的婴儿被敌机炸死时，音乐大作，全体演员登场，我怀抱婴儿走在前面，大家一字排开，在激昂的音乐声中义愤填膺地向强盗们讨还血债。我忽然看见老孙的妻子抱着儿子做着愤怒的手势，聪明的孩子鼓着小嘴巴一脸严肃，这表情很是感染人。排练时，场部的干部和工作人员都流下热泪。我对老孙的妻子说，你抱着儿子的即兴表演真好！于是，这个名叫孙楚怀的孩子就成了舞蹈《啊，母亲》的特型演员了。

问：农场文艺队在全县文艺会演中，肯定一炮打响。

答：是的，我们的演出相当成功，谢幕后观众久久不肯离去。我们的小演员风光得很，走到哪里，跳到哪里，他知道大家喜欢他和他的舞蹈，不管怎么累，他总是有求必应，有时一口气跳五遍。最后他的舞蹈《顽皮的孩子》荣获一等奖；农场农工和家属表演的节目基本上个个获奖。县委宣传部部长在大会总结时，对舞蹈《啊，母亲》大加赞赏，说这个节目是思想性与艺术性的完美结合，演员投入，表演逼真，催人泪下，最后的集体场面气势恢宏、感人至深。因为主要表演者是专业人员，同业余演员没有可比性，就不给奖了。但这个节目对我县文艺事业的推进，将会起到不可估量的作用。

晚上，场部高秘书喝了点闷酒，善良的他摇头不语，后来才透露：评奖时，评委们异口同声首推《啊，母亲》，所以没给奖，不是总结时说的理由，而是众所周知的原因……

问：在农场也是您最年轻的时候，难能可贵的是，您的心态既宽广又向上，您说的实例都很动人。您在农场待了多长时间？

答：待了1年半。

问：后来又去哪了？

答：调到四平艺术学校负责舞蹈系的业务培训和节目排练。

问：吉林省的？

答：对，在四平艺校不到两年，经战友吴国本举荐，调到沈阳军区政治部前进歌舞团任舞蹈编导。

问：那是什么时候？

答：1962年。

问：您结婚了吗？

答：没有，我到前进歌舞团才认识的庞志阳。

问：1962年您到了前进，算是彻底平反了，重新焕发艺术青春了？

答：可以这样说，因为又重新回到专业团，从事专业编导，所以我很勤奋，也常有感而发，写点东西。

问：那时您在业界已经有了一定知名度了。

答：1964年我和黄少淑同志创作了两个节目，一个是《三千里江山》；一个是《不爱红装爱武装》。这两个节目在解放军第三届会演中获奖，而且收在八一厂的专题纪录片里。

问：您到前进歌舞团之后可以说又开始顺风顺水了。您经历了大起大落，从人生的辉煌顶点跌落到深渊低谷，这样的经历，对于编导本身是一种丰富？

答：也是一笔财富，一种偏得！所谓峰回路转，眼前看似无路了，转眼却又一方天地。所以我说人生啊、命运啊，道是无情却有情。

问：您跟庞老师是哪年结婚啊？

答：1963年年底。

问：庞老师也是前进歌舞团的编导吧？

答：是，我们都是一个编导组的。

问：对，我记得庞老师编导的是《金山战鼓》，您又创作一部无音乐伴奏舞蹈《无声的歌》。都是同一个时期的作品吧？

答：是的，《金山战鼓》和《无声的歌》同是1979年的作品，同时参加了1980年全国舞蹈比赛。

问：那么说，您从1962年起，直到20世纪80年代，都在前进歌舞团啊？

答：不，我1970年又离开了前进，离开了部队。

问：为什么？ 您"文革"又受冲击了？

答：是的。

问：这次到哪里了？

答：到沈阳市粮食局搞报道，粮食局是个先进单位，我带着几个区的报道员，一年365天我们写了360篇稿，刊登在辽宁省范围内各种报刊上，当然也在《人民日报》刊载过。接着辽宁日报社下了调令，我又到那里当了6年编辑。

问：您真是干一行爱一行，到哪里都能干出成绩啊！

答：谢谢。

问：您什么时候又回到前进歌舞团？

答：1978年春。我们听说原志愿军总部王平副政委调任解放军总后勤部政委，文工团的几名战友相约去看望首长。整整20年过去了，政委还记得我们当年在舞台上唱歌、跳舞、演戏的小兵。他望着每个人佩戴着红领章红帽徽，他是那样欣慰。忽然，他的眼睛停在我的便装上，收敛起笑容，询问我背着沉重的包袱，怎样走过20年的风雨人生。我说："人生最大的痛苦莫过于蒙受不白之冤，但我从未沉沦，这应得益于我们所经历的战斗生活。我心中永远有种信念，支撑我度过最艰难的日子。"政委说："你的问题早该解决，当年我是志愿军副政委兼政治部主任，我最了解情况，也最有发言权。我以为一个有才华且又肯奋发进取，有见解又敢于坚持意见而不盲从的同志是难能可贵的。当总部党委看到'运动办'批文，经研究认定纯属错划亟须改正时，才知道你已被处理离队。恰在此时志愿军撤军，总部撤销，这件事就被搁置下来，而一放就是20年。王曼力同志，你是个好同志，禁得起最严峻的考验，甚至以最忠诚的信念、最坦荡的胸怀面对不公正的处理。”话儿不多暖心肠，他的一席话使我既受震动又受感动。最后他说：“无产阶级的政党就该有这样的气魄，对了的就坚持，错了的就改正，党不会也不应该抛弃自己的儿女，让我们一起努力，我想你回到我们部队大家庭的日子不会远了。”这些掷地有声的铿锵话语敲击在我心坎上，我掂出了其中的分量，更感受到只有戎马一生的将军，胸怀才能如此博大。

问：这个问题最后怎样解决的？

答：那年春节期间，我已经写了申诉书，递交沈阳军区“落实政策办公室”，“落实办”人员积极调查核实，王平政委和原志政文工团坚持实事求是的原则，以及沈阳军区廖汉生政委、政治部成泽民主任在百忙中阅读了我的全部档案，深感我对党的事业忠诚，看问题深刻，具有预见性与前瞻性。于是，果断拍板：恢复军籍，恢复党籍，恢复原级别，立即调回前进歌舞团。不是改正什么所谓的“错误”，而是彻底平反。因此，在全国范围内，我是这次运动平反得最早最彻底的人！

问：虽然已经过去30多年了，今天听了您的讲述，仍然要表示我的由衷祝贺。

答：谢谢！我于1978年6月9日重新戴上缀有红五星的军帽，穿上配有红领章的军装，这是我生平第三次站到人民解放军的行列里。

当我看到沈阳军区党委对我做出的平反决定，不禁热泪盈眶，“恢复军籍，军籍从参军之日算起”，那么当时我已有29年的军龄了；“恢复党籍，党籍从转正之日算起”，于是，那年我已有21年党龄了；“恢复级别，参照1957年所定的文艺级，现改定为……”一时之间，我的“三恢复”被传为佳话，朋友们奔走相告，各地寄来贺信与贺电，人们给予我亲人般的祝福令我永生难忘。

20年来，即使名义上我不是党员了，但我仍然按照党员标准要求自己，每月无处缴纳的党费，我按月积存着，终于盼到了这一天，我愉快地上交了21年的党费。

从小一起长大的战友为我人生道路的坎坷曲折、为我长期沉冤一朝得以彻底昭雪而百感交集。大家叹息不已，苦涩酸楚中，忽一人另有感悟，不无幽默地打了个比喻，说我几经风雨，几度沉浮，此番又重新归队，好比是“三进山城”！一句话给我平添了几许豪情，我不觉脱口而出：让我再续“老兵新传”吧！

问：听了您前半生曲折的经历，我特别想听《无声的歌》的创作动因，我觉得两者之间似有某些必然的联系。

答：1979年3月26日中共辽宁省委为思想解放的先驱者张志新同志彻底平反昭雪。画家为她奋笔作画，诗人为她慷慨悲歌。那一夜是个没有一丝风、没有一片云、没有一颗星的夜，我辗转反侧，彻夜无眠。张志新的形象始终在眼前闪现。我听到了——

她在控诉：“我没有罪！”

她在答辩：“我是共产党员，我关心的是国家的前途和命运。”

她在呐喊：“我的观点至死不变！”

张志新用整个生命发出的无声呐喊，使我感奋、惊醒，在夜不成寐的瞬间，无音乐伴奏舞蹈《无声的歌》的主题、构思、标题以及艺术手法像流泉飞瀑般同时从心底涌出。

我流着泪讲，我的合作者张爱娟流着泪听，我们仅用了4个小时编舞，8个小时排练，就把原始形态的初稿推上了舞台。

一位诗人曾为舞蹈《无声的歌》题诗：

镣铐锁住身体/锁不住你胸前红花开放
屠刀割断喉咙/割不断你心中真理飞扬
谁说你前进的步伐没有音乐伴奏？同志
我听见《国际歌》旋律/回荡在丙辰的天安门广场

我感觉我深深地理解她，那年（1979）我刚刚恢复党籍1年，21年前，我是含着眼泪离开战斗了8年的朝鲜，离开抚育我成长的革命部队，离开胜似生命的党。我对党的感情坚贞不渝，对共产主义信仰从无半点怀疑，然而，我被那些飞来的“罪名”打入生活底层，21年来，我多少次从梦中惊醒，呼唤着日思夜想的党，梦寐以求重新投到党的怀抱。

我终于回来了，看见了阳光和鲜花，感受到党和亲人、同志的温暖，然而，一位姐妹倒下了，倒在生她养她又是她强烈爱着的祖国大地上了。那时，只有明净的天空俯视着她，只有刚铺新绿的草地抚爱着她，她那殷红的鲜血浸染身边的小花细草，只有花儿与她日夜相伴，只有小草轻轻为她歌唱。

问：看来，这个舞蹈，也浸透着你的血和泪。在表现上，《无声的歌》无声胜有声，您是怎样选择了从未有过的无音乐伴奏的形式？

答：无音乐伴奏，不是从形式上猎奇，而是根据这一特殊题材，忽然从心底流出这样一种违反常规的特殊手段。张志新被割断喉管，无法发出声音这一特定的生活真实本身，就构成一篇悲壮的无声乐章；声声沉重的铁镣敲击着大地母亲的胸膛，恰似这篇乐章的主旋律。张志新虽然被扼杀了说话的权利，但在她的眼睛里，自然界依然充满生机：鸟叫、花开、水流，历史绝不允许逆转。以呼啸的狂风伴奏，意在展现身处历史寒潮中的张志新经受着风霜刀剑严相逼的岁月。采用惊涛拍岸、电闪雷鸣的音响，衬托出张志新在浊流逆浪中是一名奋力搏击的勇士。舞蹈高潮中的一声惊雷，是借用“心事浩茫连广宇，于无声处听惊雷”的深远意境。孩子字字血声声泪地呼唤妈妈，恰与张志新用整个生命呼唤党相吻合，是《无声的歌》的点题之笔。

问：现场观看此舞，太震撼了！

答：记得第一次彩排，不少观众等在门前，有的噙着热泪紧握着演员的手连说谢谢！有的特地找到编导，语重心长地说：我同你们的心是相通的！

问：太感人了！后来您又创作了哪些舞蹈？

答：我崇尚古往今来的巾帼人物，收集着蔡文姬、秋瑾、宋庆龄、向警予、赵一曼的资料，沿着她们的足迹，我参观过故居，拜谒过墓地，在革命者战斗和牺牲的地方久久地伫立凭吊。我的眼前飘过历史烟云，仿佛听到她们发出“生当作人杰，死亦为鬼雄”的铿锵誓言，仿佛看到她们为祖国的昌盛、为民族的统一、为抵御外侮、为人类历史的文明与发展鞠躬尽瘁，死而后已。

问：您创编过表现上述人物的作品吗？

答："不惜千金买宝刀，貂裘换酒也堪豪。一腔热血勤珍重，洒去犹能化碧涛。"为民主解放的先驱秋瑾志士的豪情所感染，我们编了舞蹈《热血》。伟大的革命家宋庆龄一生为祖国千秋大业而奋斗的白玉般品格，令人感佩不已，我们似乎看见了"迎着雾都的雨，披着山城的风，背负着民族的灾难，心牵着祖国的命运，她是国之瑰宝啊，她从漫漫的长夜中走来了"。于是，我们创作了舞蹈《国之瑰宝》。

问：虽然没有机会欣赏这两个舞蹈，听您介绍就感到新颖，有内涵。

答：前进歌舞团当时整体创作实力比较强，演员也不错，艺术事业蒸蒸日上。当时也是我个人的全盛时期，有强烈的创作欲望。恰在这时，忽然传来吴晓邦老师在南京舞蹈创作会议期间，提出调我到《舞蹈》编辑部任《舞蹈》主编的消息。

问：这是哪一年啊？

答：1986年。当时我们正在结构并排练《文姬归汉》。

问：是呀。您是编导，在专业演出团体中是重中之重，能走得开吗？

答：如果不是老人家发话，正值我的创作盛年，我怎能卸掉满身披挂，单枪匹马，独自去攀登我尚不熟悉的理论山呢？

问：吴老师从很多年前，跟您见面笔谈那次之后，一直记得您？

答：记得，后来我的每部作品，每篇文章老师都关注。所以，当我有了新作时，比如《无声的歌》未上演之前，就在编辑部给他单独讲述、表演，并听取意见。

问：于是，1986年的某天，吴老师就把您调到北京了，是吧？

答：那天我一到北京，直奔吴老师家，吴老师见我背着行囊前来报到，非常高兴，拍着手说："真像个战士，哪里需要哪里去，打起背包就出发！"我暗道一声惭愧，直到此刻，我还有一个解不开的心结，刚刚上演了新作《热血》和《国之瑰宝》，以及正在开始排练的《文姬归汉》，我实在难以割舍长期形成的舞台情结。吴老师笑了，他说："我们《舞蹈》编辑部难道不是更为广泛、更值得为它奋斗的舞蹈情结吗？为什么调你来，舞蹈界需要导向，导向是什么，就是办好这本杂志。”他这样一说，我一路上纠结着的心结忽然豁然开朗了。

问：嘿，给点阳光就灿烂。

答：哈哈，就这样，在《舞蹈》杂志一做就是6年，等于把心全都放在这儿了，每天我是第一个来，整个文联大楼我是最后一个走。

问：看得出您是把全部身心都扑在这本杂志上了，我们也经常拿《舞蹈》杂志给学生们看，看到那一时期的刊物，整个变了个样。

答：编辑部齐心合力，编辑人员有吴老师的学生，有北京舞蹈学院的高才生，有专业歌舞剧院的主要演员……根据大家的气质，我把他们组织起来发挥每个人的专长。有一天我突发奇想，能不能像创编舞蹈那样来编这本《舞蹈》杂志？于是我们设计了一些栏目，如“专栏作家”“鉴赏家”“艺术长廊”“求索者之路”“舞坛春秋”等。

问：还有个理论栏目吧？

答：是的，“舞蹈新思潮”。

问：那时《舞蹈》真活跃，思想很新，无论是评论家的还是编导、演员的文章都有扎实的内容，而且具有各自独到的见解。

答：比如“求索者之路”栏目，我们办成了具有舞蹈特色的报告文学，篇幅不要求长，却强调舞蹈本身独到的审美，舞人的浪漫情怀。如反映贾作光的《大雁的传说》，反映孙玳璋的《艰难起程》，反映彭清一的《舞罢事未休》以及《寻找刘敏》等；我们身居文联大楼，近水楼台，常常观摩新上演的话剧、歌剧、音乐剧等，我发现舞蹈在这些剧目中，不是召之即来挥之即去的附属品，更不是点缀品，舞蹈本身就具有深化主题的作用。于是，将这类或旁征博引或相互融汇的文章收入“艺术长廊”栏目中。比如《和氏璧》中的舞蹈：在三面交叉的朦胧光色照耀下，两排红衣女子于两侧台阶从上往下滚动着，仿佛是在汩汩鲜血的流动中，疲惫的母亲抱起新生的婴儿亲吻着，它把表象的真实化作内心的跌宕，寓意着人的生是从死里面劈出来的。当年还上演过一部湖南的歌剧《深宫欲海》，剧中没有舞蹈，但通篇的构思、艺术手法、场面转换以及剧情的起伏、跳跃和浪漫情调，怎么看都感觉这位编导是舞蹈出身。而且在歌剧表现上，吸取了舞蹈之所长。后来我们的编辑去湖南出差，专门拜访了这位编导，这人十分惊讶也极为感动，他说，《舞蹈》杂志真热情、真有人情，竟认同并关怀我这个改了行的舞者，我仿佛回到了“娘家”！有你们的这番鼓励，今后我更要把情有独钟的舞蹈运用到我的创作中。

问：包括您跟舒巧老师的对话、书信往来，生动而深刻，不是叙述，不是说教，看得出来两个人鲜明的个性，非常有意思。那时候《舞蹈》杂志带头解放思想，这一观念的更新，使刊物焕然一新。刊物带来的这种鲜活的思维方式也使读者感觉到了一种崭新的向上的力量。

答：当时还有重要的一条，就是吴老师的关心。

问：吴老师把杂志交给你，他还管吗？

答：当然，我常去他家，汇报一切大事小情。这时，再也不用笔谈了，有吴老师的及时指点，有盛婕老师的现场翻译，我常用“日新月异”四个字形容我那时的提高与进步。因此，我很怀念那段随时向两位老师求教的日子。

问：胡克老师当时是副主编吧？

答：是的，我俩互相配合得既和谐又快乐。我设想在杂志下半册开辟一个名家“专栏作家”栏目，每期是同一个作者，连续六期按照该人的研究成果，拟专题，成系列，只用一个页面，因此文章立意之精粹可圈可点，文笔之精美字字珠玑。胡克立即动脑筋，反复研究确定人选并提出其准确的选题，如圈定彭松、孙景琛、叶宁、刘恩博等专家，积每人一生的卓越论述穿成串串珍珠式短文，其效果可想而知，受到舞蹈界内外的一致好评。

又如画页，我们说它好比音乐的华彩乐段，重视每期的封一、封二、封三、封底以及中间的对开页。那一年的封面是获大奖的优秀青年演员，如刘敏、王霞、杨丽萍等；封底是世界著名芭蕾舞蹈家的精彩剧照；封二选的是驰名全国的各成功舞剧的女主角，如白淑湘、陈爱莲、舒巧、赵青等；封三是获大奖的摄影和美术作品，由资深美编赵世英和专职摄影沈今声点评。

1988年是龙年，卷首语为《龙年吟》，封二是舞蹈界属龙的名人，第一代是名扬四海的舞蹈大师戴爱莲先生，第二代是默默耕耘30年的资深编辑胡克，接下来是定位法舞谱发明家武季梅，依次是舞蹈服装设计师汪慧君，“桃李杯”比赛获奖者杨海燕，最后是舞蹈学校一群12岁的可爱的小龙。

问：这绝对存在着高深的编辑思想对吧？

答：不敢说高深，只是用尽了全部心思和充分发挥了集体智慧。

问：您早出晚归地经营这个刊物可以理解，不可思议的是您是一个单枪匹马的外来者，又是从部队文工团调到全国性舞蹈刊物，怎样以舞蹈的思维管理编辑部？怎样发挥每个人的长处？这是需要功力的，您以前有过类似管理的经验吗？

答：怎么说呢，我这人很感性，大家也领我的情。当有人同我谈心，我觉得这是一种信任，仔细聆听对方的倾诉，用心梳理个人的人生经验，感同身受地和他一起分析、提出建议，甚至判断最后的是非曲直。

问：从培养、爱护的角度去帮助人啊。

答：过去我有个学生初学编导，一次，她谈到自己的新作设想，我从主题、构思、表现手段，尽我一切所知帮她出主意。节目成功了，我还特地写篇文章评介。我以为“一灯不灭，善心永存”应该是做人的原则。

问：您的与人为善，换取了别人对您的信赖。您没有任何私心，把整个心思扑在办这本刊物上，圈内人有目共睹。后来呢？

答：1992年，趁吴老师退下来，我立刻要求回原单位。

问：您是借调，原单位开工资，在编辑部尽义务，军龄还保留吗？1992年您60岁了，也该退休了吧。

答：我属于在部队离休。结果一天也没休息……

问：您离休后的人生，又是很精彩的一段，又尝试了一个新的命题。

答：是啊，1994年年底，深圳三大成功景区的首创者，被称作“中国旅游之父”的马志明先生就民俗文化村表演项目更上一层楼的思考，主持召开理论研讨会。就在这次会议上，我第一次接触人文景观、旅游文化，眼前忽然出现了如此开阔而又全新的领域。也许第一次的印象太强烈，与会期间，我几乎每时每刻都被激情燃烧着。

问：会议之后，您就留下来了？

答：是的，在这里搞了两台大型广场舞蹈，还为服饰团排了一台属于边缘性质的服饰舞蹈《四季回旋曲》，其中既有各民族异彩纷呈的服饰展示，还有艺术性趣味性的民俗风情表演。“春之韵”表现春城各民族的多姿多彩，“夏之梦”展示东南沿海的爱情主题，“秋之赋”演绎大漠深处的神秘内涵，“冬之舞”跳跃着北方冰、雪、灯的世界。

问：我知道这几台在深圳演了很久，民俗村正因为具有这样文化感的演出，才比别的景区更胜一筹啊。这样的生活创作，您持续了多少年？

答：十五六年了。我总期望不断接受新的挑战，纵然过去我喜欢博览群书，但每当接触新的主题时，还是要专心致志地重新学习，重新认识某些新生态、新事物。我对自己的要求是：昨天成功了，成功便属于过去，明天从零开始。多年来，我还养成一种习惯，或者称之为联想：看骑士打马跑过，好像岁月的年轮飞驰而去；想象着把每个人的一生都凝固起来，那将是一部部动人的书；远看一座雕塑，看着看着就看到它的动感，那么舞蹈多像是动的雕塑；一个人在静静地读诗，读着读着就联想到一条飞飘的长绸，那么舞蹈多像是一首读也读不完的无言的诗。

问：您的挑战、您的要求、您的习惯、您的联想，都能找到舞蹈的诱因，让一切诱因发挥出来为舞蹈服务。于是，您的离休过程没有虚度，挺过瘾！瞧，您在一台一台地搞舞蹈创作。

答：我觉得应将自己融入民族大业之中！创作的应是真善美的艺术！

问：在舞蹈界，您的这个定位还是把握得很好很准。您虽然年近80，仍然偏爱思考，仍然在工作，这是非常难得的。最后请您谈一下您将以什么样的文字，总结您一生的成就和收获，大致是怎样一个思路？

答：我的总体思路是先简后繁，先易后难。长期以来，我关注社会舞蹈活动，它的外延很广，如果说专业舞蹈代表国家水平，社会舞蹈则是培养全民文化素质的摇篮。我离休后，来不及喘息，便应新朋故友之邀，走遍长城内外、大江南北，以我所从事的舞蹈专业，结合广阔的综艺领域与博大精深的地缘文化，寻觅古今中外的艺术源流，从而拓展出鲜活的形式，逐步形成一种新型的独特模式。自1995年起，先后在深圳、成都、长沙、杭州、桂林等地的人文景观、主题公园和香港回归盛典、国际世博会等大型活动中做各种表演项目的创意、编剧。深感旅游文化具有无穷的魅力，那些原汁原味来自民间、民俗、民族的原生态艺术，一旦加以时空整合与品位提升，广大游客就看得如醉如痴；旅游文化不为功利主义所左右，游客口口相传的口碑、心心相通的心碑就是对创作者的最高奖赏。1995年深圳锦绣中华、中国民俗文化村由我担纲编剧的《中华百艺盛会》演出后掀起的轰动效应，被誉为全国主题公园开先河之作，共演了7年。2001年推出的《龙凤舞中华》一直演到今天，场场爆满。

就这样，我投入创作，并积累了原创与整合的剧目多部，拟以“实景舞蹈创编技法”为主题，编撰成册。

问：这是你未来规划中的第一部。

答：作为一个舞人，我总想写一本舞蹈书。

问：类似传记？

答：不是传记，是我思考过的问题，再加上我既往的讲课。

问：哦，就是以往您写过发表过的文字集中起来？

答：有些并未见诸报刊，包括到美国所讲的“艺术人生”系列；还有一些，是一直萦绕在我心中对舞蹈的思考。

问：此外，您还有其他的写作计划吗？

答：我想写一个世纪中我的家和我自己。

问：好像你们家搞文艺的特别多？

答：我们家搞文艺的就有6个人，女儿是军旅作家，已出版小说、散文集20余部；弟弟王维力是著名的雕塑家，在美国成绩斐然，很有威望；荣获电影界终身成就奖的著名配音艺术家向隽殊是我的姨，姨夫苏云是原长春电影制片厂厂长，后来是中国电影家协会的负责人；我和庞志阳都是新中国第一代部队的舞蹈编导。

问：您家搞艺术的几个人都很出类拔萃，在艺术界几个门类中都是知名人士。

答：应该说每个人在自己的岗位上都在努力求索，全神专注于事业。

问：您的家庭很有意思，写出来会很精彩。每个人都有自己独特的故事。

答：我经历过几个家庭，自幼生活成长在家大业大却又浸透着书香的祖父家、外祖父家，还有具有一片爱国心的高级知识分子继父家。他是铁路方面的专家，参与设计过长江大桥。

问：这几本书在您80大寿时能面世吗？

答：不可能，但我会努力！虽然今年已近80，我仍然乐观。说句题外话，前些时候我们当年南下、参加抗美援朝的老战友聚会，说着说着有的人就悲观起来，说什么生命已近黄昏，见一面少一面，不知下次聚会还少谁！我接口说，我们虽然是古稀之年、耄耋之年，但70后、80后不只是我们孩子们的专利，我们现在不都是70后、80后嘛，我们未来还是90后呢，越活越年轻。我总是跟同龄人相约九九，什么意思？到100还是99，最后活疯了！哈哈，大伙都乐了。

问：王老师，今天非常感谢您为我们讲述的这些动人的故事，同时我们也用镜头把您最真实的一面记录下来了。同您一起度过的下午时光非常非常宝贵，更令人难忘。让我代表我们年轻一代舞人祝您身体健康，能够活到99岁，谢谢您！

王曼力采访手记

江东

没怎么跟王曼力老师联系，因为一直想采访的是她的先生庞志阳老师。因为庞老师一直重病在身，就想等他身体好起来一些时再一并采访这对舞坛伉俪。之前去山东临沂出席原社会舞蹈研究会的活动，意外地碰到了曼力老师。攀谈中，了解到庞老师的病一直未曾见好。既然迟早都要做，闻知她要来北京，于是便约了曼力老师一起聊聊。庞老师呢，只好等他老人家好些时再来看他了。

王曼力老师是这一代前辈中我非常佩服的不多的几位老师之一。虽然接触不多，但她一以贯之的慢声细语、温文尔雅、得体大方、举止不俗，让我对于她的印象处在超好认知中：她是一位典型的东方贤淑女性的代表性人物！

曼力老师不仅贤淑，而且才气过人。记得自20世纪80年代末期，她在《舞蹈》杂志任主编那个时期，这个杂志以从未有过的锐气和才气，成为人们难以抹掉的记忆。而现在看来，不正是王曼力自身的气质让这一切成为可能嘛。

成为可能的还有很多别人不能的事情，比如，她创作的女子独舞《无声的歌》，同样也是一个不可能的事情吧。让一个舞蹈在没有音乐旋律的空间中出现，这样的奇妙艺术构思，会有多少人想得到呢？有人一生创作了无数的作品，大的、小的，但被人记住的可能有限。而王曼力这一个小小的作品，却让人永远地记住了她的艺术才华。这就是艺术的力量了吧。

这个有才气的女子，还有一个骄傲，就是她和庞志阳的爱女庞天舒。虽然也是舞蹈出身，但受到爸爸妈妈的影响，庞天舒的文学才气被激发出来，成为军中炙手可热的文学高手。把女儿培养成文坛才女，这也让王曼力深感自豪。

两个多小时的时间，听了曼力老师的人生故事，她的庄重和贤淑再次征服了我。我不知道这两个小时能说出她的多少故事，但那些带有必然性的人生经历和她的不懈努力，让我看到了她之所以会受人爱戴的秘籍。她在人生旅程上各个时期的履历，展示出她艺术人生的感悟，展示出她作为一名知性女性的自强不息，展示出她厚积而薄发的人生魅力。

虽然年事已高，但王曼力老师身上仍然散发着她知性的美丽。通过对她的不断认识和了解，发现她的这种美丽贯穿始终，在她人生的各个年龄段都这么自然地散发着芬芳。这样的女性才是智慧的体现吧，不张扬、不夸饰、顺势而为，空谷幽兰，予人玫瑰，指间留香。

王曼力老师也很有韧性，坚持自己为人、为艺的原则。或许，也只有这样，才成就了她的那些虽然不多但却给人带来无限感动的创作灵感和激情。

与曼力老师的交谈，让我生出无限感慨：正是秉承了知性与韧性，这位女性才如此坚韧，如此有力量；她的成就，才会如此到位，如此傲人。

隆荫培

1932—

舞蹈理论家、编辑家、研究员

主要从事舞蹈理论和编辑工作。先后参与创办《舞蹈学习资料》《舞蹈丛刊》《舞蹈》《群众舞蹈》《舞蹈艺术》等7种舞蹈期刊。为《中国大百科全书·音乐舞蹈卷》(任编委、舞蹈理论分支主编)、《中国舞蹈词典》(任编委、舞蹈理论分支主编)、《美学辞典》、《美学百科全书》、《文艺赏析词典》、《中国艺术百科辞典》等9种辞书撰写舞蹈词目487条，约22万字。与人合作出版的舞蹈专著有《舞蹈概论》、《舞蹈艺术概论》(获1997年华东地区优秀文艺图书二等奖)、《中国舞剧史纲》、《人体律动的诗篇——舞蹈》、《20世纪中国舞蹈》、《舞蹈知识手册》、《中国近现代当代舞蹈发展史》、《中国舞蹈名作赏析》、《北京志·文化艺术卷·舞蹈志》等。发表舞蹈理论、评论文章200多篇，共约225万字。曾任中央戏剧学院舞蹈团演员，中国舞蹈家协会编辑，文化部艺术局音乐舞蹈处干部，中国艺术研究院舞蹈研究所理论研究室主任、《舞蹈艺术》杂志副主编、研究生部舞蹈系班主任、硕士研究生导师。为中国少数民族舞蹈学会副会长、中国舞蹈家协会第五届理事、舞蹈理论委员会委员、中国舞蹈美学学会理事。

隆荫培访谈录

访谈地点·北京　中国艺术研究院舞蹈研究所
访谈时间·2011年4月11日
底稿整理·张提振
成稿整理·孟静
完稿审阅·隆荫培

今天，我们特别高兴有机会跟隆荫培老师聊聊天，隆荫培老师一直是中国艺术研究院舞蹈研究所的老专家，让我们今天一起来听一听隆老师的故事。

问：隆老师，您好！

答：你好！

问：隆老师，我们这个项目啊，特别想跟您一块儿聊一聊您一路走过来的经历，所以，您首先能不能告诉我们您是哪年、哪月、在什么地方出生的？

答：我是1932年11月27日在北京出生。

问：1932年出生，那您马上要80岁了？

答：还有一年多吧。

问：还有一年多您就要80岁了？

答：对，对。

问：在北京出生的，我记得您好像不是汉族人？

答：我是满族。我父亲是满族，我母亲是汉族。

问：对，您能不能给我们大概介绍一下您家的具体情况，您有几个兄弟姐妹啊？

答：就我一个独生子女。我父亲在我10个月大的时候就去世了，由我母亲把我抚养大。

问："隆荫培"这个名字有什么说法吗？有什么讲究吗？

答：是这样，我父亲姓李，我父亲叫李茂焜。我姓隆，是因为我爷爷姓隆，所以我是继承了我爷爷的姓。

问：您父亲李茂焜，是哪个茂，哪个焜？

答：茂盛的"茂"，"焜"是"火"字旁加一个昆明的"昆"。我父亲是姓李，我姓隆。

问：也就是说您的家是姓隆，但是您父亲没有姓隆，您跟爷爷姓了。

答：我爷爷姓隆，我父亲姓李，我就跟着我爷爷姓隆。

问：您是出生在北京？

答：出生在北京。

问：20世纪30年代出生在北京？

答：对。

问：您对儿时的北京还有印象吗？

答：对那时候没有印象了。

问：印象不深了。您是在旗吗？

答：对，就是满族。

问：这个对您的童年生活有什么影响吗？

答：没有什么影响。

问：没什么影响，跟普通人一样？

答：跟普通人一样，因为那个时候满汉已经通婚了。

问：跟汉族也差不太多了，着装、习惯啊，没有太大的不同？

答：差不多。因为你看我父亲死了以后，我们家就剩我母亲，我母亲是汉族，所以其实我是满汉的血统。

问：您接受的是正常的教育吗？比如说小学。

答：正常教育。

问：那从几岁开始上的学呢？

答：我从1938年到1944年，在北京西单头条小学上小学。1944年到1947年在北京私立新华中学上初中。1947年到1949年，我在北京市立八中上高中。1949年4月，考入了华北大学三部文艺学院戏剧系舞蹈队，所以我是从1949年4月参加的革命工作，那时候就算参加革命工作了。

问：在中华人民共和国成立之前您就加入了革命？

答：对。

问：您刚才说1938年上的小学？

答：对。

问：1938年上小学之前，这段时间您还有印象吗？大概还学过什么舞蹈或者什么？

答：没有，小时候我就喜欢武术，看武术。

问：您说的小时候指的是上小学之前还是小学之后？包括小学？

答：包括小学。那时候因为上小学嘛，喜欢动，喜欢武术，看什么武术片啊，什么看戏啊。

问：您自个儿也练吗？

答：自己练啊！

问：也练，那么练的是什么？

答：少林派。因为那个时候我记得我上小学、上初中的时候，还到国术馆向老师学武术。

问：那时叫国术？

答：叫国术馆。我们学校旁边有一个专门教武术的馆子，叫国术馆，教少林拳。后来当然都已经忘记了。

问：这个学校在什么地方？您刚才说的这个小学。

答：西单，就是西单头条。

问：你们家就在附近是吗？

答：就在附近，我们家在宽街，就是现在西单商场的后面。

问：当时学武术完全是您个人的爱好，还是说学校统一组织？

答：不不，爱好。我们几个同学比较喜欢，就到那儿学武术了。

问：怎么一个学法？天天都要练吗，就跟现在的少年宫似的？

答：经常去，就是那样。

问：您学到什么程度啊？

答：就是玩玩，小孩就是玩玩，也不累。

问：其实那时候跟舞蹈没任何关系，也没想到将来会走舞蹈这条路？

答：我为什么要参加革命，要去搞舞蹈，我给你说说。因为我在高中的时候，是文艺积极分子，我们来主编壁报，就是墙报。因为是文艺分子，所以中华人民共和国成立以后就得到了一张在新星大戏院的演出观摩票，就是现在西单那儿的一个大剧院，上演华北大学文工一团的歌剧《白毛女》，参演的有王昆、郭兰英等。看了以后我相当激动，那时候知道了阶级压迫、阶级剥削，所以当天晚上我就几乎没睡着觉，失眠了一宿。就想，我要搞文艺，就要搞这样的文艺。因为我原来是喜欢文学的，在初中的时候我们曾经出过油印小报，我是主编，那是一份叫《群有》的小刊物，"群有"就是大家伙有。

问：这个是您在高中的时候办的？

答：初中。

问：哦，初中就开始办了。

答：初中二年级的时候办的，我是主编。我们几个爱好文学的青年们在一块儿编，自己油印，自己花钱。印出来以后送给大家伙看。那时候就是好玩，因为那时候喜欢文学。所以我在高中的时候，是准备毕业以后考北大文学系。后来就因为看了《白毛女》以后，相当激动，说我要搞文艺就要搞这样的文艺，所以华大一招生我就上了华大三部。

问：那时候高三已经毕业了？

答：没有毕业。

问：就报名去了。

答：高二完了以后要上高三了。

问：去那是干吗呢？是去当舞蹈演员吗？

答：不是，就是考入华北大学戏剧系，我被分配到五班，那个时候我们早晨起来就扭秧歌，也上舞蹈课。后来戴爱莲先生来了，戴爱莲先生教我们跳舞。那个时候，戴爱莲先生就在一张八仙桌子上，教我们跳舞。

问：华北大学不在北京吧？

答：在北京，就在国会街，就是新华社的那个地址，原来叫华大三部，就是华北大学文艺学院，简称华大三部，那时候是戏剧系五班。

问：华北大学后来就没有了，是吧？

答：现在就是人大。

问：就是人大的前身？

答：人民大学的前身。

问：当时有戏剧班，但是现在人大连戏剧班都没有。

答：不是，后来我们五班就改编成舞蹈队了，舞蹈队由戴爱莲先生当队长，那时候我们就开始搞舞蹈了。

问：这是不是已经解放了？

答：对。我为什么那个时候对舞蹈感兴趣呢？在北京解放军入城仪式的时候，有文工团在街上扭秧歌、打腰鼓。

问：解放军的？

答：解放军的宣传队在大街上，我就看，看了以后就特别兴奋，特别激动。后来还有师范大学离我们八中比较近。

问：哪个师范大学呀？

答：北京师范大学。

问：那时候是不是叫辅仁大学？

答：不不，就是北京师范大学。他们的业余舞蹈队到我们市立八中去普及秧歌舞，教我们学生扭秧歌，就是在那个时候开始接触舞蹈，看舞蹈。

问：我算算您的时间啊，您1932年出生，1949年加入，16岁开始学舞蹈？

答：对，16岁开始。

问：正式开始接触舞蹈。您说当时戴先生教过您？

答：对。

问：那时候除了戴先生之外，还有别人教舞蹈班吗？

答：后来还有一个李老师也教我们。

问：那个时候都学什么呢？

答：戴先生教芭蕾，别的老师教扭秧歌、打腰鼓。

问：演过什么节目？

答：在1949年9月底到10月初，我们演出了《人民胜利万岁》大歌舞。

问：哦，这个您参加了？

答：我参加了，那时候是由梁伦同志给我排的，叫《沙泥鼓舞》。

问：就是《人民胜利万岁》里面的一段，那是1950年吧？

答：不，1949年9月底到10月初，在怀仁堂演出两场。为了庆祝中国人民政治协商会议开会和中华人民共和国成立。那时候我参加了。

问：那算您的首次演出吗？ 也不能算是？

答：不是首次演出。还有一次就在文代会的时候，我们演了边疆舞。

问：文代会就是中华人民共和国成立以后了？

答：对。

问：第一届文代会，戴先生是舞蹈家协会主席，那时候叫舞蹈工作者协会？

答：舞蹈工作者协会。

问：舞蹈研究会吧？

答：不是，舞蹈工作者协会，戴先生是主席，吴晓邦是副主席。那时候我们是华大文工团舞蹈队，演出边疆舞。

问：戴先生也参加演出了吗？

答：对，还有彭松（曾用名：赵郓哥）、叶宁、梁伦、隆征丘。那是向第一届文代会汇报。

问：也是在北京吗？

答：在北京，就是现在大华电影院那个旧址，在那儿演出。

问：您在华大待了多少年？

答：到年底就结束了，1950年成立了中央戏剧学院舞蹈团。

问：您就转到这个地方？

答：嗯，我们整个舞蹈队都转到舞蹈团了。

问：那转到舞蹈团的大概有多少人呢？

答：具体人数记不得了。

问：大概呢？

答：有七八十人吧。

问：那也不算少啊？

答：不算少，不算少。

问：中央戏剧学院舞蹈团当时有这么多人呐？

答：有百十来人。

问：当时中戏的院长是欧阳院长。

答：欧阳予倩。但是具体多少人我现在记不清了，得查资料。

问：当时这个团长就是戴爱莲先生？

答：戴爱莲当团长。

问：那等于说您走入舞蹈工作，戴先生就一直是您的辅导老师？

答：对，那时候团长是戴爱莲，副团长是陈锦清，艺术科长是彭松，舞蹈队队长是叶宁。教过我们的还有高地安，他教我们现代舞。后来吴晓邦也给我们上课。

问：您说的是舞研班了吧？

答：不是，是舞蹈团。

问：这是在舞研班之前的时候？

答：对。

问：吴晓邦老师也给您上过课？

答：给我们上过课，他上现代舞的肢体训练，还上理论课。

问：当时中央戏剧学院舞蹈团，可以说是中国舞蹈最初的一个舞蹈团？

答：就是中华人民共和国成立以后的第一个舞蹈团。

问：好像陈爱莲也是这个团的学员？

答：对。陈爱莲是在戏剧学院舞蹈团和北京人艺舞蹈队合并以后过来的。

问：那等于说你们比她还早？

答：她是我的学生，我还给她上过文化课。

问：（笑）就是她们入学了以后？

答：入学以后，她们叫学员班。那个时候我就改行了，我从舞蹈演员改为搞行政工作，做秘书干事，就管那些杂事。

问：这大概是哪年呢？

答：就是在1953年。1950年我是当舞蹈演员，在戏剧学院舞蹈团。1953年是中央实验歌剧院舞剧团秘书干事。就是合并以后叫中央戏剧学院舞蹈团，后来改名叫中央实验歌剧院舞蹈团，两个单位合并后就改制专门搞舞剧了，那时候我当秘书干事。

问：在这之前，您跳舞的这个阶段，您还跳过什么作品？

答：我跳过红绸舞、腰鼓舞、沙泥鼓舞、苗族舞，还跳过俄罗斯的双人舞，芭蕾的双人舞。芭蕾双人舞我跟谁跳你知道吗？ 我的舞伴是骆璋，那个大胖子（笑）。那时候我还托举她，举也举不动，她太胖了。

问：中央戏剧学院舞蹈团的人都分到哪里了？

答：分到民族歌舞团一部分人，分到中央歌舞团一部分人。

问：那时候天天练功吗？

答：天天练功。

问：非常正规的天天练功？

答：非常正规的。我们那时候练功相当吃苦，因为我那时候腿不太开，我们怎么练呢？ 就是早晨正式练功以前我早起，比如说我们7点钟开始练，我5点多钟起来，起来以后拿两个大砖头顶着墙开胯。有的演员，拴根绳在墙上吊。我没吊，因为那个时候腰腿不好。我为什么后来改行呢？ 就因为身体条件不是太好，软度各方面都差点。

问：您刚才说跳了一些作品，练功的话是什么样的方式练功呢？

答：芭蕾、现代舞和戏曲舞蹈。刘玉芳老师给我们教戏曲舞蹈，后来还有昆曲。

问：京昆都学？

答：京昆都学。少数民族民间舞就是排节目，我跳过很多少数民族舞蹈。

问：芭蕾舞就是戴先生这一套？

答：原来是戴先生教，后来来了俄国的老师，巴兰诺娃夫妇来教我们。

问：等于说还有苏联专家？

答：不是苏联专家。

问：他们不算苏联专家？

答：不算苏联专家，白俄。

问：白俄？

答：因为他们是在苏联十月革命以后流亡到中国的。

问：当初在上海、哈尔滨有好多类似这样的人。

答：他们教芭蕾，后来他们大概恢复苏联籍了，那时还没有苏联籍。

问：夫妇两个？

答：夫妇俩。

问：就是正好教你们男班、女班。

答：一个叫巴兰诺娃，一个叫舒可尔夫斯基。

问：这两个都是芭蕾舞老师？

答：芭蕾舞老师。

问：那就是说学的还是蛮正统的？

答：蛮正统的，都是俄罗斯的体系。

问：当时您可能是一个比较年轻的演员，中国的舞蹈建设才刚开始，您那时对舞蹈发展有什么想法吗？

答：我们反正是根据领导要求，领导让跳什么就跳什么。

问：比如说建立中国的舞蹈体系，或者学派，有没有这样的想法？

答：没有，那个时候吴晓邦说要建立中国舞蹈学派，我们都不懂，反正让我们学什么就学。

问：当时是不是在北京就这么一个团？总政也有吧？

答：部队有。总政有，北京军区也有。

问：对，部队抗美援朝那时候已经有了。

答：原来青年艺术学院还有一个舞蹈团。

问：就是傅兆先他们？

答：不是，傅兆先是北京人艺的。

问：青年艺术学院还有？

答：对，青年艺术学院也有一个舞蹈团。那时候教我们学《进军舞》，吴晓邦给他们排的《进军舞》，那时候吴晓邦是团长。后来解散以后，那些舞蹈团的学员都演儿童剧去了，现在少儿剧院就是他们那些人。

问：哦，儿童剧院。当时你们这个团，也就是说其实是一个母团，一下子就分出了中央民族歌舞团、中央歌舞团和今天的中国歌剧舞剧院？

答：对。

问：您后来在那儿待了几年？

答：我是1953年待了一年。1954年我就要求调动，因为我不愿意干秘书干事。

问：这是在中央实验歌剧院的时候？

答：实验歌剧院秘书你知道管什么呢？就管吃喝拉撒睡，还有治安。

问：（笑）后勤方面的。

答：后勤，比如说晚上守夜，我要挎个枪，组织我们一帮人守夜。白天要值班，一天到晚忙得不得了。我原来是弃文从舞，可是又弃舞从杂。那时候我就想，我不愿意干，我还是想继续考北大去。后来中央歌舞团的孙景琛调到了舞蹈研究会，那时候叫舞蹈艺术研究会。因为我们俩是好朋友，他就动员我说"你还是来吧"。因为那时候实验歌剧院的院长是周巍峙，周巍峙兼院长。他还说："周巍峙同志也同意你到舞蹈艺术研究会来，你就来吧。"他动员我，我说我不去。我还是备课，白天工作，晚上备课，我还是要考大学去。后来他动员我说："你搞了这么多年舞蹈了，你看咱们俩都是喜欢文学的，咱们搞舞蹈理论研究去吧，在那儿编刊物。"他把我的心说动了，这样我就调到了中国舞蹈艺术研究会。

问：那时候舞蹈艺术研究会也刚刚成立吧？

答：刚刚成立，那时候还叫筹备委员会。

问：筹备的时候您就去了？

答：就是孙景琛和我，我们俩就去筹备，筹备以后就建立了中国舞蹈艺术研究会，那时候是由吴晓邦担任主席，后来又改成了中国舞蹈家协会。我们俩就办刊物。

问：您说的是你们筹备这个会的时候，这个会在这之前其实已经有了文代会、舞协了。

答：对，有舞协。

问：那时候舞协的机构在哪儿呢？

答：那时候舞协只有一个人，叫孙汤金，后来孙汤金调到四川去了，就没人了。中国舞蹈工作者协会就基本上散摊了，后来就成立了中国舞蹈艺术研究会。

问：这个舞蹈艺术研究会也就是在舞协的基础上成立的。

答：对，原来是舞蹈工作者协会，吴晓邦是副主席，现在就是中国舞蹈艺术研究会筹备委员会，吴晓邦当主席了。

问：就是第二任了吧？第一任是戴爱莲。

答：第一任是戴先生，那时候不叫舞蹈工作者协会。

问：对，1954年舞蹈学校成立了，戴先生去舞蹈学校当校长去了。

答：对。

问：也就是今天这个舞协。

答：那个时候我们中国舞蹈艺术研究会叫筹备委员会，开始就我和孙景琛编印了《舞蹈学习资料》和《舞蹈通讯》。因为原来成立中国舞蹈工作者协会的时候，出过一期《舞蹈通讯》，我们就把这个又继续办下了。《舞蹈通讯》原来是不定期的，后来改成了定期的刊物。《舞蹈学习资料》就是把散见在各个报刊、各个杂志有关舞蹈的文章编在一起，那个时候都是免费向各个团发放，向会员发放，向各个团发放。

问：那个时候是向全国发吧？

答：全国各个舞蹈团体我们都发，都是免费发放。

问：您刚才说孙景琛老师是从中央歌舞团过来的？

答：对。

问：那就是说他在华大的时候，你们也是在一起的？

答：对，他也是舞蹈团的。

问：就是跟您一块儿进的华大？

答：他被分到中央歌舞团，我被分到中央实验歌剧院。其实我们俩原来是在一个团的。

问：当时彼此之间都知道对方喜欢文学？

答：对。

问：孙老师比您岁数大一点？

答：大一点。

问：他不是北京人吧？

答：他不是北京人。

问：1954年筹备舞蹈研究会的时候，地址在什么地方？

答：在现在的东四头条，就是原来文化部的后边。

问：红楼那块儿？

答：不是红楼，就是东四头条。

问：那时候你们筹备处有几个人？

答：筹备处还有一个行政人员。

问：就你们3个？

答：就3个。后来慢慢调来了一个会计，再后来还调了一个出纳。

问：你们是需要天天上班的，是吧？

答：天天上班。

问：吴晓邦老师不是天天去？

答：吴晓邦那个时候是民族歌舞团的团长，他有事儿就来，后来是盛婕当秘书长了。

问：盛婕老师是从北京舞蹈学校转到这边来的？

答：嗯，转到这边，她是秘书长，领导我们。

问：盛婕老师来的时候人就比较多了吧？

答：有五六个了。

问：王克芬老师那时候也过来了吧？

答：王克芬是后来……

问：那时候还没过来？

答：那时候没来。

问：刘恩伯老师也没过来吗？

答：后来过来的。那时候搬到王府大街的时候他们才过来，我们在东四头条的时候，他们没有过来。

问：这个《舞蹈学习资料》一共是办了多少年？

答：出版了多少期我不记得了。

问：一直都在不定期地出？

答：一直办到正式出刊。

问：正式出版《舞蹈》杂志？

答：1958年正式创刊《舞蹈》杂志。

问：等于说这两个刊物合并成《舞蹈》了。

答：那就是内部刊物。因为在正式出版以前，还办了一个《舞蹈丛刊》，《舞蹈丛刊》是上海文艺出版社出版的，公开发行了。

问：顾也文他们那儿？

答：对，顾也文那儿。后来《舞蹈丛刊》又不定期发行，然后我们改成定期，我们自己搞发行。

问：上海出的这个杂志跟北京的有什么关系？

答：我们办的，我们编辑，他出版。

问：哦，就是让他出版？

答：让他出版。《舞蹈丛刊》出了几期，1958年我们自己就办了《舞蹈》双月刊。

问：最初的《舞蹈》双月刊就是您跟孙老师？

答：嗯。

问：就是两个人？

答：后来陆续人就多了。

问：刚开始呢？

答：开始就我们俩。

问：就你们两个人弄起来的？

答：对。

问：那时候刚开始办这个也是困难重重吧？

答：是。那时候行政人员也慢慢增多了，比如王泽仑负责跟工厂联系啊，下厂印刷啊。反正那时候编辑、校对都是我们俩。

问：当时在舞蹈界办这么一个刊物，对舞蹈界来说完全是一个非常具有里程碑意义的事件。

答：反正是创刊，过去没有。

问：所以你们当时办这个刊物的话，包括找作者，包括自己写作？

答：约稿，写作。

问：我记得好像郭明达老师那时候也都写过。

答：后来郭明达也调到我们舞蹈研究会来了。比如好多作者都是我们亲自联系，像王曼力就是我们的作者，还有各个歌舞团的。因为那个时候我们免费发大家刊物，而且我们还发展通讯员，还给通讯员优惠，给他本人发刊物。

问：您说发给大家刊物，其实那个时候办刊物也没有什么财务上的压力吧？国家全都统筹拨款吧？

答：国家统筹拨款。

问：您还有印象吗？大概一期能印多少册？

答：印几千册。

问：这个是1958年开始的？

答：1958年《舞蹈》杂志公开出版。

问：对，公开出版。1958年的时候，这个研究会还叫研究会吗？

答：不叫。

问：已经变成舞协了？

答：舞协，舞蹈工作者协会。

问：办这个刊物只是舞协的一项工作吧？

答：对。后来还有组织联络部，慢慢调人。像刘恩伯后来也到我们那儿去了，后来好多人都到那儿去了。

问：刘恩伯老师去了也是在刊物吗？

答：不是，那个时候研究部也有了，王克芬就到了研究部，成立了舞蹈史研究组。

问：哦，孙景琛老师不是也参加了这个研究会吗？

答：对，他也参加了，他是兼的。

问：他主要的工作还是你们这个编辑工作？

答：主要是编辑。原来他是编辑组组长，我是组员，后来他就不干了，专门去搞舞蹈史研究去了，我当编辑组组长。

问：编辑组组长下面还有什么人？

答：哎呀，好多人呢，什么徐尔充、周威仑都来了。

问：徐老师是哪年来的？

答：徐尔充是1959年。

问：1959年从总政过来的？

答：从总政过来的，周威仑也是从那儿过来的。那时候乔英也是从总政过来的，乔英当我们的办公室主任、党支部书记。那个时候是盛婕当秘书长。

问：这个工作一直延续到“文革”吧？

答：对，一直到“文革”。

问：一直是双月刊？

答：后来变成月刊了，1959年以后变成月刊。那时候，我们还出了另外一本刊物是《群众舞蹈》。

问：《群众舞蹈》，对。

答：《群众舞蹈》也是月刊。

问：月刊？

答：月刊。一个是《群众舞蹈》，一个是《舞蹈》杂志。《舞蹈》杂志由孙景琛当组长，后来《群众舞蹈》由我当组长。那时候刘海茹也调来了。

问：刘海茹老师到您这儿是负责《群众舞蹈》的？

答：她搞《群众舞蹈》。

问：孙老师走了以后您一下子管两个刊物？

答：后来《群众舞蹈》就不办了。

问：《群众舞蹈》办的时间不长？

答：办了一年半多，后来压缩刊物，就把《群众舞蹈》合并了。

问：内容合到你们里边，一样。

答：没有《群众舞蹈》刊物，就只有《舞蹈》杂志月刊了。

问：也就是说到“文革”，日复一日，年复一年地一直坚持着每个月都在做。

答：对。

问：这个刊物的主编那时候是吴晓邦，还是盛婕？

答：吴晓邦，后来副主编是游惠海，让他主持工作。

问：游惠海“文革”前就在舞协组织工作了？

答：不是，他是兼的，他没驻会，不是舞协的编制，他是主持刊物工作，就是审审稿。

问：也不来上班，不像你们天天上班。

答：不来上班，有他一个办公桌，但是他经常不来。

问：这个工作一直持续到了“文革”，“文革”就停了？

答：对。

问：停了以后你们干什么去了呢？

答：我们受审查去了。

问：您也受冲击了吗？

答：对，我们整个是裴多菲俱乐部，我们整个就到舞蹈学校去受审查。

问：你们全部的人？

答：全部都住在舞蹈学校，由舞蹈学校的工宣队、军宣队对我们进行审查。

问：舞蹈学校那个时候在哪儿？

答：陶然亭，都搬到那儿去住了。隔离审查的是从美国回来的郭明达，给他隔离了。

问：把他给隔离？

答：怀疑他是特务。我也受审查，因为什么呢？1956年在舞协由盛婕带团，有我，有康巴尔汗、隆征丘、梁伦，我们去苏联访问了两个月，就怀疑我是“苏修特务”。

问：（笑）那个时候已经跟苏联交恶了？

答：嗯，交恶了。因为我们1956年去，为什么说是“苏修特务”？我们在苏联的时候认识了一个华裔的小姑娘，学舞蹈的，对我们非常友好，我们都互相留下了通信地址。后来我们回国以后，她就给我们写信。那叫什么信？写一封呢，就是传播。就是你写一封信以后，我给你写信，你把我这个信的内容再抄几份发给别人。那时候来了信以后我说我哪有工夫干这事？就随便这么一说。后来别的群众就听见了。

问：说您跟国外有联络？

答：有联系，这是一个。另外一个就是我们在苏联访问的时候，苏联配备给我们一个翻译，是俄国人。后来这个俄国人调到了北京的苏联大使馆，苏联大使馆就邀请我们舞蹈代表团的人去他那儿看电影。我回来以后就说我看见那个翻译了，但是因为距离远，只看见他，没跟他说话。后来就说为什么你不敢跟他说话？ 怕把你们的真实身份暴露了。（笑）所以这样就怀疑我是“苏修特务”，就进行审查。

问：可是不光您一个人去呀？ 您刚才说了这么一堆人，他们都没事。

答：各有各的事。

问：您就是这个事？

答：我被怀疑是“苏修特务”。

问：《舞蹈》杂志没给你们带来厄运吧？

答：他们就说我们都是“黑线专政”，反正都是审查历史。

问：让回家吗？

答：不让回家。

问：审查您没问题吧？ 您家庭出身什么的都没有问题吧？

答：那时候打派仗互相揭发，你这派揭发我，我这派揭发你。审查以后都做了结论，就没事儿了。

问：在舞蹈学校待了多少年？

答：没待多少时间，也就是几个月。

问：然后就回舞协了？

答：不是，后来就下放了。

问：哦，又被下放了。

答：去劳动锻炼，到干校去了。

问：您去哪儿了？

答：原来到怀来县，后来又到天津团泊洼，整个儿都去了。

问：你们算是文联系统？ 文代会系统，还是舞协系统？

答：就是舞协。

问：您家属都跟着去了？

答：家属没去，就我一个人去了。

问：您夫人毛老师没受冲击？

答：那时候她是剧协的，也到了干校，我们在一个干校。

问：孩子呢？

答：孩子在北京啊。

问：就管不了了？

答：管不了了。那时候我们就雇了一个保姆，管我们3个孩子。

问：哦，这样啊。就等于说父母都不在，这3个孩子跟着保姆过？

答：对。

问：哦，这大概多长时间？

答：有快一年多吧。

问：您在干校干什么呢？

答：劳动啊。

问：劳什么动啊？干什么工作？

答：种田。

问：种田？农活啊。

答：后来因为盖房子，我就当木匠。有一个老木匠当我们师傅，我们几个年轻人跟他学。我是当木匠，我老伴就是插秧。因为那个时候好多领导都是……比如说张庚同志，那时候也是我们干校的，他干什么去？专门扫厕所。

问：也在你们团泊洼？

答：团泊洼。

问：隆老师，您再给我们说点有意思的事儿吧。

答：我在中央实验歌剧院当秘书干事的时候，1953年的4月8号到7月5号，其间我们去朝鲜慰问。

问：全团？

答：不是，参加了中央慰问文工一团，去朝鲜前线慰问中国人民志愿军。我们那时候因为全国组织了5个慰问团一起去朝鲜，我们是朝鲜慰问文工一团，以中央实验歌剧院为主。另外还有演出京剧的张云溪、张春华，我们都是一个团。去朝鲜慰问，我们那个时候到了西海岸。有意思的是什么呢？我们曾经到了志愿军总部，得到了彭德怀同志的接见。后来我们又到了平壤，又接受了金日成的接见，而且在平壤的地下剧场，我们还给金日成同志表演过，那时候和崔承喜一起，所以这个还是很有意义的。

问：那个时候你们去演什么？

答：那时候我还当舞蹈演员，因为去的人不是整个团都去的，挑选了一部分主要演员，我还参加表演《红绸舞》。

问：哦，就都是中国舞蹈？

答：嗯，中国舞蹈。

问：主要是给志愿军表演？

答：主要是去前线慰问志愿军，比如说张云溪、张春华演出京剧《三岔口》。

问：上前线是什么概念？就是跑到前线去了？

答：就是到前线。

问：就是给战士演出？

答：给战士演出。因为我是秘书，打前站，打前站的时候我们自己背着行李，到了一个地方。那个时候美国飞机一轰炸，它有防空哨，一打防空哨我们就马上趴在地上。结果很幸运，我趴在地上的时候，前100米后100米——不到100米，好像是七八十米的样子，两个炸弹就在我前头后头。它要早一秒按，或者晚一秒按，我就被炸了。就是这样的，我们一般都是夜里行军。

问：您说前100米、后100米，您战友有遇难的吗？

答：没有，我们都没有。因为我打前站去了，打前站的时候因为坐车去，有时候一开灯飞机就看见了。美国的飞机它是每天夜里飞，我们夜行军一般不开灯，一开灯美国飞机就来，一来就打防空哨。

问：这是在什么地方？

答：在朝鲜境内。因为那个时候到三八线，南边是美国军队，我们这边的志愿军是在三八线以北。所以这段经历还是很有意义的。

问：您刚才说您还见过崔承喜？

答：嗯，崔承喜。

问：跟她交流过吗？

答：在那里一块儿演出。另外还有跳舞晚会，交际舞，我们都和他们一起。因为那个时候我们就睡在地下剧场，一般都住在山洞里面。

问：地下剧场我不太懂，什么叫地下剧场？

答：就是平壤市建造了一个地下剧场，在地下挖的剧场，因为地上都给炸平了。

问：已经夷为平地了？

答：已经夷为平地了，都是一片废墟。

问：人都要到地下去？

答：到地下，盖了一个平壤的地下剧场，我们都睡在地下剧场里头。领导人金日成等这些人都住在地下。比如我们去见彭德怀元帅是在深山洞里面，把山洞挖了以后，到里面去住。

问：您亲自见过他？

答：亲自见过。因为我们那时候是慰问演出，也要给领导人看看吧，所以那个时候就这样。

问：您说这是1953年去的，崔承喜那时候已经来中国了吗？她开办的舞研班是后来的事儿？

答：对，后来的事儿。

问：你们先见了她？

答：对。

问：她再来舞研班教的时候，您跟她学过吗？

答：没有。

问：没有太深的私交？

答：对，那个时候我是作为一般的团员。

问：她是作为一个很有名的舞蹈家。

答：舞蹈家，领导跟她见面，这是一个有意义的事。还有一件就是1956年

9月25号到12月2号，我参加中国舞蹈代表团访问苏联，到了莫斯科、圣彼得堡等地，去考察俄罗斯的舞蹈文化。

问：看他们的演出吗？

答：看他们的演出，采访他们的舞蹈家。后来我们回国以后和盛婕一同出版了一本《中国舞蹈代表团赴苏考察访问集》，用油印本出版的，那个时候收入了盛婕同志的一篇文章，我写了14篇访问记，内部出版了这些文章。

问：去的时候主要看了什么？芭蕾舞还是民族舞？

答：都看。芭蕾舞、民间舞，还有小白桦，提比利斯的边疆舞剧，红军歌舞团什么的都看了。那时候主要采访这些舞蹈家，后来有一些文章在《舞蹈》丛刊里边内部出版了。还有一件比较有意义的事儿就是我1958年下放。

问：1958年？

答：1958年我们办了《舞蹈》杂志，那时候就要求我们单位要有下放的。原来定的是刘海茹下放，因为她做编辑工作刚开始，所以让她去。那时刘海茹提出来她有困难，因为她的孩子太小。我说：我替你去吧！于是，我就主动要求去了。

问：去哪儿了？

答：去怀来县下放劳动，很有意思的就是这段经历。先分配到桑园乡袁家营，就是怀来县。到那儿劳动，我住在农村的团支部书记家里头，他和他老父亲住在一个屋子里头，主要是参加田间劳动。那时候是冬天，往田里送肥什么的。送肥怎么送的？就是有个小驴驮着两个粪筐，我把粪盛到筐里头，给它套上，然后跟着小驴走。小驴认路，到了路以后放下粪，把筐拿回来，回来再弄，就这么着送肥。结果劳动时间不长，也就劳动一个多月，后来就给我调走了。我1月份去的，3月11号就接到通知说调到地委工作。调到地委干什么呢？我12号到张家口报道以后，分配到张庄歌剧团搞辅导工作，1958年主要是要排演现代戏。同去的还有剧协的一个叫江晓平的老同志，他是剧协的。我们俩人就做辅导工作。那时候我们就给他们团排演了一个现代戏《三里湾》，就是戏曲的《三里湾》。后来我还写了一个剧本叫《春到水库》，二人台。因为那个剧团主要是唱二人台的，给他们排了这个戏。到那儿工作不久以后，又通知我7月份调到怀来县县委办公室工作，当县委书记的随从，就是等于文书，跟着县委书记下乡做调研工作。那个时候县委书记都是骑着自行车，配备我一辆自行车，县委书记一辆自行车，还有一个保安人员，下乡的时候，我们3个人骑着3辆自行车就到各地去。

问：各乡镇？

答：嗯，到各乡镇去看看他们种植的怎么样，收成怎么样，听他们的访问。后来又过了一个多月，9月份又调了。因为又成立了怀来县文艺大学，那时候我们文联有个同志叫佟韦，他当校长，让我当副校长兼舞蹈教员，给学员上舞蹈基训课。那时候我们就弄了一个舞蹈班。后来我排演了《春到茶山》，还创作了一个舞蹈叫《果林舞》，因为我们在乡里头都是种果树的，就有这么一段经历。后来我们排了一台节目，还到北京来汇报演出，在文联大楼礼堂演出了几场，给文联和各协会的干部做汇报，演出受到了好评。那时候我还上台表演。

问：您那个时候很年轻啊？

答：由我们那几个教员演出“大实话”。

问：什么叫“大实话”？就跟“三句半”似的？

答：就是那个。（笑）这段生活还是挺有意思的，我下放这一年来，去了很多地方。

问：做了各种工作。

答：跟着县委书记下乡，又办文艺大学，后来又排节目。因为我们一去的时候就开三级干部会，那个时候是“大跃进”，都是虚报冒领，说我亩产多少多少斤，亩产多少斤就报。我们当时很年轻，就觉得不对啊，这亩产哪能这么多？他说我亩产上万斤，我亩产一万一。后来我们说这不成啊？这是胡说，不行。后来有一个老同志就嘱咐我，你不能说这样的话。现在看起来那时候是浮夸啊。

问：嗯。

答：我们办文艺大学的时候还遇到这样的问题：吃饭不要钱。因为那时候有这么一个共产风，就是生产队都是吃饭不要钱，自己不准在自己家里做饭，都吃食堂，敞开肚子吃，不要钱。后来就遇到危机，吃着吃着就没粮食了。当时这些事情，有些年轻的同志都没经历过。

问：那就是说，您离开一年的话，这个刊物一年就没人管？

答：我没管，他们管。1958年1月下放，后来1959年1月调回来以后我就当了《群众舞蹈》的编辑组长，回来以后就调到那儿去了。

问：我还没弄明白，为什么让您下放？这是什么意思啊？

答：不是，每个单位都得有下放的。

问：什么意思？它是为了锻炼下放的这个人呢，还是说为了支持当地的工作？

答：它就是有这个规定，每个单位必须去一个人，这是小单位。大单位去的人多，比如说文联大单位就去2个人，比如说剧协人多就去3个人，我们小单位必须去1个人，给了名额。

问：我觉得它的出发点还是为了要帮助当地的工作，是这样的意思吗？

答：说是锻炼干部。

问：哦，锻炼干部，就跟后来我赶上的叫什么到农村学大寨，为了锻炼干部。

答：实际上可能底下也需要人。

问：也需要一些干部。

答：比如劳动不到一个月就给调去搞辅导工作了，搞辅导工作又调到县委办公室了，调到县委办公室以后又办文艺大学了，它就是这样。那个时候文艺大学，比如说剧协搞戏剧的也调来当老师，音协的教音乐，给排练唱歌。

问：隆老师，"文革"之前您在《舞蹈》杂志做这么长时间的编辑，我想问您一个问题，现在因为走市场，看演出很困难，没票。您那个时候看演出频繁吗？

答：那个时候是这样的，因为我们有充足的经费，买票不成问题。有的时候人家也送票，比如说彩排就给我们送票，他要是不送票，我们买票。另外我们经常到各地去看演出，比如哪儿有会演了，我们就派人去，比如说到沈阳、到南京、到四川、到重庆。那时候经费有保障，因为出差费花不了多少钱，也很便宜，不像现在。

问：演出也不会那么贵？

答：演出不那么贵，而且演出单位一般非常友好的话，你去了以后人家就招待你，送给你票。

问：演出看的还是很多的？

答：演出看得很多的。

问：对当时中国舞蹈的现状了解得比较全面？

答：嗯，有比较全面的了解。

问：你毕竟属于舞协嘛，最核心的一个部门。

答：所以那个时候写评论文章，还可以不仅看一次，我要写你们的东西你再给我送一个票，他还给你票，不像现在。不知道你们怎么样，你们可能当领导的看演出还好一些，一般干部看演出就比较困难了。像我们这个工薪阶层的买不起票看了。

问：今天是这样，肯定是很困难的。您“文革”之前还有什么有意思的事儿吗？

答：没有什么了。

问：（笑）咱们刚才说“文革”的时候您去干校了，在干校待了一年多。回来的时候回哪儿了呢？

答：回来以后就调到文化组。

问：哪个地方的文化组？ 舞蹈学校的？

答：不是，就是国务院文化组。

问：您没调到舞蹈学校去是吗？ 您去只是去接受审查？

答：审查之后是下放。

问：关系不算舞蹈学校的人？

答：不是舞蹈学校的人。

问：刘恩伯老师他们也是没有回舞蹈学校？

答：没有回舞蹈学校，包括郭明达等都是舞协的编制。从干校回来以后就给我们办学习班。办学习班呢，是文化组挑人，比如说学习班成绩比较好的，他看中你就给你调到文化组去了。

问：这个文化组是干什么的？

答：文化组就是文化部前身。

问：文化部的前身？

答：文化部的前身叫文化组，后来文化组就改称"文化部"，实际上就是文化部的前身，国务院文化组。后来文化组成立了音乐舞蹈处，我就到音乐舞蹈处。后来成立了文化部，我就到文化部，叫文化部音乐舞蹈处，当音乐舞蹈处的舞蹈干部。

问：哦，您做了一段这个工作。

答：音乐舞蹈处的主要工作就是恢复团的建制。那个时候都解散了，比如说歌剧院舞剧团、中央歌舞团、芭蕾舞团，都重新建制恢复；我们就去搞这个建团工作，选团长，选基层领导、演员。做这段工作以后，我就在音乐舞蹈处，后来就到各地去巡视。

问：指导工作吧？

答：跟着文化部的部长。

问：周巍峙是不是又回来当部长了？

答：那个时候是代部长。

问：您不是说周巍峙本来就是您的头儿吗？

答：是，他原来是我们歌剧院的院长。

问：后来他当部长的时候，您还在他手下工作？

答：我是音乐舞蹈处的工作人员，后来因为干的行政工作，我觉得我还是搞研究比较好，我就打了报告，那时候艺术局的局长叫关鹤彤，也是少数民族，他就批准我回到了中国艺术研究院。

问：那就比较晚期的时候了，那是1979年了？

答：是1979年。1973年到1979年我在国务院文化组，文化部艺术局音乐舞蹈处。

问：时间不短啊！

答：1973年到1979年。

问：6年呐。

答：嗯，6年。1979年8月，我到中国艺术研究院舞蹈研究所当理论研究室主任，兼任《舞蹈艺术》副主编，是研究生班的班主任和硕士研究生导师。

问：您在文化部，或者叫文化组这个期间，当时文化部有很多大的舞蹈活动都是你们弄的，什么单、双、三人舞蹈比赛啊，包括在1976年“文革”结束之前，我记得1975年就有一次很大的单、双、三人舞蹈比赛。

答：那时候是我们弄的，我们主要是搞简报。

问：哦，您在这个处里面还是做文字工作？

答：做文字工作，比如说部长要讲话，我给他写讲话稿的初稿，比如说要写简报，我们就写简报，那个时候由文化部音乐舞蹈处写了以后直报国务院。

问：您当时在这儿工作，这个处里有多少舞蹈方面的干部？

答：舞蹈有我一个，后来孙景琛也调过去了。音乐有两个干部。

问：舞蹈就你们俩？

答：就我们俩，音乐有两个，处长也是搞音乐的。

问：孙老师和您一起也下放过？

答：一样的，也是一起。

问：徐尔充老师呢？

答：徐尔充也是啊。

问：你们所有这些人都再没回舞协？

答：我本来想回舞协，后来盛婕没要我，她说你就在基层工作吧。她为什么不要我呢？因为那时候我们写批评吴晓邦的文章，“四小兵”，有徐尔充、周威仑、我和孙景琛，后来她只要了孙景琛，我们3个都没要。

问：孙景琛什么时候要的？就是“文革”以后？

答：“文革”以后。

问：他从文化部先回到舞协？

答：在舞协，原来是吴晓邦要让他当秘书长，后来陈锦清不同意，他就没有当。

问：陈锦清当时不是舞蹈学校的校长吗？

答：那个时候是舞协主席团的，他们开会要决定去留干部。听说是陈锦清没同意。

问：批评吴晓邦的"四小兵"这是哪一年的事儿？"文革"前的事儿了吧？

答："文革"前的事儿。那个时候是领导布置的任务，是由中宣部下达传到文化部音乐舞蹈处，由音乐舞蹈处传达给我们编辑部，所以我们就组织了一个批判小组，我们四个人，孙景琛当组长，我、徐尔充和周威仑，我们写的批判吴晓邦的三篇文章。

问：主要原因就是因为吴老师那时候还是比较西化，主要还是属于现代舞的东西，是不是从这样一个角度想的？

答：后来我们觉得批判错了，都是极"左"，后来我们都给吴老师道歉了。

问：这是时代的问题，跟个人没有关系。

答：那个时候主要是领导布置任务，领导布置到主编。为什么孙景琛当组长？他是编辑组长，编辑组长组织了我们几个人。

问：必须得做。

答：对，这样的话就写了文章，那时候都是一种极"左"的思想嘛，都是领导布置任务。我记得好像王克芬同志还写了批判吴晓邦的文章，后来在人民大会堂，总理还问"谁是阿芬呢？写了批评吴晓邦的文章"。阿芬还说"是我"（笑），还有这么一段有意思的事。

问：当时因为不是出于个人的本意，1979年就正式调到了舞研所？

答：对，1979年8月。

问：您调到舞研所来的时候，舞研所那时候还在恭王府，当时舞研所应该说已经有一些人了，比如董锡玖老师、薛天老师。

答：对。

问：刘恩伯老师来了吧？刘海茹老师都来了。我估计郭明达老师都比您早吧？

答：对，可能是。我之后到的。

问：您比徐尔充老师早吗？

答：差不多，因为那个时候徐尔充好像调到了一个要成立的批判办公室。

问：反正已经从舞协调走了，也不在舞协了，就是你们这拨人没一个再管《舞蹈》杂志的了。

答：那时候胡尔岩在《舞蹈》杂志，后来胡尔岩也调走了。

问：在文化部待着挺好，后来就调到艺研院舞研所。到舞研所以后工作主要以研究为主和出刊物了。当时刊物是你们创办的吗？

答：是。

问：你们来之前还没有？

答：我们来之前还没有，后来是资华筠当所长，那时候由她出任主编，我和徐尔充当副主编，我是第一副主编嘛。那个时候办了研究生班，董锡玖老师当副所长。

问：吴晓邦老师他不来？

答：吴晓邦他有时候来，一个礼拜来那么一两次。主要来的就是董锡玖和薛天，他们俩是副所长。那时候成立了理论研究室、舞蹈史研究室。舞蹈史研究室是王克芬当组长，我在理论研究室当主任。

问：当时就两个室，没有外国舞蹈研究室？

答：外国舞蹈研究室要成立，由欧建平当头儿。

问：那就晚了，是后来的事了，当时还有一个资料室。

答：对，当时有古代舞蹈的研究室，近现代舞蹈研究室和舞蹈理论研究室。

问：从那儿开始您就开始专注于研究领域了？

答：那个时候我和徐尔充我们俩就写出了《舞蹈概论》。

问：《舞蹈概论》没那么早吧？《舞蹈概论》是您和徐尔充老师出的第一本学术著作吗？

答：对。《舞蹈概论》是1984年7月由上海文艺出版社出的第一版。我出版的书籍情况要说说吗？

问：好。

答：我列了一个表。

1984年7月，由上海文艺出版社出版《舞蹈概论》，我和徐尔充合著。

1985年5月，由人民音乐出版社出版，我和徐尔充担任主编的《舞蹈舞剧创作经验文集》。

1990年2月，由文化艺术出版社出版《中国舞剧史纲》，由傅兆先、徐尔充、我和冯双白合著。

1990年8月，由高等教育出版社出版《人体律动的诗篇 —— 舞蹈》，由天津的汪加千、冯德、徐尔充和我一起合作，他们写舞蹈理论和舞蹈理论知识，我们俩写舞蹈美学方面。

1992年12月，由青岛出版社出版《20世纪中国舞蹈》，这是由王克芬、我和张世龄合作的。

1997年4月，由上海音乐出版社出版《舞蹈艺术概论》，由我和徐尔充合作，获1997年度第11届华东地区优秀文艺图书二等奖。1998年10月，文化部离退休干部局将其列选入中国革命博物馆举办的文化部驻京单位大型老年文化成果展览，这是我们的《舞蹈艺术概论》。

1999年4月，由上海音乐出版社出版《舞蹈知识手册》，由我、徐尔充和欧建平3个人合作的。

1999年9月，由人民音乐出版社出版《中国近现代当代舞蹈发展史》，由王克芬和我担任主编，撰稿人有王克芬、江东、张世龄、徐尔充、我、申文龙、苏祖谦，2006年5月，获文化部颁发的第二届文化部文化艺术科学优秀成果三等奖。

2001年7月，由华乐出版社出版《舞蹈知识100问》，由徐尔充、隆荫培、苏祖谦3个人合作的。

2002年10月，由北京出版社出版《北京志 · 文化艺术卷 · 舞蹈志》，由徐尔充、我主编。

2005年北京市人事局、北京市地方志编纂委员会授予徐尔充和我“北京市地方志、北京年鉴先进工作者”荣誉称号，并颁发了荣誉证书。

2008年12月，由香港天马出版社出版《新中国舞蹈的奠基石》（上、下卷），由董锡玖和我担任主编。

2009年6月，由上海音乐出版社出版《舞蹈艺术概论》（修订版），由我、徐尔充合著，这是重新写的修订版。

2009年7月，由香港天马出版社出版的隆荫培舞蹈艺术文集《舞蹈奥秘探求》（上、下卷），就是带给中国舞蹈博物馆的那个。

另外还要说明的是，我还为吴晓邦老师《新舞蹈艺术概论》的修订本担任了责任编辑，1987年中国戏剧出版社出版的，就是20世纪80年代初期啊，后来那本书没印我是责任编辑，但是吴老师出版以后，给我写了“谢谢你帮助我出版了这本书”，有他的签字。这是吴老师的修订版本。

2007年我们纪念吴老师逝世出版了《吴晓邦舞蹈文集》，我是编委会的副主编，我是担任了第二卷主编，因为它有五卷，我是第二卷的主编。

另外，我还担任了中央电视台少儿艺术电视大奖赛舞蹈艺术的两届评委，一个是2003年，一个是2004年。

还是《中国当代舞蹈精粹》摄制组成员，那时候主编是资华筠，我是责任编辑，参加拍摄了“吴晓邦、戴爱莲、康巴尔汗、陈翘”4个专辑，叫《中华当代舞蹈精粹》，那时候由冯双白同志担任制片人。

问：还有贾作光吧？贾作光是后来的吧？

答：有，对，他是后来的。

问：陈翘他们第一批是4个人。

答：第一批是4个人，后来又拍了贾作光。那时候冯双白担任制片人，我担任责任编辑，资华筠老师担任主编。

问：非常好，您梳理得很清晰，您的著述成果非常丰硕。您是哪一年退休的？

答：我是1992年离休，我现在是这样啊，担任中国少数民族舞蹈学会副会长、中国舞蹈家协会第五届理事、舞蹈理论委员会委员、中国舞蹈研究会常务理事、中国美术学会理事、中国少年儿童舞蹈艺术委员会委员、四川大学艺术学院兼职教授、湖南吉首大学客座教授、中国老年艺术团顾问等。2009年11月，我获得了中国舞蹈家协会颁发的“中国舞蹈艺术卓越贡献舞蹈家”称号。

问：您退休以后还著述不断。

答：主要出版的东西都是在退休之后写的。

问：目前还在做什么事吗？

答：目前基本上不做了。我一共写了舞蹈理论评论文章有300多篇，大概有225万字。

论文《从中国民族民间舞的现代走向谈她的复兴发展》获中国艺术研究院1997年第四届优秀科研成果三等奖；另外一篇《贾作光舞蹈创作的理论意义》，获北京市文联颁发的2001年文艺评论奖优秀奖。

问：非常好，作为一个舞蹈理论家，隆老师一辈子在耕耘。最后我们再用一点时间，您能不能给我们简单谈谈，您对中国当代舞蹈发展的一些评价，或者是看法？

答：因为我最近对当代的舞蹈看得很少。

问：我指的当代并不是指当下，就是这几十年来中国舞蹈走过的历程，您是一个什么样的看法？

答：我觉得我们中国整个舞蹈的发展，还是非常健康的，非常好的。

问：您其实是跟着一路走过来的。

答：我一路走过来，因为我的一些看法都收录在我的文集里面。对当代我总感觉，因为我看的很少，所以没法做注释。但是从我接触到的，譬如说从电视上看的只言片语，或者从舞蹈刊物、舞蹈杂志，包括舞蹈报刊看到的，我总觉得我们现在的很多舞蹈创作，脱离生活、脱离现实生活比较严重；好像是讲究技法、讲究技术、手段比较多；好像觉得内容不是很充实，脱离了当代的工农兵大众的生活。现在我虽然看得很少，但我觉得我们中国的舞蹈演员特别棒，不管是芭蕾舞也好，现代舞的也好，民族民间的舞蹈也好，中国古典舞也好，演员绝对是世界一流的，真棒！ 我们那时候技术差太多，现在真棒。

现在讲求技法比较多，讲究技巧比较多。我们看舞蹈演员真是太棒了，而且表演上也好，动作也好，特别技术也很高，但就是他们跳的舞蹈内容有时候好像不知道在跳什么。我听说好像有个别编导也说，觉得这个作品，你想是什么它就是什么，就是说连作者本身都很难给他的作品把内容确定下来。这个好像是受了当代的一些影响。但是因为我看的东西很少，因为现在我已经基本上淡出舞蹈世界了。

问：(笑)赋闲在家，安享晚年。

答：现在有机会就看看一些理论著作，看看小说，看看电视剧。

问：隆老师一路走过来，您现在回顾您自己的一生，您觉得这一生中最得意的是什么事？您个人觉得，您这一路走来，是不是您在舞蹈理论上的成就是您觉得是比较满意的？付出的心血是没有白费。

答：我觉得还是为中国的舞蹈事业发展做出了一些微薄的贡献吧。因为现在听说很多编导对理论学习并没有兴趣，但是我觉得作为一个编导，你没有理论基础是不行的。你一定要知道你要怎么样编舞，怎么样深入生活，怎么样才能够得到人民大众的喜爱。我觉得这是一个很关键的问题。编导绝对不能脱离广大人民群众。

我觉得现在还有一个很重要的问题，不知道应该向谁反映。我觉得现在剧场的票价太高，一般的老百姓，或者工薪阶层很难看得起这些演出。而且演出成本也太高，一般的老百姓也看不到演出。所以现在只能看电视。

问：从电视里面获取一点儿信息。

答：或者是我买光盘，看到哪儿出版了有舞蹈光盘，比如说韩国的，或者是中国香港地区、中国台湾地区的，买来看这些。我觉得这是应该考虑的一个很大的问题，现在演出基本上脱离了广大的基层群众。当然我们现在领导也想办法深入基层啊，下乡演出啊，给工农兵三下乡啊，这也是很好的。但是对于城市的人来说，这是一个需要解决的问题。因为现在我们的票价很难跟国际标准看齐。

问：我们的很多票价已经比美国都贵了。(笑)

答：可是我们的收入赶不上人家国外的收入。

问：隆老师，您一生中回头看，还有觉得什么事很遗憾吗？当年没考北大遗憾不遗憾？（笑）

答：我觉得还是有些遗憾，因为我从初中就开始写短篇小说，而且那时候就出版刊物。但是往事不堪回首了，既然选择了这一门……

问：可是做出这么大的成绩来，其实也没什么遗憾了。（笑）

答：对。我现在还是非常喜欢文学，喜欢诗歌，特别喜欢看一些著名诗人的诗歌，像普希金、裴多菲，这些诗歌我书架子上都有，还是经常翻一翻、看一看。

问：隆老师，谢谢您今天花了这么长时间，您在这样一个年纪接受我们的采访，我们也是向您表示感谢，也祝您能安享晚年。

答：好。

问：能够继续关注中国舞蹈事业的发展，谢谢您！

答：谢谢大家。

隆荫培采访手记

江东

每次采访我们本院的老师，我总会有一种莫名的感受。他们生活在我的周边，对他们的过于了解，反而让我失去了一份新鲜感。不过，应该问问自己：我真的了解这些前辈吗？为什么每每他们的谈话，总有一些让我感动的亮点，总有一些瞬间激起我的共鸣……看来，对于他们不断地再认识，仍是我不可绕过的重要一环。对于隆荫培老师来说，同样有这样的感觉。

我对于隆老师可真是太熟悉了，他完全是我们嫡系的老师，从我开始进入硕士课程学习时，他就一直在为我们讲授舞蹈概论课。也难怪，由他和徐尔充老师共同写作的《舞蹈概论》这本印量巨大的舞蹈理论性著作，甫一问世，即成为业界的“圣经”，所有接触过舞蹈理论的学子们，可以说，几乎没有人没有仔细研读过此书。因此，从这个意义上说，隆老师他们是开创了舞蹈理论一代学风的，引领了许多人在舞蹈理论的航道上不断前行。

除了这本重要的著作，隆老师的其他著述也是颇丰，不久前他出版了个人文集，上下两大卷的装帧，展示出他一生的勤奋和不断的思考。在舞蹈理论领域，他是一位很少有人能比肩的重量级舞蹈理论前辈，他的成就为新中国的舞蹈理论事业奠定了无法替代的基础。

多次跟隆老师联络采访事宜，但却总是不凑巧，不是他有事，就是他家里有事。本来以为是一次十分轻松的采访，却变得如此不容易。待终于得到了他肯定的答复，我们的采访才顺利展开。

采访是在舞研所办公室进行的，这点也颇出奇。因为，一直以来，我们都是将被采访人置于其生活原貌中来拍摄的，目的是希望能让观者获得更有实际价值的现场感。不过，隆老师执意不肯到他在和平里的家里拍摄，可能是怕惊扰到身体不是很好的老伴吧，我们也只好恭敬不如从命了。

严谨和认真，是隆老师一直以来给我留下的印象。这次采访他也是很按时地来到了办公室，使得我们预先定好的采访顺利展开。隆老师显然是有备而来的，他事先把将要涉及的所有年代日期全部写了下来，虽然在采访的叙述过程中显得有些呆板，但却非常准确，这为口述史这类的特定采访行为提供了忠实可靠的材料基础。由此也可以看得出来他在处事原则上的一丝不苟。隆老师甚至穿了非常正式的服装，戴上了领带，这让这一过程变得越发严肃而富有规格之感。

隆荫培老师一直以来非常关心我，这点我也一直是心存感激。他的关怀，他的嘱托，对我来说是一个莫大的激励。能有这样的老师，真是三生有幸。而努力承担起老一辈的嘱托，自是我们这一代人应该承担的历史责任。通过洞悉他们的内心世界，对我们而言，自是一次难得的精神之旅。了解到这样的内心，难道不是一笔财富嘛！

王世琦

1930—2014

国家一级编导，舞蹈编导家

1949年毕业于华北大学三部。1956年加入中国共产党，历任中央戏剧学院舞蹈团、中央歌舞团演员。1957年毕业于北京舞蹈学校编导班，后留校任教。1972年后任中央芭蕾舞团编导、艺术室副主任，中国舞协第四、五届理事。参与编导舞剧《鱼美人》《林黛玉》等。参加表演的《狮舞》1953年获第四届世界青年联欢节舞蹈比赛一等奖。参与编创民族舞剧《英雄的格萨尔可汗》《东归的大雁》。1986年赴澳大利亚讲学，1988年为澳洲侨青社主创大型舞剧《龙腾澳洲》，1994年在澳大利亚悉尼定居，并建立“悉尼中国民族舞蹈学校”。

王世琦访谈录

访谈地点：北京 王世琦家中
访谈时间：2011年5月27日
底稿记录：张静
成稿整理：阮岷
完稿审阅：江东
完稿订正：史燕玲

我们今天来到了特别远的地方，到了北京的亦庄，为的是来采访中央芭蕾舞团的资深编导老师。王老师您好！

问：王老师，我们现在做的这个项目叫作“中华舞人口述志”，我们特别希望当代的一些对中国舞蹈做出杰出贡献的舞蹈家通过口述的方式，来把自己介绍一下。我们希望通过采访这样的一批舞蹈家，对中国当代舞蹈史进行扫描。我们今天特别有幸采访到您。王老师身体还挺好的吧，看您气色这么好。您今年有80岁了吧？

答：我刚在澳大利亚过了80大寿。这还有一个录像带专门介绍我80大寿的实况。

问：您是哪年出生的？

答：1930年12月23日。

问：哦，那您出生在什么地方？

答：河北的蓟县，现在划归天津了。

问：那王老师，咱们就从您出生的时候，说到您80岁，肯定有特别多的事儿。我们挑主要的，特别是艺术的经历来扫描一下，通过您的叙述把您整个一生的贡献记录一下。

答：好的。

问：您当时出生在蓟县，您父母都是做什么的？

答：我的父亲是经商的。我出生在一个富农家庭，宝坻县（今宝坻区）有个新集，他在那里经商。最后经商还是比较成功的，做到了商会的会长。

问：您是出生在蓟县。

答：对，我是出生在蓟县。我（兄弟）排行老三。我是两个哥哥，一个姐姐。我最小。就是三个兄弟一个姐姐。

问：您刚出生的时候全家人都在蓟县，您在蓟县是什么时候上的学？

答：在蓟县上的小学，最后上的中学。

问：在那时候有没有想搞文艺的迹象？

答：那时候怎么说呢，我父亲本来是想叫我学木匠。

问：学个手艺。

答：对，但是正好从小我父亲就喜欢京戏，我大哥和二哥也都喜欢京戏，家里面有很多戏剧的照片，天天听留声机里放马连良唱的京戏。我哥哥又是学京胡的，所以我从小也对京剧很感兴趣。

问：对它有很深的感情了，从这个环境长大的。那您是不是有时候也来两嗓子？

答：是啊。

问：那您算是小票友了。

答：对，我12岁，在小学毕业典礼的全校大会上，清唱了京剧《武家坡》选段。这算是比较早期的文艺活动了。

问：在家乡的时候唱京剧。

答：在家乡的时候。中华人民共和国成立以后呢，我就上了中学。

问：上中学的时候解放了吗？你们那解放得早，你们那是哪一年解放的啊？

答：好像是1946年。

问：日本鬼子一投降就成立解放区了。

答：对，成立解放区之后，有了县中学，就开始搞话剧了。

问：您就成了文艺骨干了。

答：我在《阿Q正传》中扮演了赵妈，后来拍《太平天国》，我演洪秀全的妹妹洪宣娇。

问：一直演女角儿？

答：对，在县中的时候，当时学校女生很少，因为没有女的演员，所以只好我演。

问：然后就解放了，但还是业余的，还没有真正进入这行呢。

答：对，回想起来，当时演出的艺术水平和自己的表演技巧都是很低下的，属于"下里巴人"。但是初次登台，扮演两个形象、性格截然不同的"女性"，这些青少年的经历，对我以后的从艺是有所帮助的。

问：那您什么时候算是走上文艺道路的呢？

答：走上文艺道路，就是从我到北京来以后。

问：您什么时候来北京的？

答：1947年。

问：1947年就来北京了，那时候还没解放呢。

答：对，我先上大同中学。后来，就一直到北京解放。

问：这个阶段也搞过文艺吗？

答：大同中学也搞过昆曲，我那时候会吹笛子，给他们伴奏昆曲。

问：然后一直到中华人民共和国成立了？

答：一直到中华人民共和国成立，中华人民共和国成立后，考入华北大学。

问：您是华大三部的？

答：对，华大三部的。就是在国会街。

问：那时候戴先生已经开始在那里教了吧？还有彭松。

答：对，彭松老师考的我。

问：彭松当时是考官？

答：对。我清楚地记得，入学考试我抽到的即兴表演试题有三个：1.用形体动作表演一段劳动；2.表现一个地主或资本家的生活片段；3.毛主席突然来到群众当中，你当时是如何表现的。第一个题我表演的是摇辘轳、提水和担水，这是经常参与过的家务劳动，所以这个考题对我来说是很轻松的。第二题用我会唱两句京剧的特长，表现一个大老板在酒足饭饱之后，喝着茶，剔着牙而且跷起二郎腿，悠然自得地摇头晃脑，手在腿上拍着三眼一板，唱起了《捉放曹》"听他言，吓得我心惊胆战"…… 有所想象和发挥。第三题难度就比较大了，我既没见过毛主席，又没有经历过这种激动人心的生活场面，抓不到感情的记忆，就只能靠临场发挥。毛主席出现了，我一边呼喊着"毛主席万岁！ 毛主席万岁！"，一边用双手扒开一层又一层密集的人群，挤出去，拥上去，撞倒了，爬起来 …… 考试过程中，我一直观察着老师们的反应，他们有的点头，有的微笑，这时我紧张的心情才逐渐平静下来。因为这是自己人生转折的重要关头呀！

问：那您是一解放就加入华大了？

答：对。

问：和您一起加入的都有什么人？

答：那时候就是李承祥。

问：那您上的华大，当时彭松老师把您招进来就是直接到舞蹈组吗？

答：没有，那时候我是在戏剧班，我当时入戏剧班就是想专业搞京剧。那时候文代会，戴爱莲先生要准备一台边疆舞蹈晚会。当时，舞蹈队的人还是比较少，急需要扩大人员，所以就从戏剧班里面找比较年轻的，那时候我算是班里年纪最小的，当时就调我到舞蹈班，我就是服从组织分配了，也就去了。去了以后就要搞舞蹈了，让我搞舞蹈，我对舞蹈一点概念都没有，所以，去了两天之后我还是想回戏剧班。

问：还是不愿意在舞蹈班待着。

答：对，待了两天后，第三天我鼓足勇气，向叶宁队长提出了重新回戏剧科的要求，她用温和的语调对我说："新中国舞蹈是年轻的，你才十七八岁，形象和条件都不错，以后向戴先生学习，会有很大的发展前途。而且华大没有京剧科的建制。我还是希望你能留下来，最后你自己决定吧！”就这样我以一种对自己缺乏信心的心态跨进了舞蹈世界的门槛，走上了舞者之路。后来是根据自己的意愿，叶宁就同意我回来了。她说舞蹈，是最年轻的，你们这些年轻人进入舞蹈界会前途无量的。

问：是啊，有前途。

答：最后我又回舞蹈队了。回舞蹈队就开始接受正规的训练，在操场上，戴爱莲就站在八仙桌上给我们做芭蕾的示范，学芭蕾的一位、两位，学“普利耶”，学手的位置。她就是在操场上进行最简单的、最基础的教学。

问：那时候包括李承祥全是这样的。

答：对，全是这样学的，包括后来李正一也过来了。

问：那这算是您的舞蹈启蒙了。

答：是的。我记得排一个苗族舞蹈，那时候我和陆文鉴我们俩。当时我们是出来先唱，别人听到我们唱的就上场了。当时戴爱莲还教我做示范动作，说我的感觉不错，也就是从这感觉好像我还有点艺术的细胞，也就增加了我的信心，最后也就干这行了。

问：从华大三部就转入中戏舞蹈团了？

答：华大三部我们上完了之后，第一届文代会就搞边疆舞，我们就都参加了。

问：是《人民胜利万岁大歌舞》吗？

答：不是，是《人民胜利万岁大歌舞》的前身。当时和叶宁、彭松、梁伦、隆征丘等舞蹈先辈、学长们进行了紧张的创作和排练。这台晚会是丰富多彩的，集戴先生1943年3月到川北、西康等地采风，收集素材所创作表演的边疆舞蹈之大成。其中有她表演的《哑子背疯》、和叶宁共舞的维吾尔族《青春舞》、和彭松表演的双人舞《马车夫之歌》、藏族舞蹈《春游》。我参加了彭松编创的《嘉戎酒会》、梁伦创编的《撒尼鼓舞》等多个节目。这些都作为中国舞蹈的奠基之作，被载入中华民族的舞蹈史册。

问：这是《人民胜利万岁大歌舞》之前，这个“大歌舞”您也参加了？

答：参加了，《人民胜利万岁大歌舞》就以我们这个队为基本的班子。

问：您是参与编导了吗，还是光作为演员跳？

答：那时候就是光跳。

问：那时候就是全演员。那么，那时候跳什么呢，民族舞还是芭蕾舞呢？

答：那时候没芭蕾。

问：你们在八仙桌前不是学芭蕾了吗？

答：那时学的芭蕾就是打基础，以芭蕾的手规范化位置打的基础，我在《人民胜利万岁大歌舞》里面，一开始演的腰鼓。

问：腰鼓，那是谁排的呢？

答：腰鼓好像也是彭松他们排的吧。

问：先是腰鼓，后来呢？

答：后来排了一个战鼓。战鼓就是打大镲的，我就排了战鼓。最后就是当时毛主席宣布成立中华人民共和国以后，随后就有一个检阅，我当时做海军，在海军那方队打过。当时是最激动人心的。原来彩排的时候是找了一个美术界的人演毛主席，后来彩排时候他也真的扮演了毛主席，但是最后还是用了毛主席的像，就没上真人。

问：您是一直在华大三部待着吧？一直到舞蹈学校上舞蹈班的时候，一直在这儿？

答：最后我们整个中戏舞蹈队成了中戏的舞蹈团，以戴爱莲和陈锦清为首的团领导，为我们的学习和提高引进人才、聘名师执教，安排了丰富多彩和极为全面的教学计划，课程内容涵盖了古、今、中、外。京剧老前辈刘玉芳，中华戏校毕业的王萍，南昆传字辈名武丑华传浩等老师负责教授古典舞基本功和身段。现代舞课有陈锦清教授的德国新兴舞，高地安教的欧美现代舞，还从上海请来了俄国著名芭蕾舞艺术家索科尔斯基和巴兰诺娃进行了严格的芭蕾舞训练；从河北请来民间艺人王毅教授“战鼓舞”。文艺思想课除兰田定期讲授外，还聘请文艺界知名文学艺术家做专题讲座，像诗人艾青、京剧导演阿甲，关于表演技巧和艺术想象力的报告，给我很大的启迪，至今记忆犹新。

问：年轻一点的，包括资华筠这些，都是这个团的吧？

答：资华筠是后来的，我们舞蹈团又招了一个学员班，等于团带班。这个团带班，成立当时就有现在比较著名的邢德辉、佟左尧。

问：赵青也算吧？

答：对，赵青也是。

问：骆璋有吗？

答：没有，那时候骆璋最后是到了北京舞蹈学校了。我们原来中央戏剧学院的舞蹈班就成立了舞蹈团了。

问：董锡玖也是吧？

答：对，一开始就是先到我们那。

问：还有隆荫培老师吧？

答：对，还有隆荫培。

问：所有团里活动您都参与了，当一个真正的演员了。

答：那时候主要是搞《和平鸽》。

问：《和平鸽》您参与了，《和平鸽》演员团体等于说主要是你们班的吧。戴先生编的，算是集体编创吧。您那时候还是没编吧，还是以跳为主？

答：对，那时候还轮不上我编呢。

问：那时候是彭松、叶宁、隆征丘。

答：丁宁。

问：丁宁也算编的了？

答：丁宁演双人舞的。

问：他和戴先生跳的。

答：后来因为一个人不行，最后把游惠海也要过来了，两组男演员。

问：游惠海是从中南过来的吧？

答：对，从上海。

问：上海那边？ 就是舒巧那批。那您后来怎么去了北京舞蹈学校了呢，哪年去的北舞上学的呢？

答：后来成立了北京舞蹈学校，那时候就是办了第一届编导班。

问：对您而言等于说从中戏舞蹈团去了北京舞蹈学校编导班了。

答：那时候去编导班也挺有戏剧性的。

问：怎么样的戏剧性呢？

答：一开始我们团决定是赵宛华、郭冰玲、陆植林，就是派他们3个人去考，当时考第一届编导班考试涵盖范围很广，这个要考，那个也要考。

问：理论要求挺高的。

答：非常高的，全面考察，辩证唯物主义、中国历史、马列主义理论，都得考。他们已经提前一个月准备了，那时候我们还搞运动呢，他们脱产去准备了。

问：那这是敞开了考还是团里先推荐才能考？

答：得团里推荐。

问：那后来呢？怎么又让你们去考了呢？

答：所以戏剧性就出在这了，戴爱莲在考试前的10天突然提出来叫我也考。

问：为什么呢，事先也没征求您的意见？

答：没有，戴先生就提出了这么一个建议，让我也来参加考试，因为在她做团长期间，她对我感觉还是挺好的，比如那阵团里排练新疆舞最后就叫我来负责排练，对我掌握韵律还比较满意。这突如其来的决定，让我有点惶恐交加：一方面自己热爱舞蹈演员的专业，在表演艺术上正处于上升阶段，很不愿意离开舞台——这是一个宝贵的艺术空间；另外就是一种强烈自尊的心理驱动，害怕名落孙山，特别是对考期迫近，而政治考试的内容又毫无着落。我立即给已经调到舞校任教的刘碧云打电话，表明我不想参加考试的意向和理由。就在这人生转向的十字路口，她非常坚决支持我："不要放弃这一宝贵的向苏联专家学习的机会"，"不要辜负戴先生对你的期望！……"就这样七天后把我推进了严峻的考场。也许是这种机缘的牵线搭桥，我顺利地通过了政治考试，而业务考试抽到的试题是自编自演"指挥官"，发挥得也不错。

问：当时您这个班后来要了多少人？

答：要了十三四个人吧。

问：当时准备来考的大概有多少人？

答：大概有20多人。

问：就是说，有的政治课不及格的人，就只能回去了，是吗？1956年作为北京舞蹈学校的第一个编导班，老师是查普林吧。那就是说你们一开始就是查普林来教的吧，您能大概跟我们解说一下编导班的情况吗？

答：查普林是比较理论性的，是规范性的，他是注重编导的体系。

问：他本身是编导出身吧，理论素质也高。他用俄语讲还是汉语讲？

答：俄语，都是俄语。

问：那怎么办，有翻译吗，当时？

答：有啊，当时就是朱立人翻译的。

问：哦，是朱立人，他当时就一直跟着查普林？

答：嗯，一直跟着查普林。因为他的口译比较好，所以从跟查普林完了之后，第二届编导班又一直跟着古雪夫。

问：那第一届编导班等于说他是一直跟着查普林的？

答：跟着查普林。当时我们一开始还是从编小品开始的，我的处女作是《牧童与村姑》，爱情的萌芽就是说的这个，我当时演了牧童。

问：您自己编，自己跳啊？对，您当时也就25岁，爱情正在萌芽呢。

答：然后我的同学李群，她演村姑，毕业以后张均过来了，最后村姑接班人是张均。

问：那这个作品成了舞校的保留剧目了。

答：是啊，成了教学剧目了。

问：是什么风格啊，是民族舞还是芭蕾舞啊？

答：是民族舞的。

问：可是您学的时候应该是芭蕾编导吧？

答：那也就无所谓是芭蕾，还是古典，还是民族了。

问：哦，无所谓了吗？

答：但是双人舞也要运用一点双人舞的一些技巧，所以当时古雪夫给我改《牧童与村姑》的时候，他就是带着一条大毛巾来的，来教室看我跳，我最后的结束动作是跳一段舞之后就坐肩上了，这么一个坐到肩上的托举动作，双人舞一个抱转，一个翻身最后上肩，结束。整个《牧童与村姑》他就给我改了一个动作，就是上肩以后，他说："你这上肩以后没内容啊，应该根据爱情的萌芽。他上肩之后，两腿就应该抖动。"他在我肩上动腿的时候，就让我抱他的腿。

问：就增加这么一个情节，效果就完全不一样了。

答：最后，爱情的萌芽这个作品是到中南海小礼堂给毛主席演。还要插一句，当时还有一个独舞《春江花月夜》。实际上《春江花月夜》是我、栗承廉、郭冰玲3个编的。

问：陈爱莲跳的独舞就是您和栗承廉、郭冰玲3个编的。那这是怎么回事儿啊？

答：当时是陈锦清当校长，西伯利亚来了一个歌舞团，他们要学一个中国古典舞，之后陈锦清把我们3个——栗承廉、郭冰玲和我叫来，说你们3个给编一个古典舞。一头和一尾是由我来编，中间有一段是郭冰玲编，最后是栗承廉也编了一段。一开始演的时候，还是尊重我们的创作，报的就是编导有栗承廉、郭冰玲、我。但是最后领导决定，一个独舞还要3个人编，没必要，就把我和郭冰玲的名字都给砍掉了。

问：你们也没意见？

答：当时是服从组织决定吧，至于个人的东西那时候考虑不多。

问：哦，还有这么一段历史呢，那后来再也没有提出过署名的问题吗？

答：后来拿金奖的时候，栗承廉就在东来顺摆了一桌。

问：请你和郭冰玲。

答：请李承祥、郭冰玲夫妻俩，刘碧云和我，就等于说摆了这么一桌，我们参加《春江花月夜》的3个人和家属。得了奖之后，摆了一桌好像是对我们的一种酬谢吧。

问：他是觉得3个人编的，结果他自己的名字在那上面，他可能也是过意不去。但是当时你们没有什么节目单，类似的材料您个人有吗？

答：节目单有啊，但是我个人没有，舞蹈学校有。

问：对，舞蹈学校肯定有的，原来还有这么一回事儿。

答：那时候就没有什么知识产权这一说。

问：然后这事儿也就过去了，你们也不再提了。

答：那怎么提啊！

问：再到后来也没法提了。我记得改革开放之后刘海茹曾经写过《红绸舞》是东北那边的，是学他们的，不应该标注是中央歌舞团的创作，这事儿好像说过吧。您这个我还是第一次听说，《春江花月夜》的作者原来是3个人。这个作品后来可是大红大紫啊，所以也就让这事儿过去了，您还是很有品德的啊！那后来在这个编导班你们又编了什么东西呢？

答：后来编导班的作品……查普林当时坚持要搞现代的作品，他还是按照马列主义文艺理论反映现实成果，我们的毕业作品就是由郭冰玲、栗承廉和我来编，当时请来田汉的夫人安娥，搞了一个《有情人终成眷属》，她搞的本子叫《秋收》。《秋收》反映了生产队长特别的自高自大，特别傲。他的夫人特别好，就教育他，结果和一个生产队搞业余艺术的叫二兴子的产生了感情，所以爱情上产生了纠葛，当然最后还是跟生产队长了，所以最后叫作《有情人终成眷属》。

问：哦，就是说这个《有情人终成眷属》和《秋收》是一个事儿，在舞蹈这叫《有情人终成眷属》。那最终搞成了吗？

答：搞成了，当时是在东北搞的。聘请了中央音乐学院作曲系的苏夏教授作曲，由辽宁歌舞团和北京铁路文工团分头完成了全剧的制作和演出。

问：当时你们班不是说有十几个人吗？为什么毕业作品只有你们3个人编呢？

答：不止我们3个人，当时毕业作品还有黄伯寿、李仲林在歌剧院搞了《宝莲灯》。

问：哦，不同的人创作不同的作品，就是说他们搞《宝莲灯》时候，你们在搞《有情人终成眷属》。你们还有什么作品吗？

答：好像就这几个作品。

问：李承祥是你们班的吗？

答：是啊，李承祥当时做查普林的助手，所以我们的作品他都帮着去看。

问：你们这个班学了多长时间？

答：两年啊。

问：1957年就结束了，那个时候古雪夫来了吗？

答：这个班结束之后，古雪夫才来的。

问：那1957年毕业之后您就回团里了，还是毕业之后留校了？

答：当时留校的是我、李承祥和栗承廉。

问：那您当时留校的话，您和郭冰玲和赵宛华都留在学校了？这是1957年吧，留校做什么呢？

答：不是，毕业以后我留校的时候，郭冰玲、赵宛华都回团了，留校的就是我，还有栗承廉和李承祥，我们3个。

问：留校之后您就专门从事教学了吧。后来古雪夫来了之后，您就跟着他一起，又跟他学习，又当他助手？

答：当时助教就是我们3个人，12个学生。我们3个班，等于说栗承廉带一个组、李承祥带一个组、我带一个组。

问：三个组，这些组里面我们现在知道的人都有谁啊？

答：章民新、方军纪、李秋汗，还有孙志英，我就带了这四个。

问：那这么说章民新得正经叫您老师啊！那就是说第二届编导班古雪夫来教他们，您就带着这批人。然后古雪夫排的《鱼美人》，章民新编其中的《珊瑚舞》就是这么跟着过来的。

答：对、对。

问：《鱼美人》您肯定也参与了吧？

答：《鱼美人》整个第二幕婚礼大桥那都是我来编的，包括最后改《蛇舞》。

问：《蛇舞》谁编的呢？

答：《蛇舞》最早是章民新编的，那个叫第三性格舞。最后是根据总理的意见要压缩诱惑舞，我就把第一和第三诱惑舞改成《蛇舞》了，群舞也是群蛇。

要改成《蛇舞》最后我是参考了印度舞，我当时记得是这样，这么一组动作，整整一年我们搞了这一台晚会，完了以后其他人就都调走了。我们就给缅甸搞了一个神鸟的故事。1962年，请我们去的就是缅甸的国家舞剧团。

问：给他们搞一个神鸟。

答：神鸟这故事叫《珊达根尼耶》，神鸟就是珊达根尼耶，以佛经流传的人面鸟身的故事为蓝本，这个舞被称为缅甸的“天鹅湖”。他们这个插舞一段一段都是由他们的老师编的，我们就给他们编大的场面。当时你去当文化参赞的时候也是这样吧。

问：我是在使馆里面工作，再说我可没当过参赞，是二秘。这样的话正好成立舞剧团的时候您在国外，等于说您筹备了，但是成立的那段时间您没在。

答：对，成立的时候，要从舞蹈学校分出来了。中央芭蕾舞团就留了李承祥，栗承廉和我就还是回到北京舞蹈学校。

问：那您从文化部专家团回来之后就直接回学校了，就没去中央芭蕾舞团而在舞蹈学校了？

答：那时候芭团就搬到太平街3号了，我那时候就在陶然亭，但是呢，最后编导组还是保留了我在中央芭蕾舞团的名字。

问：中央芭蕾舞团编导组还是有您的名字。但是参与中央芭蕾舞团的创作吗？

答：是啊，参与啊，参与到最后就是一直是我极力主张要把《鱼美人》编成民族版的，我的主张是比较强烈的。

问：那么等于说您一直在舞蹈学校，最后把民族版的《鱼美人》改编成了。

答：改编成了，后来到了中央芭蕾舞团这个编导组，我就极力主张应该是把《鱼美人》制作成民族芭蕾，所以最后还是取得了大家一致的意见。因此我们中央芭蕾舞团第一个民族芭蕾就是《鱼美人》。

问：您那时候已经是中央芭蕾舞团的人了？

答：对，当时算是调到中央芭蕾舞团的创作组，从北京舞蹈学校借调到中央芭蕾舞团参加创作组。然后就是“文化大革命”，当时是下放，下放到高炮团，我是跟着学校下放到高炮团的。

问：您跟着学校走？ 没跟着中央芭蕾舞团走？《红色娘子军》您参与了吗？

答：搞《红色娘子军》的时候，我在搞《东方红》。

问：《东方红》您做什么工作呢？

答：我是第六场执行编导。

问：前几场都是谁执行编导？

答：都是李仲林、黄伯寿，我这场有薛天，因为包括抗美援朝了，就算我第六场抗美援朝的一个部分。

问：总政的。他也是你们编导班的吗？

答：他也是当时编导班的。

问：他是当时直接去总政的啊，原来是这么回事儿。那您就跟着舞蹈学校下放到高炮团去了，高炮团是个部队？

答：二十七军。

问：那不错啊，比干校强。

答：我在二十七军高炮团等于说还是充分发挥了我的才能了。我就在二十七军，先是给农村排了样板戏《智取威虎山》，那时候没有资料啊，就是完全靠想象来做，根据自己的理解来执行的。整个把威虎山排起来了。当时陈村的业余剧团演出了全本的《智取威虎山》。

问：唱腔怎么弄？

答：唱腔倒是好办，有录音。

问：就按照您的思路来的。您在陈村这块或者说是二十七军这块待了多长时间？

答：两年吧。

问："文化大革命"时期您没受冲击吧？

答：怎么没受冲击啊，我算"反动学术权威"了。

问：给您打成"反动学术权威"了？

答：当时从三楼到四楼都是一个大标语：枪毙《鱼美人》，打倒刘少奇，揪出陈锦清，批判王世琦。整个从四楼贴下来。

问：按照您的描述应该是受到冲击的，《鱼美人》是“大毒草”嘛，您肯定算一个主要的被批斗对象了。

答：有一天晚上，几个红卫兵小将以核对材料为名，来到家中将我押送到中央戏剧学院，关在一间门窗封闭的房子里——我曾经上过课的崔承喜舞研班的教室，饱尝了失去人身自由的阶下囚的人生遭遇。自己虽然蒙冤受污，好在心胸豁达。面对我所熟悉的过去的课堂，我心潮起伏，有感而发作诗一首：

昔日学艺此堂中，刀光剑影舞骑兵。
旧时学馆变囚室，蹉跎岁月谱人生。

8个月以后，我才被定性为“人民内部矛盾”，从劳改队中首先获得了解放。到了二十七军之后就把牛棚解散了，包括陈锦清、李正一、栗承廉，我跟栗承廉还是在一个班里面的，像唐满城、陈锦清就分在另外一个班里面了，我们反正就是这样，军宣队对我还是比较客气的，比较重用我，所以当时二十七军七九师、八一师都请我去辅导。

问：辅导什么，辅导样板戏？

答：后来搞《草原儿女》。

问：《草原儿女》不是中央芭蕾舞团搞的吗？您不是北京舞蹈学校的人吗？

答：当时谁搞的呢？徐杰、李承祥、郭冰玲，他们3个人搞的，在中央芭蕾舞团，他们3个是编导组的。因为徐杰不是专门的编导，所以李承祥，他就让我负责这段。

问：徐杰就是跳《荷花舞》主演的那位吧？刘庆棠的夫人。

答：所以到最后就等于说把我、栗承廉都调来了，先调的我。

问：从二十七军直接调回来了？算是给你解放了，就是恢复工作了。

答：先调的我，大概调了以后，最后成立了《沂蒙颂》剧组，等于说徐杰和郭冰玲他们剧组搞《沂蒙颂》，我和栗承廉就创作《草原儿女》去了。

问：是同时的？

答：对，同时的，一开始我还帮助栗承廉编了一段他的排长独舞，后来调到《草原儿女》剧组等于是两个剧组了。

问：从那时候开始人事关系就进入了中央芭蕾舞团了吧？

答：没有，还是在舞蹈学校。

问：但是舞蹈学校事儿您是不管了，那也没有什么事儿了吧？

答：因为人都下去了。

问：您回来搞的这个是哪一年，您有印象吗？

答：1972年。

问：首演是哪年？

答：1973年。

问：那时候还跳《红色娘子军》吗？

答：也还跳。

问：那怎么想起来搞《草原儿女》《沂蒙颂》了呢？

答：等于说《红色娘子军》是第一批，第二批我们就要创作新作品，那时候就是《草原儿女》和《沂蒙颂》。

问：《杜鹃山》在前面？

答：《草原儿女》和《沂蒙颂》在前面，之后才搞《杜鹃山》。

问：那时候是李承祥还没当团长吧？那是"文革"之后了吧，他当团长以后是不是才搞的《杜鹃山》？

答：不是，也是在"文革"期间。

问：因为我们这年纪都是看《红色娘子军》《草原儿女》《沂蒙颂》长大的，《沂蒙颂》印象很深刻。当时做这样的东西挑战还是相当大的，因为您把芭蕾舞和蒙古族故事掺起来一起做，您当时接受做这个事儿是从什么阶段开始做的？是完全白手起家开始做的，还是已经有了一个基础开始加工的？

答：没有。完全是从编剧开始。

问：这个戏的剧也是您编的是吗？

答：栗承廉我们一块编的。

问：就是编剧编导都是你们，没有说有专门一个编剧和一个编导。

答：没有。

问：现在看您这个剧实在编得太完整了，剧本真是相当过瘾啊！

答：去内蒙古体验生活是两次，编剧是到四子王旗，直接插队了。为什么上那儿去呢？就是英雄小姐妹的事儿。《草原儿女》其实就是英雄小姐妹，那等于俩女的，我们给改成一个男的一个女的了，四子王旗附近的一个草原。

问：您体验生活时见到草原小姐妹了吗？

答：没见到。

问：就是说体验生活主要是学习蒙古族动作是吧？

答：深入生活，就是打水什么的。我现在有在四子王旗深入生活的照片。

问：这是第一次去。第一次去回来编剧结构就出来了，编剧完成了，开始创作环节了。又去了一次吗？

答：后来就是修改，接受意见嘛，修改的时候就待得较长时间，就不是四子王旗了，到比较大的草原了，比较有名的那个。

问：演员也都跟着去了？

答：演员没有，就我们创作人员。那个时候就是直接到蒙古包里和牧民同住，深入牧区，我们就得骑马去。我第一次跟一对年轻的夫妇住在一个蒙古包里。我一开始还不太习惯呢，同住在一个蒙古包里面，而且夜里外面的牲口围上，还真是不太习惯。

问：《草原儿女》等于说就是跟《沂蒙颂》几乎是前后脚出来的。那您在创作《草原儿女》过程中碰到的最大困难是什么？将芭蕾舞与民族舞交融感觉有什么难处，还是有什么心得吗？

答：最难的还不在于蒙古舞的外形上的东西，最主要就是来树立形象，比如掉到雪洞里面，同这个牧羊主的矛盾和斗争。

问：编剧结构方面觉得更重要一些？

答：体现人物的性格，妹妹怎么样跟牧羊主作斗争。这个难度在塑造人物上面。

问:那从这开始您等于是在中央芭蕾舞团开始工作了,再也没有回舞蹈学校?

答:这完了之后，所有的像郭冰玲他们就都回中央歌舞团了，那个时候徐杰没有回，我那个时候档案也都调回学校了。

问:粉碎“四人帮”之后档案什么的已经回学校了?

答:对，档案已经回学校了，当时陈锦清希望我能回去搞编导班，叫我搞编导系。我那个时候就是为了把档案再要回来，我亲自找的陈锦清院长，我就说我的想法，我说你叫我回来无非是搞编导教育，是不是?

问:对，搞教学。

答:我说搞编导教育关键是我得有剧目，得有作品，学校又不可能在这方面提供条件，团里面创作的机会多一些。我说我先在中央芭蕾舞团搞了一定的作品，有一定的创作经验了，我再回来抓编导教学，这不是更有本钱了嘛。所以我就是在这种情况下最后又把档案要回来了。

问:要回来了? 又回中央芭蕾舞蹈团了?

答:对。一直到退休的时候，关系一直在芭蕾舞团。回来以后真正地搞创作，还是这两个戏。

问:您说的就是《草原儿女》和《沂蒙颂》?

答:对，还是搞这两个戏。搞这两个戏完了之后，才搞的《杜鹃山》，也是李承祥、栗承廉都在，都是作为中央芭蕾舞团的编导共同创作的。

问:《杜鹃山》这部舞剧的影响，好像没有《草原儿女》和《沂蒙颂》大?

答:对。

问:这大概是什么原因? 是团里面推得不够还是说这作品本身有什么问题?

答:《杜鹃山》不管怎么说，因为有京剧《杜鹃山》在那摆着呢，先有的京剧，从那改编过来，移植过来的。

问:您是哪年退的休，王老师?

答:我是1991年。退休至今20年了。

问:1991年到现在20年了,60岁退休。1990年以后您没再搞什么创作吗?

答：那一阵，就搞《雁南飞》。

问：《雁南飞》？那个小舞剧，是吧？

答：大舞剧啊。

问：整本的？整台的晚会？

答：整台的晚会。

问：《雁南飞》？我看过这个剧照。

答：《雁南飞》这个戏，说实在的，还真的比《杜鹃山》好。

问：是您个人还是集体创作？

答：不是个人，等于说是我、郭冰玲、栗承廉，还是这几个人。

问：搞成了吗？首演了吗？

答：成了，首演了，当时要作为献礼的剧目。

问：这是哪年啊？

答：作为建党60周年的献礼剧目，是1981年。

问：1981年就弄出来了，那也是不得了，不简单，因为那时候打倒"四人帮"以后，很多的舞剧作品都还是受了一定的影响的。后来《丝路花雨》先出来了，那是1979年。那你们这个等于是1981年，《雁南飞》都首演了？全部都弄完了？

答：都弄完了，都首演了，当时从艺术的角度，他们都来审查了，都认为这个可以作为献礼剧目。

问：下了很大的功夫？

答：下了很大功夫。作曲、服装、灯光、舞美全部弄成了。

问：那是一个什么风格的呢？芭蕾？比如《草原儿女》是用了很多蒙古族的东西，《沂蒙颂》用了些山东秧歌的东西，《雁南飞》大概用了什么样的东西呢？

答：因为当时逃到东北的都是山东人，闯关东的那些。所以男演员的东西用了点山东的素材。

问：首演完之后就一直没演这个戏？

答：首演请领导来看的，他一句话：怎么军装穿着紧身裤？

问：那时候军装紧身裤是你们第一次弄的吧？

答：是。

问：现在都很普遍了，接受了，那时候可能还是很受不了的。为什么设计成紧身裤呢？谁设计的？

答：李克瑜。

问：李克瑜设计的，那就改改服装不就完了，怎么还不演了呢？下那么大功夫。

答：不是，那就是说明有问题，思想有问题，你们站错了线了，上纲上线了。而且这个等于说就是完全是无中生有，莫须有的。确实挺可惜的，其实这个戏排得还是挺感人的。

问：后面这个戏就再也没有翻身过，再也没有拿出来过？蛮可惜的。中央芭蕾舞团也没有保留过录像或是什么的？

答：有啊，中央芭蕾舞团有录像。

问：您自己没有录像吗？

答：我没有。

问：剧照什么的都没有？

答：没有。

问：因为您刚才说《雁南飞》，我突然也想到了《雁南飞》，后来我想我说的《雁南飞》是空政的那个小节目，所以您说的这个整本的芭蕾晚会，我还真不知道，真没看过。好像那个阶段像《祝福》也是那个时候出来的吧？

答：对。

问：差不多的时候，还有《林黛玉》，黛玉葬花什么的。差不多都是那个时候的事吧？前后脚的作品？

答：嗯，对。

问：那等于说这件事够伤元气的，这批都是创作正当年的人。而且这么多年的艺术实践，总结了这么多年的经验，正是最好的创作的时候。那《雁南飞》之后您又搞过什么吗？

答:《雁南飞》之后就是主要去澳大利亚。

问:您是什么时候去的澳大利亚?

答:1985年。

问:哦，您退休之前就去了。您好像在澳大利亚做得也挺大的，在华人那里吧！您跟我们说说这方面的事，您在澳大利亚哪个城市?

答:我先是1986年去的，当时有人来请我们团去赴美演出《鱼美人》。赴美演出就不可能演全剧了,《鱼美人》演的就是我那场，二幕婚礼那场。但是同时澳大利亚邀请信也来了，最后赴美的节目单全，有我的照片了，但是最后考虑了半天，还是认为去澳大利亚。这件事因为是外联局定的，他们认为还是应该叫我去。

问:澳大利亚?您自己去的?去搞交流是吗?

答:当时澳大利亚的悉尼有一个侨青社。

问:悉尼的华人侨青社,他们要搞作品,您去给他们排练去了。排练什么呢?

答:当时就是排了一台晚会。他们特别指明一个是要《北狮》，因为侨青社都是男士。

问:都是男士，要狮子舞，所以要《北狮》。

答:还有就是《三岔口》，所以我这个光碟你们可以拿回去看看，也可能从中能够收集到我的一些材料。那给侨青社排了一台晚会，包括《北狮》《三岔口》，去了整一年。

问:外联局派您去的，等于是文化交流。

答:外联局派了一年，还不仅仅在侨青社，侨青社是个点，后来澳大利亚的舞蹈协会也组织了我们一个文化交流，我们还给了他们教学方面的帮助。那时主要是搞节目。

问:主要是对华人是吗?

答:对，主要是华人，因为侨青社有华人也有洋人，我去时的那届主席，他的夫人就是澳洲人，而且是澳中友协的主席，女主席做了3年。

问:然后在那里待了一年。

答：待了一年呢。他们两个副主席就说，他们建国200周年，王老师最好能够给我们搞一台完整的作品。所以我从1986年、1987年回来以后，没离休之前，我就等于说在国内研究，搞了叫《龙腾澳洲》的本子。我带回来的资料，回来写的本子，包括朗诵词，包括整个结构。这是1986年到1987年在那，1988年我又第二次去，在澳大利亚待了一年，整个就排了《龙腾澳洲》，排了一个大型的主要以舞蹈为主的晚会，包括在那的华人的一些历史的篇章。

问：早期移民的那些事儿。

答：早期移民，帆船，我就是看他们的杂技演员在练习爬竿，我看着，受这个启发，就搞了一场轮渡。到了澳洲以后，采金、种田，就是他们最初的生活。从坐轮渡到了澳洲之后，怎么样扎根澳洲。

问：后来这台戏演出了吗？

答：演出了，在悉尼歌剧院首演，当时是澳洲文化界的一件大事，所有的主流报纸都报道了。

问：哦，在悉尼歌剧院，就是外形似贝壳的那个剧院。

答：对，在那进行的首演，因为澳大利亚建国200周年，政府也赞助了，所以能够有钱在里边演。而且演完了之后他们文化部派人来看了，悉尼的文化部部长来看了。正好当时李鹏总理访澳，最后就叫我把这个戏压缩成一个一小时的节目。

问：给李鹏总理看啊。

答：李鹏总理把我们这个戏专门调到堪培拉的国会大厦，在宴会前，招待各国的使节，做了这个演出。这个事一般地来讲，在咱们国内这么重要的演出任务都得是中央歌舞团、东方歌舞团来承担的。当时这个演出现场还是很有效果的。最后澳大利亚的总理又亲自到后台来接见演员，我们都有这些照片。

问：那这个事整个是一个文化部外联局的国家交流项目的一个事情吧，两国的文化交流项目。

答：对。

问：那您等于说为中澳文化交流做了很大贡献。

答：等于就是我第二次派出了，就归廖晖了，归侨办派出去的。

问：侨办派的。那就说明您为中澳两国的文化交流事业做了很多工作，做出了很多成就。您后来就去澳洲定居去了是吧。

答：第三次去就是到了1991年，又第三次请我去的。他们本来是还想再搞一个大型的活动，但是后来资金好像也没批下来，本来让我再找一个《龙腾澳洲》的续集。最后没有搞成，完了排了一些新的舞蹈，之后我也离休了，所以就办了移民手续。

问：那您一晃也在那儿待了20年了？

答：是。

问：20多年了，算一算的话，也不是老在那儿待着是吧？

答：那不是，反正每次都是一年，这已经3年了。3年，后来就办了移民手续了，我就回国述职，到时候按时回来，回国述职。之后办好了移民手续，就在那边定居了。

问：在那边定居之后您还从事搞舞蹈这个工作吗？

答：在那边就成立了一个舞蹈学校了。

问：叫“王世琦舞蹈学校”？

答：没有，那时候就在悉尼，叫作“悉尼中国民族舞蹈学校”。

问：“悉尼中国民族舞蹈学校”主要是培养当地的人，当地的儿童？

答：华人，也有洋人，混血的。

问：教会他们中国舞蹈。

答：我当时有幼儿班、青年班，还有一个男的体操班，3个班。那时候我教学的一个基本的东西就是和节目相结合。

问：不断地排一些作品。

答：嗯，不断地排一些作品，排一些儿童舞。所以一直到现在，我班上的舞蹈作品到现在，我女儿还在演。

问：您女儿也是搞舞蹈的？

答：对，她也是搞舞蹈的。等于说澳洲华人社会里面我排的这些舞蹈还算影响比较大的。

问：王老师，谢谢您了！这一下午，太辛苦您了！这一下午花了这么长的时间。我们晚辈在这里祝您在往后的日子里身体健康、精神愉快！谢谢您！

答：好，谢谢。

王世琦采访手记

江东

去趟亦庄，在以前，真是觉得远得不行。可地铁修过去之后，一路还是很顺畅、很节省时间的。虽然下了地铁还要再坐7站公交车，但应该说，比我想象的要好多了。

来亦庄，是为了采访王世琦老师。80岁的王老师已经移民澳大利亚20年了，长期住在悉尼。好不容易回国一次，让我抓住了跟他一起聊聊的机会。

在亦庄，视野中有一丝丝新奇，这里曾经是那么荒芜，现在却是在一片片绿荫之中掩映着各色楼房。虽然住民感觉还不是很旺，而且，在环境上仍然还是透露出些许乡镇气息，但建设的速度和规模自然与往昔已是不可同日而语。

王世琦老师就住在这一片环境较惬意的“上海沙龙”小区里。

王世琦老师，同样给我一丝新奇之感。这位曾为中国舞蹈做出突出成绩的老舞蹈家，由于移民海外，让他的一切更现出些许神秘。与他的口述访谈，就在这一丝新奇与神秘中展开。

访谈果然是收获很大，从近3个小时的交流中，让我十分意外的是，王世琦老师至少爆了两个猛料：一是《春江花月夜》的创作集体；二是《雁南飞》的悲剧结局。

一直以来都以为，由陈爱莲表演的大名鼎鼎的独舞《春江花月夜》，是由栗承廉创作的。却原来，这竟不是历史史实！据王世琦老师介绍说：这个舞蹈最初的创作者栏上是有3个名字的：一是栗承廉，二是王世琦，三是郭冰玲！这样的重大史实，我们竟然不知晓。王老师说：最初这个舞蹈的创作动议，是由北舞当时主持工作的副校长陈锦清提出的。当时，为了迎接来自苏联的一个团队，她把上述3个人召集到办公室，希望他们创作出一个民族舞来。3个人都是北舞第一届编导系的学员。仨人一合计，便分工合作，开始了创作过程。王世琦负责一头一尾，郭冰玲编了其中一段，而栗承廉负责了一大段的创作任务。演出时，创作者是：栗承廉、王世琦、郭冰玲。后来，负责民族舞的一个中层领导，认为这么一个独舞还要署3个人的名字，就把后两个名字删除了。而在当时那样一种环境下，个人自然是要服从组织的，而且，版权意识也不是很强，王世琦和郭冰玲也就没再计较这个事。结果，《春江花月夜》在国际上获得了金奖。为此，栗承廉在东安市场的东来顺特别设宴，款待了王世琦夫妇和郭冰玲夫妇（其夫为李承祥）。这个事情也就告一段落。

历史有时就是这样子阴差阳错，一不留神就会被捉弄。对于这位后来又参与创作过芭蕾舞剧《草原儿女》的长者而言，过去的一切都已化作了云烟，飘荡在历史的记忆中。

另一件让王世琦老师放不下的是舞剧《雁南飞》的创作，从他的神情中可以捕捉到他心里深深的憾意。他自认为，这部由中央芭蕾舞团于改革开放之后创作完成的舞剧，是一部非常好的作品。可惜，由于命运多舛，一露面，便被打入冷宫。这样的悲剧结局，让王老师至今难以释怀。

至于他在《东方红》中的担纲创作和后来在澳洲的《龙腾澳洲》等回忆，都随着他的沉思成为被定格的历史瞬间。

王世琦，这位当年与李承祥、栗承廉并称为“创舞三甲”的前辈，以一身清风、一脸慈祥，让我们看到了他内心的安宁和知足。

徐尔充

1932—

舞蹈理论家

1932年出生于南京。1949年开始从事舞蹈工作。历任西南军区战斗文工团、总政歌舞团舞蹈演员、中国舞蹈工作者协会《舞蹈》编辑部编辑、中国艺术研究院舞蹈研究所研究员。曾任《舞蹈艺术》副主编、《中国舞蹈大辞典》主编、《中国艺术百科辞典》舞蹈分卷主编、《当代中华舞坛名家传略》副主编。中国舞蹈美学学会副会长、中国社会舞蹈研究会常务理事。合著有《舞蹈艺术概论》《人体律动的诗篇——舞蹈》《中国近现代当代舞蹈发展史》《中国舞蹈名作赏析》等。

徐尔充访谈录

访谈地点·北京 徐尔充家中
访谈时间·2012年4月17日
底稿记录·张静
成稿整理·阮岷
完稿审阅·徐尔充
完稿订正·史燕玲

徐尔充老师是我研究生时候的老师，一晃二三十年过去了。今天，我们来采访徐老师。下面我们就一块来听听徐老师的故事。

问：徐老师您好！

答：你好。

问：非常高兴又见到您，我知道您身体还是相当好的，状态也很好。我看您还准备了一万多字的发言稿，您实在是太认真了。我看了您的谈话稿，表达得很清晰，我们今天就按照这个思路来聊一聊。我觉得徐老师的人生可以分几个阶段，比如说从舞之前的阶段，从舞之后、去贵州的阶段，到舞协的阶段，到舞研所的阶段。咱们按照这样一个思路，来捋一捋您的人生经历。您先跟我们说一说，您是哪一年出生在什么地方？

答：我1932年出生在南京。

问：今年是2012年，您整整80岁。

答：对，今年是我的80岁大寿。

问：我们先要祝您80大寿愉快！

答：我这毛衣为什么是红颜色的，就是我女儿庆贺我80大寿送给我的。你们今天来采访我，我很高兴就把它穿上了。

问：特意穿上了，非常感谢您这么重视我们的采访。您出生是1932年几月？

答：11月，阴历十月。

问：出生在南京？

答：出生在南京。

问：那应该算南京人？

答：不是，我祖籍是湖北武汉，当时我父亲在南京工作。

问：父亲是做什么工作的？

答：他是一个职员，水利工程机构的职员。

问：母亲是做什么的？

答：母亲是家庭妇女。

问：家里头有多少兄弟姐妹？

答：当时就是我一个人，后来有了我弟弟。我是1932年出生在南京，大约在五六岁的时候，抗日战争爆发了，不久我就随着父母亲，离开了南京，当时叫作逃难。

问：南京已经沦陷了？

答：还没有，快沦陷了，我们就赶紧走了，幸亏走得早，要不然就赶上了日本鬼子在南京的大屠杀，后果不堪设想。

问：往哪走了？

答：往四川，当时南京有许多人都往四川跑，我们从南京先坐船，后坐火车，后来又坐轮船沿长江逆流而上，经过三峡，辗转到了重庆，最后落脚在重庆附近的綦江县（今綦江区），当时它是一个县，现在已划归到重庆市了。开始我就在那里上学，从小学到初中二年级，大概共8年。1945年，抗日战争胜利了。抗日战争胜利以后，大约在1946年，我又随着父母亲从綦江回到南京。

问：在綦江就一直没有动过，一直在那待了这么长时间？

答：基本上一直在那里，小学是在那里上的，上中学前两年是到离家六七十里路以外的属于江津县（今江津区）管的一个乡村里上的。1946年回到南京后，在南京弘光中学读完了初中，1947年考上了市立三中（高中），在三中读了两年后南京就解放了。

1949年4月23日中国人民解放军解放南京。在此期间，我先后亲眼看见了反动政权的分崩离析、狼狈逃窜和人民军队飞速渡江，捣毁国民党老巢的天翻地覆的情景，心情十分激动，感触很多。不久中国人民解放军第二野战军贴出公告，在南京开办军政大学，招收有志青年志愿考入军大学习。动人的召唤，让南京青年欣喜若狂，纷纷投笔从戎，涌入革命洪流。我也是其中之一。经过考试于1949年6月10日正式成为中国人民解放军第二野战军军政大学文艺新闻大队的学员。第二野战军司令员是刘伯承，政治委员是邓小平，以英勇善战、艰苦奋斗著称，人称常胜的刘邓大军。我和当时许多青年一样，在二野军大这个大熔炉里学习、锻炼，在世界观和思想情感方面都得到了一定程度的改造和提高。在军大学习有半年之久，有两件事印象很深：一是开国大典，1949年10月1日在北京天安门广场举行开国大典，毛主席发表讲话，已解放的全国各地同时举行。当时我所在的二野军大文艺新闻大队全体学员集中开会的地点正好是在原来中国国民党的中央党部院子里进行的，这里有一个很高的旗杆，国民党统治时期，这根旗杆上飘的是国民党的党旗，国民党跑了之后旗子就没有了，今天人们聚拢在这里，旗杆还是那个旗杆，但是升上去的再也不是国民党的党旗，而是金光闪闪的五星红旗。我当时仰望着这面鲜红的旗帜非常激动，浮想联翩，真是天翻地覆慨而慷。这是一件事。另外一个事就是紧接着不久后又当面聆听了邓小平政委的讲话。当时他是我们二野的政治委员，他在中华人民共和国成立后不久，刘邓大军进军大西南之前，给我们做了一个报告，这个报告的题目是“过关问题”。

问：所谓“过关”是？

答：所谓“过关”，中心意思就是教育和鼓励我们这些年轻人，要建立革命的人生观和认识观，要纠正一些错误观念，跟着解放军进军大西南，解放全中国。这是因为这个学校里面各色人等都有，想法各异：有的是向往革命来接受教育的；有的是心血来潮来赶赶时髦的；有的是来解决吃饭问题的，也不排除有少数异己分子。平时在学校开会、学习、唱歌、跑步没有问题，一旦要卷起铺盖，背井离乡，上前线打仗的时候，思想问题就来了，就犹豫不决了，邓小平把解决这些问题统称“过关”，所以他鼓励大家下定决心，跟着解放军“进军大西南，解放全中国”，过好这一关。

问：那是得思想统一一下。

答：当时革命最迫切的任务就是要解放大西南。解放大西南，除了军队，除了前面能够直接消灭敌人的军队，还需要有许多后续人员，比如说建政之类的。建政就是建立政权，解放了一个城市首先要建立革命政权，你如果没有一些建立政权的人怎么行？此外还要有保卫革命政权，肃清反革命分子的人，当然还要有宣传革命的人，包括文艺工作者。前些日子我老伴病了住院，我去探视，遇到一位和她同屋的病友，说起来正好是我们军大的同学，进军西南后她就到政法部门工作，后来调到北京，也离休了。

问：是军政大学当时的学生？

答：是。我还有一个非常好的同学，就是去建政，后来被打死了，他去建政就要去征粮，当时有一个很重要的任务就是要征粮，解放军要吃粮食，我们得去把这个粮食从人们的手中征过来，从恶霸地主家中拿过来。那时的情况是，我们需要粮食，土匪也需要粮食，那些土匪都是政治土匪，是被我军击溃的散兵游勇。当时他们在山上，我们在山下。

问：他们都有武装？

答：都有武装。结果土匪得知我们去征粮的人少，而且都是青年学生，战斗力不强，他们就下来把我们的人灭了，其中就有我一个很好的同学。

问：那是你死我活的。

答：那时候绝对是你死我活，当时有一个英雄叫丁佑君，可能你们不大熟悉，我们那个年代的人都知道，是一位女青年，就是在这种情况下，英勇斗争牺牲的，后来全国人民都纪念她。

问：您去了吗？

答：我没去，我在1949年的11月前后就被分到二野政治部文工团了，分去就到了舞蹈队，我入专业的时间很快，整天就跳舞唱歌，所谓跳舞当时就是早上起来练自然法则，就是吴晓邦老师的自然法则，那时候吴老师自然法则已经有了。之后就是扭秧歌、打腰鼓，扭秧歌我们还可以，因为过去学过，在军大的时候也学过。但是打腰鼓当时对我们来讲，对青年学生是很难的，腰鼓是要绑在身上打的，而且打的花样很多，就难一些。不过我们热情高涨，就冲着这个来的嘛。

问：怎么是冲着这个来的呢？

答：我很喜欢打腰鼓、扭秧歌。南京解放不久，二野组织过一次解放军南京入城式，入城式的行列除了战斗部队以外，最出彩的、最吸引老百姓特别是青年人的就是文艺表演，而文艺表演中最好看的当属腰鼓和秧歌，变化多样的动作和队形，雄壮而优美的舞姿，让南京老百姓欣喜若狂。当时许多年轻人就跟着文艺队伍走，我就是其中之一。我曾经跟着腰鼓队跑了三条街，两公里还不止。真是如醉如痴，忘乎所以。当时我心里就想，什么时候我一定要把这一套学会。没想到梦想竟成现实，我怎能不全力以赴呢？

问：您加入军政大学其实是跟当时想学舞蹈有直接关系的吧？

答：是的。有一些关系。

问：想搞文艺工作？

答：想。

问：所以说把您派到文工团正合您的心愿了？

答：我去了之后，有一位负责人问我喜欢什么，你能干什么？我说我就是高中学生，我说我喜欢扭秧歌、打腰鼓，他说你就到舞蹈队吧。

问：这就是征求意见？

答：就是简单地征求一下。还有一个原因，就是我年纪比较小，一般年纪小的到文工团的机会多一些。

问：正中您的下怀。

答：所以我学习腰鼓、秧歌很有热情。

问：文工团在南京吗？

答：我分到文工团的时候，文工团已经在进军西南的路上了，在湖北武昌和沙市的长江边这一带，当时进军的部队都是流动的。后来，我们就在沙市和宜昌这个地区住下了，住下干什么呢？前面打仗，我们要等到解放重庆，包括解放西南其他的地方；解放了，我们后面部队才能上去，就是在那等着。就在等着的过程中我到了文工团，到了舞蹈队，开始了舞蹈艺术生涯。

问：这些东西其实是在湖北才开始学的？不是在南京？

答：对，就是去了之后。

问：军政大学把您分到文工团，其实没在南京待着？

答：很快就上湖北了。

问：当时军政大学分到文工团的有多少人？

答：有十几个人吧。

问：都是男孩？

答：也有女孩。

问：文工团的舞蹈队当时大概有多少人？

答：当时也不过就是二三十人吧？

问：加上你们？

答：加上我们后来有三四十人。

问：这里面二野舞蹈团有我们认识的人吗？后来在舞蹈界声誉比较响的？

答：于增湘不知道你认不认识？

问：于增湘知道。

答：她给北京歌舞团编排过一个女子独舞《诗经三首》。在总政歌舞团编排过一个女子群舞叫《八圣女》。

问：于增湘是男的女的？

答：女的。还有苏祖谦、陈冲，都是搞舞蹈的。

问：你们到了湖北就在那等着。

答：就在那天天学腰鼓，打腰鼓、扭秧歌。

问：也是为入城做准备的？

答：是为入城式做准备，也算是一个节目，那练得还是很辛苦。我记得当时一早上起来，就把腰鼓扎在身上，陕北腰鼓是要扎紧了才能打的。不是一套进去就完了，它是扎紧的。就天天这么练，天天甩胳膊这么练。那个地方没有排练厅，当时长江正好是枯水期，江边上裸露出来一大片沙滩，硬的沙滩就是排练场。吃了早饭去开始练，到了中午回来吃饭，吃完饭以后，连解这个腰鼓带的力气都没有了，就这么仰着躺着睡觉，下午再去，就到这份上了。但是那时候就是非常有激情。到了11月底，重庆解放了。我们立马坐船到了重庆，在朝天门码头上岸，上岸后随即就进行了重庆的入城式。我们的入城式非常精彩，表现出了中国人民解放军威武且不可战胜的精神力量，对重庆人有很大的震撼。当我打着腰鼓、挺着胸膛迈步向前时，我不禁想到半年多前的景象：半年多前，人民解放军解放南京时，我还是一个跟着入城式队伍跑的小青年，曾几何时，角色发生了根本的变化——我已从在旁边看的，变成了让人家看的了。

问：自己也很自豪吧？

答：那当然，绝对的。我确实很自豪，革命浪潮的力量多大啊！后来文工团就住在重庆一个很重要的地区，叫浮图关（即佛图关），一个居高临下的军事重镇，我们西南军区就在那，文工团也在那。

问：怎么成了西南军区了，你们不是二野吗？

答：二野到了四川之后，战事基本停息之后，二野就变成了西南军区。

问：二野被合并了，变成西南军区？

答：西南军区是新建立的，因为是在西南，所以稳定下来之后就叫西南军区，二野是野战军，他可以到处跑的。西南就是由二野整个部署的，包括四川、重庆、贵州、云南、西藏，都是原属二野的部队。

问：最终成了西南军区，文工团自然就成了西南军区文工团？

答：对，原二野文工团改称西南军区文工团，首先是在重庆演出。有一点需要讲一下。当时我们组织了一台歌舞晚会，那时候歌舞晚会这种形式很少，要么是演大戏，《白毛女》《刘胡兰》这是我们革命文艺的传家宝；要么就是京戏，我们部队的文工团里当时有一些演京戏的，而歌舞这种形式是很少见的。由于我们文工团来了许多学舞蹈的，又由于文工团原来的节目形式太大，行动不便，不适合下部队演出，所以我们在重庆组织了一台歌舞晚会，这种形式有非常大的好处，就是生动活泼，形式多样，唱歌、跳舞、说相声或者是快板曲艺之类，内容非常广泛，可以及时地反映现实。

问：而且是喜闻乐见。

答：还有行动非常方便，不像《白毛女》你得带多大的道具，可以说这种形式是应运而生的，根据当时的革命现实需要，根据群众的审美需要产生的。

问：这是哪一年？

答：1950年年初。

问：你们是给军队演还是给老百姓演？

答：一般来说先给军队演，后给老百姓演。后来也不分那么清了，军民一家亲了。

问：演出的舞蹈大概是什么？ 中国的还是外国的，是俄罗斯的？

答：混编，舞蹈我现在还记得的。是以吴老师为首，胡果刚、查烈、彦克他们几位合作的《进军舞》，是当时我们演出的主要节目。你看过没有？

问：知道。

答：《进军舞》在当时起到很大的作用。《进军舞》是吴老师他们几位在东北开始创作，后来东北四野文工团到了武汉，在武汉就继续排练演出，再后来全军各部队都派人去学习，学习这台节目，我们二野也派人去了，学习完了就回到重庆排练并演出了这一台节目。

问：王曼力是四野的吗？

答：王曼力、赵国政、查烈他们都是。

问：《进军舞》您参加了吗？

答：参加了，这台节目很受欢迎。

问：《进军舞》大概是多长时间的一个舞？

答：是一个组舞，它是由各种形式不同的舞蹈组成的。

问：大概有多长时间？

答：大概30分钟。我记得有骑兵舞就是女的，有练枪舞是男的。还有一首歌印象很深，开头两句是："朱总司令命令往下传，红旗一展大军冲向前……"我现在唱不出来，要唱这个歌跳这个舞。还有一段叫《三战士》的三人舞。后来我就是跳《三战士》到了朝鲜。最后一场是胜利，凯旋，一共是30分钟左右。我觉得这个舞蹈在我们新中国舞蹈发展史上，是具有历史意义的一个舞蹈。吴老师领导创作这个舞蹈，对军队舞蹈艺术是有突出贡献的。后来我们一直演这台节目，从重庆带着这台节目下部队去演出，从重庆经过庐州，贵州的毕节、赤水河一直到云南的宣威，最后到了昆明。我们是西南军区政治部文工团舞蹈队，这样一个演出队伍里面也有一些独唱、小合唱，主要以歌舞为主的队伍，一直从重庆演到川南、滇北、黔西，之后到云南，到了昆明。

问：有多长时间？

答：好像有好几个月吧，一边演一边走，那时候还是很危险的。讲一个真实的故事吧，我们这支演出队当时是坐部队的运兵卡车行进的，有一天我们行进在黔北的公路上，发现土匪就在山梁子上走，他们老盯着我们，因为我们不是一个单单的歌舞队，是一个加强的舞蹈队，因为当时的土匪太多了。领导派一个排的兵力随行保护我们，共有100多人吧，所以我们不怕。那些土匪也很嚣张，他们不下来，但也不离开，想伺机行动。就这样对峙着。

问：特别是贵州，那时土匪很多。

答：等我们的车到了赤水河，在那里还逮着一个土匪。这个土匪是到赤水河赶场来了，我们的汽车进去了，他跑不掉了，他吓坏了，他就在一个柴火垛里头躲着，我们指导员是一位老八路，有斗争经验，他最先发现那个柴火垛在哆嗦，立刻拔出枪来大声喊道：快出来，你要不出来我就打枪了！ 土匪吓坏了，赶紧举手出来了，他承认他是土匪，是来赶场，买东西来了，原来是山上的土匪下来买东西来了。可见当时的形势十分复杂，敌我对抗非常厉害。

问：也很乱。

答：我们到了昆明之后继续演出，因为昆明是歌舞之乡，云南是歌舞之乡，他们对我们这台节目的形式非常喜欢，在民间是经常有歌有舞。我们到了云南去演出有两个任务：一个是演出慰问驻守云南的部队和云南的群众；另外一个就是深入云南的少数民族地区，去学习少数民族的民间舞蹈。当时这个观念已经有了，就是要深入民间，要学习民族民间舞蹈，所以我们到了西山、弥勒、石林。彝族地区的这一带，是以大三弦、阿细跳月为中心的这一带，我们去了那有两三个月，白天跟他们劳动，晚上跟他们在一块跳舞，学习了很多彝族的舞蹈，比如烟盒舞、大三弦等。

问：学了这些充实你们的演出吗？

答：充实了我们的演出，后来我们排了一台云南民间舞的节目。在大部队还在那一带学习的时候，我和另外两位同志（刘致中、王啸）突然被调回重庆，因为要参加一个中国人民赴朝慰问团，那时朝鲜战争已经打起来了，后方要支援他们，全国组织了一个中国人民赴朝慰问团，每个大区要组织一个分团，分团要有自己的文艺小分队。我们3个人被调回就是参加到中国人民赴朝慰问团西南分团文艺小分队里，任务就是跳《三战士》，就是《进军舞》里面的《三战士》，因为这个舞比较适合在朝鲜战场跳，人多了根本没地站。就这样我们在朝鲜还在打仗的时候，进入了朝鲜战场。

问：这是哪一年？

答：1951年年初，那个时候朝鲜正在进行第四次战役和第五次战役，战斗紧张激烈，如火如荼。那时制空权还在美国人手里，美国飞机给我们制造了很大的麻烦。

问：你们当时怎么样？您刚说朝鲜制空权还在美国人手里？

答：当时我们去的时候制空权还在美国人的手里，当时我们也是有生命危险的，我们白天只能在山洞里待着，因为你一出山洞，天上的飞机就盯着你扫射或者扔炸弹。朝鲜那儿特务特别多，晚上天黑了，我们才上车要到各地去演出，天上立马就像放花似的，全是美国特务放的信号弹，他一放信号弹美国飞机就来了，我们的汽车就不能动了，汽车灯全关掉，美国飞机天上转了半天，找不到目标，只好返航，等飞机一飞走，我们就开始行动，敌来我避，敌去我动，每天晚上都是这样干。

问：美国特务打枪，飞机就过来了？

答：对，他们有暗号，天上地下有联系，打几枪或者在什么地方。就表示什么意思，非常紧张，争分夺秒，天地大战。

问：跟他周旋。

答：跟他周旋，也很紧张。我们有一位相声艺术家就牺牲在朝鲜战场上。你们可能不清楚这个人了，我们这代知道，他叫常宝堃，跟侯宝林是齐名的，而且常家的相声是代代相传的，他是常宝华（海军）的哥哥，就在我们那个分团，他是在敌机空袭时牺牲的。我们一共牺牲了4个人，他就是我们那个团里头的，在文艺界很著名的；还有一个团级领导，一个司机，另外还有一个我记不清楚了。可见，当时是很不安全的，但是我们仍然坚持到基层去给他们演出。基层是在山洞里头，后勤工作全都是在山洞里头，所以我们经常在山洞里头演出，在山洞里睡，在山洞里吃。有时也经常在树林里面演出，这是1951年上半年。后来回来了，我又回到了歌舞团。

问：还是西南军区歌舞团。

答：那时候改了名字叫西南战斗歌舞团。

问：为什么叫战斗歌舞团呢，战斗不是在兰州吗？

答：不对，兰州那是后来的，为什么叫战斗歌舞团？西南军区原来主要是二野的部队，后来中央又调了以贺龙司令员为首的一支部队，来加强西南军区的力量，在贺司令员带来的人员中，有一个文艺团体，是解放军中很有名的剧团叫战斗剧社。他们来了之后，两个团就合并了，就叫西南军区战斗歌舞团。

问：战斗剧社原来也是解放军的？

答：就在贺龙领导的那支部队里，贺司令员特别喜欢两个团体：一个是战斗剧社，一个是战斗篮球队。为什么后来贺司令员当上了国家体委的主任，因为他特别喜欢体育和文艺。那时候我们都知道，只要战斗球队跟人家打比赛，他有空一定会来坐在场边看，你想他要坐在场边看，谁还敢偷懒？

问：您从朝鲜回来，已经是叫战斗文工团了？

答：对，我们回来之后就紧接着有一个任务，就是准备1952年8月1日建军节，在北京为庆祝建军25年举办一个全军文艺会演，我们就集中力量排练一台歌舞节目，准备到北京参加“八一”会演（我们经常所说的“八一”会演，就是指的1952年在北京举行的全国部队的文艺会演）。“八一”会演我们那一台节目到北京来演出一炮打响，现在我说一说一些节目名字，我不知道你熟不熟悉，反正像我这代的人都知道的，音乐有《歌唱二郎山》《藏胞歌唱解放军》《英雄战胜大渡河》；舞蹈有《藏民骑兵队》《筑路舞》《军民打青稞》。

问：都是你们团的？

答：都是我们团的，我当时就是这个《军民打青稞》的编导，也是舞蹈《筑路舞》和《藏民骑兵队》的演员。

问：《藏民骑兵队》是薛天编导的？

答：他是其中之一。

问：薛天是你们西南的？

答：对。

问：战斗剧社过来的？

答：对，他是战斗剧社过来的。

问：是这么回事啊。《藏民骑兵队》我还是有点印象。

答：最后保留下来了《藏民骑兵队》，其他的几个节目都没保留下来。

问：那时候您已经开始从事创作了？

答：那时候还是以演员为主，因为我比较年轻，也就是20岁。那时候还没有专职的编导。

问：谁都可以编。

答：那时候领导认为你的想法还可以，就编一个。《军民打青稞》也是大家一起搞的，我只是执行导演，舞蹈就是表现解放军部队到了西藏之后，和藏族同胞一起劳动的情景，是一个重要的题材，当时得了三等奖。《筑路舞》得了一等奖。《藏民骑兵队》获二等奖。

问：《筑路舞》是什么意思？

答：当时解放军进西藏，最大的问题就是交通问题，没有交通线你进不去，说一千道一万也没有用。所以我们那时候就要修路筑路，《筑路舞》就是表现我人民解放军在二郎山上、在雀儿山上，在恶劣的自然环境、非常艰苦的状态下，艰苦奋斗修筑公路的情景，很感动人。它获得了舞蹈编导一等奖，另外在音乐方面也获得了一系列的奖。我们这台节目在当时很受欢迎。

问：1952年你们大获全胜。

答：后来就被留在北京了，之后就把我们调进了总政歌舞团。

问：总政歌舞团前身是怎么回事？

答：新建的总政歌舞团于1953年正式建立，主要由三个部分组成：一个方面是原来的总政文工团舞蹈队，一个方面是我们西南军区来北京参加“八一”会演的人，再一方面是从全军四面八方调来的优秀人才。

问：你们留了多少人？

答：全留下了。

问：那西南军区不是给抽空了？

答：我们来参加“八一”会演的人，大概占原舞蹈队的三分之二，还有三分之一在那。

问：这三分之二全留下了？

答：全留下了，那三分之一 后来又充实了不少人壮大起来，后来一部分又调到了空政文工团。

问：您来“八一”会演之前有准备要留在北京吗？

答：没有准备。

问：完全没有准备？

答：没有。

问：演完了以后特别出色，就把这些演员留下了？

答：对，后来组成了总政歌舞团。

问：总政歌舞团就是那时候建立的？

答：对。

问：您夫人也是？

答：我老伴刘有修也是当时舞蹈队的。

问：难怪，后来总政为什么会演《藏民骑兵队》，是这么一个渊源。

答：明白了吗？

问：明白了。你们来总政歌舞团以后，这个团大概是多少人，什么规模？

答：舞蹈队有六七十人。

问：那么大？

答：后来又陆陆续续调走了一些。

问：那是总政歌舞团的全盛时期？

答：应当说初创时期，后来以这个团为基础，组织了中国人民解放军歌舞团出国演出，到苏联、捷克斯洛伐克、罗马尼亚、波兰，去演了半年，300人的队伍出去了半年。

问：你们这个团300人？

答：差不多吧，没有仔细清点过。

问：什么样性质的演出？ 就是军队之间的交流？

答：实际上是国家与国家之间的艺术交流。

问：有点像苏联红军歌舞团。

答：一样，我们就是对苏联红军歌舞团访问中国的回访。

问：你们怎么会有300人的团，舞蹈队得有100人？

答：舞蹈队没有那么多人，五六十人吧。

问：全国各地的？

答：全军的。当时全军很多艺术家都跟着这个团去了，也请了属于地方系统的著名歌唱家楼乾贵和著名京剧艺术家谭元寿。

问：您去干什么呢？

答：跳舞。

问：跳什么呢？

答：《藏民骑兵队》《陆军腰鼓》，还有苏联的《士兵休息舞》。

问：按照您说的这个时间，出国演出时间是1954年到1955年，在中国这个团也算是先驱了。

答：应当算吧。在我们之前的，有周巍峙部长带队参加世青节的艺术家和中央歌舞团。

问：就是地方上看他们，部队上主要看你们这两拨。

答：那时候从歌舞艺术这方面来讲，部队还是很有实力的，这是因为部队文工团有一定的传统，以我们西南军区为例，西南军区是原来的二野，二野追溯到太行山那时候的部队文工团就有音乐和舞蹈。地方就不是这样了，地方是到了中华人民共和国成立后才起步，比如说重庆歌舞团，是我们到了重庆之后，他们才建立的。像你知道的邢志汶，他就是重庆歌舞团的，而且他是中华人民共和国成立后才从上海调去的。我们出国的那个时代是1954年下半年到1955年上半年，这会儿地方上刚缓过劲，刚建立了一个架子还没有发展，所以我在写的材料里面写了这一点，如果研究和撰写中华人民共和国成立初期的舞蹈史，不要忘了部队舞蹈的历史作用。

问：您认为那时期解放军的舞蹈发展，可以说是在中国舞蹈领域里面最强的力量？

答：最强的力量？不是，是由于历史的原因。它起步比较早，因此在某些方面它具有引领作用，为什么吴晓邦老师会在1948年东北的部队文工团里编创出具有历史开创意义的《进军舞》呢，因为历史已经发展到需要解放军解放全中国，需要解放军的文艺出来摇旗呐喊，鼓之舞之。而那时又正好有一拨有舞蹈基础，能鼓之舞之的人，这样，正好是这样，水到渠成，吴老师的《进军舞》呼之即出了，这是时代造成的。现在研究舞蹈史的人，不知道了解不了解这个历史情况。

问：这有可能。

答：这也可以理解。

问：到1955年了？

答：对，现在讲一段1957年的事情。1957年我曾经去过一趟贵州，为什么去那里呢？当时的贵州省委书记姓周，我们总政文化部的部长姓陈，他们是好朋友，周书记就向陈部长提出，希望总政派人帮助他们提高舞蹈方面的水平，陈部长慨然应允，于是下令歌舞团派两个人。经过领导研究就把我和霍德华派去了。我们在1957年年初到了贵州，开始是在贵州省歌舞团。

问：你们算复员了吗？

答：没有，就算是部队支援地方吧，工资还在总政歌舞团领。开始带他们集训。他们人也不够，我们也帮着他们一块演出。一段时间之后，交给我们一个任务，让我们帮助他们建立一个黔东南歌舞队。因为在贵州来讲，黔东南是音乐舞蹈最好的地方，音乐有侗歌，侗歌是非常有特色的，无伴奏和声，然后是苗舞，苗族全国许多地方都有，但是黔东南的苗族是非常棒的。

问：我去过。

答：清水江、雷公山这一带。

问：你和霍德华老师都去了。

答：去了，包括他们有几个人，我们一起组织了一个小组。当时有一点思想是明确的，就是想要建立一个州歌舞队，你想从外地调人来是不可能的，这点我心里头非常清楚，那时候的黔东南真可谓是穷乡僻壤，跟贵阳都没法比，甭说跟北京、上海了，和当时全国大部分地区比也都贫困许多。所以必须老老实实找到好苗子自己培养。我们组织了一个招生小组，决心走走下去选上来的路线。于是，我们每天走一个地方找人，黔东南共有16个县，我们走了15个，只有一个汉族县没去。特别是有些歌舞发达的地方像清水江、施洞口、雷公山、榕江，我们去了又去，找得很细。每到一处，晚上就跟他们一起跳舞，一方面向他们学习民间舞，一方面寻找发现人才。这种方法很可靠，大约用了两三个月的时间，选了一批人。

问：成立了一个团？

答：当时只能建一个队，四五十人。但是从无到有，基础打下了。

问：现在黔东南那个团还不错，就是当初你们弄的吧？

答：是从当时那个基础上发展起来的吧。

问：后来你们就撤了？

答：我们就撤了，我和霍德华跟他们的协议是一年，也差不多到期了，我们就回来了。

问：就回总政了，那您去过云南，在云南学了彝族舞蹈，后来又跑到贵州去，把贵州的东西也弄进来了。

答：是有一些积累。

问：这就回总政了。

答：积累最有价值的就是我下面说的这点，我在学舞的过程当中，说实话我还是比较重视人文这个方面。不是光学动作，我还是很注意所学所见舞蹈的由来和发展，和当地的人文有什么关系，当时就有这样的看法。我觉得舞蹈是生活的一部分，这个地区有这种舞蹈，那个地区有那种舞蹈，这个地区为什么这么跳，那个地区为什么那么跳，是有原因的，不是想当然的。它和当地人们的思维、审美，甚至环境都有关系，所以我比较重视这点，我一面跳就一面琢磨搜集这方面的情况。后来回到北京之后，我跟霍德华两人合作，由我执笔写了一个《黔东南舞蹈介绍》，当时正好是中国舞协《舞蹈》创刊，他们是1958年创刊的，我们就把这份稿子投给了《舞蹈》。

问：那时候不叫舞协吧？

答：那时候叫中国舞蹈艺术研究会。

问：刊物刚刚出现？

答：刚刚创刊。我对刊物很感兴趣，我就想到，我可以把这些东西整理整理，后来还附了一些我当时拍的照片。

问：您当时已经有相机了？

答：相机从哪来的呢？我不是出国了半年吗，每到一个国家人家发点零用钱，我就攒着。我跟我老伴，她也去了，我们两个人的钱合在一块买了一个相机，还买了一大箱子胶卷，回来练手艺，结果大概能用的也不过是十分之一。一开始不懂，就那么瞎照，去贵州的时候已经会一点了，照了不少，像踩姑娘、踩锅塘等，选了一些，投到《舞蹈》编辑部，他们很感兴趣。因为我拍的还真是第一手材料，真是原生态。我照的一些照片挺有特点，因为我毕竟是懂舞蹈的，我知道哪些动作、哪些形态有特色。后来我萌发了一个想法：我在总政也待了不少年了，我这个人身体条件有限，能力有限，形象也不太好，我不可能成为一个好演员。而我有点文化，是个爱学习的高中生，对写作有点兴趣，经过近10年的舞蹈艺术实践，对舞蹈艺术有了一些体会和认识。我就想到《舞蹈》编辑部去工作，于是我就跑到舞协去找陆静。

问：陆静当时是什么职务？

答：陆静曾经是总政舞蹈队的队长，后来他到舞协当了副秘书长。

问：盛婕的副手？

答：盛婕的副手，我去找他，我把我的意思说了，因为那时候调动工作比较简单，不像现在那么复杂，何况他本来就是我的领导，他了解我，我说我想到你这儿来你看怎么样？他说你那个东西写得不错，我们准备发表，你到这来我们当然欢迎，不过这个事双方组织上要协调一下才行。他说："我跟老朱商量商量（老朱就是朱东林，是具体管我们的总政歌舞团舞蹈队的队长）。"我说："那你们商量商量。"后来很快他们都同意了。

问：这是哪一年？

答：1958年四五月间，就转业了，那时候是很迷恋舞蹈的评论和写作这方面。人家告诉我，你一转业待遇就要少10块钱，我那时候拿的是90多块钱算不错的了，这里面就包括有10块钱的叫作什么军龄费，我说不要紧。

问：不在乎。

答：因为那时候也没结婚，老实说八九十块钱，也满够用，我就去了。果然，从98元一下子掉到84元，少了14块钱，那时候14块钱能买好多东西。那时候就是有点迷恋，跟着感觉走。于是我就调到中国舞蹈艺术研究会。

问：您到了这个刊物时，这个刊物刚成立没几年吧？

答：才几个月，正是需要人的时候。

问：隆老师在那儿？

答：隆老师、孙景琛，还有吴曼英、刘海茹，加上我一共5个人。

问：这就是最早的《舞蹈》编辑部？

答：对，最早的，后来又去了一位周威仑。那时候整个中国舞蹈研究会也没几个人，也就是十几个人，七八条枪。我算了算，编辑部占了四分之一，还有一个研究组，还有个办公室，还有行政人员一共21个人。

问：当时办公的地方在哪？

答：整个中国文联在王府大街64号，就是现在的商务印书馆和中华书局所在的地方。舞研会只占几间房，在这里开始了我舞蹈生涯的新阶段。

问：转行了？

答：并没有转行，只是角色有了转变，其实，这种角色的转变我认为是很自然的。当人有了一定的生活积累和艺术积累之后，那时候思维就会有一些变化，自然而然地就会想把自己实践中的收获上升成理论。

问：当时做编辑写得多还是编得多？

答：写的编的都不少。

问：是月刊？

答：基本上是双月刊，有一度，在1959年改成了月刊，后来觉得顶不住又改回到双月刊。

问：主编是吴晓邦老师？

答：不是，主编就是陆静，他是副秘书长兼《舞蹈》编辑部主编。

问：当时吴老师没管？

答：吴晓邦老师当时是中国舞蹈研究会主席，但是挂名的，他的意图是通过盛婕来贯彻，吴老师当时迷恋他的那个天马舞蹈工作室，也是很兴奋。

问：所以这个杂志就靠你们这几个人挑起来了？

答：基本上是我们这几个人，那时候有一个好处，天不怕地不怕。

问：年轻。

答：年轻，再一个精力充沛，白天黑夜都可以写。

问：当时是两个刊物？

答：一开始是一个，后来又增加了一个《群众舞蹈》。当时我们的群众观念还是很强的，觉得应该有一个面向业余舞蹈爱好者的刊物，当时就办了一个副刊，叫《舞蹈》副刊，但是一两年以后，因为国家的情况，国家3年自然灾害，整个经济压缩，所以就砍掉了，还是保留着一个《舞蹈》。

问：所以《舞蹈》这个杂志，您和隆老师、孙老师，你们这批人是功臣。

答：功不功臣的另说，是第一批老资格，这样我们的刊物就从1958年编到了1966年。

问："文革"停办了？

答："文革"开始就编不下去了，当时的舞协被认为是裴多菲俱乐部那样的团体，这是毛主席的批示，我们光学这个批示就学了一两年。

问：就是统一思想？

答：就是揭发批判，等等。

问：就是"文革"期间？

答：这已经进入"文革"了，"文革"我们这个协会全乱了，整个文联也全乱了，每天都斗，像表演一样，那时候不是表演，是斗人。"四条汉子"，我们文联大楼就有三条，你想想看，能不斗吗？！

问：什么"四条汉子"？

答：江青为首的批文艺界的"四条汉子"，所谓"四条汉子"就是周扬、夏衍、田汉、阳翰笙，除了周扬在中宣部挨批斗以外，夏衍、田汉、阳翰笙都在我们文联，他们一个是电影协会的主席，一个是戏剧协会的主席，一个是文联秘书长，那时整天像演戏一样在台上挨批斗。

问：当时是在什么地方？已经搬了？

答：还在王府大街64号。

问：那乱了套了怎么办？

答：后来解放军来实行军管，带着大家去干校，我们就到了干校。

问：刊物就停了？

答：那绝对停了，在去干校之前，我们还到北京舞蹈学校待了一个阶段。

问：北京舞蹈学校？

答：对，北京舞蹈学校那会儿在陶然亭，先把我们弄到陶然亭去。

问：斗你们？

答：还没有斗，帮助我们。

问：天不怕地不怕的。要给你们点颜色看看，让你们交代什么？

答：让我们交代“修正主义”文艺路线。我们的问题就是毛主席的那句话，就是裴多菲俱乐部那样的团体，这一团体就完了，谁在那个团体里面都完了。

问：都跑不了了。

答：在劫难逃。我们一方面斗三个“走资派”，就是盛婕、陆静、乔英（乔英当时是办公室主任、党支部书记），其他的我们这几个人被称为“修正主义”文艺苗子，就是一个孙景琛、一个我、一个隆荫培、一个周威仑。

问：“修正主义苗子”。

答：因为我们不是“当权派”，把我们弄到了“当权派”说不过去，就是苗子，苗子也要铲除。

问：你们知道要交代什么吗？

答：就是你怎样跟着“文艺黑线”走的，你怎么宣传的，我们当时也做了很多工作，我们几个人绝对是舞蹈研究会的主力，很多事我们都干了。

问：那舞蹈学校谁来收拾你们？

答：他们对我们还是很友好的，就是军宣队，舞蹈学校的军宣队还管我们，那会还有工宣队。

问：你们有自由吗？

答：一开始没有的，后来有了上下班，军宣队管我们，一开始不让我们回家。有一天我夫人她出去教舞从外地回来，这是罗马尼亚歌舞团到中国来演出，要学中国舞蹈，领导就让她去教。她就跟着他们离开北京外出教舞和演出去了，完事回到北京后，听说我被圈起来了，就到舞校来看看我。她穿的是军服，军宣队问她是哪个部队的？她说她是总政歌舞团的，刚从外地回来，要见见我。

问：她的官比军宣队的大？

答：我老伴是1950年的，军宣队的连长才是1960年的，她的官比他大多了，他们就毕恭毕敬地让我们出去了。

问：挺有意思。你们去的干校在哪？

答：去了3个地方，最先是官厅水库，待了一段时间，之后到了宝坻的一个村，后来又从宝坻到静海团泊洼，就是天津附近的那个县。我是从1969年去的，1973年回来的。

问：您在干校劳动吗？

答：天天劳动，都在那劳动。

问：您会劳动吗？

答：反正会不会的你都得干。我养过猪，在炊事班里面干过火头军，这都无所谓，不存在会不会的问题，关键你在那、在干活就行。

问：不再做跟舞蹈有关的任何事了？

答：不做了，那是“修正主义”，不干了。

问：在干校到1973年。

答：干到1973年调回来了，开始在文化部，工作了一段时间，以后就搞调演，我就到调演办公室去工作。

问：什么调演？

答：文艺调演。全国文艺调演，就是从全国各地调来一些剧团在北京演出。

问：专门有那么一个办公室管着？

答：是，这在当时是个很大的活动。一直到1975年，毛主席说话了，《舞蹈》杂志又要复刊，先复刊5个刊物，其中就有《舞蹈》。

问：你们那些刊物全停了，全没有了？

答：“文革”开始后全没有了。

问：所以要恢复的里面5个，其中就有《舞蹈》杂志？

答：有音乐、舞蹈、美术、戏剧等。当时恢复《舞蹈》的班子又把我调去了。

问：调回舞协了？

答：因为我在中国舞蹈艺术研究会和后来的舞协时，是干《舞蹈》编辑部工作时间最长的人，其他人比如说孙景琛，他后来去研究舞蹈史了。

问：您没动窝。

答：我没动窝，所以这一来又把我调去了，当时调《舞蹈》的工作人员还有刘海茹、胡尔岩、游惠海、侯晓枫。

问：你说这次重新搭班子。

答：领导是陆静，陆静是主编，副主编叫王国华是芭团的，还有就是我们这几个人。

问：隆老师没去？

答：没有，他那时候在文化部音乐舞蹈处。

问：您又回到了舞协？

答：这时候还没有舞协呢，编辑部恢复在先。

问：编辑部挂在哪？

答：文化部，当时协会没恢复，恢复协会是后来的事。协会恢复之后，《舞蹈》杂志又回到协会，我在那一直干到1979年。

大批人马从干校回来之后建立了中国艺术研究机构，就是艺术研究院的前身，那时候不叫各个所，叫各个研究组，有一个舞蹈组，就是董锡玖在那。当时，张庚同志任第一任执政副院长，因为院长没有，院长都是文化部部长兼，实际上不管事，就是副院长张庚管事，张庚你知道？

问：对。

答：他是著名的戏剧评论家，他提出来要建立研究生院，现在的这个就是他建立的，这是非常英明的决策，于是乎就开始招生，第一年没有舞蹈，就是因为没有导师。

问：是蓝凡他们那一拨？

答：对，没有导师没有办法，就跟吴晓邦老师商量，让他来兼这个舞研所所长，这样就有导师了，就开始招研究生，就招了五条汉子：冯双白、欧建平、高历霆、谢长、宋今为。

张庚院长除了抓研究生这个问题，他当时还明确提出来每一个研究组，每一个研究室，都必须要抓两个基本的研究项目，叫作“一史一论”。“一史”，就是每个研究室必须研究出一本你这个门类的历史；还有“一论”，每个研究室必须要有一本本门艺术的马克思主义艺术理论，你得有属于你这个门类的艺术基本理论。这样落实到舞蹈研究所，历史没问题，他们早就搭班子了。他们在“文革”之前就开始搞了。那么“一论”还没有人搞，我跟隆荫培听到这个消息后商量了一下，因为我们本来就有这种想法，“文革”之前曾经想搞过，但是没有条件。我们想这是一个好机会可以争取一下，于是我跟他同时向他所在的文化部和我所在的舞蹈家协会提出来，愿意去接这个活儿，结果各方面的领导都比较支持，于是我们就去了。

问：你们是1979年和董老师一块去院里面接这个“论”的。

答：从那时候正式开始写这本书。

问：您跟隆老师就是这个时期来舞蹈所的？

答：是的。

问：什么时候成立的这个理论研究室？

答：我们来了就成立了 。我跟隆荫培来了之后，还提出我们可以编一本刊物，因为我一直对编刊物很有兴趣，领导也同意了。于是从1980年开始，我们舞蹈研究所就有了一个《舞蹈艺术》，是季刊，一年四本。主编是吴老师，我是副主编之一，兼编辑部主任，副主编还有隆荫培、刘骏骧。我们把这个摊子也搭起来了，但是我们的主要精力还是写这本书。1984年出了第一版叫《舞蹈概论》，是上海文艺出版社出的，意在征求大家的意见，之后我们根据各方意见进行修改和提高。1997年我们出了修订版，最新的是第三版，2001年第一次印刷。这本《舞蹈艺术概论》一共3次修订3次提高，第一版17万字，第二版是36万字，第三版是43万字。

问：第三版是43万字，不断在修订。

答：使我们很高兴的一点，就是它的印数还在不断地提高，到今年6月已经印到了6万册了。需要强调说明的一点是：像我们这本完全属于纯理论的概论式的书籍，舞蹈方面的很少超过两三万印数的，现在这本书已经超过6万册了。而且我们知道，有一些学生和朋友给我们来信。为什么印数在不断升高，是因为改革开放以来，大部分省市都建立了艺术学院，而每个艺术学院里面一般都会有一个舞蹈系，舞蹈系的基础理论都用这本书。有些老师我们都不认识，他们主动来信，说："我们用你们这本书作为教材。"我们当然很高兴了。这本书完全是我们两个人写的，是在没有外助力的情况下写成的，是上海文艺出版社出的，没有任何领导的帮助，我们也没有津贴拿，没有给上海文艺出版社一分补助，完全按照市场规律、读者的需要在运作。而据我了解，现在有很多书都是要反补的。

问：就是要出钱的？

答：作者要出钱的，或者自己不出钱，国家批一部分钱给出版社。这个没有，完全是商业运作。在这种情况下，出到6万册，我很满意了。这说明符合读者群众的需要，说明是舞蹈艺术的发展需要。至于书的内容就太多了，我就不详细介绍了。

问：经历了三次修订，您是不是觉得是最后一次修订了？

答：可能是这样，鉴于我的健康情况，我现在的宗旨是远离热点，淡出舞蹈界。没有精力了，确实没有精力再搞了，因为要修订这本书必须要源于实践，我们有一个观念，叫作理论与实践相结合。

问：说的话能让人听得懂？

答：举的例子要现实，要有实际意义，我们现在已经没有那个能力，没有那个精力，也没有那个经费出去调查研究了，所以就很难有新的内容补充了。我们在最新版中加进了两章：一是"新中国舞蹈艺术50年启示录"，二是"沿着先进文化的方向，创建和发展中国舞蹈学"。一个回顾，一个展望，都是总结性的，都是后加的。舞蹈工作者可以读一读。

问：这是后来的研究成果。

答：是的。我们的观念就是笔墨当随时代、理论与实践同行。这是我们的基本观念，就是说你写东西必须要反映这个时代，要适应时代的需要。理论与实践总的来讲是理论来源于实践，但是必须要紧紧地反映这个实践，这样的书才有价值。你写了一大堆空理论，根本就驴唇不对马嘴，没有意思。我想我们这本书之所以能够受到欢迎，印数不断地增加，和这个有关系。说的是实际问题，浅显易懂能看得明白，不像有的书搞一些生僻的词汇，绕了半天还是原来的意思，只不过换个说法就是了，我觉得这个不可取。

问：这就是您进舞研所，整个伴随着您的理论研究事业的过程。这本书是很重要的一条线。

答：我也认为是很重要的。还有一条很重要的线。

问：带研究生吧。

答：带研究生。就是刚才讲的，原来舞研所无法带研究生，后来吴老师来了，可以招生了。

问：吴老师应该比您来得晚吧？

答：来得晚。

问：你们先来了以后，没有研究生导师，招生部才把他请来的？

答：请来了之后，就评职称，整个研究所评了5个副研究员，就是董锡玖、王克芬、孙景琛、隆荫培和我，那时候吴老师到处去讲学，他还要领导舞协，事多得不得了，这边5个研究生也顾不上教，后来就把我们这5个副研究员找去了。老先生就说："你们这样，一个人管一个，你们管，我不管了，太累了。"吴老师那么说，我们能说什么，就一人管一个，我管的就是冯双白，其他怎么管的我也搞不大清楚。

问：欧建平是从外国回来的？

答：欧建平怎么样我搞不清楚，分配我的就是冯双白，我就跟冯双白一起共同研究，他的毕业论文我看了几遍，我觉得写得还不错，题目是《舞蹈是一种有意味的形式》，这是一个美学概念。我曾经学过一点美学，写过一点舞蹈美学的文章，就帮他出点主意，他的毕业论文顺利通过。后来紧接着我们自己带研究生了，因为我们的职称已经批下来了，我们就开始带研究生了。

问：第二届的那拨？ 于平他们那一拨？

答：不是，你们这拨是我们带的，我带的是朴永光，你是归郭老师。

问：张淼是跟着谁？

答：张淼是隆荫培带的。

问：袁禾是跟王克芬老师，还有郑慧慧？

答：郑慧慧是孙景琛带的。

问：到了我们这一届，您带的是朴永光了？

答：对，现在是中央民族大学舞蹈学院副院长。

问：博士生导师。

答：对，他每年到我这来一趟。

问：朴永光之后下一届您就没带吗？

答：没带了。

问：就退休了吗？

答：离休了。

问：哪一年离休的？

答：我1992年离休的。

问：我们这届是1991年毕业，我们毕业你们就退休了。

答：作为研究所的工作来讲，我退休了以后，还返聘了我两年。后来我又做了一件事，就是帮着北京市编了一本舞蹈志，这是北京市政府组织编写的，不是民办的，也不是哪个艺术机构办的，是北京市政府机构官办的一本北京舞蹈志，全称叫作《北京志·文化艺术卷——音乐志·舞蹈志·杂技志》。我跟隆荫培是主编，最后完成本是60万字。

问：主要是北京的内容？

答：都是北京的，从古到今，北京地区舞蹈的发展，包括舞蹈种类、样式、内容的发展和变化，宫廷舞蹈、民间舞蹈等等。

另外一件事就是中国舞蹈辞典，这个在我研究生涯里面也是很占分量的一个方面，这要从《中国大百科全书》说起。1980年有关方面决定编纂各个门类的大百科全书，其中包括舞蹈，舞蹈和音乐是一本。当时几乎动员了舞蹈界的全部理论研究力量，以吴老师为首，舞蹈界的笔杆子都集中了，编了一本《中国大百科全书·音乐舞蹈》卷，我是舞蹈卷舞蹈理论分支的副主编，我负责统筹舞蹈理论一些条目，编的还算不错，但是最令人遗憾的，就是字数太少。一本音乐舞蹈卷是音乐、舞蹈两个门类合一的一本书，结果音乐占了五分之四，舞蹈一共才50多万字，缺的太多太多。这点我们不太满意，我不满意，可能当时的同行们都不满意，觉得这个比例太不相称了，音乐当然各方面比舞蹈要强要大，相差一点是合理的，但是不能差那么大，比例不合适。

问：五分之三我们能接受是吧？

答：他们占三成我们占二成，这是能接受的，哪怕比这个再差一点也能接受，结果差太大了，我们意见很大。当时就产生这么一个思想，我们自己干，求人不行，求人不如求己。在这个基础上，王克芬、刘恩伯我们3个人搭配起来，提出了一个项目，就是编写《中国舞蹈词典》，作为中国艺术研究院的重点科研项目，于是就开始组织队伍编这本书，编了8年，1994年出版，共160万字。在160万字当中，当代占了60万字。我负责当代部分，这个当代部分主要是包括总类，舞蹈通用的名词术语、舞蹈作品、舞蹈人物、机构，大事记等共60万字。这本书是1994年出版的，1995年获得了首届中华人民共和国新闻出版辞书三等奖。这本书文化艺术出版社开始准备印1000册，我们不满意，我们好不容易搞了8年，你们才给我们出1000册，太少了点。舞研所认为我比较能说，就让我去找他们，我答应去试试，正好我跟出版社负责人还比较熟，我们一个干校的，后来又争取了500本，一共是1500本。上市后我们到新华书店调查过，很快就卖光了。在这种情况之下，后来我们就又修改增订了一次，因为是得奖出版物，得了奖能够有点补贴，出版社也愿意，经过不小的努力后，《中国舞蹈大辞典》于2010年由文化艺术出版社正式出版。200万字里面主要的是增加了两方面的内容：一方面加进去了外国舞蹈，我们原说中国舞蹈辞典，可以不包括外国，后来有人说这本辞典很多人需要翻，一个外国的词也没有也不合适，后来我们就增加了外国部分，请刘青弋来负责这个外国部分；另一方面是增加了1990年后的新词目。这本书是2010年出版的，情况还好。

问：对这个事业有个交代了。

答：对这个事业，我还有一个交代，可能舞蹈界的同志不是很清楚。我还领头组织编了一本很重要的辞书中的一部分，就是《中国艺术百科辞典》中的舞蹈分卷。这是我国著名红学家、中国艺术研究院冯其庸副院长直接主持的，他是以大艺术的观念，把艺术范畴开阔成13个门类，除了我们通常所说的表演艺术及文学、美术以外，还加上了雕刻、书法、园林等，内容弘博。

问：设计类的。

答：把那些书法、雕刻、园林等，都概括在艺术之内，为了编好这本书，筹组之初就聘请我来当舞蹈分卷的主编，后来又加上了王克芬，舞蹈分卷搞了近60万字。全书整个300多万字，厚厚的一大本，包括13个门类。作为舞蹈艺术分卷占了全书近六分之一 ，足见我们舞蹈艺术在中华人民共和国成立以来有了长足的进步和发展，已经逐渐跻身于中国艺术之林，得到了大家的承认，不像大百科那时候，咱们舞蹈才那么少一点。所以这件事我挺满意的，而且这本书是商务印书馆出的，质量很高。他们的要求是很高的。

问：舞蹈有专门的一卷？

答：没有，全都是在一本里头，他们原来说，打算出完这一大本，每个分卷再出一本，后来也是经费问题没有继续弄，我听说这本书在国外很畅销，因为它是面向国外的，它向国外全面介绍了中国艺术的情况，从质量上讲也是比较高的。

问：刚才您把一生的经历浓缩在一两个小时的时间说了一下，如果咱们再站得高一点来看您的一生，您从事舞蹈的这一生，有什么特别强的感悟？

答：有一位著名的文艺理论家，我曾经跟他有过接触，我曾经受到过他的教育与指点，我去请教他应当怎么来搞艺术理论研究、基础理论的研究。他跟我说，作为一门艺术来讲，基础理论一定要打牢，基础理论包括哪些方面？他说无非是四个方面：一个是“论”，不管哪一类艺术都要有一本很好的概论。还有一个叫“典”，要有一本能够说明这门艺术各种理论概念、名词、作品情况的书，概念能够说得很准确清楚，才能称为“典”，本质属性写不清楚就没法叫“典”。你看我们编辞典的时候，第一句话就是定性叙述，定性叙述虽然很短，但是它要非常精练，它要非常清楚而明确地阐述这个概念的本质。你只有有了这个东西，才能成为“典”，要不然就谈不上“典”。有这个必须要有一定的基础理论的修养。有了一个“论”、一个“典”，还要有一个“志”，他认为志书很重要，他说志书就是要如实地记录，所谓“志书”，就是述而不论，就是你不要乱七八糟地评论，一个阶段是怎么样就是怎么样，这件事是怎么样就怎么样。我们编的《北京舞蹈志》，就是坚持这个原则，就是述而不论，你不要去妄加褒贬，主观的东西不要，你就是用事实说明问题，它哪一年产生的，哪一年消亡的，都是它本身的东西，这叫“志”。还有一个“史”，这个咱们大家比较好理解，每一门艺术都有一本自己的历史，舞蹈没有舞蹈史说不过去的，要有史。我受了他的教育，有很大的启发。所以我最近这些年，最近二三十年来我很重视这方面的基础理论，我很重视论、典、志、史这四个方面。我搞的专题比较重要的都是这四个方面，此外，我还搞过一本，我主笔的，有很多同志参加编写的一本《中华人民共和国舞蹈活动大事记》，这本书后来编到我们《中国舞蹈大辞典》的后面，作为附录，我觉得这就是一种志，如实记录，不要加你自己的评论，好坏什么，历史曾经发生过，历史上曾经发生过的事情，把它写下来，我觉得这个很重要。

当时我还在职的时候，我曾经给有关方面提过，我说我们舞蹈研究所，应该每年编一本年鉴 ——《中国舞蹈年鉴》。我说有了这个东西，将来别人写就好写了，你那个观点不一定是正确的，但是你记下来的事情是清楚的、正确的、如实的，人家就好写了，几十年以后让别人来看你、来评论你。如果我们没有这些东西，几十年以后写起来就困难了，纯粹杜撰。我们要给后人留下一些志书一类的东西，我觉得我们不大重视这个，都爱天花乱坠地评论，写得特别邪乎，结果事实内容没有多少，在一种很单薄的事实面前，强加给它过多的主观意识。

问：还原到事实的本身。

答：我们要更重视事实本身，所以我认为咱们舞蹈研究所，舞蹈理论界，应该重视基础理论的研究，应该重视基本事实的积累。没有基本事实的积累不可能有正确的理论研究。我曾经看过很多论文，尤其是前几年，研究员和副研究员还很少的时候，参加了很多研究生的论文答辩，那个时候简直是相当多，一会儿这个来找，一会儿那个来找。

我现在已经是80岁的人了，我也离开舞蹈界有些时候了，我们觉得现在的研究生培养要注意一个问题，不能滥竽充数，要重视质量，不要追求数量。现在一说就是我们这有多少个研究生，硕士有多少，博士有多少。多了当然很好。我们年轻的时候，就有人说我们是四肢发达头脑简单。当时年轻，确实比人家简单，那是事实，但是我们不能够容忍这种状态延续下去，所以我们才搞了研究生班，培养研究生。一级一级的研究生培养，就是希望从我们的舞蹈人当中培养出一批高质量的人才，这个绝对是正确的，这个方向也符合我们泱泱大国的发展前途，但是我们要重视质量。我看到很多让我来评论的文章，我也说了很多违心的话，他的导师给我打电话，学生到我这来请教，我也拉不下脸来说实话，也说的好话多、坏话少。其实有些论文实在是不怎么样，主要的问题是空，要防止空壳现象，就是说我们招收研究生的时候要严格，不能说人家愿意来你就收，不能来者不拒。在培养的时候，要认真要严格。不能放任自流。

问：对学生负责，因人施教。

答：我认为对研究生培养是很严肃的事情，是一个需要非常认真来进行的事业。比如说从选题开始，就应该很严格，这个研究生适不适合这个选题，那个研究生适不适合那个选题，这个我觉得都需要导师来把关的。我的意思就是基础要打牢，培养研究生要慎重，不要搞得太多，要水平高一点。

还有一点小意见，这个可能不对，可能我还受到某种传统思维的影响，就是我们要搞一些有分量的东西，要拿得出来，要经得起历史检验。现在刊物多了，文章也多了，研究生多了，论文也多了，就说能不能在这个基础上，搞一点有分量的，有系统的，一个人甚至几个人未必做得了的，但是从整个舞蹈事业发展来看又是很需要的课题。

问：这就需要集体的力量。

答：有人不是说嘛，社会主义的优越性就是集中力量办大事，这个我是同意的。你看我们搞的几本书，比较有分量的都是集体的智慧，都不是某个人，一个人能够完成的，都是集体智慧的结晶。我现在怎么觉得，好像集体合作的氛围越来越少了。这种做法，不要太多，不能一窝蜂，但是经过长期酝酿、有较好顶层设计的集体大作，能够代表今日舞蹈艺术研究水平的精品，还是应该搞一点。

问：虽然是小意见，但是都是高屋建瓴的。

答：我要谈的大概就是这些。

问：真是不好意思。徐老师，让您费了这么长时间，用了这么多精力，我觉得您讲的非常非常重要，特别是最后您说的培养人才，要有高起点，要重质量，不能滥竽充数。我觉得您的思考里有一种忧患意识，很有警醒的作用，对我们来说非常宝贵。我们也是非常感谢您，感谢您这一下午的时间。另外，我个人加上我们整个项目组，衷心地祝愿您80岁以后的生活更加精彩。

答：去年我参加舞蹈研究所聚餐，人家问我今后有什么打算，我说我是保八争九，什么叫保八？就是我要活过80岁，那时候还没到80岁，我说80岁要保住，什么叫争九呢？我说我要争取多活几年，争取能够到90岁。

问：您一定会的，您状态没问题。还是把身体调养好，保重身体，我觉得您状态非常好，再次向您表示感谢，我们今天采访徐老师的访谈就圆满结束，谢谢徐老师！

答：谢谢诸位。

徐尔充采访手记

江东

徐尔充老师是我入行后曾亲自为我们授过课的恩师。一晃就是20多年了！当年，也应该就是我们目前这个岁数吧，作为主要理论课教师，尔充老师和隆荫培老师为那时才30来岁的我们亲授舞蹈理论课程，教材就是那本至今已经增印数次、总发行量在6万多册的《舞蹈艺术概论》，因为他们二位是这本经典之作的合作撰写者。时间真是不饶人啊，一晃，尔充老师已经晋升为“80后”（80岁）了；而今天的我们，也是当年入校时老师们的那个年纪了。

为了生活和健康上的方便，徐老师跟夫人——也曾是总政歌舞团的舞者刘有修老师住进了位于北京五棵松附近的敬老院。这里条件很好，特别是不怕生病，因为旁边就是解放军总医院，因此住这里的价格也是相当不菲的。就在这个闹市中的清静之地，徐老师接受了我们的采访。

对于这次访谈，显然徐老师是有备而来的，看着他手上一万多字的文稿，立刻知道他做了十分充分的准备。这其实非常符合徐老师的个性——认真、审慎、稳重。徐老师说过的话、做过的事，都很得体完满，都追求最佳效果。这完全得益于他宽厚、踏实的个人天性。

徐尔充老师一生在业界从事了许多不同的角色：演员、编辑、教师、学者。

可以说，他是中国当代舞蹈事业的一个功臣。早年在西南军区文工团做演员时，他就是主要演员，并在进京会演后与许多同事留在了总政。之后的一个大事是，去了当时的舞蹈研究会（现在的舞协前身）编辑当时的《舞蹈》杂志，一编就是十几年直到“文革”。再之后是“文革”后期恢复《舞蹈》杂志。然后又是一个大事 —— 转到我们院（中国艺术研究院舞蹈研究所），充实到了当时的研究力量，也变成了一名专职从事学术研究的研究人员。进入这个新领域之后，他和隆荫培老师共同合作，一起著书立说，传教带徒（我的同班同学朴永光就是他的亲传弟子，第一拨学生中，他还帮助吴晓邦老师辅导了冯双白的硕士论文），他不断取得了好成绩。当然，让他津津乐道的，是已经修订了三次的《舞蹈艺术概论》这本重要的舞蹈理论基础性著作，之后还有他任副主编的《中国舞蹈大辞典》和《北京舞蹈志》等。对于学问，他传递了一个很受用的信息，他曾听一位大学者说过，任何一门学问都需要做四项基本的事情：史、志、典、论。他认为自己已经做好了后三项事情，已经很不简单了。我其实也这么认为，一个人一生能做成一件事已经不错了，而徐老师为舞蹈界的学术积累是踏实而有效的。作为一个同行晚辈，他自然是我非常敬重的。

徐尔充老师是一位非常达观、乐天的长辈，他从来对任何事好像都看得很开，心中似乎从未有过纠结和拧巴。这一点，我实在是太佩服了，也是我们这些尚不成熟的晚辈们应该学到的一个本领。或许，到了他这个年龄，是不是人都会获得这种人生的境界呢？细想想，倒也未必。因此，能获得这种心灵境界的人，是值得祝贺的。

赵宛华

1932—

舞蹈编导家

主要创作作品：《金梭和银梭》《春之歌》《白花舞》《降魔力士》《塔里木夜曲》《金色小鹿》《二妞与铁蛋》《风波亭随想》《红裙子》。与他人合作作品：《大刀进行曲》《花伞舞》《白马情歌》《夜醉了》《霸王鞭》等。主要理论研究：1982年《继承和创新是时代赋予我们的责任》。主要表演作品：《红绸舞》《跑驴》《鄂伦春舞》《打鼓舞》《游春》《荷花舞》《采茶扑蝶》，舞剧《和平鸽》和大歌舞《人民胜利万岁》；芭蕾舞剧《天鹅湖》中的《玛祖卡舞》，芭蕾舞剧《雷蒙达》中的《西班牙舞》，芭蕾舞剧《无益的谨慎》中的《茨冈舞》等性格舞的领舞。

主要教育教学成果：近年来积极投身于群众业余舞蹈文化的创新发展与推广，特别钟情于中老年舞蹈活动的开展，创作上演的节目有《夕阳红》《青春不老亚克西》《天女》《欢庆》等。

著名舞蹈家，国家一级编导，国务院授予有突出贡献的艺术家，政府特殊津贴获得者。曾任中央歌舞团副团长；中国民族艺术团艺术指导、副团长；中国舞蹈家协会主席团委员、理事；中国编导学会委员；中国社会舞蹈学会常务理事；中国宫廷乐社理事等。

赵宛华访谈录

访谈地点·北京 赵宛华家中
访谈时间·2013年4月2日
底稿记录·孙雨欣
成稿整理·孟静

《中华舞人口述志实录》项目组一行人来到了位于西坝河赵宛华老师的家里面，我们今天下午呢，要跟赵老师一起来聊聊赵老师的人生故事。

问：赵老师，您好！

答：你好，你好。

问：非常非常感谢您呀！

答：别感谢我，我耽误你好几个月时间了。

问：没有，没有。我觉得挺难得的，今天下午跟您一块儿，想就您的人生历程，作为一个舞蹈家这样一个过程，一块儿来跟您聊聊天。我们一般就是这样，从您最早跟我们说起。比如说，您哪年哪月出生在什么地方，咱们从这开始说行吗？

答：我是1932年10月14日，出生在云南昆明。

问：哦，您是昆明人。

答：昆明人。

问：您说话没有昆明味儿啊？

答：十几岁就出来了，当然就没有了。

问：您是昆明人，那你们中央歌舞团的甘露也是云南的。

答：甘露，我招来的呀。毕业生我要来的呀。

问：哦。

答：原来还有一个文慧，也是云南的。

问：文慧是云南的。

答：对呀，对呀。本来我说把她也弄过来，后来去东方歌舞团了。

问：1932年出生，哎哟，那您今年得……

答：我80了，生日过完了。

问：哦，您可不像80岁的。

答：还不像呢，头发都白了吧。（笑）

问：真是身体好。

答：而且也不像个跳舞的模样了。（笑）

问：1932年在昆明，当时家里面是一个什么样的家庭？

答：因为我的父母早就离异了，我是在外婆家里长大的。我妈妈是云南人，父亲不是。

问：家里面兄弟姐妹就您一个人吗？

答：我还有一个姐姐，8岁就死了。

问：哦，那就是您一个孩子了。

答：对，就我自己。

问：当时昆明是在县城？还是在城里面？

答：市里，昆明市。

问：昆明市里，嗯。

答：对，因为我外公是孙中山的顾问。他后来好像"四一二"以后就弃阵，自己念佛了。我没见过他，当时我见他们家里修有一个大的莲花池台。

问：您跟外婆一起生活会没有见过外公？

答：我去的时候外公已经去世了。

问：哦，什么时候叫您去的，您不是出生在昆明吗？

答：不是，我出生在昆明，但是那以前就不记得了。完了我又上我父亲那儿去了，山东那儿，完了又来回折腾。

问：哦，您父亲是山东的？

答：对。

问：我是山东的。

答：你山东什么地儿呀？

问：青岛呀。

答：青岛，好地方呀。

问：山东青岛，后来就上山东艺术学院。

答：我在山东，后来又在济南待过。

问：哦，我在济南待了11年。

答：我看过我非常小的时候的那个照片，嫩乎乎的一点儿。我问在哪儿？是在山东。后来我就回去了，我妈又给我弄回去了。

问：那够远的，从云南到山东。

答：那个时候还经过越南的一个火车站，绕一圈儿才到昆明的。

问：哇！小时候印象中就是跟着外婆一起生活？

答：我小时候不能说跟着外婆一起生活，因为我已经在很多的家里待过。

问：因为这种情况，就转了很多家里，就是很多亲戚家都待过？

答：对，一会儿给我姨做孩子了，就赶去他们家去了。一会儿呢，我父亲看见了，又要回去了。待会儿呢，又怎么样。所以呢，我十几年中间已经换四五个家了。

问：但是主要是在昆明和山东，还是说还有别的地方？

答：有。后来我十几岁就上重庆，从重庆又上江苏，从江苏再上北京。

问：哦，那这说的有点儿往后了。咱们先从前面说，您小学是在哪儿上的呀？

答：我小学应该是在昆明上的。

问：还记得小学的名字吗？

答：不是，我在成都上过两年。

问：哦。

答：我小学的时候，在所有的学校，我全是住宿生。

问：嗯，寄宿。

答：我从幼儿园起，就开始寄宿了。

问：但是小学刚开始上不是在成都吧？还是说……

答：成都是因为我跟我的姨去了，给他们做孩子了。他们俩是画家嘛，关山月跟他的爱人。

问：关山月啊？

答：不是那个关山月，是山东吉林的关山月，那个也是个画家。

问：哦。

答：那时候人民大会堂也有他画的东西，他们俩是一个南、一个北。

问：哦，我说我一下想起来前几天去采访章民新老师，她的舅舅也是一个大画家，一下子想不起来了。我说咱们舞蹈界人都是跟大画家之间有缘，您看戴先生、叶浅予先生。

答：对，可能有点艺术门类上的……

问：相通的。

答：对。

问：包括我们前一段儿时间还去采访赵青老师，她自个儿就在家画画。

答：她算不错的了。她腿好了没有？能走路吗？

问：能走，而且走的看不大出来。有一阵儿挺厉害的。您的早年我觉得挺好，转的地方挺多。其实人小时候转的多了，思路是开了，人会很开放。

答：因为我基本上都在学校里待着。

问：您是怎么学上舞蹈的？

答：我学上舞蹈应该是1948年吧，1948年前，戴先生在……

问：您当时在哪儿？

答：我在北京呀。

问：您怎么跑到北京来了呢？

答：我跟着我妈妈，我妈妈那时候好像从重庆调工作到北京，他们是跟着接收大员去，她是数据官，就接收法院的。

问：国民党的那个接收大员？

答：对。完了以后，我就跟着跑到北京，1947年就到北京了。

问：在北京干吗呢？ 当时上学？

答：上学呀！

问：是哪个学校？

答：我当时上了两个学校，开始上了半年是一个新华中学，后来我上了协化女中。

问：什么化？

答：协化女中。

问：哦，协化女中。等于说最终是从这儿上到戴先生那儿学的舞蹈？

答：对。

问：您怎么就1948年跟着戴先生学舞蹈了呢？

答：1948年不是学生运动，我已经是高中生了。高中生就要演很多小戏呀，那时候我开始是在学校里头跳舞。

问：在协化女中的时候就开始跳舞了？

答：学校跳的什么呢，那时候学的就是新疆舞。

问：边疆舞，戴先生那些？

答：就那些。我记得还有照片呢，就是把床单围在腰间上，弄一个什么小帽子戴上。（笑）

问：学新疆的那个？

答：所以那时候我比较喜欢舞蹈。然后呢，好像1948年的夏天是在师范大学戴先生办了一个暑期的舞蹈班，好像叶宁老师拉手风琴或踩着风琴伴奏，然后她教的西藏舞，所以我就……

问：戴先生在哪儿办的？

答：就是师范大学。

问：在师大？

答：对。

问：就是当时的辅仁大学吧？

答：不是不是，好像在宣武门外。

问：宣武门。

答：辅仁在城里头。

问：这个班是不是贾作光也去了？

答：没有。

问：不是贾作光，那刘凤学呢？

答：刘凤学？那我就不知道了，因为当时我不认识。

问：哦，董锡玖呢？董锡玖也不是这个班的吗？

答：都不是。

问：哦。

答：就暑假这一个月。

问：短期那种？

答：短期的。那些学生我一个也不认识，反正就是学跳舞。当时因为我在学校就已经开始学跳舞了，然后再一学民族舞，就很喜欢舞蹈了。

问：戴先生当时自己教民族舞吗？

答：她教的是西藏舞，我记得我学的是西藏舞。

问：什么《弦子》《春游》等。后来给你们团排的就是《春游》吧？

答：对，去参加这个联欢节，当舞蹈演员，因为我学过她的边疆舞。

问：哦，您跳了那个《春游》？

答：对呀！资华筠我们一块儿。

问：那咱们一会儿再说到那儿。就是说，当时其实您是亲自跟着戴先生学过舞蹈？

答：对呀，对呀！

问：后来您走上这个路是跟这个直接有关的吗？

答：后来因为当时就不想上学了嘛，那时候看着秧歌队都进来了，就很羡慕，就老想跟着南下去。

问：当兵了？

答：我想南下去工作团，我已经报到了。当时不是都支援南下嘛，但是我们家里不让去，给我锁在家里了。

问：您的妈妈当时在北京呢？

答：她在北京工作，我才到北京的嘛。

问：所以她是不允许你去？

答：她是不允许我去。结果呢，其实后来他们自己都去了。（笑）

问：哦，那您当时就报了这个，但是没走成？

答：南下工作团没去。要是去的话，就是江西的什么妇女干部了。当时不让走，锁着门就把时间错过了。人家出发了，那后来我就生气了，我说我反正也不念书了，正好华北大学招生。

问：哦，您上了华大了？

答：嗯，我是华大的学生，跟隆荫培一起。后来他被招了，离我们家也很近，我说那我在这里念吧。家里说去吧，后来就去了。

问：那是哪年呢？ 您上华大是哪年？

答：1949年。

问：1949年？

答：1949年4月份我就去了。

问：那您算离休干部了？

答：对呀。我们华大那拨儿都应该是离休干部。

问：对，就10月份之前嘛？

答：对，4月份就去了嘛，原来那个好像南下应该是2月份就走了。但是没走成，又没上高二，我说我就不念书了。

问：哦，当时在协化是高二？

答：嗯，高二。

问：然后，华大当时在北京，是吧？

答：嗯，华大三部是在北京。第一部在保定定县，我们那时候是三部，三部是那些文艺嘛。

问：话剧呀，舞蹈呀什么。

答：美术什么那一拨儿，现在好多离休的都是在华大。

问：当时上华大的时候，有什么想法吗？是因为喜欢舞蹈，还是说我就是得找个事儿干了，还是？

答：就是不念书了。

问：您知道是去学舞蹈吗？

答：没有，没有。

问：也不知道，哦。

答：当时我们是戏剧科嘛。没说是舞蹈，反正就是说上华大了。就是不让我走，反正我也不念书了，正好有这么一个机会。

问：可是您高二，本身也差不多再有一年就该上大学了。

答：问题是当时不会想上学。我特别喜欢、佩服那个女干部，就像杨姐领着大家跳秧歌，我觉得女同志很厉害啊，很羡慕！因为以前女的好像没有像这样的。

问：那上华大这个事儿是戴先生通知您去的吗？

答：不是，不是。就是看到登着招生信息了，就去了。

问：那就是这些事都没有什么内在的联系？

答：没有，没有。其实她也是后来才到的，才组织的舞蹈团。

问：哦。

答：我去上华大的时候，好像她还没听说，也不知道。没有这种渊源。去了以后呢，我们就在戏剧科，后来戴先生去了才有舞蹈，而且我们还是学了一般的文化，后来成立舞蹈团了，她就挑年纪小一点的去学跳舞，我都是比较小，他们学习都比我们大点，所以我们就去了。

问：哦，当时是一拨儿小的就能到舞蹈队来了？

答：对，一般小的。还是她挑的我。

问：哦，您就是这样上的华大的。我记得还有隆荫培老师，是吧？还有谁呢？能说出来的呢？方伯年是吗？

答：方伯年不是吧。

问：哦，那个刘恩伯是。

答：刘恩伯可能是，但是他肯定跟我不一个科。隆荫培是，隆荫培我们是一个戏剧班的。

问：孙景琛？

答：孙景琛应该是，就这拨儿。现在不是很多都分外地去了。跳舞的人，现在搞舞蹈的没有几个了。有的不是，像谭慈印、李承祥是。对，李承祥是。

问：李承祥是这儿的？

答：李承祥跟我是一个班的。

问：您怎么叫一个班的，一个班是什么概念？

答：一个班就是，比如说戏剧科里成立几个班，我是五班，他是六班，谭慈印六班。它就分好几个班上课。

问：一个班其实是一个专业？

答：不是，戏剧科里就分了好多个班，戏剧科很大，好几百人嘛。

问：也就是说哪个班里其实都有学舞蹈的？

答：不是，因为舞蹈是后来才有的。

问：我知道，舞蹈是后来的时候……

答：它也是从各个班里去挑的，挑的年纪小一点的，就说好像条件还可以吧。

问：哦，就看着挺像能跳舞的这些人？

答：对。其实也没考试，当时我记得也没有考试，戴先生一说去，她要谁了就去了，反正它是新组建的，那时候我们都要毕业了。

问：后来戴先生再见到您，认识您吗？

答：她不认识。

问：其实您那个短训班，是太短了。

答：当时就觉得她教跳舞，对她的历史也不太了解。我就记得叶宁老师在那儿弹风琴，因为当时踩风琴，把那风琴搬到大操场，所以我对她有印象，对戴先生就没有什么印象了。

问：戴先生是哪年来的华大？

答：华大也是1949年。1949年9月就毕业，我上了半年就毕业了，毕业的时候我们不是排了一个《人民胜利万岁》嘛，那时候戴先生就参加了。我们都在里面嘛，我们去跳舞的那都是她选的。就是参加这个节目里头她在看，谁比较合适，然后就成立舞蹈团了。

问：哦，这个大歌舞是中华人民共和国成立前的事儿？

答：不是，中华人民共和国成立后的事儿呀，1949年的9月份、10月份、11月份。

问：然后从这儿开始，戴先生进入？

答：对。戴先生进入，可能是组织这个节目她进入的。进入完了以后呢，里头不是有很多她编的舞，我就跳西藏舞，又有隆荫培跳的苗族舞，他和孙景琛。

问：你们当时其实是没有舞蹈基础的，就是跳这个舞的时候？

答：没有，没有。都是现学的，都是戴先生教的。

问：就为了这个大歌舞，现学的？

答：她教的。所以她教的过程中就知道谁可以留下。

问：谁有点儿前途，能充分挖掘、挖掘。

答：她要成立舞蹈团，她通过这个，等于说培养人嘛，实际上等于就是现学现去演出，演完了以后最后才成立的舞蹈团。

问：舞蹈团是到了……

答：戏剧学院舞蹈团。

问：戏剧学院舞蹈团是1950年？

答：应该差不多。

问：你们那个时候就上了戏剧学院了？

答：对呀。

问：就跟着这个团就过来了？

答：对呀，她成立舞蹈团我们就跟着舞蹈团，就归戏剧学院了。

问：那应该说您是戏剧学院舞蹈团第一拨儿人了？

答：对呀，我们是第一拨儿。

问：建团的时候就是了？

答：对呀。而且就在戏剧学院，因为原来我们华大的也在那，后来我没走，就在那儿。

问：哦，华大本来就在戏剧学院里头？那华大的戏剧班是不是就是戏剧学院的前身还是怎么着？

答：不会。因为戏剧科里有很多很多人，有的年龄很大的，很多演戏的很大很大年纪了，我感觉里头有三四十岁。她们都很大，我们是属于比较小的，不怎么懂事的。

问：那你们就进了……

答：姚雅男，对。

问：是你们班的？

答：姚雅男是，刘德康是。姚雅男跟刘德康是比我小两岁。我领着他们躲警报。（笑）

问：刘德康就是赵青的爱人？

答：对。那时候他们俩都是华大的嘛。我就记得我们躲警报的时候，我一手拉着她，我是一个大姐姐，留着大辫子，我领着他们两个人躲警报。

问：姚雅男老师后来还是留在你们团呀？

答：在呀，一直在我们团。她跟彭清一一起跳舞，她跳舞是很好的。

问：然后这个团成立的话，当时是叫中央戏剧学院成立的舞蹈班？

答：舞蹈团。

问：舞蹈团这个是后来的吧？

答：不是，就是1950年，我们就叫舞蹈团了。

问：那时候就叫舞蹈团了？

答：就叫舞蹈团，那时候叫中央戏剧学院舞蹈团。

问：对对对，那时候也算是跟欧阳予倩有关系，是吧？

答：就是欧阳予倩支持，因为他很喜欢，他支持的。

问：其实你们这个团当时是为了演出，是吧？

答：不是，其实就是演出以后才成立的团。演出以后，反正跳舞的，当时认为好的，就留下来要建团。

问：我理解您的意思，您说是《人民胜利万岁》之后，把这批人留下来弄这个团了，可是这个团不是一个教学单位是吧，就是为了演出的是吧？

答：对呀。

问：按道理说戏剧学院的话有一个舞蹈团不是蛮可笑的一件事吗？今天来说的话。

答：我觉得主要还是为了舞蹈家。因为有戴先生这么一个专家，她想要有一批人。

问：那刚开始你们第一拨儿的舞蹈团有多少人？

答：当时我们人不是很多，我们3个班吧，一个班也就不到20个人。

问：那也不算少了。

答：五六十个人。

问：哦，那不算少了。五六十个人的团，今天说也算是大团了。

答：那个时候比起华大，戏剧学院就很小。我们有3个班，3个教室上课。

问：您说是在舞蹈团的时候有3个教室？

答：对对。我们就到大翔凤（胡同）去了。

问：您刚才说3个班上课的话，老师是谁教呀？戴先生教吗？

答：很多人教，戴先生教过，我们的芭蕾老师是苏联的舒可夫斯基，还有一个，他们两个白俄罗斯老师。

问：那从这儿开始，你们就开始接受正规的舞蹈训练了？

答：我们那个时候舞蹈团主要是学习，没演出。

问：所以我刚才就是想问您嘛，就是这个舞蹈团还是以学习为主？

答：是，因为这些人都不是会跳舞的。

问：重新来给他规整。

答：然后吴老师也来教我们。

问：哦，吴晓邦老师也来教过，自然法则。

答：然后，陈锦清老师教现代舞。

问：哦，是吗？

答：她就教现代舞，趴在地上练劈叉，都是亲自教。

问：陈锦清老师还教专业课呢？

答：对呀，她教专业课。因为她当时主要是在那儿学的德国现代舞嘛。戴先生也教，所以当时我们还学了好多，还有很多老师……

问：还包括京剧什么之类的吗？

答：我们的京剧开班老师是刘义方老师。然后还有马祥麟、白云生等，后来晚一点了，那时候已经到开始可以演出的时候了。

问：这个团后来是不是也招过生呀？面向社会？资华筠不是后来招生进的嘛？

答：对呀，她是我们的第一班学员。

问：赵青也是吧？

答：赵青不是，赵青属于那个……

问：赵青是介绍过来的？

答：他们都是推荐来的，还有张宜秋都是推荐来的。

问：张宜秋老师为什么？

答：好像她叔叔是画家，张琛、张针雨，他们是朋友关系。蒋祖慧是丁玲的关系。

问：他们当时是一拨儿学员队，你们是演员队。

答：我是演员队，等于资华筠他们都是我们的……

问：学员队。

答：而且我们就教她们了，我们刚学完。因为白俄罗斯老师不可能教他们芭蕾，我们教芭蕾去了，她们认我是他们的芭蕾老师。其实我也刚学几天。

问：哦，您接着就开始当老师了？

答：不是，就我们这一拨儿人。

问：就是一帮小老师，辅导性的给他们教。

答：比如说那个武成仁，就你们在舞蹈学院那个田佩就教打腰鼓，每个人都教，反正就是每个人都给派了活了。等于我们就是现学现卖，因为人手不够。

问：先学到的教后学到的。

答：对。他们还记得我给他们上过芭蕾舞课。

问：那说明您当时给他们上的芭蕾课还不错。

答：不是，当时他们也认真嘛。

问：你们练足尖吗？

答：没有，没有。

问：不练足尖。

答：当时我们连芭蕾舞鞋都没有，都是自己手缝的。

问：哦，练功鞋都没有。

答：都是自己手缝的。找一块儿布，然后几个针纳一纳。

问：哎，那如果这样的话，《和平鸽》您是不是也参加了呀？

答：对呀，《和平鸽》我们是演员啊。但是我没跳鸽子，因为我的个子比较大，姚雅男那拨儿，他们条件都比我好的。

问：您跳什么呢？

答：我在里头跳的好像是一个俄罗斯舞吧。

问：那其实学东西学的蛮广泛的。

答：当然了，什么都学了。

问：您看刚才包括芭蕾，民族舞，还有俄罗斯舞。

答：什么都学。

问：包括京剧，学东西蛮广泛的。

答：而且，好像我还没轮到学就出国去了。联欢节就是戴先生排那个《西藏舞》。

问：那不是后来的嘛？

答：没有，1951年呀。

问：1951年就有联欢节了？

答：1951年的联欢节，我们就……

问：《游春》是1951年去的？

答：对呀。1951年嘛，资华筠也是1951年去的，她14岁。

问：哦，1951年啊。我印象中是1954年，还是1955年？

答：1953年是《荷花舞》跟《采茶》。

问：哦，就是每两年一届。1951年咱去的就是这一个？

答：1951年去的还有一个《红绸舞》，金明从东北带来的。那拨儿开始不是我们演，到国外我们接着演。

问：嗯，您也跳过《红绸舞》？

答：我跳呀。

问：那是属于中央歌舞团名片式的作品。

答：但是，那时候跟后来跳得不一样。那时候跳得简单，那时候我也跳中间那个领舞，因为个儿大一点。

问：估计您当时的个儿不能算最高也是……

答：我1米64算高了，她们都1米60什么的，我算第二高吧，徐杰第一高。

问：那资老师比您高吧？资华筠老师。

答：她当时小呀。

问：但是后来的话？

答：后来她长个儿，不过后来她也没有比我高啊。

问：哦，崔美善 ……

答：崔美善她是后来。我们中间啊，戏剧学院里头后来又重新请来了一个舞研班。我才怪呢，所有的班我都去学过。

问：您舞研班也去了？

答：舞研班我也去了。但是我不是舞研班的时候进去，我是舞研班前身的那个班，就是她来了以后，她不是不能光教朝鲜舞嘛，她请了很多中国的京剧老师，什么教“水袖”的，教“起霸”的老师。我们就是那个班前身 —— 准备班。她把我们这些老师都教完了，她素材都有了，就成立了一个舞研班。舞研班跟舞运班是同时的。

问：哦，在这个班之前，其实是有过准备的？

答：有一个准备的。她召集的中国的专家来教学生，然后 ……

问：那李正一老师是那个班的吗？

答：她应该是，但她好像来的时候就已经是干部了，比我们大。

问：那先回到刚才说到的这个舞蹈团，您刚才说1951年就去参加了那个演出，您其实1951年已经开始学成品舞蹈了，是吧？包括刚才这个《游春》《红绸舞》啊，这些？

答：《红绸舞》还没有呢。

问：哦，《红绸舞》还没有。

答：我们只有一个《游春》是戴先生排的。其他人呢，他们就领着去淮河学花鼓灯去了。

问：后来花鼓灯就是这么来的？

答：对，就直接去采风。1950年修淮河的时候就去了，去了一拨儿。

问：当时排《游春》是为了这个联欢节排的吗？还是已经有个现成节目了？

答：因为联欢节，因为要参加联欢节比赛。

问：嗯。那是我们国家第一次参加联欢节？

答：第二次。第一次是腰鼓跟秧歌。他们是1949年，我们是1951年。第一拨儿是1949年，就孟俞、王昆他们那拨儿。

问：哪个王昆啊？

答：就咱们这个王昆，唱歌这个王昆。不是男王昆，是女王昆。

问：那时候没有舞蹈呢吧？

答：那时候没有舞蹈演员，就是他们打腰鼓、跳秧歌那一拨儿。

问：您说这1949年我还真是第一次听说，这个是没拿什么奖回来是吧？

答：没有。那时候好像没有比赛。我没记得，我们那次是有比赛的。他们那次反正就是1949年代表国家去了，参加联欢节了，这是肯定有的，我们有记载嘛。

问：然后1951年你们去的是哪儿啊？

答：我们去的应该开始是在柏林。

问：在柏林，德国。为什么说是开始？后来换别的地儿了？

答：后来第二次在罗马尼亚。

问：哦，那是1953年了？

答：1953年。

问：就1951年《游春》这次，是在柏林？

答：在柏林。

问：然后这次去，咱们好像也去了，有舞蹈、有京剧。也是各种门类都齐全的。

答：都有的，还有大合唱。那时候我们唱《黄河大合唱》。

问：你们也都参加了？

答：我们参加大合唱，我最怕唱的就是大合唱。（笑）最逗的就是我们要穿高跟鞋，我们不会穿高跟鞋嘛，而且是广场演出，就得提前半小时站在台上，穿着高跟鞋站。然后下面隔一个节目就是我们跳西藏舞，结果我很害怕，每次站那半小时很困难。然后呢，唱歌每次唱《黄河大合唱》的时候，“嘿哟嘿哟”数着，数了7个“嘿哟”，紧张得不得了，比跳舞紧张多了。因为那时候所有人都要参加，除了京剧以外。那时候还演了一个《打击侵略者》吧，我好像在里头跳朝鲜舞。

问：也是参加这个？

答：嗯。那时候1951年不是已经抗美援朝了嘛。

问：但是，这个《打击侵略者》没获奖，是吧？

答：我们好像舞蹈是分类别参加比赛，那个我好像没听说要参加比赛。

问：《打击侵略者》它不是一个舞蹈？

答：不是舞蹈。

问：类似什么活报剧那种？

答：对，又说又唱又跳的那种。我光记得我在里面跳了一段舞。当时我们舞蹈是参加了两个嘛，《红绸舞》跟这个，两个节目。

问：《红绸舞》是参加完了这个之后才进了你们团的。

答：这是等回国以后的事。

问：这个完了之后，才回来的。

答：对，他们那一拨儿人，成立中央歌舞团了。因为我们出去以后，我们在外面转了一年才回来。

问：是吗？

答：我在那儿去了8个国家呢。

问：哦，就演这个《游春》？

答：还有《红绸舞》呢。

问：哦，对，就演这两个？

答：对呀。

问：《红绸舞》你们跳了吗？

答：当然，因为原来那个团很大嘛，全国各地去的，然后后面要巡回演出了，去很多国家，我们就又去了8个国家，民主德国、波兰、捷克、苏联、匈牙利、罗马尼亚、保加利亚，然后去了阿尔巴尼亚，最后还去了一个维也纳。所以那时候就不能那么大队伍了，去阿尔巴尼亚的时候就分成两拨儿了，一拨儿去蒙古国，一拨儿就去阿尔巴尼亚。

问：所以剩下这些人就《游春》也跳，《红绸舞》也跳。

答：不过好像我们还有一个《鄂伦春舞》，就贾作光那个，3个男的，2个女的。

问：（哼唱）

答：不是，你说的那是《彩虹》。我全都不记得了。反正3个男的一开始是男的跳，是贾作光、魏松波、汪灤云他们跳。原来不是我，原来是乌日娜跟徐杰，后来乌日娜回去了，他们就逐渐减人嘛，我就跟徐杰俩人跳了。等于跳的舞蹈还不少呢，好像3个，再加上我们还演《白毛女》。

问：《白毛女》是舞剧还是歌剧呀？

答：就是那个歌剧《白毛女》，我们是群众演员呀。

问：哦，就王昆唱的那个。

答：对对对，还有打击器乐。所以我们事挺多的。我还有伟大的任务呢，开始时我们的化妆队伍特别大嘛，到最后都精简了。一到最后，联欢节完了，到巡回演出了，到一个国家就不能带那么多人了，然后就让我上演出队去管十个大箱子，所有化妆那套全归我管了，挂一大串儿钥匙，特紧张。每天都是人家参观，我不能参观。我上剧场后台去了，把箱子摆开，什么粘胡子、胶水什么的。

问：这都是演员自己管的事儿？

答：没有别人，开始去的时候有化妆师，联欢节好几百人呢。后来一到联欢节完了以后，就没那么大队伍了。演出就更要精减，不能要那么多人了。就你管这事他管那事，你管道具什么的，还有道具一大堆事呢，我就负责化妆。

问：您刚才说联欢节好几百人呢？

答：当然了，联欢节。

问：哇！那得飞几架飞机过去，是吧？

答：哪坐飞机呀，坐火车。从满洲里过去。

问：那得坐10天吧？

答：路上七八天才到的苏联。

问：那你们到俄罗斯下来了吗，当时？

答：直接到那儿经过，完了回来的时候到俄罗斯、白俄罗斯、乌克兰转一大圈，在他们那国家演了好长时间。

问：哦，就这些作品，可以说那算是新中国的舞蹈家们第一次在世界上的亮相了。

答：对，对。

问：当时《游春》是获得什么奖？

答：我们是集体一等奖，但是好像《鄂伦春舞》没参加。

问：《鄂伦春舞》没参加比赛？

答：我不知道，是参加了没得奖还是…… 反正得奖的是这俩。

问：那这两个都是集体一等奖？

答：都是集体一等奖。

问：《红绸舞》，金明他们这时过来了？

答：他们是从抚顺那边带一个团过来的，刘海茹、郑建新他们那一拨儿。后来有的就回去了，有的就留下了。

问：哦，这次几百人之后就变成了一个小分队。小分队大概有多少人呢？

答：那也100多人呢！

问：哎哟，我的妈呀，是吗？

答：因为一个演员要演两个，歌剧一个，《打击侵略者》一个，这两个就一大堆人了吧，然后呢……

问：《打击侵略者》是一个大型的剧目啊？

答：当然了。二三十分钟呢，就等于是歌舞晚会里的一个节目。《白毛女》是单独一台晚会。

问：对、对。

答：然后这个呢，是跟我们歌舞在一块儿。

问：不过《白毛女》里头不是没有舞蹈？ 不是歌剧吗？

答：《白毛女》没有舞蹈，我们就演群众演员，彭清一还在里头唱了一嗓子呢，最后发唱片录音费还有他一份。我说："你怎么有钱？" 他说："我还唱了一嗓子呢。”

问：谁？ 您说？

答：彭清一呀。我们都在里头混就是，反正群众演员，拿个什么枪，什么斗地主呀什么，反正人都要上去的，我呢是在后台去给他们化妆。

问：彭清一老师也是从老华大过来的吗？

答：不是。

问：华大三部过来的？

答：对呀。他好像和我不是一个班的。他是五班还是六班？ 跟我不一个班。

问：他跟您岁数？

答：他比我大一岁，好像。

问：他比您还大？

答：大一岁。

问：他的底气太……

答：太厉害了！

问：简直是……

答：不得了。

问：现在做那个讲座，哎哟，我的天呐！

答：我们20年以前搞专题片的时候就请他，他就问："讲多长？"他们说一分钟，他就能讲55秒钟，绝不超过一分钟，本事大极了。(笑)

问：他讲得非常精彩。

答：人才辈出，太有意思了。

问：1951年，等于说你们没去前线，抗美援朝跟你们没有关系。

答：抗美援朝我们没去。

问：中央歌舞团没参加这个？

答：歌舞团去了，等于第二次的时候，资华筠他们就去了。我们就还去联欢节了。

问：哦。

答：那时候我们都不想去，我们都闹情绪了。

问：不想去哪儿啊？

答：不想去联欢节，因为我们第一次去了一年才回来。转了一整年呢，那时候大家一回来。哎哟，舞蹈团的演员又有老师教，什么都会，拿大顶，打虎跳什么的。我们那时候什么都不会。

问：出去就是光演出去了，就觉得家里面人家就训练。

答：回来一看他们都很厉害了，腿呀搬得很高什么的。

问：可是，就是这样，他们还挺羡慕你们呢，在国外转那么长时间。

答：嗯，是。现在想想挺好，但是我记得当时我特别羡慕，等于那一年，我们1953年去的那一拨儿还要去的人都闹情绪，都要求不想去了，还挨了批评。你得执行任务，我当时记得我最有意思，我出国回来一看他们，哎呀，跳舞跳这么棒，能拿顶，我说教我拿大顶吧。好，然后扶着墙边儿上，好，把两腿摆在墙上。他们一拿大顶不是自己会下来嘛，他们就走了。

问：不管你了？

答：我不知道怎么下来，两条腿在上面，怎么都下不来，我喊人也没用，全都走光了。这么长时间实在坚持不了，只好这样慢慢下来。我印象特别深，所以从此以后，反正腿冲上的都做不了，打虎跳永远也打不开，因为我害怕。然后，老师说："虎跳那么难打吗？别人跳舞都行。"打虎跳永远打不成人家那样嘛，老是那样腿差不多溜过去。我就因为害怕，特别逗，所以特别有印象。所以那时候觉得人家都已经很进步了，我们都没学着。然后又隔一年又要去了。

问：您刚才说这个班就包括蒋祖慧、赵青他们那个班？就是资华筠他们这些？

答：资华筠是跟我一块儿出去的。

问：资华筠跟您走了？

答：对，我们那一拨儿出去的，回来就留在家里舞蹈团的那些人。

问：也还不少人呢。

答：刘海茹他们。哦，刘海茹也是参加联欢节，她是演完了回来的。就原来我们这些班儿，你可能不会知道名字了。我想应该有谁……

问：张宜秋他们？

答：隆荫培。

问：哦，隆荫培。

答：隆荫培、孙景琛他们应该是。他们没有选上，因为男演员就选了4个嘛。

问：嗯，嗯。那按道理说你们还蛮有意思的。您看，1951年就参加这个，一年后回来，就1952年了。然后就开始准备1953年的那个了。

答：对，1952年我们回来就成立了中央歌舞团了。

问：中央歌舞团是……

答：1952年的12月成立的，今年60周年嘛。

问：今年60周年。当时成立中央歌舞团其实就是中央戏剧学院舞蹈团转成了中央歌舞团？

答：其实不是，我们走了以后他们有一拨人跟"人艺"招的一拨儿学生，等于就是歌剧舞剧院，方伯年他们那一拨儿。

问：陈爱莲。

答：陈爱莲是后来的，他们还晚一点。他们那一拨儿就在一块儿训练了。我不知道叫什么名称，完了后来呢……

问：其实你们回来以后就并到这个团里面，就并成了中央歌舞团？

答：我们那一拨儿，不叫并吧，当然就组建了。

问：还是以你们为主？

答：也不是。因为那一拨儿是原来舞蹈团的，我不知道跟歌剧院那一拨儿是怎么分的，我不清楚，他们属于"人艺"那一拨儿。因为两拨儿，原来舞蹈团队的这一拨儿跟我们出国的这一拨儿，就包括金明、刘海茹他们，等于那一拨儿，留下来的没有回原单位的，就成为中央歌舞团。

问：中央歌舞团成立的时候，团长就是戴爱莲？

答：不对，周巍峙是团长。

问：戴爱莲不是第一任团长吗？

答：她也是团长，她是舞蹈团的团长。但是中央歌舞团她不是一把手。那时候有什么李涣之啊，首先是周部长嘛。

问：舞蹈是归她。

答：舞蹈是她跟陈锦清。舞蹈团她是团长，陈锦清是副团长，后来她们都还在呢。

问：然后就开始准备1953年的演出了。您刚才说1953年是在罗马尼亚，是吗？

答：罗马尼亚。

问：1953年参加的是什么作品？

答：1953年是《荷花舞》，戴先生排的。还有《采茶扑蝶》，游惠海排的。等于是全国比赛以后选的嘛，那时候还有狮子舞……

问：你们团就是跳的这个《荷花舞》？

答：对。

问：当时你们团就跳你们团的舞蹈，别的舞蹈来了是他们自个儿跳，还是说都是你们这拨儿演员来跳？

答：当时我们就跳这俩舞啊。

问：您是跳的《荷花舞》和《采茶扑蝶》？

答：哦，我们当时跳的还有一个叫《跑驴》，我们3个节目。

问：《跑驴》好像也获奖了吧？

答：获奖了。

问：您算是《荷花舞》的第一拨儿演员了吧？

答：对呀。第一拨儿演员，其实我是候补演员，是恽迎世跳《跑驴》，因为我的个头比较高。

问：恽迎世，上海《小刀会》那个。

答：她是跳这个的。徐杰是跳白荷花嘛，我因为个子高，就淘汰我了，我就是候补演员。每次跟着跑、跟着排练什么的，但是我不是演员。但是我们到莫斯科的时候，每次到苏联就要先展演一下，工会大厦演出。演出那天因为她演完《跑驴》……

问：您说谁啊？

答：恽迎世，演完《跑驴》再来演《荷花舞》。接着她的荷花就栽了一跟头，因为她紧张。她说："我太紧张，跳完那个我不能跳《荷花舞》了。"那怎么办，马上就比赛了，我是候补演员，我上，所以变成我参加比赛了。她没有，我上去了。因为我站在最后，我还是比较高。他们那拨儿你想想，什么刘碧云啊 ……

问：刘碧云，就是王世琦的夫人。

答：对，对。他们那一拨儿都比我矮嘛，所以我就站在最后头。反正我是替补演员，但比赛我就变成正式演员了。

问：那1953年去，也还是好几百人那种规模？

答：那当然了，很多。

问：也是坐的火车？

答：应该是坐火车，那时候没有听说坐飞机，那么多人也坐不起呀。

问：嗯，嗯。估计这一个专列都是参加这个。

答：因为去的时候都是跟着青联代表团一起，都几百人。

问：你们当时参加这个演出也可以观摩别的国家的演出吗？

答：可以。但是很少，因为自己事儿挺多。1951年主要是组织我们演出，那一年对年龄大一点的同志来讲是非常有收获的，我们每一个剧都看，但我一看歌剧就要睡觉，实在是不懂。演什么《唐璜》啊什么那些，哪儿懂啊，一点儿都没兴趣。

问：但是跟你们一块儿参加比赛的别的国家的那些舞蹈啊什么的？

答：有的时候能看见。但是你有任务的，你是这里演完上那边去演。他就是属于不会让你闲着的，你是一个演出团，不是观众，观众有另外的观众，你这个广场演完很可能马上那个剧场就要演了。反正每天都会有你的事儿。

问：还有露天演出呢？

答：都在露天，联欢节都是露天，剧场的比较少，《荷花舞》比赛就是露天的。

问：咱们当时得那些奖，是说每个国家都能得呢，还是说就那么一个、两个的？

答：应该是很多国家都有，但是你可能会得金奖、银奖。因为它也属于联欢那种性质，还是属于比较友好的那种鼓励，不是单独像艺术竞赛那种，因为是青年联欢节嘛，所以还是应该以友谊为主。但是中国的东西他们或许没见过。他们那节目，你跟我差不多，罗马尼亚跟捷克可能也都差不多吧，都是这种类型的。咱们去了呢，觉得挺特别的，《荷花舞》里我们踩着荷花出来，觉得很新鲜啊。

问：《采茶扑蝶》您刚才说是游惠海编的呀？

答：游惠海做导演，是我们原来福建来的那个小朱子，朱什么光呀？

问：舞蹈学院的老师啊？

答：嗯。朱老师，古典舞的。

问：哦，古典舞系的。

答：他是福建的，后来就留在我们团，然后他又学习，就上舞蹈学院了。

问：1953年《荷花舞》回来了，您后来就开始搞编导了吧？

答：没有，我1953年回来，1954年才开始成立舞蹈学校，舞蹈学院前身有一个教员训练班。李承祥、刘敏、许淑媖、李正一等等，那时候我们都在这个班里，我们住的是白家庄，每天弄一辆卡车把我们拉着去上课。

问：舞蹈学校成立以后，这帮老师不就去当老师了吗？

答：对呀，对呀。我是又跑回去了。

问：您就又回团了？

答：回团了。

问：那个班好像是3个月？

答：半年。我就记得本来早饭是没有的，只有中午一顿饭，晚上我们都去买点面包什么东西。完了到第二天早上喝点开水，自己就来了，到那上课，那时候要上一整天的课，是苏联专家上的课。上完了以后，晚上开着卡车送回去。因为那里没有地方住嘛，香饵胡同，每天来上课，一天只有一顿中午饭。剩下又买面包就回去了。

问：也就是说这个班完了之后，不是所有的老师都去舞蹈学校当老师去了？

答：不是，因为原来有的是部队的。你像总政的，后来写文章的……

问：赵国政？

答：不是赵国政。

问：苏祖谦？

答：苏祖谦跟我是一个班的，他学完了回去了。

问：哦，就是说当时有好多人是部队上来的。

答：对。部队的，还有好几个呢。

问：那是文化部办的，好像？

答：对对对，文化部办的。因为那时候没有成立舞蹈学校，那就是一个教员的训练班，训练班完了以后老师就带着才成立的舞蹈学校。

问：北京舞蹈学校？

答：舞蹈学校。后来李承祥他们就都过去了，包括孙光言、许淑媖，原来我们都是一个团的嘛。对，孙光言、许淑媖我们都是华大的，那时候他们就过去了。

问：罗雄岩呢？

答：罗雄岩也是，他也过去了。我不知道怎么回事，我怎么没过去，我好像就回团了。

问：您说他们怎么都去舞蹈学校了，您怎么没去，您现在记不清了，是吧？

答：我好像，不知道，我的印象里好像我就是回团了。

问：但实际上你们那时候，那个班里边很多人都上舞蹈学校去了。

答：那李正一也是嘛，李正一、许淑媖、李承祥、刘碧云。

问：孙光言？

答：孙光言。

问：罗雄岩？

答：罗雄岩。

问：彭松？

答：彭松不是那个班的，他等于是老师那一类的。

问：孙颖呢？

答：有孙颖，他们都是那一拨儿的，他们都去当老师去了。我不知道为什么，是团里要回去的，我好几次回去都不是我主动回的。

问：听领导安排的？

答：也不是。可能我当时不是很喜欢教学。

问：那不是说您喜不喜欢，那时候就领导……

答：可能觉得我不合适呀。（笑）我不知道为什么，反正我就回去了。

问：回到团里边就等于说您一直是演员？

答：对。

问：回去也没当老师，当教员？

答：回去半年以后又来了，要成立编导班，我们就要考编导班。

问：不是古雪夫那个班啊，是前面那个。

答：前面那个。

问：前面查普林那个班的？

答：查普林那个班的。

问：您是第一拨儿的。

答：跟贾作光我们一拨儿的。

问：贾作光、李承祥、王世琦，对吧？

答：对，对。我们一开始准备考试吧，大家就准备，考上就去学习了。

问：那时候是1954年第一拨儿？

答：1954年，第一拨儿。

问：还有什么夏静寒呢？

答：对，他们是部队去的。

问：还有薛天？

答：哎，薛天是我们班的吗？好像是。田静是我们班的。

问：还有编《春江花月夜》的栗承廉？

答：栗承廉是，但他同时也是学校老师，因为他等于是艺人出身。

问：什么出身？

答：老艺人，艺人出身。

问：哦。

答：所以他还是我们的古典舞老师呢。他一边当编导班学生，一边还教我们古典舞。

问：哦，你们班的古典舞是他教的？

答：是他教的。

问：您刚才说到一堆的男生，女生就您和夏静寒啊？

答：女生有上海的李群，郭冰玲。

问：哦，郭冰玲是你们班的。

答：还有一个赵秀琴，原来铁路的，现在上台湾去了。原来白水的爱人，也是我们班的。

问：哦，白水，上海的白水。

答：对对，上海的白水。他们俩结婚了，我们有5个女的。

问：这就是刚才您说的5个女的。

答：我们班5个女的，十几个男的吧。

问：男生多。

答：但是我在学校挺特别，不光是编导班的学生，还是芭蕾班的学生。

问：哦，您还跟着学芭蕾舞？

答：嗯，伊林娜的学生，然后又来了个教代表性的老师，也视我为他的学生。所以等于我一个人身兼3个班的学生，然后我还要教两个班的学生。

问：教什么呀？ 教芭蕾？

答：不是，我是教代表性的老师，当时赵青……

问：赵青，对对对。

答：他们是五年级、六年级的学生嘛。他们是从团里调去的，他们上五年级，大一点的上六年级。然后老师只有一个，同时上课还要有一个助教，我就是她的助教，等于她教甲班，我就教乙班。我一想，我在学校的事儿太多了。

问：那您先跟她学？

答：我们是每天有两节代表性课，老师有汪兆雄、黄伯寿、陆文鉴，女的是夏静寒和我。我们真的就剩5个了。原来还有一个新疆的，后来她不行，就退出了。

问：就你们先学？

答：对，我们就是她的学生。每天要上两节代表性课，是专门培养老师的。然后呢，我是被选作助教了。他们没当助教，只有我当助教，可能觉得我记得比较清楚吧。每天她教的什么东西我就照猫画虎地去那一个班里头教，等于应该两个班是同时上课。

问：哇！那您当时够忙的。

答：然后呢，我还要教两个班的学生，二年级的代表性和几年级的代表性，后来我一想我在学校事儿是不是太多了。

问：够忙的。

答：3个学生再教两个班，还有二年级的一个学生。所以我说我从早上6点钟去上芭蕾课，好像我在学校从来不洗脸，起来以后一冲，完了就赶紧去上课了，我感觉我好像在学校从来不用脸盆。起来以后，我还不敢叠被子，因为我们那个编导班女生宿舍的室友都睡觉呢，我得6点就起来去上芭蕾课。

问：那时候是在白家庄还是在陶然亭？

答：陶然亭。

问：已经在陶然亭了？

答：陶然亭。两边有俩过道。男的在这边儿这个，我们在这边儿这个。然后那边儿是教室。（比画）

问：住在过道里啊？

答：不是，就过道搭成的那个像过道的长的宿舍那种。

问：哦哦，宿舍。

答：特别逗，我就想我6点多起床，完了我一直上课上到1点钟，伊林娜的芭蕾课上完了，我还有两节查普林的编导课，然后我再有两节代表性课。

问：代表性那个老师叫什么呀？

答：达·克·列舍维奇。（音译）

问：男的？

答：女的，很好一个老太太。然后呢，我还要上一节编导班的古典舞课，就是栗承廉上课。所以你想，我从6点多开始，一直要上七节课。

问：哇！

答：所以我说我的身体好，就是那时候练出来的。

问：天天都这样……

答：早上起来从6点钟一直到下午1点钟，一直在上课，我都不知道怎么吃的早饭，反正就是到芭蕾舞课完了以后……

问：您那时候正当年！您1932年出生，那时候正二十二三岁，体力最好的时候，精力最充沛的时候。

答：本来就身体比较结实，属于能折腾的那种。然后下午就开始上课了，教两个班的课，当然不是天天上，一礼拜两堂二年级的课，就4天课。然后主要是编导的作业要这时候做呀，编导要回课呀。晚上就做作业，第二天起来回课。

问：那挺充实的。

答：我觉得我的知识好像那时候积累得比较好。

问：嗯，大概是这样的生活过了两年？

答：两年。

问：这个编导班就是两年，是吧？

答：两年，1955年到1957年。

问：贾作光是这个班的？

答：贾作光是我们班头儿。

问：班长。

答：他最有意思，因为他的社会活动很多，我们都是学生，他每天经常是夹着包就出去了。我们一听“嘎噔、嘎噔”就是他回来了，然后他就经常有什么稿费了，我们全都给扣下了，请客。经常晚上回来晚，门上搁一个扫帚，一开门，“咚”一下，掉下来了。他特好玩儿。（笑）

问：（笑）编导第二个班弄了一个《鱼美人》。你们班好像毕业作品没有搞吧……

答：我们有，我们搞了一个舞剧。

问：也搞舞剧了？

答：搞了一个舞剧，是《苗岭山上》。有唐满城、白水、肖联铭和我，我们4个人搞的。

问：你们创作的？

答：我们创作的，在学校演出了一个舞剧。

问：你们4个人创作的？

答：4个人创作。肖联铭是贵州的，也是我们编导的学生，男的。加上唐满城、白水、我，我们4个。

问：唐满城怎么加入你们的呀？

答：因为他会古典舞。我们舞剧里头有一个抓土匪的要打，我们连3个蹿毛都不懂。从他那我才知道，一过去二过来三过去，3人交叉的编。他会古典舞，里头有些东西需要。

问：但是他不是你们编导班的人。

答：他不是编导班的，他是老师。我们这个舞剧，请他一块儿来参加的。

问：白水是你们班的？

答：白水是我们班的。白水、张护立都是我们这个班的。

问：张护立是辽宁的。

答：薛天、田静、黄伯寿。

问：然后当时你们4个人搞这一个作品？

答：对。

问：然后他们有搞别的作品吗？

答：好像是他们上海同学搞了一个小的，好像不是在学校里排的，也搞一个。

问：不是全班同学集中起来弄了一个，等于说个人有个人的作品？

答：对。

问：您搞的是一个《苗岭山上》，是苗族？

答：苗族的。好像当时解放军进去抓土匪什么的，那个故事。因为古典舞不熟呀，解放军都是古典舞，所以请唐满城老师。

问：最后编成了吗？

答：演了，可惜我到现在一张照片都没有，当时是没照还是怎么，我不知道，学校应该有。

问：当时是哪个班演的？

答：我只知道彭安兰是我们的小女主角，男的谁呀？ 后来是附中的校长，叫什么？

问：哦，熊家泰呀？

答：那时候男主角还是他。

问：哦，当时您是第一次搞创作吗？

答：应该不是第一次，因为我们中间还有。

问：还有一些别的创作。

答：比如我编的是双人舞，在公园里，当时都演出。

问：但是舞剧就这一个。

答：舞剧就一个。

问：也可以说是学习这个课的一个成果。当时给你们教的是舞剧创作还是舞蹈创作？

答：舞剧创作。当时我们学的都是斯坦尼斯拉夫斯基那种，完全是戏剧学院戏剧理论的那一套。然后自己去理解，去变成舞蹈的，教的等于是戏剧理论，不是像后来有舞蹈的专业的那种课，没有。

问：是按照戏剧的方法来教舞蹈的？

答：对，戏剧结构、人物等，开始就这样，先学都是这个。然后东西用的是舞蹈，自己选音乐去编，老回课，一个礼拜回一次嘛。

问：对对对。

答：（笑）课很厉害的，老编不出来，紧张。给你音乐自己跳，跳完马上就回课。关键是事儿很多，比如我的节目你跳，你的节目我们俩跳。所以大家都忙得不得了，你要跳别人的，要替别人当演员，别人……

问：对对对，别人排的时候你还得给别人排，你还得自个儿编。

答：这些人来回地大家都挺忙，晚上都来回地串。

问：不过那也是中国历史上第一个编导班，是吧？

答：第一个编导班。

问：因为之前的包括舞训班、舞研班都不是以编导为主。

答：编导是第一个。

问：而且用的方式是苏联的这种方式，对吧？

答：对对对。

问：查普林老师大概是个什么样的老师？

答：他在苏联是一个挺有名的喜剧演员。他是演比较滑稽的那种角色的演员。

问：丑角那种。他自己没编？

答：他不编，他就教我们。

问：他在苏联也没有编过的作品吗？

答：我对他不是特别了解。

问：他是天天给你们上课吗？

答：他每天上两节编导课。他讲理论，讲完了就回课。给你留作业就回课，自己选，反正是一天讲一节。

问：所以上到1956年，这种情况……

答：1957年，两年嘛，到1957年毕业的。

问：您毕业以后又回到中央歌舞团了？

答：嗯，对。

问：您这辈子就没有离开过中央歌舞团？

答：我是从始到终的。歌舞团没有了，我就没有了。

问：您看最初好几个人都是离开歌舞团。李承祥是离开歌舞团了吧？

答：对，李承祥离开歌舞团了。

问：王世琦是不是也离开歌舞团了？

答：对，王世琦也是，他也是我们舞蹈团的。

问：有王世琦、刘碧云、刘蛉……

答：还有许淑媖。

问：许淑媖，对对对。

答：他们都是。只有我，还有郭冰玲……

问：钉子户，您算是钉子户。

答：我跟郭冰玲当时是学校留我，因为我可以教代表性嘛。当时呢，我问团里，团里说不行得回来。

问：您跟郭冰玲老师？

答：对，就回团了。

问：郭冰玲老师是李承祥老师的夫人吧？

答：对，她也是编导班的嘛。

问：所以你们两个就回团了？

答：对。郭冰玲跟资华筠，他们是我们第一班，但学员班的，她是印尼华侨。所以我是属于老是没离开中央歌舞团，虽然在学校，但我是代职领着工资学习的。所以我就回去了。他们别人就没回去，李承祥就没回去，他们后来就留下了。

问：后来他们到了第二班的时候，就成了助教了。

答：对，所以他们就编舞剧。

问：那您1957年回团是做什么呢？

答：我回团还是做演员。

问：还是演员？

答：兼编导。

问：编什么东西了吗？

答：我想想……

问：《花伞舞》是什么时候编的？

答：《花伞舞》是1959年，但1957年我回去以后不是马上回团，文化部办了一个一年的编导班，在云南昆明，我跟肖联铭还有陈群——就是广东的陈群，我们3人——就是原来编导班的同学嘛，去到昆明办这个编导班。然后，还有一个编导班，好像是在吉林吧，就夏静寒他们还有几个人。

问：你们就分开了。

答：分开了一年，编导班办一年。

问：一年呐？

答：待了一年呐。所以我等于1958年才回的团，一回来"大跃进"就开始了。

问：那您1957年去昆明的话，那算回老家了？

答：对呀、对呀。我回老家很高兴，在那儿待一年，特高兴！

问：然后再回到团就1958年了？

答：对。

问：您刚才还提到一个人的名字是广东的陈群。

答：陈群，群众的群，男的。

问：哦。有一个李群，还有一个叫陈群的。

答：李群是女的，上海的。陈群是男的，广东的。

问：是你们班的？

答：编导班的。

问：哦。

答：最近好像没什么消息，前几年我还去看过他。

问：广东歌舞剧院？

答：对，他们就跟我们是第一拨儿，1951年出国的。哦，1951年还有一个节目，他们跳的《阿细跳月》，就是梁伦带了一拨儿他们的演员去，所以后来他上的编导班。

问：那1958年回到团以后，您说“大跃进”，这个跟你们有什么关系吗？

答：“大跃进”开始搞创作呀，一天搞50个节目！

问：啊？

答：不睡觉了搞，一直都要排。大家每人都要搞一个。

问：您刚才说几天？我没听清。

答：一天。

问：一天搞50个节目？

答：不是一个人呐。就是说发动大家一块儿，就是舞蹈队。

问：就你们团这一天，就出来了50个节目？

答：嗯，就是不要睡觉，你就搞吧。

问：那时候就是演员也得搞，编导也得搞。

答：大家都发动，“大跃进”嘛。所以我就搞了一个《给爸爸提意见》，我有照片。

问：《给爸爸提意见》？

答：说爸爸好像是不爱劳动什么的，好像是拿鸡毛掸子老打人。俩孩子给他贴上大字报，就这么一个意思。有一张照片，所以我就记得住这个节目。第一个回团的作品，三人舞，有一张照片，回去自己看一下，也挺好玩的。爸爸头发立着，拿一个鸡毛弹子，那俩人就给他贴张大字报。（笑）那时候挺好玩的。那时候搞疯人院的，还有……

问：那就不管怎么说，这种“大跃进”还是促进创作了。

答：留下不多。

问：留下不多，大家至少能比较活跃了吧？

答：反正是24小时创作，大家都不要睡觉，你就搞吧。

问：然后，您就搞了《花伞舞》？

答：《花伞舞》已经是1959年了。

问：1959年，对。

答：那时候是1958年年底，我记得，放大卫星我就下去了嘛。

问：下去是什么意思？ 采风去？ 还是下放？

答：采风，那时候叫“放大卫星”，我们去搞，部长领着下去搞创作。

问：采风去？ 还是去搞创作？

答：采风。

问：去哪儿了？

答：河南，河南不是最先进嘛，最厉害也是那儿。我们开始就劳作，人家都去炼钢铁了，地里没人收了，我们就到地里帮人去收白薯。

问：哦，还劳动啊？

答：劳动，先去劳动呀。那时候体验生活，你得先找。我那时候找的是钢铁，就那儿有一个出名的钢铁姑娘，我后来找她去了，那时候最有意思了。

问：就是跟那些人同吃、同住、同劳动那种？

答：那时候没有同吃、同住，那时候大家都是男的都到一个宿舍，女的到一个宿舍。家里就剩老太太。

问：统一吃啊？

答：统一的大锅饭，大家都上食堂吃。我的印象里，开始到那儿都得拿一饭票。第一次给我一大碗，炖一大锅肉，我说：“哦，还挺好吃。”我一看，“哦，都是黑乎乎的什么？”我以为花椒呢，一看一群苍蝇。

问：(笑)

答：(笑)一大锅肉上面飘了好多苍蝇。然后呢，所有的社员啊，是女的住一个大屋子，男的住一个大屋子，不许回家的。

问：当地就是这样啊？

答：当然了，炼钢铁都是这样，大家都去烧小锅炉。完了以后，我不是体验生活嘛，到她这个家里，她在集体宿舍，我就到她家里采访她妈妈。她妈妈就说，“我今天宰了一只羊”，偷偷地。我就说给他们每人留一块，他们回来得吃呀，给他们把这个找回来吃一块，那个找回来吃一块。都见不着面，属于这个样子的。完了以后大家都去放卫星去了。

问：下放就是干了这个。

答：嗯，然后中间我就生病了。正好他们就去参加《花伞舞》，民间比赛嘛。

问：就已经编完了？

答：没有，没有。还没生活呢，还没熟悉材料呢。他们去看这个的时候，我就躺在医院里头。

问：您什么病呀？

答：流产，结果我不知道，那时候跟宋斌我们在地头比赛下腰，大家不知道。

问：哇！

答：然后坐着卡车颠簸颠簸就颠到县城里，因为一个月都不洗澡，就跑那热水堂洗澡。一洗完澡，一住楼上，哇，夜里就不得了，翻天覆地的就不行了，结果小产了。小产了以后，我那俩同伴，田佩 —— 就是现在搞摄像的田佩，跟宋斌他们，说要去看节目了，把我一个人扔在医院里了。在医院里我浮肿了，那时候很厉害，没吃的。因为浮肿那时候死人很多很多的，天天死。完了也没办法，找我爱人，去把我弄回来。我记得拿一个箱子，一打开一箱子的挂面跟蛋糕，而且……

问：回来以后？

答：我当时在医院里待着，没人管我，每天只有一瓶水，也不说吃什么药。就是也没吃的当时，完了就要弄回来，弄回来就特别逗。

问：是生了病回来的？

答：是生病住医院了。

问：如果不生病还回不来呢，还在那儿接着"放卫星"呢？

答：跟着那个部长，"卫星"放到哪儿我们都去了，特别好玩。完了以后，我说怎么也没有吃的呢，他就带东西吃，到那儿每天煮点挂面什么的，每天只给我一壶开水，打一壶开水没人管，住的那个也不是县医院，是一个镇上的……

问：卫生所？

答：卫生所。天天死人，死人太多太多，都是饿的，都浮肿，肿得很厉害。完了就要把我弄回来。因为当时不是小产嘛，小产不是怕风嘛，结果就把卡车围上，就拉到车站。结果呢，上车所有的车都不让我坐，以为我是得什么瘟疫了。后来乘务员说，上我那儿坐着去，就这样就回到北京来了。然后呢，他们就去看民间会演了。看《花伞舞》全是业余人在跳，只有一个动作，就是第一个动作，一甩辫子，这个动作一下腰，它姿势特别好看。（比画）一般咱们秧歌都这样嘛，他们那个演员可能也叫作……

问：老艺人那种？

答：不是老艺人，就是也有点儿"大跃进"、大炼钢铁的那种劲头。虽然它就这么一个动作，但是这个动作可帅了。（比画）好像民间舞里没有这么一个动作。就这一个动作编一个《花伞舞》。

问：哦，这么编出来的。

答：原来业余的已经有一个。

问：您住着院，人家从哪回来，你们怎么编？

答：所以我是后来参加的呀，他们去了，回来了。因为我是病倒了，为什么和张善荣一起？因为她是负责这个节目。待我病好了，我们俩人就一块儿。等于是她跟我一块儿，我们来弄这个节目。等于他们是看见了，我是看见这么一个动作，那么这个就行了，就这一个动作就够了。其实好的就一个，意思找着就对了。当时我们团长不是张鲁吗？他比较支持，天天守在那儿，说这节目必须得编出来。我说："那个伞，张不了合不了。""去，到香港去买一个能撑开能回来的。"领导特支持。到香港买了一个会伸缩的伞。所以后来我们舞蹈有这个一伸一缩的动作，后来就编了一个，然后他给写音乐。

问：《花伞舞》的资料还有吧？

答：有，但是不是很好，是后来演员跳的，但是那个节目的整个轮廓有。你要看那个时候那个绝对好，那时候还能得奖。但是得奖是前线（歌舞团）的去了，因为当时文化部说不要老是你们中央歌舞团出去了，你们的节目……

问：交给前线？

答：两个，一个《欢乐七年》，就新波、念慈他们编的。两个都交给前线，他们比赛得奖了。

问：也是参加的那个？

答：参加的下一届的，在维也纳，第几届我忘了。

问：1959年的时候？

答：对。

问：你们团那时候没去？

答：我们团没去。

问：哦，难怪前线会跳好多你们团的节目。当时梁素芳还会跳《春江花月夜》。

答：是，当时他们都来学。一开始你别忘了，什么《跑驴》《荷花舞》……

问：什么《北京到南京》之类的。

答：《采茶扑蝶》，那时候就是这种的。

问：对对对，全国都来学。

答：所以那个节目，是他们比赛得奖的。

问：那后来您的《大刀进行曲》是什么时候编的呀？

答：就在这之后第二年。

问：1960年，编《大刀进行曲》。那当初是什么想法？

答：开始那时候不是“反修”嘛，反对帝国主义。

问：可是您是大刀向鬼子头上砍去呀？

答：当时就是说要表现一个革命题材的东西。开始我印象里是学吴老师，吴老师不是《游击队之歌》吗，所以我编的第一个舞呢是6人的，但是我拿大刀，因为刀是一个传统的东西，我喜欢武术。后来他们说这个挺不错的，因为音乐我是从小喜欢的，我记得好像我从重庆回到昆明的时候，那时候正好到处都唱这个歌，这时候我四年级嘛。

问：就是脑子里印象比较深。

答：对，这个东西脑子里印象比较深。所以说鬼子、种刀这两个就联系在一起了。后来他们说，“哎，这节目还有点意思，是不是要重新再弄？”

问：一开始是6个男子的舞蹈？

答：对，6个男的。

问：您说当时第一拨儿是彭清一他们？

答：那时候不是彭清一，他当队长才有的他。后来他们说可以再继续搞，既然用大刀了，我就重新再去找。我看了一个作家写了……

问：《大刀记》什么的，哦，《大刀记》是后来了。

答：就当时的什么武工队呀什么，那时候我就去采访。所以，很多东西我现在想起来觉得还是做得挺扎实的，只要看见我就知道当时哪儿来的。比如说夜袭，人家说大刀是近战、夜战比较合适。

问：什么叫夜战？

答：夜战，晚上。

问：什么叫近战？短兵相接那种？

答：对对。所以为什么我会有夜袭那种表现形式。咱们历史故事有偷袭梁村这么一件事，完了还有大刀，大刀就地石伐滚。我说什么是就地石伐滚？我就到武术队去找，真有个就是石伐滚。后来呢，咱们古北口战役当中有一个团，冲不上去，然后那团长就拿几个棉被，浇上水，然后子弹打不透，冲上去，然后大刀一砍，然后上。所以这些东西都是有根据、有来源的，比较扎实。

问：哦，您说一开始就是这样了，还是后来修改了以后……

答：不是，一开始。

问：哦，一开始就是这样的。

答：因为来源就是从夜袭，这个结构慢慢的……但是开始站在上面时我想，因为是比较形象嘛，一开始。然后就夜袭，偷偷地。那时候我想的就是杨村那儿，然后队长那儿，我想的就是古北口战役。所以很多东西就是这么来的。

问：嗯嗯，就是有生活。

答：对对，因为从生活里来，给我感觉比较扎实。就是采访比较多，什么门头沟啊，当时开始打第一枪就这地儿，瓦皮屑什么的，到那附近都采访过很多。

问：那个音乐后来是怎么处理的呢？

答：音乐原来不是麦新就有嘛。我用他的两个曲子，因为他原来一个是不够的，原来只有一个他写的“向前走，别退后，是谁到最后关头”。所以中间用的那个也是他的歌，然后我们编曲，因为中间还有很多，不能光歌嘛，中间的音乐要编曲。

问：您说后来彭清一是怎么加入的？

答：因为当队长，这样我们13个人就有队长了。彭清一很土气，你看他在地上走，他也会武术的，脚跟一般演员真的不一样，他脚底跟蹬风似的。真的，真没有演员能演过他。邢波他们俩，邢波是B角，永远演不过彭清一。你别看彭清一那么土，哈着腰，背也不直什么的，但他特有土八路的感觉，特别有。（笑）

问：朴实啊。

答：嗯，而且他会武术。

问：那什么也是他跳的吧？

答：他跳的，他跟那个谁跳《双人弓舞》。还有一个《花鼓灯》，他们两人其实很棒的。

问：他跟谁？

答：他跟姚雅男。

问：姚雅男，嗯。

答：他们有一动作，到现在没有一个演员能够做到。就是最后结尾的时候，他一扔她，就站到肩上了。最好的演员都学不会，可不是跪在肩膀上。

问：您是说《大刀进行曲》吗？

答：《双人弓舞》里头，就是他俩那个功夫。

问：《双人弓舞》不是《小刀会》里边那个弓舞吧？是从那个基础之上变成一个单一的节目了？

答：对。他们单独要去好像一个舞蹈家的代表团，当时有谁……

问：舒巧他们吧？

答：没有舒巧。可能是陈爱莲吧，《蛇舞》什么的。他们俩去的，代表跳了俩民间舞。

问：所以最后就加上一个队长的人物。

答：嗯，队长这不是人多了嘛。那个跑人墙，当时就想了很多办法。开始不是跑人墙，开始是撑竿跳。那城墙里不是有一个大竿子一撑就到城墙上嘛。练了半天在教室里面，因为教室底下不是沙坑啊，你杵不住呀。底下几个人杵住了一起，那也不高啊，这个感觉怎么找，弄一梯子杵起来也不行，但是我感觉这个东西是很土的，非常有意思。后来跑人墙，踩在肩膀上吧。我们练了好久，踢了好几个人的脑袋，都踢晕了，好几个打头的人都踢得嚷，“哎呀，我们还是上医院吧，要死了”。

问：（笑）

答：都踢到这儿了（脖子后），你知道吗？一共3个演员，一个田弩，一个谭慈印……因为那个演员吧，他脚很重。最后一下，一踩，钩那一下子，这是起步。而且我们排练正是最困难的时候，我这儿演员特能吃，一顿能吃4个馒头。一个人就两个馒头，我就把所有馒头都得给他，给一串馒头吃，饿得不行。那时候有好处，那时候女同志节目多，男同志没有节目跳，所以我捡了一个很大的便宜。没节目，演员天天闲着。而且大家也想练练，这是传统的，有东西可练。然后他们技巧都能发挥，课堂上学的那些都能用上，所以挺开心的。

问：哎，这里一个女演员都没有吗？这里头？

答：没有，13个男的。

问：后来就成了中央歌舞团的一个保留剧目了啊，我记得后来到什么时候还看过呢？

答：因为一到纪念周年或者抗日战争多少年，就得演一次。

问：但这个作品的确在当时还是形成了非常好的口碑呀！

答：当时因为没有评奖这一说。

问：但当时观众非常喜欢这个作品。

答：特别逗，我到每个地方去，男演员都知道，很多都……

问：因为这首歌，本身传播力就很广，加上动作本身就把那个歌的东西、气势全都表达出来了，所以就特别的……

答：还是有点儿振奋的。

问：是是是。现在我们舞台上很少有这样的东西。

答：那个跑人墙，我不知道作品效果，后来效果跑出来还真的挺好的。

问：嗯，跑人墙后来别的作品也用了。

答：《东方红》里头就3个人一块儿跑了，因为是我们团里演员在那儿演。

问：嗯嗯。您在《大刀进行曲》完了之后，就开始弄《东方红》了吧？

答：对，《东方红》在之后了，1964年。

问：作为您个人履历来说的话……

答：我没有参加《东方红》。

问：哦，您没参加《东方红》？

答：没参加。

问：哦。

答：我跟资华筠去连兵小分队，我们学郭兴福教学法去，去练兵、排女民兵去了。

问：哦，什么教练法？

答：郭兴福，郭兴福部队里的郭兴福教学法，成为一个新的，就部队的练兵方法。

问：做那个干吗？那个跟艺术有关吗？

答：我们去搞一个女民兵，带了4个演员，有资华筠，有什么曹云华、李束子我们4个人。

问：哦，好像戴先生也有一张女民兵的图，我看见有一张那个图？

答：不是。

问：不，这次不是啊？你们本来想搞一个女民兵的作品？

答：我们是深入生活搞创作去了，就真的参加部队去练兵去了。正好那时候不是兴大比武嘛，我们就到济南去参加大比武。到海边上去，跟着民兵一块摸爬滚打的。

问：哦，那时候采风真是采风啊？

答：真是采风呀。那时候派资华筠晚上到哪儿去联络，资华筠不认识路啊。

我说："坏了，派别人都行，派她可不行。"结果，她还真回来了，我怕她回不来了。晚上在海边上，自己从这个地儿到那个地儿去通知什么什么的，晚上背着枪巡逻，真的枪。最后我们连长还死了。那天大家一块儿游泳……

问：连长是当地的军人吧？

答：军人，就带了一个连，我们是跟着那连队去训练。那天呢，游泳，然后我们那天正好要做总结，没去，他们去了。结果有俩战士没回来。没回来，连长就去救呀，结果连长也没回来。那个场面我到现在也忘不了。每天全村的人敲着锣撒一个大网，撒出去。他们游泳到海里，就没回来。连长也去救人，没回来。

问：那就死不见尸了。

答：然后呢，我们全村所有人拉渔网，排着两个队，下着雨、流着眼泪就拉了一晚上，结果拉上了一个战士已经死了，但是连长没见。第二天连长在另外一个岛上才被发现。所以我说："我们那是真生活，那真是生活。"

问：后来这个作品搞成了吗？

答：这个作品就演了一次。

问：搞成了？

答：因为那时候也不叫成不成了，反正就是……

问：上台演了，说明它已经成熟。

答：就演了一下就完了。好像正好那时候是《东方红》，好像是也没有工夫弄。应该说不是那么好，要好的话可能就记住了。就那么过去了，也就是完成任务了。那时候我们到《东方红》一看，这几个黑人哪来的？我们晒得黑得不得了，全黑，光剩一口白牙，资华筠我们几个站在那个门口。《东方红》的演出我们等着要进去看，"这是哪儿来的这群黑人？"晒到那种程度。（笑）

问：那个就完全是……

答：真生活。所以是永远不会忘。

问：那您从《大刀进行曲》到"文革"之前还搞过别的创作吗？

答：应该是有。

问：嗯嗯，但是自己记不住了？

答：我想什么节目是“文化大革命”之前，有很多呀！那中间很多应景的节目，多着呢，什么《养猪姑娘》，什么《公社食堂好》，可能也有一两个好一点的，也能有。

问：反正就都是给你们团里排的？

答：都是给我们团排的。

问：“文革”的事儿，您……

答：“文化大革命”，是吧？我们被揪出来了。

问：您肯定是受冲击了。

答：就说我们是“修正主义苗子”。

问：嗯嗯。

答：苏联专家的学生，那不是“修正主义苗子”嘛！

问：对对，那受冲击吗？

答：最后，两派打架打的，大家也不知道怎么回事儿，你就上“走资派”那个屋里去吧。

问：哦，您算“走资派”了？

答：不算是“走资派”，但也没地儿放我。因为我们头儿是搞人事的，两派打架了，找我去谈话。他把门一锁不让我回去了，我没地方住了。他们说你到“走资派”那屋去吧。我跟团长一屋，人家劳动就跟着劳动吧，人家每天提溜着去训话，站一大排。完了打扫这个，打扫那个，最后还说“打倒赵宛华”。大家很奇怪没人呼应，因为我不是那个团的领导，大家都是演员都挺奇怪，我就站在最后，因为我没地儿可去，所以就混到那个队伍里去了。

问：赵老师，刚才我跟您聊这么长时间，其实我觉得您是挺乐天派的人，是吧？

答：对，因为我从小……

问：就一直属于是比较乐观的，不会是老让自己处在一种很负面的心情里面。

答：反正是经常在改正自己吧，因为你看我从回去，我们书记第一句话就说，“嗯，赵宛华你现在变‘修’了”。

问：(笑)

答：说我变“修”了，说“你现在搞资本主义东西变‘修’了”。我心想“坏了”，果然第二天我就下乡去了，就属于这种。一下去就断了，每年下去8个月。

问：哦。

答：然后我算了算，一次、两次、三次，怎么每次都有我，不知道为什么，反正就是别人不去我去。

问：那在“文革”期间的话，艺术工作其实是终止了？

答：对呀。

问：从什么时候开始恢复的？

答：应该是1972年了吧。

问：1972年，差不多团里面开始正常的有……

答：几个团合并了，我们从部队回来就开始搞创作。《井冈路上》就是孙天路跟我们团里演员演的，双人舞。当时好像那个演员还告诉我，这节目还得奖了呢，还让全国推广了，我们教了好多人。

问：双人舞？

答：双人舞，就走到路上老红军教我们穿草鞋，大概就是这个，所以那时候已经开始搞创作了。好像当时还推广节目了，但是我不记得。

问：但是您没有离开过这个团？

答：对。我们中间到歌剧院去过一段，因为那时候周巍峙就觉得我们团面太大了，就把我们那一堆人挪到那歌剧院那边去了。反正我这工作不管是在学校还是在哪，我都是兼职的。一直是属于歌舞团的成员，一直没变。

问：不是，那时候就算是专职编导了吗？

答：我在“文化大革命”以前一直是兼职编导，一边编节目一边参加演出。

问：你们团有专职编导吗？

答：有戴爱莲、金明、狄耕、葛敏，年轻的就是我和郭冰玲、史运魁。郭冰玲我们一块儿排的《葵花向太阳》，就《东方红》那个剧，还有《红军哥哥回来了》，一个双人舞。

问：哦，《东方红》那个开场舞是郭冰玲编的？

答：是我们几个人集体编的。后来金明同志拿去了以后，整个在大歌舞团又重新弄，就叫《葵花向太阳》。然后她还编了个《红军哥哥回来了》。

问：所以，“文革”之后你们就算是专业编导了？

答：对，应该是那以后。

问：因为岁数也差不多，可以脱离开表演领域了，是吧？

答：因为那中间又空了一大段时间了。

问：对对。然后，您当中央歌舞团的团长是什么时候？

答：哎哟，八几年吧。

问：80年代。

答：1983年，那时候《中国革命之歌》都编完了。

问：《中国革命之歌》是1979年，是吧？

答：应该是1979年到1983年，好像好几年了，就还拍电影。中间我有一段时间不在，1981年去的澳大利亚，派出去讲学去了。

问：哦，是不是跟王世琦一块儿？

答：没有，王世琦是接我班儿的。

问：哦，王世琦是后来去的。

答：我是前段，我跟刘文金去的。一个音乐，一个舞蹈。我们去了7个月，我们回来以后，第二拨儿是他们。那时候舞蹈比赛……

问：1980年舞蹈比赛。

答：回来以后就先搞舞蹈比赛。改革开放以后，搞节目就是准备舞蹈比赛了。那时候，《科学的春天》就是要编一个舞，改一下以前的样子，这个舞编不出来，我们俩啃了有两年到三年。

问：跟姚珠珠呀？

答：那时候没有人练功，只有我跟姚珠珠。我觉得她也挺了不起的。

问：是是是，她一直都坚持。

答：她是真肯干。她就说，她想跳这个舞。《科学的春天》怎么表现？觉得反正变样了，跟以前不一样了，得编一个不一样的东西。但是《科学的春天》怎么个科学法呢？反正觉得春天来了心情上是有，确实感觉心情比较舒畅，但是就不知道怎么……

问：《科学的春天》啊？

答；开始怎么也编不出来，因为它太抽象了，终于最后出来了一个，但不是很理想。但总的它是一个节目出来了。别人一看，反正不一样，说“赵宛华怎么编了这么一个节目出来了”。

问：是姚珠珠自个儿跳的？

答：嗯，姚珠珠自己跳的。

问：那是1980年之前的事？

答：1980之前，应该是1979年。因为我从1978年就开始弄了，我们弄了差不多快两三年了。

问：那时候资华筠跟姚珠珠他们还没搞三人舞晚会呢吧？

答：那是1980年舞蹈比赛之后才有的事儿。

问：对。那时候姚珠珠跳舞是正当年，是吧？

答：是，但是她中间也有段时间不跳了。

问：哦，也是停了一个阶段。

答：所以她也挺想跳舞的，就拽着我。那时候我们俩，教室也没暖气，也不生炉子，没人练功嘛。

问：那她在三人舞晚会上跳这个作品了吗？

答：跳了，最后一个节目。

问：哦。

答：就是从那里开始，我对她的演绎也比较熟悉了。

问：哦，您给她编了好几个，是吧？《铁蛋》是吧？

答：3个，《铁蛋》《小年夜曲》。

问：《小年夜曲》，对对对。

答：后来还有《金梭和银梭》，《金梭和银梭》也是给她们排的。

问：这个晚会啊？

答：对。

问：那您参加第一届舞蹈比赛的时候是什么作品？

答：是《草原夜曲》。

问：《草原夜曲》参加了。

答：一个《金色小鹿》，蒋奇。

问：哦，蒋奇的那个。嗯，这个《草原夜曲》也是蒋奇跳的吧？

答：对，她跳的。

问：蒋奇那时候已经当演员调到你们团了吧？

答：对，调我们团了。

问：从哪儿？

答：从宁夏。一看，这个苗子挺好的，她挺好，训练得很正。她那芭蕾舞老师给她开得非常好。

问：开范儿开得比较好。

答：比较正，但是她也比较努力。其实，她的条件也不是特别好，她就是呢……

问：蒋奇现在在国内好像哪个大学还兼了一个客座教授什么的。我上次去山大威海分校那边，她在那边好像还买了房子了。

答：在这买房？她不是在纽约买房了嘛。

问：嗯，国内的房子她可能也买了吧？我听说，好像是。

答：她的姑姑什么都是在香港做生意，她跟我说，“哎呀，我是做不了买卖，将来我只好去学个编导”。她说跳不了就学编导，学的编导系毕业。

问：您说在美国的时候？

答：在美国时候。

问：嗯嗯。

答：我去美国的时候，她跟我一晚上地聊。开始当演员的时候，她说“不能老跳啊”。

问：她好像是在那边跳芭蕾呢！

答：她是芭蕾舞主角呢。

问：在那个……

答：盐湖城西北芭蕾舞团。她演过好多角色，每演一个角色就给我寄照片来。后来她也感觉挺苦的。

问：其实蒋奇的成名跟您有直接的关系。因为，她就是跳了《金色小鹿》和《草原夜曲》，是吧？

答：《金色小鹿》后来团中央也都给她一些称号。

问：人很灵。

答：挺灵，然后她也比较用功，脑袋比较好。

问：那个首版的《草原夜曲》是姚珠珠吗？

答：姚珠珠。

问：哦，首版就是她。

答：对。

问：可是算下来也不般配呀，首版的话……

答：首版的话，姚珠珠年纪也不大。

问：也不大，可是她们两个，蒋奇像小孩儿。

答：蒋奇显得小。蒋奇为什么演，原来是刘江跳的。

问：哦。

答：排的时候，因为刘江会新疆舞，排完刘江呢……

问：刘江年龄不更小嘛？

答：刘江不小。

问：刘江比蒋奇小呀？

答：刘江不比蒋奇小。

问：哦，刘江比蒋奇大？

答：嗯，不比蒋奇小，样子比她大啊。关键是她排完了以后，脚崴了。

问：哦。

答：然后蒋奇为什么去参加比赛？蒋奇本来也参加演出的，一练功——“嘣”，在把杆儿上把牙磕掉一块，这个演员就不能去参加演出了。这边儿是脚崴了不能走，这个呢不能去演出，她就留下了，蒋奇就捡到了一个比赛的机会。然后她就参加比赛去了。

问：哦，当初不是为了比赛排的？

答：开始我就是想排那么一个节目。

问：看见这么一个人才。

答：开始我有两个情况，因为我从前线回来嘛，从中印边境。我有两个舞蹈，一个是《再见吧，妈妈》，如果是汪灂生跳，那我就排《再见吧，妈妈》。如果是排这个呢，就姚珠珠。因为姚珠珠长的样子像新疆人。结果呢，好像是那个没排成。然后，姚珠珠愿意跳这个，那正好加上刘江一块儿吧。然后我一见刘江，“哎，怎么剧照是你呀？你怎么没参加比赛呀？”他说：“我脚崴了。”凑巧了。

问：结果，这一届大连舞蹈比赛还真出了一个《再见吧，妈妈》，对吧？

答：是啊。

问：苏时进，华超嘛！

答：对，是那么一回事儿。但是我觉得那个《再见吧，妈妈》……

问：您要表现不会用……

答：因为很有生活，因为我上前线的时候……

问：您上前线干吗去了？

答：我是跟着访问团，我们那年组织访问团……

问：不是采风这个？

答：不是。

问：是贾作光他们那个团？

答：不是。

问：也不是那个。

答：最早，一开始打仗的时候去的，我是跟着上前线了。上前线有一个彝族的老乡跟我一个车，她说她看儿子去。一路跟我叨叨，因为我们那路走很长嘛，到中越边界。她天天跟我说她儿子特别好，19岁。她儿子走的时候，把所有的粮票都给她留在家里了，还有钱，她说一定要看她儿子去。但是呢，那个领队的告诉她，“你儿子已经牺牲了”。所以我是心里明白的，但她每天都在我旁边说她去看她儿子。所以，我印象极深刻。

问：哎哟，那这个真是《高山下的花环》那个的原型吗？

答：不是，不是。

问：不是那个？

答：不是，不是。那我不知道写她的是什么，但我去的时候，一路跟我同住。

问：哦，还真是有这样的人。

答：真有这样的人。然后，我到那儿的烈士陵园里头一看，整个的烈士都是我们山东济南的。济南派的是200个干部，干部上前线去支援领队去了。结果到那时候呢，我们那个坦克都上不去。我们观察好像是因为我们对敌方估计的不够，我们上不去怎么办？只好去滚雷，200个新派来的干部就派去滚雷去了，全牺牲了。所以最后军区打架。我们派那么好的干部到前线，你们怎么给办成这样？当时挺惨的。

问：所以，当时那个山东李存葆写的《高山下的花环》特别地感人。

答：是，因为我经历过那个。

问：所以，可能您要真是当时编《再见吧，妈妈》，可能也会从母爱这方面出发？

答：对，也会是很好。因为当时确实非常有感受，就是那个妈妈的事。因为我是明白，她是不明白，我又不能告诉她。5天在路上，哎呀，你听着那个妈妈的感觉。王小诗也是一个好演员，而且俩演员我已经选好了，一个是周戈罗，也是跟蒋奇长得差不多，演得也挺好的。

问：那是挺可惜的啊。如果当时有时间的话，再编一个这个的话，可能也还是……

答：应该是有收获。

问：但是《金色小鹿》和《草原夜曲》这两个作品已经是非常有影响了，在当时。

答：当时有点儿特别。

问：非常特别。我印象特别深刻的是《草原夜曲》。当然，《金色小鹿》也是，因为《金色小鹿》没有蒋奇你是跳不了的，就是蒋奇跳。

答：说实在的，没有几个演员能跳。

问：然后，《草原夜曲》传播力就比较大了，全国都在跳。

答：都在跳。

问：很有特点，而且它很有诗意。

答：而且我从来……

问：我都跳过。

答：你跳过？（笑）

问：我都跳过。我为什么会跳呀？高跃教过我。陈敬是我同班同学，在山东艺校时候的同班同学。所以，当时高跃教给陈敬以后，陈敬后来又到山东去教我们跳舞。所以，我那年去新疆赛里木湖，旁边夕阳西下的时候特别有感觉，印象很深。那这样的话，这个期间还同时搞的《中国革命之歌》啊？《中国革命之歌》您参加了吧？

答：《中国革命之歌》应该是晚一点参加的。

问：在这之后？

答：在这之后呢……

问：《中国革命之歌》您负责哪一幕？

答：《白花舞》。

问：哦，就是周总理去世的时候。

答：还有三段舞呢，但是拍电影都给拿掉了，还有一个就是《三大改造》。

问：为什么拿掉了？

答：太长了。电影也没演，还有一个是演出的时候也没演。就是表现活跃的集市，都是他们不愿意搞，都归我了。

问：哎，资华筠的那个《长虹颂》是不是也是您……

答：《长虹颂》不是我，《长虹颂》是早一点的。有许淑媖吧，张奇给她编的。她是独舞，那还早了。

问：独舞，对对对。

答：《白花舞》是晚一点。

问：然后，到1983年您当团长，好像那时候确立了中央歌舞团创作主要是以您的作品为主了吧？

答：也没有。我们有佟左尧、张奇、张曼英等好几个编导。

问：但是好像还是您的作品印象深一些，那时候开始什么《金梭和银梭》呀，《红裙子》呀。

答：这些都是在搞《中国革命之歌》中间的插曲。那时候调进那儿去，不在团里办事了，正好有这个空就……其实，《金梭和银梭》是给资华筠她们3人排的。

问：是为了这个晚会排的？

答：晚会，他们需要一个青年节目，而且是3个人一块儿跳，所以给她们编了一个。那时候蒋奇也说，“共青团需要你们编个节目”，正好就编了。

问：就是《金色小鹿》？

答：不是，《金梭和银梭》。

问：《金梭和银梭》跟蒋奇有什么关系呀？

答：蒋奇传达过这么一个消息。然后呢，我是因为想他们3个人中年了嘛，他们应该和青年结合一下，也缺一个3个人的节目，就给她们编了一个。所以在后来的演出里头，这个晚会里头就多了一个三人舞。

问：包括那个《二妞和铁蛋》也是给单位的这个……

答：也是。那时候我好像正好是编完了，我就去澳大利亚了。其实在大连的时候，他们两人碰面聊天，就说他们想能不能一块儿合作？正好我就在边儿上。我很喜欢这俩演员，我说如果你们俩人一块儿跳舞，我愿意给你们当编导。

后来，资华筠想搞，所以我就变成导演了。

问：这台三人舞的晚会也是您是导演？

答：我是总导演，我也参与筹划了。但是开始我是冲这俩演员，因为她们两个演员我觉得挺好。

问：您在澳大利亚主要是搞教学？

答：对。

问：教华人？

答：对，华人社团，侨迁社、侨友社等，跑了几个地方吧。然后主要一到那儿，除了那个以外……

问：那是文化部派的是吧？

答：文化部派的。因为这是文化部等于改革开放以后，第一次派专家出去。

问：嗯，有项目。

答：嗯，第一次的这种外事。

问：目的是干吗呢？主要是为了团结侨胞还是？

答：不是。就是他们有约请，希望国内派专家去教他们。有音乐的，有舞蹈的，因为他们当时社会主义团体嘛，有一个侨迁社、侨友社，在澳大利亚都是比较老的。一个在悉尼，一个在墨尔本。

问：都是比较有传统的华人社团。

答：改革中间，"文化大革命"没有什么接触。改革开放以后，他们希望能派点儿老师去教他们一下，文化部就说那你们去吧。

问：其实没有语言的问题，教的都是华人。

答：教华人，英语不过关。

问：用不了英语，因为他们都会汉语。

答：对，他们都是华人。

问：然后还搞了什么作品，是吧？

答：啊？

问：最后他们还搞了作品吧？

答：对，帮他们搞了一些。像他们参加什么青年比赛的，什么《驼铃舞》啊，《天山红花》啊，他们也都参加比赛。

问：呵！ 对他们来说那可了不得了，国家中央歌舞团的编导来给你们……

答：王世琦在那儿弄过。

问：王世琦好像最后弄了一个大型的一个什么东西？

答：对，弄了一个大的。像歌舞剧，不是舞剧，反正是一个大的。

问：所以，王世琦是因为这个就没回来，就留在那儿了？

答：他在那儿。

问：就变了身份了嘛。

答：他先想让女儿出去的。

问：王丹娜。

答：他是先让女儿出去的，他喜欢出去。我们那时候都是不喜欢出去，恨不得赶紧回来。

问：对，您团长干了多长时间？

答：11年、12年吧。我从1983年一直到退休。

问：赵老师，我想问问您，中央歌舞团其实这么多年来，包括您当了团长，包括当编导，一直没做过舞剧。中央歌舞团是不是没有做舞剧的任务？

答：没有。中央歌舞团没有舞剧的任务。

问：中央歌舞团其实还是以20世纪50年代那种风格……《荷花舞》呀这个，是吧？

答：嗯，民间歌舞。

问：《孔雀》呀，什么这个。

答：而且是中国民族民间的，任务就是这样。

问：所以，你们团搞创作其实也是刻意的做这样的作品。

答：对。所以我学的舞剧编导，但其实我在团里用不着这个。

问：这个团本身也不提倡你做这个。

答：因为以前中央歌舞团出国的任务比较多，都是跳单个的节目，或者全部学节目，然后大家一块儿就出去了。所以就还是民间的积累。

问：那当初您当团长的时候，就一边当团长一边搞创作吗？

答：搞创作。因为我跟部长说了，我跟蒋祖慧，我俩同时当的副团长。我说我们俩都去要求，不要当团长，就想搞创作。后来周部长说："哎，你要当团长，不是你的作品更容易上吗。"我说坏了，我要当团长，我的作品更不能上了，我就这样的性格，这没办法，我们俩都是这个毛病，她跟我一样。但是后来不当也不行呀。

问：但是您不想当，就是说怕被说，要编也是请别的编导，别的人的作品要上，您的作品要避嫌了。因为毕竟是领导了嘛。但是，还是做了一些作品吧？

答：做，当时我不知道为什么，他们好像都有别的事情去干，还是对歌舞团兴趣不大？不知道为什么，当时好像整个创作不是特别景气。

问：所以我就老记得，那时您的作品我们还熟悉。

答：因为那会儿书记来了，我跟书记说"我还要搞创作"。书记挺支持，说"那你走吧，只要你出作品就行"。但是我能保证我出去以后，一定带一个作品回来。

问：您说出去就是采风？

答：采风。他们说你怎么那么快？那时候编作品，别人排完俩礼拜，我一个礼拜绝对可以排出来。一个上午用两个小时，12个小时我就可以审查了。他们很奇怪，怎么回事？你怎么那么快？因为我的节目都在下面排了。每次采完风了以后，在当地的那些业余时间里头，我就开始教他们了。等于我已经练了一遍，我都知道哪好哪不好了，回来以后就已经可以修改稿子了。他们说你怎么那么快？！

问：我们刚才说的这些作品，您还能再给我们补充一些什么作品？我们说的，比如说像《金色小鹿》啊，《草原夜曲》啊，《二妞和铁蛋》啊，《金梭和银梭》啊，《红裙子》也是吧？

答：《红裙子》也是，《红裙子》我觉得跟《纺织工人》有关系。因为我去纺织工厂的时候，看工人特时髦啊，露着大腿，小裙子一穿。我说，哎哟，现在改革开放真是不一样了。纺织工人都可以这样，再加上当时演那个话剧嘛……

问：哦，有个话剧叫《街上流行红裙子》，电影吧？

答：没有，话剧。里头作曲就是给他写的音乐。

问：这是话剧里边的音乐呀？

答：他重新给我写了。

问：是谷建芬吗？

答：不是，张培金。

问：哦，张培金也是你们团的？

答：不是，他是广播的，《白花舞》我们俩合作。所以一直很熟。所以，《红裙子》我说你把这个音乐给我吧。本来《金梭和银梭》不是第一届春晚演嘛？

问：哦，春晚啊。

答：第一届春晚，黄一鹤、邓在军排的嘛。第二次又要演舞蹈，有个《街上流行红裙子》。后来审查不通过，为什么？因为我这歌词里有一个，开始有幸福、寂寞、痛苦、欢乐什么，这里还有痛苦不能要。后来第二天晚上还演了，但当时录像都不好。

问：那像《金梭和银梭》这些是谷建芬作曲的……

答：不是，它也不是谷建芬作曲的。《金梭和银梭》是金凤浩做的，朝鲜族的，他们俩合作的。

问：金凤浩，写《延边人民热爱毛主席》那个吧？

答：对。

问：哦，好像现在在北京。

答：在北京。上次采访的时候他去，因为他那延边话怎么讲也讲不清楚，所以他那段没要。《百年歌声》里头，我看见他了。

问：对，对。因为他现在这个爱人是民委的嘛，前两天还坐在一块儿。

答：他挺好。

问：嗯嗯，朝鲜族。您没用谷建芬的音乐做？

答：我好像没有，因为谷建芬的音乐，好像她的爱人不是邢波嘛，也是搞编导的。

问：是给他们写的。

答：所以他们合作的比较多一些。

问：嗯，都是你们团的，我以为……

答：因为我们团有好几个作曲的嘛，李忠义、王一丁，还有那个谁，我挺喜欢《夜醉》的。

问：《夜醉》有印象吗？

答：衣服有点像《草原夜曲》。

问：新疆维吾尔族的吧？

答：不是，蒙古族的。

问：所以，您再给我介绍介绍您这时候还有一些什么作品？

答：还有，我想应该是《俏丫头和乐小子》。

问：就跟《二妞和铁蛋》不是一回事儿？

答：属于改革开放以后农村的一个群舞。

问：群舞？

答：群舞，人很多。

问：河北秧歌？

答：河北的。记得上次特别逗，河北的一个宣传部长就跟他们编导说，“奇怪了，河北的东西这么多，怎么你们没编出来，都让人家中央歌舞团给编了？”因为河北我们老去，差不多几个县全都跑了。那个时候我没间断，反正是有空我就走了。我和书记说，他说你去吧。所以我这团长挺受照顾的。

问：还是给您一个很宽松的创作环境。所以，您等于说就没有脱离业务。

答：没有。因为我说有一条，我要在创研室，我决不在你们团部。

问：(笑)

答：(笑)我是两头兼着。我永远是这头跟那头，我还在教室里头，可能是放假了。

问：赵老师您是副团长一直干到退休吗？谁接的呢？刘江他们？

答：不是，歌剧院原来少儿司的那个，去世了。搞少儿的，我叫不上名字来，小个子，歌剧院原来演“沉香”的那个演员。

问：哦。

答：我一下子叫不出他的名字。他接我的班儿，还有任之平。

问：哦，再之后才是刘江他们？

答：刘江更晚了，刘江都到什么时候了，刘江都到现在这届班子才上任。

问：哦，对对。

答：他们之后还有两届呢。

问：这届班子刘江已经上去了。上一拨儿，这届是连甘露都当了。

答：对，当团长了。

问：我想问，这之后的中央歌舞团的变化，您还都了解吧？

答：什么之后呀？

问：比如说，像陈维亚那时候搞的，像《秘境之旅》呀，您都看了吧？

答：嗯，我看过《秘境之旅》，但是很少看。因为既然不当团长了，我发觉我不能老去。因为我跟演员太熟了，教室里头，我就找舞蹈演员，我说你那录音带呢，我要拿录音带。结果团长就说，“哎，你来干什么来了？”我说我来干什么，我来找那谁拿东西。他很奇怪，你不当团长往教室里跑什么。后来，我就觉悟了，对，我身不在其职了，别让人误会了。其实我是业务交往，找演员要我的录音带，结果就碰见他了。

问：哦。当团长还有这后遗症呢？还不能再去了。

答：不是，人家很避嫌，我也是不懂。

问：您是很平常心，但是人家会觉得……

答：对，但是别人会认为，“你这又跑来这儿有什么事儿了？”

问：就有压力了。

答：我当团长特别逗，所有开会我也不在上面坐，我在下边，我们一大溜都坐地毯上。上来吧，从来不上去。除了上去过一次，就是评职称实在没办法。

问：我问您这个问题主要是想听听您对《秘境之旅》的评价嘛。

答：《秘境之旅》我看的很少，就看了两遍。

问：一遍两遍，也应该有印象，也可以评价评价了。（笑）

答：这种评价很难做。

问：好像也还是中央歌舞团风格的一个变化吧？

答：对，有发展、有变化，应该说还是舞台上那部分东西变化得比较多，我觉得后来越来越重视后面的东西。

问：舞美啊。

答：那时候占的比重太厉害了，真正本身的变化还不是特别多。

问：他那种变化不是一种深化，是吧？

答：对，是一种补充，用那个来补充这个。它不是本体的。

问：但是从我这个角度来看的话，从那时候的作品呢，像中央歌舞团长期坚持的一些比较好的东西，对于舞蹈本体的一种深化，对舞蹈的认识，以及喜闻乐见的一些小作品，舞蹈小品这样的作品。从那儿开始就已经变化了，变化比较大。特别是到了再往后，从《秘境之旅》再往后，开始通过这种市场化的方式，我觉得以往的中央歌舞团的那个影子很少见到了。我不知道这个判断您同意不同意，或者说我的判断对不对？

答：是，后来我想是不是时代发展了，但是我觉得艺术的本体还应该存在。

问：嗯，就再发展，艺术的东西还应该是恒常的。

答：艺术还是应该有它自己的特点。后来是不是以前那节目现在观众不想看了？我也不明白。

问：哎，您说到这个问题我就想起来了，为什么中央歌舞团一直没有自己的一个保留剧目、系列呢？比如说，可以有一些作品，您看像《大刀进行曲》，像《孔雀》，像《长绸舞》。哦，《荷花舞》好像一直在演。

答：《孔雀》也一直演，《红绸舞》也是一直在演。

问：包括《花鼓灯》也一直在演。

答：《花鼓灯》有不同的《花鼓灯》了。

问：变版本了。

答：已经变版本了，但还是《花鼓灯》。

问：就是说没有像国外的舞团啊，它都会不断地在积累，演一些好的作品会留下来，然后不断地演这些。包括我看香港舞蹈团，包括舒巧去了之后。他现在也是有一个体制，每年可以演往年的一个剧目，是可以的。那咱们中央歌舞团好像一直没有这样一个政策。

答：不是，我觉得这个团本身从建立起来就有一个很……我说不出来，就是不一样的地方。我当团长总感觉，一个团，它不是三足鼎立。你想，一个团，我们的团长要搞合唱队，我说我就反对这个，为什么呢？你想想在北京，中央乐团是我们团分出去的，民族乐团是我们团分出去的，陕北合唱队是我们团分出去的，回了陕北了。然后呢，你现在还有总政的，对不对？就这么几个大的，都是过去曾经有过辉煌的，都是训练参加比赛，那么你现在再成立一个，你能比得过它吗？你比不过它，你就站不住脚，所以我觉得这个不能成立。但是呢，因人而异，因人而设，因为这指挥是搞合唱队的，当团长，就要成立合唱队，那我觉得就违反艺术规律。但它存在，因为部里支持了。

问：你们团，后来有一场演出是开头、闭幕全是大合唱。

答：对呀。

问：我看那一台演出就是……特别的不好看。（笑）

答：因为你想想，那几个都锤炼过多少次了。你看中央乐团，从分出去人家就成立了。那个民族乐团分出去，人家合唱队本身早就成立了。陕北的回到陕北去了。总之那么大的东西，你们在这比呢，你说要比市场，不讲市场总得讲观众吧。你要它干什么？然后还有一个最大的特点，中央歌舞团舞蹈队永远是出国任务。那么多年，总是中央歌舞团要出去。有时候是你学了别的节目，也是你出去。后来当然，我们的节目让别的学了出去。很长时间呢，都是任务给你，然后顶多要你一个小合唱，小合唱都很少，一次。独唱演员是外调的。那就是说你永远是缺腿的，歌舞团永远是这条腿特粗，因为国家越支持它嘛，又出国回来，它就比较壮大，观众也比较喜欢。其他腿都比较弱。然后你想，乐队你要照顾，合唱要照顾，独唱你培养不出来呀。独唱演员你得有角色，你没有角怎么办？我当团长，就觉得这个团是残缺不全的，不是一个完整建制。我一进来搞舞蹈团行，中间可以加几个器乐，后来我试过，我上菲律宾演，我带了一个团去。

问：上哪儿？

答：上菲律宾演出，因为就我主持了。我就带了舞蹈节目，然后要一个器乐的演奏。然后调了几个演唱的，什么余文华呀、蔡国庆呀。

问：你们团里，什么任艳？

答：早期的。

问：付笛声不是你们团的？

答：付笛声待过一段儿时间。很少，他跟他爱人两个人。

问：所以上菲律宾的时候，其实就用的是莫也谢耶夫的方式，受了他的影响。

答：对，我就以舞蹈为主，因为是我主持嘛。

问：因为你们团舞蹈比较强嘛。

答：对呀，以舞蹈为主。但你挑一点儿唱歌也好的演员，然后器乐……

问：那您这种方式，人家搞音乐的人估计也不愿意接受。那您这不成了中央舞蹈团了吗？

答：是呀，所以我就说这个团的建制本身一开始它就不完善。原来一开始中央歌舞团是有管弦乐队、合唱队的，两个都很壮。把它一分出去，就缺了一半。那又成立一个，陕北的来了一个。陕北的待待又走了，觉得好像代表不了中央歌舞团。

问：所以你们音乐一直就弱。

答：然后呢，那个好的民族乐团又分走了，人家也参加联欢节比赛得奖的。都分走了，就剩舞蹈是没分走的了，其他全是新补充的，永远补不上来了，所以我一当团长，我觉得这个团是缺着腿的。

问：但是尽管是这样，它的舞蹈也还是很精彩的，是吧？一路走过来，像中央歌舞团是第一个……

答：这部分是保留着的，其他就不行了，都给分出去了。

问：嗯，都给抽血抽没了。

答：嗯。

问：可关键问题是，舞蹈这一块儿也发生变化了，我主要想说的是这个问题。中央歌舞团的一个传统，没有贯彻下来。

答：可能有一些观念大概觉得不需要这个传统。

问：就是在新时代之下，传统的那些做法可能面临着新的挑战，对吧？

答：对，新挑战到底怎么个适应法？因为现在有点可能是要快，有点儿走捷径。现在深入生活很少了。现在扒个带子都可以有了，想要什么网上一查都能有，但是那种看的东西跟你自己体验的东西是两样的，你能感受那种感觉吗？

问：我反正觉得中央歌舞团，说到今天呢，我也是觉得有点悲哀。它有这么辉煌的历史，培养了这么多人才，而且这么多年来可以说是这个国家的一个中坚力量、中流砥柱。结果，没想到走到今天是这样一个结果。不过我看现在东方演艺集团……

答：中国东方演艺集团有限公司。我说跟公司有什么关系？后来一听“有限”，为什么叫“有限”，你懂吗？

问：不懂。

答：“有限”就是你在破产的时候你的资产还可以保留。我说好，现在就想着要破产。我原来不懂“有限”，为什么加一“有限”呢？他们告诉我是这个原因。

问：所以，我想说的是虽然现在叫这么一个名字，但它里面还是保留了原中央歌舞团的那个建制了，是吧？包括甘露这一摊，还是在弄，是吧？应该说，它虽然是越来越市场化运作的方式，但是其实从我们心里面，从我们旁边看的人心里面，我们仍然还是希望它是一个至少是能够担负得起这个国家歌舞团，或者叫中央歌舞团，或者后来叫中国歌舞团这么一个名字，这样一个团体，是吧？你并不仅仅完全是要探索市场的一个团体，你应该是代表着国家风向标的一个团体，从意识上讲。

答：看重的好像不是这边，现在就没看重这个。

问：对，但是作为一个国家，如果连这样一个团都没有的话，那不是挺悲哀的吗？

答：所以，历史在验证吧。当觉悟以后，再反，过来几十年又有人弄了。因为后期维持的时候，我已经感觉到有问题。比如说，我们原来很有风格的，开始我们的民间风格，因为都去采风啊。后来我感觉到，我完成不了这个。因为什么呢？我的作品要很快上市场，但是我的演员不可能跟着我老下去，后来为什么几个作品合作，我是请下面导演上来，我们俩合作。比如说他是东北的，他对满族人很熟悉，我全部学完都到不了他那样。我请他们来，我俩合作，出作品是主要的，个人还是次要的。后来《夜醉》比较好，我比较喜欢，也是把一个导演请来，因为他跳蒙古族舞跳得很好看，我跳不了他那样，我再跳再教，我的演员就更没有风格了。为了保持风格，我就把他请来，这样我能维持歌舞团那个风格。

问：您的言下之意其实就是已经在觉得……

答：很困难了。

问：发生变化了，今天的方式已经跟以前不一样了，那说明什么？说明以前其实是学得非常扎实，演员都要下去学。

答：演员经常下去，后来我觉得我做不到了，做不到了之后，我就把导演请过来，请过来几个作品我觉得还算比较成功。像《古江之春》《夜醉》，都是跟别的导演合作。我觉得你出不出作品是两个事，关键是你能把歌舞团的节目演出来，让人感觉到还是……

问：就他们因为风格上还比较纯正。

答：风格上能保证，我再学好久，不一定能教，做不到那样的，因为它是民族风格问题。所以这样就维持了一段时间。因为几个节目，你要翻过来看，都还算比较有风格。

问：踏实一点。

答：看见还觉得有风格，那就是请他们也作为导演之一来教，但他不管创作，整个节目他并不管，他只教演员这个。

问：嗯，风格性。

答：他还是教了很多的，所以也维持了一段时间，但后来就不行了，坚持不下去。

问：赵老师，您这一生可以说是正规学的编导，然后一路又编导走过来。如果现在让您回头来看自己的创作的话，您认为您的创作坚持的是什么？ 或者是有什么特点，您个人觉得？

答：我觉得就是重视生活。

问：嗯，从生活中来。这种说法是从开始学编导以后才有这种东西，还是说从小到大的整个文艺政策就在教您做这个事。

答：我以前不懂啊，没有感觉。你只有自己去做这件事了，你才能感觉到你要怎么做，因为以前当演员是被动的。戴先生教我，让我把这个《弦子舞》跳好。跳到她说好了，那就是好了。等你当编导就不行了，你就得去想很多事情。

问：您刚才说重视生活，生活怎么给它定义？

答：生活我觉得就是说，因为你搞创作总是有所感你才会做吧。你要没所感，像那个《草原夜曲》，那个起因特别怪，特别有意思。就是在公园里头，我带着孩子上中山公园了，改革开放了嘛，谈恋爱了。长廊里头，一对儿人都坐在那，我的女儿就说“妈妈，妈妈，这都是流氓，咱们快走吧。”哦，我一想坏了，这一代的人，感觉一经过“文化大革命”她就……

问：都被洗脑了。

答：她就觉得，哎哟，这就是不正常的。后来我觉得爱情这个东西还是应该弄。正好这个歌，我听见歌，哎哟，太好了。这歌特别怪，是给吴国松写的，根本不是给我，我去排练厅去看，我看吴国松在那儿……

问：吴国松是你们团的吗？

答：嗯，是。他在那儿合乐，我进去了，他在练这个歌，我一听歌很好。然后我对作曲的人说，你这歌给我吧，我编舞。后来我就要回来，从过门到结尾一拍都没改，全部是他的。

问：没编过？ 没重新编过曲？

答：没有。到现在他的音乐从头到尾，因为前头是过门，后面是结尾，后来我就想，哎呀，这个可以……

问：就还是有感触。

答：感悟。我觉得当时孩子怎么这心里面是这样子的，不正常，还是想把这个，把它试图给弄过来。

问：把这种价值观传达出来。

答：对，应该是那样的。不是现在她说的那样是流氓这感觉，我起因就是这个，所以我总是有所感才发。

问：可是他们那个少数民族的那些动律，您是怎么抓的呢？

答：动律是因为我去了解哈萨克的舞蹈。哈萨克舞蹈就一个手的动作，几乎就是一手，男的顶多有一这个（比画），几乎就是这么一个动作，没有别的动作。我一般特别怪，我编的舞只要一个动作就够了。像《花伞舞》就这一个动作就够了（比画），其他都是由此带来的。你像《霸王鞭》，只要俩膝盖颤着就完了（比画）。还有《俏丫头》什么的，《俏丫头》一个端肩膀（比画）。

问：这是您编舞的一个方法吗？从方法论的角度上来讲，就是您抓住一个主要的动律之后，这个动律就会变成您这个作品的主要动作特点。

答：主要的，因为不会要很多。

问：包括在编，您后来说的《荷花舞》《白花舞》这样的，也都是这样的一种方式吗？

答：《白花舞》起因什么想不起来了，好像他们都不愿意编这段，这一块谁都不要。我在团里开会，等我开完，告诉我这段舞归你了，我说归我，怎么弄呀？开始有很多想法是什么，满台的大字报啊，“文化大革命”嘛！要不就是满台都是人倒立呀，都觉得太难看。后来说花还挺好的，白花，就给赵宛华吧，就给了我了。我一想白花，我一想一个是雪，一个是白……雪落下来，雪一落下来，变手里的花，我就想怎么让这雪落下来。我拿了一个纱，练了好几种纱在那儿抖，让它落下来。后来找到一个纱，那个才是，一抖，慢慢、慢慢落到手里就是一朵花。（比画）啊，这就够了，就这一个就够了。其他花环嘛，裙子一拉一个花环出来了。就这是一个最主要的。这些东西有了，我觉得雪落下来是花，然后它又可以甩，它又打开一下，变化很多。但这一样没找到就没有了。所以我想是那样，它是一种浮动的感觉，只要一浮动的感觉，再加别的动律就好像没什么了。

问：所以，您的创作上，可能这个是很重要的一个特点，就是抓住一个主要的动律。

答：就它跟主题之间特别吻合的一个东西，它贯彻整个的，其他都由此而来，我觉得就不是这么困难了。看看《夜醉》，其实我特别想讲讲《夜醉》的创作，挺好的。

问：《夜醉》您刚刚说是跟一个蒙古族的编导合作，是吧？

答：对，但是整个节目是我编。我主要是请她来教我们动作，风格。我就想为什么，一开始我在前面趴在地下看了好半天，是大雁？我想为什么开头找不着，我想出去一趟一定要带节目回来，我一定要带一个节目。要不然我这团长，失职了吧。跟书记说带节目找不着，去了很长时间，从这儿跑到那儿，找不着怎么表现这个。看了一幅画，叫什么《夜醉牧人归》，夜也是一个节目，醉也是一个节目，牧人是一个节目，归是一个节目。这一个，骑着马的一个蒙古族人，一张画可以编5个节目了。她说大雁晚上睡在我们草地上的，然后大雁的特点是睡觉总有一个值班的，给大家值班提醒，一有什么大家全都起来。所以我说很多就不一样，包括那个录像都没有。为什么就一个起来，为什么台上人家32个，我说我不，我28个，为什么？两米一个人，舞台14米，一人两米，我这个人跟那个人两个一够，我只要一动就跟幕侧连。

问：穿起来了。

答：然后我就7个人呢，单数嘛，你看我四排，我第一个在这，第二个在这，第三个，第四个我就是一个人字形，一个起那个起来了，这两个又起来了，这三个又起来，是人字形，就是大雁那感觉。（比画）但我们录像始终没明白我的意思。就大雁的感觉，整个第一段。然后他们说你为什么跳舞还有两个托起在上面跳舞，底下有一群人。我说我在那的时候，草地上有芦苇，芦苇边上有水，好多年轻人喜欢钻到芦苇里头，芦苇有的低，有的高，我突然想让芦苇底下的，在顶上跳，领舞在顶上跳舞的，也请底下跳，所以三层，一层在地上跳，一堆人在这，中间是芦苇，另两个在芦苇顶上跳，动作特别简单，很奇怪怎么舞会编成这样。我说我还是有生活的感觉的，是从生活中来，没有生活不会有大雁，也不会有托举，其实托举谁都会用，为什么非要在这用一个托举，两人跳简单的动作在上面，跳了半天呢，就是因为有这种生活的感触。

问：生活中间有感触。

答：所以这样就是你有你的生活感受，我有我的，我们俩就不会编成一样。你可能会编牧人归，也可能你编一个别的，我就选《夜醉》，《夜醉》我觉得是特甜蜜的感觉。

问：很特别，很少有人想这样的名字。

答：所以这个节目，我觉得是底层意思更好更升华一点。

问：但这是群舞。

答：是群舞。

问：《草原夜曲》是双人舞。

答：我觉得这个节目值得一看。还有一个节目就是乐小子、二妞子长大，我当时就说二妞子大了，那时候只有一个动作就耸肩膀，我们河北秧歌里头耸肩，整个开场3分钟里全是耸肩膀，只有这一个动作。我说改革开放心情特开阔，感觉一耸肩一口气出来了，后来觉得对，就是我一出气的感觉。（比画）

问：很开心。

答：就很开心。感觉不一样了！就不像以前，农民老佝着背（比画）。3分钟就有这么长，结果这一段儿，真用了这么一个动作。所以，我讲一个是细心的感觉，一个是生活的感觉。

问：您这种编舞方法本身还是比较自信的。

答：因为我觉得……

问：把握住老百姓，观众喜欢这样的方式。

答：不是观众喜欢，是我觉得它应该是这样。我现在没想观众喜欢不喜欢，我编的时候没考虑，我只考虑时代变化，比如说我觉得改革开放那个，因为我那时候还有唱。他们还有很多民间的素材，民间搜集一大堆东西呢，什么摔跤什么的，都用上了。这个主题我想是从民间舞里提炼一个动作，我觉得这个动作最代表开放的，扬眉吐气的感觉。所以这个舞跟《二妞和铁蛋儿》那个不一样了。那个土，这个也土，但是我中间说不出来，反正我觉得是不一样了，你能感觉出同样是农村，能看出年代的感觉。这就是生活给我的感觉，我觉得生活变了，所以我觉得舞台上的形象也变了。其实你要找到一个东西的时候，你也不用说话，这个东西代表了，舒气了，很舒畅。（比画）

问：这个后来谁跳的？

答：这个一堆人跳的。群舞好多人呢，是一个很大的群舞。而且很长，是一个组舞，女子组舞。有什么民间的“花杠舞”、三人舞什么。

问：哦，对对对。有印象。

答：三人舞里还有霹雳舞。霹雳舞里还和河北的民间舞连在一块儿。

问：嗯嗯，有印象，有印象。

答：那个不也得奖了嘛。那也算后期的，因为花的时间比较长。

问：那赵老师后来您这个，人家演电影叫息影，咱搞舞蹈的就叫息舞吧，就算。不再编了，退下来以后还在关注舞蹈界的情况吗？中国舞蹈界的。

答：我没关注舞蹈界。

问：还看什么演出吗？

答：很少，因为我觉得我已经跟不上它了，我也没法评论它，因为我还是……

问：我就想让您评论评论它。

答：我觉得我不评论了，因为现在我不知道准确不准确了，因为时代变化很快。我不是很喜欢全靠舞台的那种，我觉得要有一定的……

问：您说您不想再评价了，评论不了了。

答：我觉得我很难评论。

问：但是目前这种比较注重外在的东西……

答：就是外包装太厉害了。

问：您认为是……

答：舞蹈的本体少了。其实我觉得我现在很佩服，学校的好演员太多了。

问：演员好啊？

答：演员很好，应该说演员比以前好多了。但是作品呢，好像不知道在哪下的功夫，反正像我们团里头，完全靠那种（舞台）……

问：您还是在看团里演出其实？

答：很少。

问：别的团队呢？也不看？

答：别的团基本也不看。

问：（笑）现在就是电视上看的多，是吧？

答：看电视。因为后来我退休了以后，就去北京市老干部艺术中心，搞一个舞蹈团，搞了几年。而且我们找了几个中央歌舞团的，我们是义务的，是志愿者。我们关系很好，搞了几年，搞了点儿节目。我个别也留了一点儿在这。完了以后呢，再到70岁，我就觉悟了，我说我不能再搞了，我要念书去了。

问：念书？

答：上电脑班，念了5年电脑班，两年英文。

问：哦，是吗？

答：现在80岁了，只剩游泳了，别的也没有。

问：哦，您现在还在游泳呀？

答：游泳。

问：哇！那太厉害了。

答：锻炼身体吧。

问：怎么个游法？一礼拜游几次还是？

答：原来一个礼拜两次，最近冬天没有去。

问：刘海茹老师现在两天一次。

答：对，我老碰见她，她是上午去，我是下午去。

问：哦，就都去那个老干部中心那儿？

答：因为那地儿才让老年人游，别的泳池老年人不让去了。80岁以上不让去了。

问：哦。

答：但是水太凉。

问：哦哦，是。今天跟赵老师您一块聊了这么长时间，非常非常开心，非常感谢您。因为，通过您，我们也是觉得我们不光认识一段历史，我们也认识了您这样一个人，您的乐观、积极的精神，对我特别有帮助。那么，这个课题组呢，也借这个机会，祝您身体健康，希望您能继续游泳，游下去，把身体锻炼好。

答：把草稿整理一下。

问：对。

答：我觉得做完也有点用。

问：那就谢谢您，谢谢您！

答：占您那么多时间，打扰了。

问：我们今天跟赵老师聊得非常开心，今天的采访就到这结束。

答：好。

赵宛华采访手记

江东

能采访到赵宛华老师，可真不易。她80高龄的年纪，已几乎不怎么跟圈内人往来，能找到她，已经是相当困难，而最终能说动她接受采访，更费了我不少口舌和时日。

但是，我们怎么能忘记她呢？当年那风风火火的《大刀进行曲》、那委婉缱绻的《草原夜曲》、那生龙活虎的《金色小鹿》、那玲珑活泼的《金梭和银梭》…… 虽然好像我找不到她的什么“大作品”，但她的这些众多的“小作品”却始终在中国当代舞蹈之河中，欢畅而平和地流淌着，不时地给观众带来惊喜。

这就是赵宛华，一位编导，一位在中国当代舞坛上洒过辛勤汗水的灌溉者。

与她的成就相比，赵老师的随和与低调，给我极深印象。原来她很久都没答应我的采访请求，真的是与她的低调为人有直接的关系。她不事张扬，稳重踏实，一如她的舞风。“文如其人”“舞如其人”说法，大抵就是这个意思了。

在访谈中，赵老师不断地表述的一个观点，就是生活造就了他们这一代，他们是从生活中撷取艺术养料的。这样的话，其实在这一代艺术家的口中，是最不鲜见的一种表达，因为他们的的确确是从生活中走来，又向生活中走去的。

特别是从赵宛华老师的艺术生涯中，这种例子就更为鲜明。那么，他们这一代人所谓的“生活”，究竟是什么呢？

中华人民共和国成立之后，党中央号召文艺工作者去表现身边的生活，从而鼓舞人们鼓起建设国家的干劲。一时间，广大文艺工作者争先从生活出发，从生活中找寻艺术表现的素材。在舞蹈领域，我国培养出来的第一代舞者们，同样是把目光瞄向了民间，他们大量地深入到社会的基层，从民间的舞蹈形式中汲取养分，将一线的火热生活作为锤炼自身艺术的试金石，从而为那个年代创造出一批具有鲜明新中国创建之初那种昂扬向上、充满力量和时代审美特质的舞蹈作品。那样一个年代，鼓舞了一代人的理想，让他们得以应和着一个伟大的时代，创造出那个年代所特有的时代强音。那是一个纯真向上的年代、一个让人热血沸腾的年代，因此，舞蹈佳品在那个年代中层出不穷，就成为一种必然趋势。

一个令人怀念的时代让一批具有时代特色的舞人自然地诞生，而赵宛华就是这代舞人中的佼佼者之一。她的童年虽没有什么舞蹈的基础，但自从她毅然地考入华大三部之后，一切便顺风顺水地涌来。而当她真正成为一名受过专业训练的舞蹈编导之后，这一切便都作用到她的艺术阐发之中。面向生活、面向大众，让她的舞蹈艺术获得了很好的观众基础。演员喜欢跳她创作的舞蹈，观众喜欢看她创作的作品，这样的生态呈现出一种健康的发展态势。乃至她做了中央歌舞团的业务副团长之后，这种态势更是得到了正面而有效的加强。

因此，她是一个因时代而成就了一切的舞人，而她一生的舞蹈作为便因之获得了来自时代的肯定与好评。

斯琴·塔日哈

1932—

舞蹈表演家、教育家

任中国舞蹈家协会顾问，内蒙古文联名誉副主席，内蒙古舞蹈家协会名誉主席等职务。主要理论研究：《在党的民族政策的光辉照耀下发展民族的舞蹈事业》《蒙古族传统舞蹈概述》《保护和发展民间舞蹈艺术》《民族舞蹈教学研究》《探寻的足印——采集蒙古民间“托普修尔”》等。主要出版专著：《斯琴塔日哈蒙古舞文集》等。

主要教育教学成果：1986年主持编写《蒙古族舞蹈基本训练教程》，2005年第八届“桃李杯”比赛中斯琴·塔日哈为内蒙古代表队教授的蒙古舞课荣获保护传统文化奖。主要创作作品：《索伦青年》《布谷鸟》《盅碗舞》《心中的歌》《草原上升起不落的太阳》《乌兰保》《猎人与金丝鸟》等。主要表演作品：《希望》《献花舞》《黄花鹿》《鄂伦春舞》《土尔扈特》《牧羊姑娘》《筷子独舞》等。曾多次应邀赴北京舞蹈学院、中央民族大学以及全国各地艺术团体讲学。

斯琴·塔日哈访谈录

访谈地点·内蒙古呼和浩特市 斯琴·塔日哈家中
访谈时间·2013年9月25日
底稿记录·潘广伟
成稿整理·闫晶
完稿审阅·斯琴·塔日哈

今天是2013年9月25日的下午，我们《中华舞人口述志实录》项目组今天专程来到了呼和浩特，拜访尊敬的斯琴老师。斯琴老师是中国当代非常著名的舞蹈家，特别是在蒙古族舞蹈方面做出了很大的成绩。

问：斯琴老师，您好！我们上午去看您的课，真是没有想到，像您这个岁数的老师还能够在课堂上活跃着，我就想，不得了，斯琴老师80多岁了，还能这么跳，在中国都不知道能不能找到第二个了。说到您80多岁了，您具体能不能跟我们聊聊您这一生的故事，您是哪一年，什么时候出生的？出生在什么地方？

答：我是1932年出生。

问：81周岁。

答：虚岁82岁了。

问：出生在什么地方？

答：出生在内蒙古兴安盟的扎赉特旗，那地方后来行政划归到吉林省镇赉县阿巴干西坡村。

问：现在呢？

答：现在也属于吉林省，后来我们家都搬来扎赉特旗。

问：您生下来的时候，家里大概是什么情况？

答：一百年前，据说我们那个地方是纯牧区，居住十几户人家，过游牧生活。后来逐渐开荒、开垦以后，就变成了半农半牧区。我们家在我们村里面算首富，又有地、马群、牛群，也有农业的收入，也有牧业的收入，整个的生活实际是半农半牧的生活。

问：父亲叫什么名字？

答：我的父亲叫道顿，母亲叫捷甲。道顿是藏族话，蒙古的很多名字都是向喇嘛请的名字，都是藏名字。

问：跟佛教相关？

答：对。我的祖父兄弟两个，在当地来讲，他是很开明，很有主见，又能干。附近的很多村里面有什么纠纷、矛盾都请他。

问：就属于德高望重了。

答：对。他非常注重崇尚这种文化，我父亲、叔辈加在一起是6个兄弟，都识字。

问：识字指的是蒙文？

答：对，汉文也懂一点，主要还是蒙文。

问：您当时生下来家里有多少孩子？

答：我是父亲的长女，第一个孩子。我们姊妹5个，我是老大。从6岁到11岁基本上在村庄度过。

问：就是定居了？

答：对。所以我们祖父兄弟两个下面的孩子，6个男孩几个女孩，一个大家族，是孛儿只斤，属于当地贵族家庭。

问：就是家境比较好。

答：对。我的祖父对子女有要求，有文化、明事理。我们整个家是信佛，专门有一间屋子是供佛，屋子里有一个很大的柜子装了满满的书，手写的那种书，很多都是小说，好多都是汉族的一些小说，都是用蒙文，家里我祖父、伯父、我父亲没事的时候就看这样的书。

问：您从小就受到这样的文化熏陶。

答：我们家里礼教、规矩很多。女孩子不能出院子。

问：这种风俗很像汉族了。

答：对，就是受汉族的影响。我们那个村一半一半，东边都是蒙古族，后边是汉族，是不是满族就不清楚了。我们那个时候很少出大门，都在院子里面。

问：很有教养的家庭，从小接受了这方面的教育。

答：是，要有礼节、有规矩，女孩子要稳重，不能张牙舞爪，不能大声说话，家教很严格。

问：您上学了吗？

答：我6岁的时候，我们家里建了一个学堂。

问：当时叫私塾吧？

答：外面请来了一些老师，我记得有一个女老师姓张，我们6岁上学，我有一个堂姐一块儿上学，那个老师会弹风琴，教我们唱歌，教我们学校的儿童舞蹈。

问：是汉语的还是蒙文？

答：那个老师是汉族的。

问：您那个时候就会说汉语了？

答：也不太会，就跟着走，玩什么的。

问：跳什么舞还有印象吗？

答：就是学生的，很简单的，老师还给我们教当时流行的歌，"云儿飘……"按这个歌编的舞蹈。

问：那肯定是汉族的了，你唱的都是汉族的。

答：对，汉族。那个时候什么意思都不懂，老师教就学。

问：那应该算是您最早接触艺术。

答：最早接触舞蹈，就是张老师教的两个舞蹈。6岁到11岁在家里影响最大的，是那个村里面的蒙古人，家家都有这种四胡、笛子。音乐特别的普及，民歌特别的普及。我母亲也是一个唱民歌最好的民歌手。

问：是蒙古族的？

答：是。从小就是民歌的熏陶，也没谁教，很多民歌听着听着就学会了。另外当时村里面我母亲还有很多的亲戚，妇女们到野地里采苦菜，到院子摘豆角，一路走一路歌声，摘菜也是唱歌。一走就是歌声，回来也是歌声。我们村里面，实际上舞蹈这个东西，我们当时都不懂，村里没有。

问：舞蹈也好、音乐也好，其实是你们生活中的一部分。

答：特别是音乐，舞蹈是没有，舞蹈没有成为蒙古族当地的民间舞蹈。但是过年过节的时候，别的村，有汉族的秧歌队来，过年的时候跳秧歌。那个时候也不知道这个秧歌是不是舞蹈，没有舞蹈的概念。小时候我家里的影响就是做人要有文化，要做一个老老实实、真诚、善良的人。我们家那个时候做蒙药，伯父他们都有文化，他们买来一些药材做蒙药，这就是村里面的神医，头疼脑热小病什么的都到我们家来取药，那个时候要行善。信佛一定要做善事，不能害人，不能做亏心事，说谎、骗人都不行的。一定要做诚实的、善良的人。这是从小家里的影响，另外一个就是音乐，民族音乐、民歌。一到冬季农闲的时候，家里的祖母听说书。

问：说书是蒙古的说书？

答：就是蒙古的说书，长篇说书，好几篇，好几夜连着讲这个故事。

问：是她讲，还是她听？

答：请来的说书人，这个影响很小就很深。

问：那个学堂是从6岁上到11岁？

答：我祖父把我们家里的堂姐、两个叔叔、一个姑姑，5个人一起都送到扎赉特旗，那个时候有国民优级学校，就是小学。一、二、三、四年级，毕业以后就上中学。我记得是1943年离开家。

问：离开父母了？

答：是，到扎赉特旗开始上小学，进了国民优级学校。刚开始是一年级，第二年就可以跳班，年龄也大了，另外学习成绩还不错，就跳到三年级。到了四年级，这就是13岁那年，1945年日本投降的那一年，我们正好放暑假，有任务，一个学生要交多少斤药材。一回家日本投降了，就1945年半年在家。

问：您刚才说的国民优级学校，是学什么啊？

答：日语、蒙语，就是普通的小学。

问：是蒙古族还是汉族的？

答：蒙古族的。

问：同学都是蒙古族的？

答：也有汉族班。

问：但是你们这个班是学蒙文的？

答：对。

问：也学一些日语？

答：对。语文就是蒙文和日文，数学跟别的学校一样。

问：在上学期间还有什么文艺活动吗？

答：有。

问：业余的性质？

答：学校的，有节日，老师们就教。

问：1945年回到老家以后，日本投降了，东北这边就解放了？

答：后来就开始准备土改。还没有土改，1946年整一年在家待了一年，有一个小的插曲改变了我的命运。我的堂姐比我大一岁，她要定亲。也是附近很富裕的人家，他们两个就定亲了。

问：讲究门当户对。

答：定亲了以后，男的已经到了现在的乌兰浩特，内蒙古自治政府成立的地方，兴安盟政府所在地，他到那里上学去了。我们两个从小就没有离开过，一听说她要走，我也得走，我跟我母亲讲了，她当时不同意。我父亲也在，但是我父亲不爱说话，我祖父心里还是同意的，但是你主张同意了以后，一旦出什么问题他要担责任。我就跟我母亲辩论什么的，我以前跟我的爷爷曾经辩论过，我的爷爷说女孩子上学没有用，女孩子上学长大了是人家的人，所以就没有用。我当时就反驳，没文化的人不是人，我的爷爷就生气了。小时候我还是挺能说的。

问：还是追求一种个性的独立。

答：就不同意，眼看着人家做被子、褥子很快就要走了，就急得不行，我就又哭又闹，软硬说都不行，后来就不吃饭了，绝食了。躺了两天就哭着，后来别人也劝说，这么小年龄她想要上学，决心这么大，不吃不喝，躺着哭着，我母亲就发话了，现在世道这么乱，到处都是土匪，你一个女孩子，走到很远的地方一旦出事怎么办。我说出事都不让你们管，我自己就行。那好，你以后不管出什么事你别埋怨，我们是尽父母的责任保护你的安全，你执意要这么走的话也不能拦。马上有这个话就行了，什么问题也没有了。我现在回想起来，路费是谁给的，我都不清楚，反正是把自己铺盖包好了，跟着就出来了。

问：1946年离开老家？

答：不是，1947年的1月份。

问：去哪儿了？

答：我父亲知道我出来了，我走的时候他不在家，知道我走了，马上骑马去追我，幸亏走差路了，我们没有直接到火车站，是到堂姐的婆家，到那里住了两天，又到一个亲戚家住了一天，他就没有找见，他就回来了。如果找到了硬把我拉回去的话，我的命运就是另外一种了。我跟他们坐了火车，就到了乌兰浩特。一去我们就住在挺大的车马大店，说年龄不到18岁的不能进干部学校，当时为土改、为农村建立政权培养干部。我那个时候15岁，我的姐姐16岁，年龄不行。正好乌兰浩特索伦旗建立一个青年学校，就把我们几个送到那个学校。

问：那边是不要求年龄的。

答：对，就是在普通的中学学文化。

问：你跟你堂姐？

答：我跟我堂姐还有叔叔，还有表哥，我们好几个一起去的索伦青年学校。

原来好像是一个部队的营房当作宿舍，也没有教室，也没有桌椅板凳，当时就是大家动手，搬砖垒起来，很宽的厚的板子一搭就是桌子，就在那里上课。那个时候我都不懂，出了东北以后，下面的世界是什么样。北京倒听说过，因为我家里母亲到五台山磕头，好像路过北京，别的都不知道。后来就在那里学习、接受革命教育。

问：那个时候已经是共产党领导的？

答：是。然后就讲什么是中国共产党、中国革命、新民主主义论，每天政治课讲这些。别的有语文、数学，跟普通中学一样。1947年，紧张的解放战争开始了。那个时候学校整个吃没吃的、烧没烧的，经济上特别的困难。后来放暑假的时候，为了解决经济上的问题，我们到牧区去做宣传。后来天气冷了没有烧的就放假，就回到扎赉特旗。

问：回老家了？

答：我没到自己父母家，因为那个时候已经开始土改，我们家是地主，成分不好，我一去就出不来。后来我就没有去那里，到了扎赉特旗，我上学的地方。正好内蒙古土改工作团都在那里，我们跟同学一起找工作团，他们就让我们到妇联去帮忙。整个是斗争，把土匪的老婆抓回来，妇联在那里斗，我们暑假、寒假就在妇联做协助工作。后来我们索伦学校因为经济上太困难了，跟乌兰浩特的内蒙古军政大学合并了，把我们学校整个转到乌兰浩特的内蒙古军政大学。

问：算军人了吗？

答：不算，那时候还是学生，实际上很多班子，有四五十岁的，过去的旧制人员。实际上正式申请通过了，马上就派到下面农村土改或者前线，各行各业都需要人。我们还是岁数小，学习报纸上发表的《土地法大纲》，当时每个人都划成分，你根据条例看看你属于哪个。我一看我们家有那么多地，肯定是地主，我情绪就非常有压力。不是军人，但是军事化管理，整个是发衣服、军装，晚上发枪以后还站岗，还有口令。所以那个时候就思想负担很重，学习完了以后就分配。我们又那么小，那个时候是1947年，15岁，正好军政大学有一个文工队，好多跟我们年龄相仿的人都分到文工队了。到了文工队不分什么专业，什么都干，演戏、唱歌、跳舞，后来我们自己就编一个农作舞，从开荒、播种、锄地、收割到扬场、丰收、支援前线，我们去工厂、农村、部队慰问演出，这支模拟劳作的简单舞蹈很受人们欢迎。后来形势又有变化，文工队这么多人。

问：文工团多少人？

答：四五十个人。后来军政大学在齐齐哈尔要建第二分院，人员分流就不需要那么多人在那里。有30来个人一批就弄到了内蒙古文工团。

问：你们没有去齐齐哈尔，到了内蒙古了？

答：现在看来有20多个人一起。

问：内蒙古文工团就是现在的内蒙古歌舞团前身是吗？

答：对。1946年成立的。

问：是在哪里？

答：当时都在乌兰浩特。

问：都是乌兰浩特，不是在呼和浩特？

答：不是。那个时候还没有合并呢，都是在东部。大概是1948年4月份，我就到了内蒙古文工团，一直到退休就是这个团的人。

问：当时去的这个团就是一批人？

答：一批人。

问：这个团是不是当时吴晓邦老师他们办的？

答：1946年成立的内蒙古文工团是蒙古民族历史上第一个专业的（文艺团），过去历史上就没有专业文艺团体，专业跳舞唱歌都没有，都是民间艺人。

问：成立的时候就是在乌兰浩特？

答：不是，成立的时候是在张家口。因为当时日本投降以后有一段时间共产党占领张家口，那个时候在张家口成立了华北联大，吴晓邦老师就在那里的舞蹈系教课。那个时候蒙古族的乌兰夫是西部的人。

问：他是西部的？

答：西部的，很多民族地区的老革命大部分是西部地区。因为东部当时是伪满洲国，他没这种条件。乌兰夫从延安派到内蒙古做民众工作，先到的张家口，就开这种会。当时东部各种派别很多。当时乌兰夫的自治运动联合会成立以后，首先东西部要联合，一定跟着共产党，要走民主解放的道路。所以在张家口为了当时的宣传需要，开辟政治工作的需要，内蒙古军政学院就在张家口成立了内蒙古文工团。

问：在张家口成立的？

答：在1946年4月1日，比内蒙古自治区政府还要早，比新中国成立还要早。

问：这么算的话，新中国所有的舞蹈团，这个团是最早的？

答：对。1946年成立，当时成立的时候，有很多从延安来的老同志。建立文工团的时候，能演的都是秧歌剧，《兄妹开荒》《夫妻识字》《穆桂英挂帅》，都是秧歌剧。后来吴老师在华北联大舞蹈系的学生也不是很多，暑假了要排节目，他就创作一个双人舞《希望》，当时第一任跳的是彭城（音译）和向阳（音译）这两个人，彭城这个人还在北京。当时他没有服装，也没有乐队，后来听说内蒙古成立了一个文工团，到他们那里借借服装和乐队，就派一个学生到团里来，就借服装、乐队去帮助演出，演出完了之后就联系上了，知道有了一个吴晓邦，也知道了有这么一个文工团。当时要整个从张家口撤退，要到牧区去演出，后来吴晓邦老师听了这个消息，本来都要撤的，所以就想跟文工团一块到牧区生活。这么一弄，乌兰夫同志知道了以后就非常的高兴，非常的欢迎，写信就说一定要一起去，知道内蒙古文工团刚成立，什么都不懂。吴老师那时领着五六个学生。

问：就是华北联大的？

答：对。

问：盛婕老师也去了？

答：没有。那个时候盛婕好像在东北。吴老师带着他的女儿。

问：那个时候内蒙古文工团也没有分什么舞蹈？

答：没有，就几个人。

问：就是延安来的几个人？

答：不是，从军政学院，我老伴就是当时军政学员，唱得好，就到文工团了。

问：您先生是内蒙古文工团一个队员了。

答：对，1946年成立他就在，现在健在的没有几个了。后来他们从张家口出发就往西，也没有交通，都是坐的车。到了牧区以后，整个是勒勒车——草原列车，东西就放在车上，人就走。在这个时候，吴老师要去召开一个反独裁、反内战的一个大会。为这个要新作品，我们周团长写的文字剧本，吴老师给排的叫《民族之路》。这是他到内蒙古以后的第一个作品。

问：是个舞剧？

答：看来就是一个活报剧，三部曲，讲苦难的年代，牧民怎么样受苦受难，内蒙古的王勾结蒋介石怎么样压迫人民，最后共产党来了，新中国成立了。只有跟着共产党走，自己的民族才能解放。现在看来很简单，但是当时来讲确实起了非常大的作用。牧民也从来没有看过这个东西，一看就觉得讲得有道理，所以当时起了非常重大的作用。吴老师，一路走，白天在草地上练基本功，或者住在大院里面，当时的条件非常艰苦。那个时候哪里有大米啊，很困难。吴老师还带着他的大女儿，一路走。内蒙古歌舞团在舞蹈艺术上，吴老师是启蒙，掀开了剧场艺术的帷幕。他到来后，内蒙古文工团的节目单上，才有了舞蹈。内蒙古舞蹈人永远感念吴老师，他是蒙古族舞蹈事业的开拓者之一。

问：但是吴老师当时也不懂蒙古族舞？

答：对。想象当中的，以前也接触过，可能看过。

问：就您刚才说的《希望》，我看也有点蒙古族的味道。

答：有一点，可能过去年轻时候的资料。后来到锡盟以后，他去庙里学过。

问：您说的锡盟就是锡林浩特吗？

答：对。曲子是蒙古曲子，最早不是我跳的，彭城和向阳跳的，后来1949年我跟乌云跳了这个。我就觉得，现在讲到舞蹈史，新中国的舞蹈历史对内蒙古文工团起那么重要的作用。实际上内蒙古文工团当时来讲的话，还有一个延边的朝鲜的166师文工队。

问：那是部队的？

答：对，1948年。当时哈尔滨是整个解放战争的后方，是经济、文化中心。很多从延安过来的，要准备去北京的，去全国各地要开展工作的，第一站都要到哈尔滨，那个时候就把内蒙古歌舞团调到哈尔滨去演出。我们当时跳了贾老师（贾作光）的《牧马》。

问：贾老师已经来了？

答：1947年的时候就来了，贾老师的《牧马》，吴老师的《希望》《民族之路》，他学生编的《农作舞》，后来贾老师创作了一个《黄花鹿》。当然他那时不是自觉保护动物，他还是要反映一种当时的阶级斗争，有一个猎民到野外深山打猎，猎民非常的善良，森林里的各种东西跟他非常友好。就是《黄花鹿》，我第一个跳贾作光的作品。

问：就是贾作光编的？

答：对，他的作品。第一个我跳的就是《黄花鹿》，我跳母鹿。下面有几个小鹿，猎人在这里打猎，是歌舞剧，有歌又有舞蹈。猎民跟小鹿非常友好，跟小鹿一块玩，猎主来了以后就暴跳如雷，训斥他不打猎。猎主拿着弓箭把小鹿给射了，母鹿因为自己的孩子被射死了，着急，最后猎主还要再射的时候，猎民反过来就把猎主射死了，表现阶级斗争、善与恶的斗争。

问：您刚才说贾作光老师是1947年下半年来的？

答：是，比我早。

问：您是1948年年初去的。

答：对，他比我早半年。

问：贾作光老师去的时候，吴老师还没有走吗？

答：吴老师已经走了。吴老师走的时候，歌舞团的领导都不愿意让吴老师走，后来领导说，吴老师有更重大的任务，他要开辟全国的舞蹈事业，不能在我们这里。1947年吴老师又来了一次，把贾老师带来了。当时贾老师去找吴老师了，吴老师就说，正好内蒙古文工团需要人，就领着他来了。

问：贾作光老师到了内蒙古文工团的话，他是以一个老师的身份去的吗？

答：那个时候也不叫老师，都是一样的。那个时候贾老师水平很高。他演的《牧马》，当时他编的时候，不懂套马杆怎么拿，经过大家帮助修改，后来应该说是很经典的（作品）。他本人演的、跳的，全中国没有一个，就他。他年轻的时候非常的帅，长得灵气，感觉特别好。他现在都跳不动了，那个时候都非常好。

问：1948年你们过来的时候，这个团在什么地方？

答：还是在乌兰浩特。我们跟军大是一个院，那边是军政大学，角上有一栋房子就算歌舞团的，别的什么也没有。

问：贾作光老师来了，你们也知道？

答：不知道，都不认识。我们文工队请他给我们排过舞蹈，当时我还有一篇文章说了这个事，我们的文工队队长讲了，我们把内蒙古文工团的贾作光同志给你们。他就是跳舞跳得好，跳的《牧马》。我们领导把他领来的，我们几个那个时候心里想，这是男的，男的还跳舞？当时贾作光走路跟别人不一样，很有派头的。他也就是20多岁，年轻啊。

问：你们那时候已经是专业的舞蹈演员了？

答：也不是，文工队什么都干。那个时候排节目，是我第一次见贾作光。

问：学《牧马》？

答：不是，给我们排节目。后来到了歌舞团以后，他是我们舞蹈组组长。

问：您到了文工团以后就变成了专职的舞蹈演员？

答：那个时候就分了，戏剧组、舞蹈组、音乐组，那个时候五六十人。

问：您为什么当时要去内蒙古文工团啊？

答：那个时候哪里有自己想要干什么，不像现在年轻人。当时到文工队是组织分配，到内蒙古文工团也是组织分配，到了以后，让你干什么都是组织分配。

问：您到文工团学的第一个舞蹈就是《黄花鹿》？

答：不是，那是1948年下半年。我去了第二天，我们歌舞团正在演歌剧《白毛女》，那个时候人不够，新来的队员就排了，群众演员来回跑，喊叫打倒什么的。

问：你那个时候汉语也没有问题了？

答：不行，不会说。我那个时候一天不怎么说话，汉语说不好，一说语调就不对。这是1948年歌剧，《黄河大合唱》，街头演出。长春解放了就马上上街出节目。

问：您1949年跳了《希望》，您是主要演员了？

答：1949年，第一届政治协商会在北京召开，要建立国家。那个时候就把内蒙古歌舞团调到北京去演出。

问：那个时候已经叫内蒙古歌舞团了吗？

答：不叫，还是文工团。

问：就是调了你们，还是全国各地调了很多？

答：我记得就我们，演歌舞的就是我们，到中南海演出。当时演的《王二嫂过新年》《十二把镰刀》，都是秧歌剧。

问：秧歌剧参加联欢节吗？

答：没有别的节目，王昆独唱、郭兰英独唱、笛子独奏什么的，就没有舞蹈。后来我们歌舞团到那里演出，选了两个节目：一个《牧马》，一个《希望》。

问：《牧马》就是贾老师的，《希望》就要你跳？

答：《希望》是我和乌云两个人跳。就把我们当时留下来参加出国演出。

问：第二届世界青年与学生和平友谊联欢节是在哪个国家？

答：1949年8月在匈牙利。

问：你们获得了什么成绩？

答：我都不清楚，好像也得过什么东西。秧歌腰鼓是在广场演出的，也不是舞台，有秧歌腰鼓，当时郭兰英那些老同志都参加，我在那里演完了以后，留下来与青年代表团一起参加了世青联会议，他们都亲切地叫我“小蒙古”，当年我17岁。我们回来时路过莫斯科，就参观了莫斯科。

问：经过了莫斯科？

答：对啊。经过莫斯科就参观，晚上就看芭蕾舞大剧院演出。

问：这是什么日子？

答：好像十一晚上，还是9月30日，庆祝中华人民共和国成立。那个时候中华人民共和国成立，我们都还不在北京，在莫斯科，大家欢呼什么的。

问：斯琴老师，您是离休干部？

答：是，内蒙古文工团第一个出国艺术团，演出的舞蹈就是蒙古舞蹈。内蒙古文工团的作品有《牧马》《希望》。在第五届青年联欢节上，少数民族得金质奖也是蒙古族舞蹈《鄂尔多斯》。当时中央歌舞团还没有成立，内蒙古文工团在解放区来讲的话，影响是非常大的。另外，各地到我们团来学舞蹈，1948年底贾作光创作了《鄂伦春》舞，两个男的，三个女的。这是中国舞蹈史上第一个成功地在舞台上塑造少数民族劳动人民形象的作品。而且当时的作品到现在看，还是从生活中来，应该说是一个划时代的作品。

问：你们参加跳了吗？

答：第一任不是我，后来我跳的，这是《鄂伦春》。我们到哈尔滨演出，那么多的歌舞，全国很多地方到文工团来学。一来就住在那里，住不要钱，吃要自己买饭。

问：住在哪里？

答：住在团里面，《鄂尔多斯》到处演。内蒙古文工团刚开始在张家口，后来走到赤峰以后，赤峰自治学院又成立了文工团，比这个晚。后来这两个团合并，合并完了以后就从赤峰到了呼和浩特庆祝五一，内蒙古自治区政府成立。自治区政府成立完了以后，贾作光才来的。

问：那是1947年之前？

答：就是1947年5月1日以后，他才来的。1950年政府从乌兰浩特搬到张家口，歌舞团也跟着搬到张家口。1950年搬的，1952年底就在这里了。

问：那个时候叫内蒙古歌舞团了吗？

答：还是文工团，1953年才叫歌舞团。

问：实际上就是一个团，是前身。

答：对。在东部成立的。

问：成立的团，布赫是团长？

答：对。一直是团长，后来是文化局的局长，后来才到政府的。

问：介绍一下，这个时期您的舞蹈生涯。

答：到了内蒙古文工团以后，虽然说舞蹈组也是什么都干。小道具、舞台布景，我们演《白毛女》的时候，我是小道具组的，整个摆什么的，跑过去撤。到一个地方就借，衣服、烟袋锅、盆都是跟老乡借的。衣服也是，杨白劳的那件破棉袄也是跟老乡借的，那个时候不太自己做服装。

问：您是从什么时候开始成了专职的舞蹈演员？

答：也是舞蹈组，主要还是舞蹈组，别的合唱、群众演员、歌剧也上，主要专业还是舞蹈。

问：那个时候开始专业的训练了吗？

答：贾老师实际上没有正规的给我们上过课，主要是通过排练。那个时候我们练基本功，就是窗台上压腿，没有排练室。做了一个破棉花这么大的、这么厚的被子，就在那个上面下腰、劈叉。练功就是压腿、下腰、劈叉、踢腿，别的芭蕾，他们的苏联电影也知道，到底怎么练都搞不清楚。那个时候贾老师主要通过排练提高演员的。

问：1953年您就算这个歌舞团的舞蹈台柱了？

答：那个时候也都不分。1952年中蒙友好协定，中央歌舞团跟内蒙古歌舞团一起组成一个中国艺术团，跟资华筠，我们都一起去演出。

问：那个时候还不叫中央歌舞团，就叫中央戏剧学院歌舞团。

答：那个时候就已经叫中央歌舞团了。

问：你们两个团一块去的？

答：一起去的。

问：资华筠老师就是那个时候认识的？

答：对。我们一起到那里排练、演出。1952年冬天去的，转一圈回来了。

问：这一趟对您的专业有帮助吗？

答：开眼界了，当时蒙古国的演出从来没有看过。

问：在这之前一直没有蒙古族舞蹈的概念，是吗？

答：蒙古族舞蹈，那个时候可能贾老师懂吧，那个时候我们不懂，舞蹈就这么跳，什么民族舞蹈，什么流派的都不懂，让跳什么就跳什么。

问：贾老师那个时候已经有意识搞那个？

答：他学的现代舞、芭蕾，他都懂。

问：您在他那里学了蒙古舞？

答：我们学了他们的节目，独舞、领舞从那个时候开始的。

问：你跟他们交流，那个团是什么团？他们是国家级的吗？

答：他们也是国家的，是蒙古国的民间歌舞团，他们到现在，都分得很清楚，大剧院是演舞剧，世界各个民族都演，民间歌舞团就是民族的。

问：您也是第一次去蒙古？

答：是，1952年。内蒙古歌舞团的影响很大，那个时候很多团体都来学，甚至当时提出一个口号，哪个军队的宣传队提出的，把《鄂伦春》舞蹈跳到海南岛。那个时候海南岛还没有解放。内蒙古歌舞团的整个的宣传、普及舞蹈、演出，当时来讲起了非常大的作用。将来你们研究、写历史，这一段历史作用不要低估。内蒙古文工团的这种成绩、整个的发展，贾作光起了很大的作用。他经过专业学习，艺术上已经有一定的实践经验，这么一个人来了以后，把这个团队整个的舞蹈推上去了。

问：您去过北京舞蹈学院？

答：青年时代，后来是1951年3月份，先去的是崔承喜的舞研班，舒巧和我都在一个班，乌云是舞运班的，在那里待了一年半。

问：是组织派你们去的？

答：是。那个时候任何活动都是组织派的。

问：您算是崔承喜的亲传弟子了。

答：对。1951年3月份开始，1952年8月份结束的。

问：同班还有许淑媖、李正一？

答：许淑媖没有在舞研班学习，她就是华北舞蹈团，戏剧学院联大的。

问：还有高金荣是你们班的？

答：是，还有章民新、王世琦。在那里可以说是真正得到了舞蹈专业的启蒙，我们开始上芭蕾课，学新兴舞、朝鲜舞、中国古典舞。把我们送到北京去学习的时候，2月份就去了，3月1日才开学，我们先到了，我们就住在内蒙古驻京办事处。后来听说崔承喜是每天在北京饭店找几个学生，找几个艺人整理古典舞，我们听了以后，也想去。后来经过联系也同意了，我们也每天去。那个时候蒋祖慧等也参加了，有几个京剧的老艺人，让他们做动作学生们学，学完了以后也没有那个录像，崔先生就在旁边记，整个弄完了以后，她就分配了。中国古典舞，女的花旦、青衣，她是按行当分的，花旦的动作一开始这么走，又后退，像这样都是花旦的动作。青衣就是袖子长，刀马旦、小生这么分的，分完了以后配乐。舞研班刚开始上课这些就进入课堂了。古典舞崔承喜整理的没有台词、没有唱腔的这种动作，她已经开始了第一步。

问：在北京饭店您也参与了？

答：参加了。

问：您也算是中国古典舞催生、创建之初的见证人。

答：对。她当时就在那里坐着记，怎么剪裁就不知道。后来一上课进了课堂了。

问：李正一也参加了？

答：李正一是我们班的班长。在崔承喜的观念里面，把中国的东西教给你们，将来你们要发展什么，还是要自己民族的东西，至少我觉得是非常可贵的。另外我们在那里学的时候，有古典舞、新兴舞、朝鲜舞、南方舞，还有一个节奏课，放音乐，按节奏步伐来的。

问：对您来说是正式的舞蹈，专业的舞蹈。

答：我朝鲜舞学得也好，我毕业的时候朝鲜舞是100分，崔承喜非常喜欢我，从那个时候开始，舞蹈是什么，我开始懂得了舞蹈。这是真正入门，真正地深入理解什么是艺术，与生活的关系，跟人民群众是怎么样。一天就忙着学，里面这么多新鲜的东西。

问：1952年毕业时您才20岁？

答：对。所以那个时候琢磨，回顾崔承喜对朝鲜舞蹈的发展，把民间散落的各种形式的民间舞蹈收集过来以后，经过专业的眼光，把它整理变成系统的训练教材，整个在东方是非常有影响的。这在我心里面埋下了种子，将来我们学完了以后回过头来也要整理自己民族的舞蹈。

问：这个不是偶然的，您后来建立蒙古族舞蹈的系统，李正一建立了古典舞的系统，高金荣建立了敦煌舞的系统，跟这个有直接的关系。

答：朝鲜舞崔承喜的影响很大。当时舞研班的学生后来散落各地。各个团是主要骨干来的，毕业了以后无论是部队、地方、下边都是艺术骨干，有的是当领导，崔承喜对第一代舞蹈工作者的培养，贡献非常大的。

问：像宝音巴图回到这里的话，就当团长了？

答：以前开始是舞蹈队长，也是当演员，慢慢当团长、院长，后来到包头公安局当局长，他从事了管理。管理也是非常重要的，但是他是一个非常好的演员。

问：您从舞研班回来以后一直学舞蹈？

答：这中间舞研班还有一段，我这个腿半月板撕裂了，上下楼都疼，后来到北大医院看，人家说要切除。当时我就问，开刀以后还能不能跳舞，人家医生不直接回答，很难说。有的欧洲或西方的一些篮球队员切除了还可以打，他这么回答。后来实在不切除不行，不然整个腿都要锯掉，这个就害怕了。暑假的时候就切除了，一个暑假以后出来休息几天，开学照样上学。可是后来就留下这个后遗症，蹲、弹跳就不行了。

问：还是受影响了。

答：我从舞研班毕业，回到内蒙古一方面教课，一方面当演员。

问：《鄂尔多斯》《挤奶员》都是这时间才开始跳的？

答：1953年才开始跳的，《挤奶员》是1955年。贾作光我们几个1952年底从内蒙古回来以后，我们深入升华。

问：他也去了？

答：去了。到了呼伦贝尔，我收集民间舞，那里冰天雪地，就在那里跟老艺人学。

问：这些作品像《哈库麦》都是之后的？

答：从那里回来以后，1952年、1953年创作的。

问：斯琴老师，您本人没有搞过创作吗？

答：也搞过，我的创作不行，我有一篇文章讲，我的老师给我们舞研班上编导课，大课都一块上。当时欧阳老师给我们讲唐代的舞蹈。编导课是吴晓邦给我们上的，我们每个人给一段音乐，你自己选题编一个舞蹈剧，也不算一个小品。我编了一个少年牵着一头老黄牛，从这个舞台的这个角出来，一个直线。老黄牛就不走，又往后跌又往前拽这么走下去，也没有动作。吴老师看完了以后只能笑，没有办法说。那个课上，舒巧创作的一个江南妇女，提着竹篮走出来，到河边蹲下捕鱼，看着鱼这么一捕，后来就捕到了。舒巧的作品又有形象，又有内容，舞蹈创作一定要从生活中来，她当时就比较好的。在舞研班的时候，舒巧的创作才能已经显露出来了。后来我也搞了几个，也是收集舞蹈回来以后，我也编了一个男女群舞——《索伦青年》，索伦是当时鄂温克族的称谓，哪年又搞了一个《春天来了》，达斡尔族舞蹈，但我创作上不行。

问：您在歌舞团这么长时间，主要是表演和教学？

答：我年轻的时候主要是这个。

问：后来你去舞蹈学院是哪一年？

答：1954年。

问：舞蹈学院第一拨？

答：成立的时候。

问：您进去上了几年级？

答：五年级。

问：谁教你们的？

答：芭蕾舞是苏联专家教的，古典舞是李正一教。

问：民间舞呢？

答：许淑媖教过，朱苹是教汉族的。那个时候李承祥也在舞蹈学校，他给我们教藏族舞蹈，他去过西藏。还有王连城。

问：您学了两年？

答：两年。1956年毕业了，又回来了。1955年的时候，我们班的《鄂尔多斯》去参加了第五届青年联欢节。

问：那是你们当时舞蹈学校的学生跳的？

答：对。

问：跟歌舞团没有关系了？

答：没有关系了，是我们班跳的。

问：在这之前你跳过了？

答：已经跳了好长时间了。

问：这个班代表中国去参加了？

答：对。

问：您还是跳领舞？

答：对。每年的暑假都有演出，像一年级就是一年级的剧目，按着班级分的。

问：1956年又回了内蒙古？

答：是，主要是表演。1960年贾作光老师已经在北京了，编导班毕业了以后就留在了中央民族歌舞团了。他就没有再回内蒙古。他后来编了一个灯舞，那个时候想要教我的，结果我正好身体有情况。后来选了学员班一个非常刻苦、非常好的一个孩子让他学灯舞。那个时候我已经是副团长分管舞蹈，我们过完春节就下乡演出，分好几个队。我的队在武川一带演出。那个时候有这个作风，歌舞团到某一个地方演完了，最后都要开一次座谈会，把当地各方面的观众请来给我们提意见。那个时候灯舞是这样的，一个女的脑袋上顶着灯，刚开始的时候就跪在舞台上，完了台上是黑黑的了，几个锣声一响，幕就徐徐地拉开，就慢慢地一点点站起来这么跳，有些观众就觉得很吓人，当时舞台效果不是特别好，后来观众也提了很多的意见。回来以后团部说，应该改一改，把这个任务交给我了。后来我们几个人商量以后，把灯拿掉了之后就顶碗，整个的舞台气氛特别的明亮，从旁边就这么出来的，整个的非常向上的东西，满台都是这种喜悦，那种情绪很明朗。这么一演很受欢迎。

问：蒙古族还有顶碗吗？

答：我们最早是跟蒙古国学了一个《都而别克》，顶这个碗出来，最后把碗弄掉以后，里面有水。中间还有一件事对我的影响很大的：1954年我到舞蹈学校以后，我们的中蒙文化协会有一个交流，我们请来了蒙古的专家，也是蒙古第一代演员，他来了以后除了上基本功、芭蕾课以外，主要是教蒙古国他们整理的素材和组合，那个时候就学了蒙古国舞蹈的组合。后来那个专家临走之前排了节目——《去那达慕的路上》，对我们的影响也很大，蒙古舞蹈是以组合形式整理的，一段一段的组合。刚开始我们上蒙古舞课的时候，是以他的这个为主，后来我们也整理了一些鄂温克的、达斡尔的组合，就补充进来的。1956年舞蹈会演的时候，歌舞团也去了，当时文化部有那么一个想法，文艺团体的基本功训练，怎么样学用一致，比如说中央歌舞团、内蒙古歌舞团，平时练的是芭蕾，舞台上你的转你都用不上，你不练自己民族的一些技巧。为什么莫伊塞耶夫民间舞团有技术技巧，他们每天排练的也是这个技巧，舞台上用的也是这个。比如说芭蕾舞演员也是，京剧演员都是，解决了学用一致的问题。舞蹈演员怎么解决练和演的统一的？文化部也是想要做这方面的研究，当时的会演上3个团体要展演自己的基本训练，当时我们内蒙古歌舞团就是民族舞蹈训练。（结合）很多蒙古专家教的一些组合，我们自己也编了一些组合。后来，我那个时候就上了蒙古民间舞课。总政歌舞团就是整个古典舞训练，翻跟头、技巧非常强。中央歌舞团主要是汉族的。3个团在舞台上展演了，大家下去分头讨论。那个时候就有这个意识了。

问：最初对于蒙古族舞蹈的系统化研究从那个时候就已经萌发了？

答：对，咱们也不能完全按照蒙古国那个，毕竟是两个国家，不一样。

问：您认为我们蒙古族的民族舞蹈特点，跟蒙古国有什么区别呢？

答：不一样，比如筷子（舞），鄂尔多斯风格的那些东西他们没有。安代这个风格的也没有。蒙古国基本上主体是布里亚特，别的有一些他们北部的部落。

他们是有民间舞蹈，但真正在南部的乌兰巴托中心地带没有民间舞蹈。所以他们的舞蹈基本上就是我们新建的蒙古舞那个风格，洒落的风格。我们的是另外一种，跟他们的完全不一样。肩有些东西是统一的，我们也有肩。另外他们的专家也讲了，你们内蒙古舞蹈吸收汉族的东西，汉化了，我们蒙古国的舞蹈苏联化 —— 因为他们的蒙古舞蹈实际是步伐很少，没什么步伐就站在那里跳，坐在那里或者站在原地跳，步伐没有。

问：他们吸收了苏联的？

答：他说了，我们是苏联的脚。

问：说你们是汉族的，我觉得也是不可避免的，毕竟是在一个文化圈里面共同生活，互相影响。您在后来的过程中，琢磨的就是这个事？

答："文化大革命"以前，我主要是演员，教员是兼职的。"文化大革命"以后，十年过去了。

问："文化大革命"之前你当副团长，当到"文革"？

答：对。

问："文革"这十年不能工作了，受冲击了吗？

答：当然了。我们都被关到了牛棚。

问：您也耽误了十年工夫，什么也没有干。

答：对。关了牛棚三四个月，那个时候我儿子才10个月，11个月。

问：国家也处在动乱时期，业务也干不了了。

答："文革"以后就考虑将来怎么样（开展）蒙古族舞蹈的训练，培养人才，特别"文革"以后就断代了，好多人都改行了。那个时候就考虑怎么样培养人、整理教材的问题。

问：对教材的思考。

答：1958年"大跃进"的时候，我们曾研究过要建立教材的问题，那个时候我们走的路线有点错误，都是按照芭蕾的，整个的民族舞蹈风格没了，四不像了。后来重新来，那个时候我是舞协主席，刚开始的话，是分散的不是整体的。芭蕾舞团搞《草原儿女》，把我们两个请去了，给他们的演员上课，教蒙古舞。

问:《草原儿女》是当时您跟查干老师去的?

答:对。跟他们一起编，女的出来，有蒙古舞动作。那个时候，分组导演是王世琦、许淑媖、资华筠，底下有接触，有互相教，我也给他们教蒙古舞，他们就教我朝鲜舞什么的。就那个时候开始活动，后来就办了一些班，到沂蒙歌舞团教。后来内蒙古舞协跟文化厅联合办了一个蒙古舞教员训练，把当时老的，当时也没有多少教员，都是老舞蹈演员了，教了一批。

问:这是“文革”之后的?

答:是。1979年，我们办了一个多月的蒙古舞教员训练班，当时来了以后，这些老的都要教，你身上有什么东西就互相教，教到一定程度以后就坐下来，我们就研究蒙古舞教学大纲。哪些东西进入大纲，哪些不用进，大家就一起研究教学大纲，最后训练班都走了，就留下了几个人，以我为首，我主要负责编写教材，写了一年半，弄出来之后，叫《蒙古族舞蹈基本训练教材》，1982年出版了。这个教材出来以后就办了很多班，艺术学校也让我教，呼盟、赤峰都去教过。

问:就是教这套教材?

答:对。逐渐觉得这些教材中有些问题，需要精炼，有的不必要进入教材的，后来第二次修改，把三少民族的东西拿掉了，后来出的教材，在内蒙古艺术学院光盘正式出的精品课教材，这就是蒙古舞基础训练教材。传统舞蹈有筷子舞、盅子舞、安代。为什么筷子舞这些不放在民间舞里面？蒙古舞的顶碗不像新疆或者云南各少数民族，音乐一响大家都可以参与，他没有形成群众性的民间活动，是表演型的，是一个人的表演，在一定的过年过节时艺人表演的。

问:老百姓是不跳的?

答:不是，大家都可以跳，但因为拿着筷子，没有形成像新疆那样人人都可以跳，就把它列为传统的舞蹈。民俗民间舞蹈主要就是三少民族(达斡尔族、鄂伦春族，鄂温克族)的。萨吾尔登是民间舞蹈，自娱性的民间舞蹈，人人都可以跳。我的三种教材就形成了，正式出版了。还有最近我们搞了一个技能课训练也已经出版了，技能课想要解决演出团体学用一致的问题。你挖掘很多民族特色的技术技巧，很多鼓，还有安代里面的跳转，都放在技能课上。通过训练，将来逐渐地不要蒙古舞突然出来蹦子等很多汉族舞技巧，那完全就不一样了。鼓励年轻人一定要挖掘和创造新的民族舞技巧。

问：这几套教材现在来看的话，蒙古族舞蹈的发展，其实从教材里面来看比较成型了，您还是比较满意的？

答：整个的做起来，有些东西像技能课时间很短。

问：今天上午看您的课，学了两年是什么课？

答：基础训练。基础课里面的手位、脚位、胸背练习，还有各种步伐。

问：那个课看了以后就是扑面而来的蒙古族的风格，还是很棒的。当时我有一个疑问，你们的伴奏是钢琴，你们考虑过这个问题吗？

答：这是局限，解决不了。本科一年级的时候还是钢琴伴奏，到了二年级就改了。民乐队有三个乐师，一个扬琴、一个马头琴、一个笛子。现在中专这个解决不了。

问：您刚才说“文革”前您是演员兼教学，之后呢？

答：主要是研究教学，几十年主要是研究教材的。

问：您哪一年离休？

答：我因为是政协常委，所以晚了好多年。

问：这期间，“文革”之后一直担任团领导吗？

答：不担任。

问：那是什么职位？ 就是教员？

答：也没有什么名头，老同志。

问：您好像参与了很多刚才说的包括政协的工作。您担任中国舞蹈家协会副主席是什么时候开始的？

答：哪一年我不记得了。这个刚开始贾作光是副主席，完了之后是宝音巴图，之后才是我。

问：政协的工作呢？

答：政协是内蒙古的，好多年，一直连着好几届。作为自治区和新中国的第一代舞蹈工作者，其实是时代的需要。按现在的话，我这个条件根本不可能当舞蹈演员，这么一量腿短、腰长。

问：当时许淑媖、李正一、舒巧，有几个条件好了？要是在今天肯定不行，呵呵。

答：那个时候是因为革命的需要。时代在变革，那个年代给了我们这个机会，时代就锤炼了我们。虽然解放战争我们没有直接到前线，但当时战争的年代，演出慰问解放军，整个的时代造就了我们。另外一个，成长过程当中，实践是非常重要的。我们什么也不会，什么也不懂。因为革命工作的需要，你就得演，就要学，那个时候整个歌舞团的人数也很少。一个晚会四五个节目，这个完了马上换另外一个。实践锻炼，对人的成长是非常重要的，现在内蒙古艺术学院培养的那么好条件的学生，毕业到歌舞团没有节目跳，一年、两年、三年过去了。那个年代不是这样的，你不会跳你也得跳，实践、工作中的锻炼培养和造就人。另外我的艺术道路上，舞研班和舞蹈学校非常重要。不能说有生活就有作品，这不对的。搞专业、搞美术也好，没有专业知识，没有很好的掌握自己的专业手段，您再有生活也编不出好作品，跳不出好舞蹈。这两次的学习，贾作光经过专业训练，他掌握了专业知识和手段以后，一到内蒙古来看见人民辛勤的生活，就有了他的作品。他离开内蒙古，到民族歌舞团以后就出不来了。一方面要有专业知识，一方面也不能脱离生活。另外我自己觉悟，除了崔承喜这些老师之外，还要跟民间的艺人学习。我跟民间老艺人学过盅子舞，掌握了他的韵律以后，你在舞蹈上再发展。咱们很多的动作，民间跳得很小，我们把他放大、打开了以后，还是那个韵律就美化了，就舒展了。民间艺人给了我艺术生命的活力。另外一个，群众和单位里面的领导，各个方面重视、培养你，不是哪一个人就是天才。当时内蒙古自治区成立第一个文艺团体，就是从外面来的一些人建立的，后来深入普及，跟生活结合，逐渐发展了。我觉得我们这个时代给了我这么一个机会。

问：您的努力也对中国的舞蹈界做出了很大的贡献，所以我还记得特别的清楚，去年在国家大剧院，舞蹈终身成就奖，您是十位代表之一，您这一生的努力也被我们国家和人民看在眼里了，给予了很高的评价。我们代表项目组祝您在以后的生活中健健康康的，快快乐乐的，能为国家做出更大的贡献当然更好，但是还是要多注意身体。谢谢您了！

答：谢谢你们！欢迎再来！

斯琴·塔日哈采访手记

江东

上午在内蒙古大学艺术学院的练功房，观看了斯琴老师的蒙古舞课，虽然有辅助老师在场，但这位年届80高龄的蒙古族舞蹈家，仍是聚精会神、一丝不苟。在这样的年纪，她的那种关切、那种认真、那种专注和锲而不舍，实在是让坐在一旁的我感慨不已。对这样一位耄耋老人一生的不懈努力，让我对下午在她府上即将进行的访谈充满期待。

斯琴·塔日哈老师的家坐落在呼和浩特市中部一个环境不错的新型公寓楼的一层，她的老伴是蒙古族著名音乐家。这真是一对与音乐和舞蹈终生相伴的人生伴侣。

实际上，在不同的场合下见证斯琴老师所获得的荣誉已经非常多了，她那为了舞蹈而生的一生，见证了她不懈努力的人生步伐。实际上，对她的访谈我最有感触的是，她为了建立中国蒙古族舞蹈体系所进行的不懈努力。她终其一生的理念，都是在不断地思索着、体认着关于中国蒙古族舞蹈体系这个大问题。而如今在她和追随者们共同努力下所建立起来的中国蒙古族舞蹈体系，已经形成，这让蒙古族舞蹈在中国少数民族舞蹈这个大家庭中获得了突出的成就。

着眼于中国的民族舞蹈文化建设，这的确不是个小事情，而斯琴老师的眼光始终落在中国蒙古族这个角度上，是有着极深意义和示范作用的。作为一个跨境民族，蒙古族在舞蹈发展方面显然需要注意两个维度：一个是中国，一个是蒙古族。也就是说，蒙古族舞蹈的立足首先是在中国上，其次才是民族的风格属性，这一点如果混淆了，就极可能让“蒙古舞”取代"蒙古族舞蹈"，而如果那样的话，蒙古族的舞蹈便有可能蜕变为“蒙古舞”。这种观念，在目前许多人的意识中，仍十分混乱。让人感到振奋的是，斯琴老师自始至终都是清醒的，她对自己要做的事情十分清楚：就是要建立中国蒙古族的舞蹈体系。

从这一点中，我首先体味到了斯琴老师的思想高度和清晰度，这样的认识高度自然与她长期的艺术与教育实践分不开。在她迄今为止的艺术生涯中，她磨炼了自己的思维能力，这让她在思想的天空中，获得了自由飞翔的翅膀。

这个本钱当然也与她早年在崔承喜舞研班的学习和收获直接相关，因为上述提到的所谓“体系”这个概念，我想，应该与她在那个时间段所受到的直接影响分不开。一个有意思的现象是，曾在那个班学习过的舞蹈家，后来都有“体系”的建设：李正一（及其他人）的中国古典舞体系、高金荣的敦煌舞体系，现在又是斯琴老师提出的蒙古族舞蹈体系。这样看来，崔承喜对于中国舞蹈的影响，绝不仅止于一时一地，当遍地的鲜花开放时，让我们更加感念她当年的辛勤播种。

斯琴老师被誉为蒙古族舞蹈教育家。的确，教室里洒遍了她一生的汗水，直至今日80高龄，她仍像一位悉心的园丁那般，爱惜地照看着她的每一个学生。教师这个职业是伟大的，当他们耗尽毕生的心血将一个又一个少不更事的幼苗雕琢成一个称职的舞者时，其间的辛劳付出是他人难以想象的。而当我们看到那些在舞台上散发出艺术光华的舞蹈家游刃有余时，更慨叹舞蹈教师们的无私奉献。借着对斯琴老师的敬意，我也对所有专注于这一领域的耕耘者们表达我心中深深的敬佩之情。

舒巧

1933—

舞蹈编导家

主要表演作品：《小刀会》之周秀英，《宝莲灯》之沉香，《后羿与嫦娥》之嫦娥，《牛郎织女》之织女及独舞、领舞等。主要创作作品：大型舞剧《奔月》《岳飞》《闪闪的红星》《长恨歌》《画皮》《玉卿嫂》《胭脂扣》《黄土地》《红雪》《停车暂借问》《三毛》《达赖六世情诗》《青春祭》等二十余部及短篇舞蹈《剑舞》《弓舞》等。主要理论研究：香港《新晚报》专栏写作3年有余。后为内地《文汇报》之“笔会”作为专栏作者写作散文。同时为刊物撰稿，如《电视、电影、文学》及《舞蹈》《歌剧艺术》等。迄今已发表50余万字。任第五届、第六届全国舞蹈家协会副主席，全国文联委员。现任全国舞蹈家协会顾问，香港演艺学院院士。

舒巧访谈录

访谈地点·上海　舒巧家中
访谈时间·2010年5月20日
底稿记录人·曲笛鑫
成稿整理人·毛毳
完稿审阅人·舒巧

做了一辈子舞剧编导，有些感想：

一、舞剧编导是一项需很强的智力体力付出的职业。

舞剧，尤其是大型舞剧要求编导有文学、音乐、戏剧、舞台美术多方面的修养。因为“舞剧”本身就是这样的一种综合艺术：集舞蹈、音乐、戏剧、舞美之大成。

编舞是舞剧编导的看家本领。一个舞剧编导没有编舞的基本功就像没有经过训练的舞员上不得台一样，是进不了排练厅的。因而要全面地掌握各种舞蹈素材，越多越好；并熟练编舞技法。（目前有不少“不编舞”的舞剧编导，我不大了解他们是如何在操作一部舞剧的。我则坚持认为编一部舞剧和写一篇文章一样，编每一个动作，设计每一个调度，犹如写家一个字一个字地将句、句组、文段……亲自完成。若你只有题旨，文章由别人代写，那就谈不上你的抒发、你的深层次的思考和你的个人风格了。而创作者的个人风格是作品的光彩和生命力所在，失去了它，就不知道将是怎样一种局面了。）

那么，具备了以上条件就可以做一个称职的舞剧编导了？

事实还远非如此简单。一部大型舞剧要排出来，从某种角度讲，还有更为棘手的，它考验着编导的个人素质，如：应变能力、承受能力、组织能力、处理人际关系的能力。在制作一部大舞剧的全过程中，上下左右的关系将网于编导一身，处理不好这张“网”，不但你的舞剧排不出来，它还会使你心乱如麻，连艺术感觉也通通磨光。上有领导或经纪人，下有主要演员、群舞演员、乐队、布景服装化装道具人员，左右是作曲者、舞美设计、指挥，均靠你平衡以得到有序地运作。而无论哪一个环节都会在突然间出现你意想不到的问题，都需要你能临阵不乱即时应变，非如此你舞剧的创作和排练就进行不下去。你以为你只是个专业人士？只管编舞排舞？这种“以为”是很不实际的，若你没有一个与管理人才同样坚韧的心理素质，你将无以把一部舞剧完成。

在“创作室”你要能将自己的心态调节至宽松，不如此不能和你的剧中人同喜同悲，情感不会畅然投入，灵感会被阻塞。在“办公室”你就得理智冷静一丝不苟。到了“排练厅”你又要会营造一种活泼生动气氛，使很劳累的排练活动不至于疲软。这里我要特别说一下关于舞员。虽然，音乐舞美等部门都是你必须与其好好合作的，但不论是舞美设计、作曲家、指挥，他们就本部门问题与你探讨时一般都是有备而来，相对自律。唯舞员排练，每天每小时与你合作；在排练中舞员既耗力也耗神非常辛苦的，他们成年累月排、排、排，而人的精力、情绪以至生物时钟一定都是有起伏的，有高有低，有旺盛有疲惫；作为编导在排练厅有时近乎像一个主持人，有着调节现场气氛的责任。有时甚至需要调侃、说笑话，像一个相声演员般以驱散排练厅的沉闷。

这样，一天中，你有三种处境，得有三副德行、三个面孔。

都说一个人逻辑思维能力强，形象思维就会相对的弱，若形象思维好，大半逻辑思维就会差一点了。但舞剧编导偏偏是既需要理智的逻辑思维又需要浪漫的形象思维的。

二、做舞剧编导知道我国舞剧的发展历程于今天的创作会很重要。

20世纪50年代初，李正一等一部分老师创造性的劳动，使我国有了第一套古典舞教材。这套“古典舞教材”主要是在学习京剧昆曲及继后又涉猎到的川剧的折子戏时，从这些戏曲的“唱、做、念、打”中以“做、打”的身段为基础而加工整理的。可以说这是我国古典舞体系的第一阶梯。在这套古典舞教材的基础上一大批古典舞蹈、民族舞剧诞生。《宝莲灯》《小刀会》是这一个时期舞剧的代表作。

这一套古典舞训练伴随着我的演员生涯，使我能够承担一系列舞剧角色及担任许多小节目的演出。创作上，我的第一个作品是《剑舞》，继而就是参加《小刀会》当编舞，亦就是《弓舞》的完成。《剑舞》《弓舞》都是在这套古典舞基础上诞生的。所以，我对这套古典舞是有感情的。它是我演员生活及起步创作的师法。

舞剧这门艺术形式是外来的，受古典芭蕾的影响。20世纪50年代后期毕业于苏联专家编导班的年轻的舞剧编导李承祥、蒋祖慧、黄伯寿、李仲林等开始了我国民族舞剧和中国芭蕾的探索。

我是作为一个舞剧演员被卷进这一场令人兴奋的创造热潮中的。

全国在短短的几年中有几十部舞剧问世。

当时舞蹈界思想极其活跃。记得关于舞剧形式最初的一场论争是《小刀会》与《鱼美人》之争。一方认为《鱼美人》只有舞没有戏，是表演舞集锦。另一方则认为《小刀会》只有戏没有舞，是哑剧。

这一场争论是舞剧界对舞剧规律的初探。

现在回顾，《小刀会》接近我国传统戏曲结构，《鱼美人》则承袭了古典芭蕾的结构方法。两种方法同一模式：哑剧 + 舞蹈 = 舞剧。

应该说那是我国舞剧创作的幼年时期。

说是舞剧应以舞为主，从《小刀会》《宝莲灯》来讲，实在更多铺排的还只是“可打性”，在“打”字上做文章。不是吗？《小刀会》几乎从头打到尾。《宝莲灯》除第一、四场在庙中没有打以外，第二、三、五、六场中亦均有打。我对这些“打”不存任何贬义，因为在这两部舞剧中都是需要的。但从这里可以看到当年舞剧编导选择题材、结构剧本的视角及对舞蹈功能理解所存在的问题和由此造成的舞剧题材的狭窄。

这实在和我们的“古典舞”是由戏曲衍生及当时处在“戏曲”差不多就是我

们唯一的学习借鉴对象有关。学的，熟悉的就是“做”和“打”。“打起来了”和“舞起来了”这两个概念就往往被混淆了；开打时手舞足蹈，动作大、节奏活，在当时的我们就以为舞蹈性强了。诸如此类的认识，现在看来幼稚，但恰是历史的必然。

而《鱼美人》留至今天的印象是许多美丽的舞蹈：水下以《珊瑚舞》为代表的鱼、水草等形象；地面几乎集中了全国民间舞之精粹；其中章民新的《蛇舞》《珊瑚舞》更是令人难忘。唯独猎人、鱼美人男女主人翁的性格、命运以及应由他们所展示的作者的创作意念，在印象中已经淡薄。

我个人对于舞剧的认识可分为三个阶段。

很长一段时间我赞成“舞剧以舞为主”。但我所谓的“以舞为主”“可舞性”，实质上是在尽力选择生活中“富有动态性的场面”（如婚礼、劳动场面、庆丰收或醉酒呀、模仿动物呀等）。在这期间我参加或主持的好几部舞剧创作都是在这个思维模式上进行结构和编导的。

但逐渐我感到了一种束缚：舞剧手段得不到展开。

我开始意识到“动态性”并不即是“舞蹈性”。“尽力选择富有动态性的生活”实际上是在表现生活中的舞蹈，而不是用舞蹈来表现生活。

结构舞剧主要是写人，刻画人物性格，开掘人物内心世界，唯有从这一点出发才能统一舞和剧的关系，才能充分发挥舞的特长。这是第二时期我对舞剧的认识。

一个舞剧编导对自己的人物开挖越深，体验越切，分析得越细腻，就会发现此时舞蹈手段犹如长上了翅膀，它将抑制不住地自由翱翔。从寻找动态性的生活深入到捕捉人物的内在动态，就能在较广泛的意义上找到了“可舞性”。舞剧题材也因此得到了一定程度的开拓，主题得以深化，舞剧也才能真正舞起来。这是我在《奔月》阶段的创作思想。

《奔月》演出后在舞蹈界引起了一场不大不小的论争。同行们肯定了我们从生活出发、从人物出发、从刻画人物内心出发的主导思想，但在舞蹈语言的运用上却出现了两派分歧。一部分同志主张只要是人物需要、剧情需要，什么都可以为我所用，甚至提出“我是中国人，我编出的总是中国舞”的观点；一部分同志则谴责《奔月》背离了民族化，或者说背离了《小刀会》的道路，以至上纲上线。

这一场论争给予我极大的启示。我认为“我是中国人，我编出的总是中国舞”之说并不确切。我国有着极丰富的文化遗产，为世界瞩目，作为一个后继者，对于这份遗产必须花出巨大劳动学习、领会，并且认真剖析、掌握它，进而发展它。不花这份劳动，一个中国人编出来的并不一定就是中国舞。但是，我也觉得把20世纪50年代这套“古典舞”说成是民族化的规范，把对50年代这套“古典舞”的变化视为破坏古典风格、民族风格，太过分。一切事物都是在发展中获得生命，“继承”本来就是一个流动的概念。

在《奔月》编舞中曾尝试着对“古典舞”做一些新的解释和运用，当然是初步的，此后，我将这个课题又带到了大型舞剧《画皮》中。舞剧结构的发展必然波及对语言表达能力的要求。而一套具有民族审美特点的、科学的舞蹈语言即古典舞程式的完整形成，又不可能完成于一朝一夕。还必须教员与编导联合起来，课堂与排练厅互相配合起来，需要整代人，甚至几代人的努力。这些我将把它放在“语言”一题中一并阐述。

当我经历了《岳飞》《画皮》的创作，反思《奔月》阶段自己对舞剧规律的认识，有一个问题总在脑际萦绕：艺术是什么？

艺术是感情！艺术寓理于情，艺术家有感而发，通过题材这个媒介把从生活中得到的感受凝聚成作品，奉献给观众，以唤起观众的共鸣。这应该是一个作品诞生的真正的秘密。

由此可见，一个作品表达的是作者的生活感受，是被生活激发起来的真情实感，而不是其他。刻画人物，深入挖掘人物的内心世界，也只有在作者与人物融为一体的情况下才能达到，比如我写岳飞，岳飞心灵深处的呼声由谁来告知我呢？还不是自己的体验和理解而已。浩瀚的历史资料，使我身临其境；然而历史资料没有细节，没有那细腻的内心活动，更不可能有岳飞的自我感觉。他的幻想，他刹那间的感情波澜……这一切都只是当我体验我就是岳飞的时候由我感受、由我抒发才能得到表现 …… 作者和主人翁融为一体，强烈的主观感受是主导；顺着自己汹涌澎湃的感情波澜，驾驭题材，一切吸引不了自己的都可以不予注意。

《玉卿嫂》《停车暂借问》等舞剧就是在这种思维状态下制作的。这种思维状态我将其列为自己的舞剧观念从第二时期向第三时期的过渡状态。

不过《玉卿嫂》演出后又发生了问题。因这是我创作中第一部都市、近代题材作品，往常熟悉见惯的戏曲动作、民间舞素材都已被改变得面目全非。因而“这是民族舞剧吗？”的问题又被舞剧界提出。我索性就把称谓改成“中国舞剧”了。场刊上一改惯例，写的是：中国舞剧 ——《玉卿嫂》。

这一下又将事情闹大。特别是我在《文汇报》上发了一篇《民族舞剧质疑》，引来了一大批“对于质疑的质疑”，狠狠地与我理论了一番。

记得当时我正读《文心雕龙》入迷。在《民族舞剧质疑》一文中大书了一通令我的朋友们大大替我担心的言论，我说：民族化是一个抽象的概念。我说：在创作时空谈民族风格、民族传统、民族气质、民族审美是无实际意义的。不论是传统的（历史上），还是当今的民族风格，总是由艺术家实实在在的个人风格汇合而成，而艺术家的个人风格则又由其一部又一部作品来体现。离开作品、离开艺术家们的个人风格、流派，宏大宽泛意义上的民族风格何在？（以上是文章的中心段落，文章发表于1985年10月25日《文汇报》）

此后有许多文章批驳我的观点。

但我始终沉迷于《文心雕龙》的“风格即创作个性”说，记得在南京全国创作会议上，我又就以上认识大放厥词，险获一顶资产阶级自由化的帽子。

其实，这时的自己对于舞剧的认识仍处于过渡阶段，直至去了香港。

在香港舞蹈团任职，创作频繁。仅仅“从人物出发，从人物性格出发”仍不足以应付更多方面题材的选取，或者说是实践的自然力将自己对舞剧创作的认识推到了第三阶段。

以往我的舞剧创作大多是小说改编。但到了《红雪》《三毛》情况完全不同。三毛的书二三十本，全是散文，东一闪光点、西一闪光点，就是没有完整的可用以直接改编的。而《红雪》创作的原始冲动原本就很自我，“文革”中我亲眼看到多例打着“伟大的革命”旗号在公报私仇！我厌恶这种人。自然而然的，我的创作由写他人而转为自我心灵的写照。当然，这时的自己是被推上了灵魂、世界观最严峻的考场。

但是，结构剧本亦得到了前所未有的自由和快捷。

舞剧《三毛》，我解剖了一个我所谓的“三毛情意结”，是做三毛？是做陈平？（三毛是笔名，陈平是一个普通女人的本名）又或者是一个“都市情意结”，都市的向往乡村！乡村的向往都市！那么整个结构只用了十个字：陈平、三毛、陈平、三毛、陈平。

第一幕：陈平 — 三毛。

第二幕：陈平。

第三幕：三毛 — 陈平。

到了舞剧《青春祭》，我坦言：这是我珍藏心之深处的情怀与崇拜。

这部舞剧的结构就只有六个字了：生命、爱情、自由。

第一幕：生命 — 爱情 — 自由

第二幕：爱情 — 自由 — 生命

第三幕：自由 — 生命 — 爱情

这样的结构使自己在布局舞段和编舞时十分顺手，并且不用担心什么看不看得懂呀、哑剧呀之类的问题。因为已几乎不必承担叙事，即使用细节亦只为抒情了。

这就是我对舞剧认识的第三阶段。

可以说我的舞剧观的几个变化焦点是：作者与作品的关系。

最初阶段，作为作者的我对于“题材”“作品”完全是“客体”。不论是《奔月》还是《岳飞》或《画皮》，都是为理解吃透原材料而竭尽全力，以能体现多少原著或史实的精神为衡量自己创作高低的标准。继而，作为作者的我渐渐与“题材”持平，有点类乎“中立”。即在尊重原著的基础上，在创作中开始放进了自己对人、对人生、对事物的评价、好恶。这是《玉卿嫂》《胭脂扣》时的创作状态。在这以后作为作者的我就完全以“主体”的身份来调理手中的所谓“材料”“题材”“素材”了。不论是题材、素材，原文学作品、史料……都是传达我之所思所想的“载体”。也许因为年龄和阅历，也许因为艺术自身的规律，这个阶段我热切地希望我能通过我的作品与观众做十分个人的沟通。

一日，读到小说家王安忆所著《心灵世界》，她写道：“作家创作小说必须以人们的日常生活为构筑材料，那么怎样把生活和小说区分开来呢？唯一的根本的区分在于小说里灌注了作家个人的心灵，作家只不过借用日常生活的材料建构成一个属于他的心灵世界，一个属于他的神话。”王安忆又简明扼要地说：“小说不是现实，它是个人的心灵世界。”

王安忆所说使我得以一窥作家们创作中的思维状态，给我极大启示，并引起共鸣。

三、舞剧创作要说简单亦简单，就是结构、语言，两个课题而已。

让我们仔细地辨析关于结构和语言。

1. 结构

什么是结构？

结构是作品本身的关键，结构是一部作品的骨架，是对于作品的样式、表达能力以至风格起决定作用的。

早期的舞剧结构我形容它为“糖葫芦串”，如《胡桃夹子》《灰姑娘》等。找一个故事，摆一串情节以便于将各种各样的舞展示一番。《胡桃夹子》：圣诞节圣诞老人给孩子们带来礼物，克拉拉的礼物是胡桃夹子。夜梦中胡桃夹子变成英俊王子与老鼠交战，大炮发射的是色彩缤纷的糖果，老鼠败。这一幕没什么东西看的。第二幕王子带克拉拉来到了糖果仙国，于是乎巧克力舞、咖啡糖舞、红茶舞、水果糖、花舞、酒心糖果舞……大舞特舞。仅有的一点点浅显的情节还要靠哑剧手势比来画去，其实观众仍是不明白的，不过不明白也无所谓了。它的“剧”就是一支串糖葫芦的竹签而已，串了一大堆糖葫芦——“舞”。那“舞”其实舞什么都不大要紧，若小观众喜欢不妨也可以再有冰淇淋舞、汉堡包舞之类。《胡桃夹子》之所以延演至今，实因在西方世界它成了圣诞节的一部分，多是带幼小儿童去看圣诞老人怎样给孩子送圣诞礼物，引孩子们高兴的。而又一舞剧《灰姑娘》，她最尴尬之处则是在跳了一大堆舞以后编导不得不表达，“12点了，你该回去了！”这是此剧的转折无以回避，但因结构所限编导只好很辛苦地编了一段12个小老头舞，小老头每人捧一方牌，各数自1到12之数字，在灰姑娘面前晃过来跳过去舞足5分钟，最后让12更加的晃。观众明白了吗？不会明白的。“12”可以做各种解释，晃“12”这块牌子完全不能表示，“12点了，你该回去了”，这时的观众要么是凭自己对原故事的熟知，要么根本不在乎“12点”这个具体细节。

20世纪国外的舞剧渐次涉足，如《欧根·奥涅金》《茶花女》《脖子上的安娜》《奥赛罗》等人物性格复杂、内涵深邃的题材，“哑剧 + 舞蹈”的格局就远不能承担表达了。编舞家们也就再不把注意力放在色彩性舞段上，而是把舞蹈 —— 独舞、双人舞、多人舞以及群舞作为一种语言去表达主人翁复杂的内心世界。而一二百年前留下的经典，不仅《灰姑娘》，包括《天鹅湖》在内的所有的古典芭蕾，也都被频频重新演绎，有了各种新版本，那都是为了尽力深化内涵及使舞剧这门艺术形式更加具有其自身的魅力。

一位文学评论家如此说：文学从来就是这样，外在的东西也许一时热闹非凡，甚至获得远比应该得到的多得多的喝彩和荣耀，但如果没有深深的根，没有魂，它最终只能是过眼烟云。

“深深的根”，“魂”。

文学如此，其实舞剧也如此。

有一句耳熟能详的话，是评论家常常说的：“书写人物命运。”但，什么是命运？写了他开始，怎样后来，怎样结果，怎样就是写命运？

说：性格即命运。那么，又什么是性格呢？为人物编排了或优柔或粗狂或娇媚的舞蹈组合 …… 是否就是写了性格？

让我们揣摩一下“人”的存在境状。

社会 —— 周遭 —— 个人

背景 —— 事件 —— 人物性格

是不是这样?

或者可以这样描述:

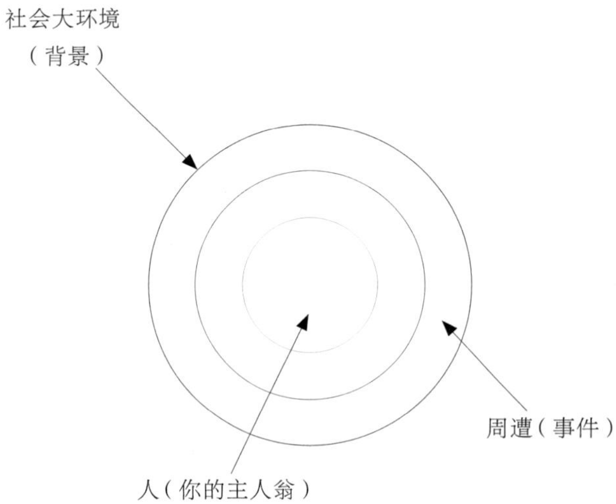

那么,我们可以将所谓的“命运”剥开为三层。时代、大的社会为最外围,它像一个大圆将一切圈于其中。

我们的切入 —— 主人翁的某一段生命流程,在大的社会、时代背景下,离主人翁近一圈的是发生在主人翁周遭的人和事,中心是主人翁。

“人”生活在社会的大环境中。大环境是你的剧的背景。围绕着你主人翁的人和事,是他个人独特的小环境。“人”与“周遭”的“人”和“事”间所引发的俗称故事的是“事件”,在舞剧界习惯称“情节”。当然,事件的发生和走向必定又为社会大背景所限定。那么,“社会”是最大范围的,其次是“周遭”或“事件”,你的人物起码是处在这两个外层次的中间。你的人物在大环境的局限下小环境的熏染中形成性格。他的性格又决定着他与周遭的或冲突或协调，决定了他对发生在他身上的事件及对他周围人的态度。这些再反过来影响事物发展的走向……

一部舞剧很容易流于大舞特舞“背景”，大舞特舞“背景”可能华丽却一定空泛。舞“事件”呢？对于舞剧来讲是很难舞得清楚的，会令编导不得不动用哑剧或者字幕、画外音。当然，一部舞剧不可能没有事件，但事件的安排是为了塑造主人翁——你所思所想的代言人——表达你的舞剧的主旨，而不是为演事件而演事件。这一句话，多次重复了。所以多次重复是因为我们舞剧非常容易陷入其中，早期的舞剧都是演事件（讲故事）的，给我们当今的编导很深的影响。我个人的体验，要避免和检验自己是否在“演事件”有一个好办法，即，你试试你为你的主人翁安排的那事件可否随意更换？若可以，则你自由了；若不可以，那你的事件不是为塑造主人翁而为，反而是你的主人翁在为事件的表现服务了。编排起来及观众观赏时定会很吃力的。

塑造“主人翁”——你所思所想的代言人，又因为舞剧语言（肢体语言）的局限，看似舞台上来了张三、李四煞有介事，但他们不开口，连“我是谁”这样普通的话都说不出、说不清，更别说再复杂一点儿的了。舞剧在某种程度上它是更接近交响乐之类的抽象艺术的。

这样，舞剧的剧本（结构方式）和所有能开口说话的戏剧的结构方式是完全不同的。

结构于舞剧而言可说是第一语言。

那么，如何结构？

一部舞剧所能或说应该表达的是作者对生活的一份感念、思考、爱恨……这份感念、思考、爱恨我以“核”称之，是整部舞剧的核心。我之所以名以“核”，就差不多是一颗种子。发芽、生长、开花、结出丰硕之果应是它的使命了。

那么，如何找到这个“核”？

（1）首先，对你所选中的题材，要有广泛的生活、资料等方面的收集、熟悉，做出一个精彩的“故事”作为底子。这样，你得到自信感、安全感（不是漂浮着胡天海地）。其后，选择自己精力最为充沛和放松时（不是急急忙忙赶鸭子上架）再次与你所握有的资料、生活、故事在一起，你会得到一个感觉（“灵感”），请珍惜保护这“感觉”。这很可能就是你将来结构的“核”。这是结构的感性阶段。

（2）暂时放下那“核”。第二次与你所掌握的资料、生活体验、故事在一起。这时要做的是理性的梳理、分析、判断，反复地去粗取精，检验自己最初的感觉是否准确，这是结构的理性阶段。

（3）经过感性的碰触和理性的梳理，你会得到一个十分简约的……你这部舞剧将表现什么的概念。

常有年轻编导要与我讨论他的结构，我总会先问，你三句话讲得清吗？大多被噎住。试想，你用大白话讲一个结构都绕来绕去讲上一个来钟头还不清不楚，那“不开口”的舞剧怎么演？

其实，先辈说过：“凡文，笔老则简，意真则简，辞切则简，理当则简，味淡则简，气蕴则简，品贵则简，神远而含藏不尽则简，故简为文章尽境。”（摘自清代刘大櫆《论文偶记》）我们就是要找到这个“简”，舞剧必须找到这个“简”，较之其他戏剧形式更需要这个“简”。没有找到“简”的戏曲、话剧之类，顶多让观众觉得烦琐、不精彩，而舞剧若找不到“简”则会是看不懂，不知所云。你就大量旁白、字幕吧。让观众在剧场读小说提纲；让观众大量读字幕或听报告的舞剧全世界大概只有中国有，在中国也是近十几、二十来年才如此。

（4）再进入感性阶段。由这颗种子——“核”，设置情节、安排细节展开铺陈整部舞剧。

（5）还有最后一道程序，必须有独舞、双人舞、多人舞、群舞，色彩、节奏，动、静，舞蹈、场面，从审美角度多方面的技术性的检验作出必要的调整，找到形式。

以图示之：

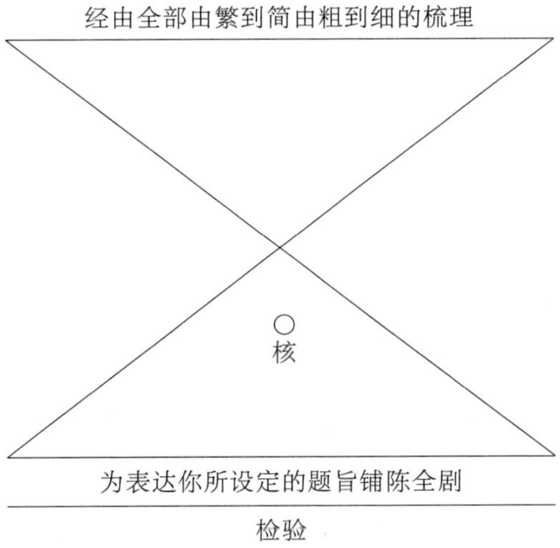

铺陈，是完成结构最关键也是最令作者兴奋的创作阶段。

这时作者心里已经蕴育成熟了那喷薄欲出的一份“倾诉”。如何铺陈出可以实际操作（投入编舞）的剧。我借用“意识流”这三个字，“意识”“流”，顺着作者的同时也是主人公的“意识”而“流”，铺陈出舞剧的幕、场、段。

当然，这仅是我个人的经验之谈，供同行参考。

以结构舞剧《青春祭》为例。

第一幕：生命 — 爱情 — 自由。第二幕：爱情 — 自由 — 生命。第三幕：自由 — 生命 — 爱情。

像绕口令？确实，我之所以这样结构，就是为了让自己的“意识”有一个流动的十分宽敞的空间。

以第一幕为例。在我的（或殷夫的）心中“四一二”“五卅”事件历历在目，血淋淋的，国民党官僚们竟纸醉金迷于国难中，令人愤恨、愤然、厌恶。像被裹挟于混沌污浊之中，是姑娘的纯真如清澈的泉水荡涤、温暖着殷夫的心。正义的人站出来呐喊，要斗争！！

这就是第一幕。

我这样想，所以我就这样结构了，浑然一体的。

若按我过去结构舞剧的思路（故事、情节的循序合理），那是十分犯难的。

“惨案现场”不到八个八拍怎可忽然就是“夜总会门前”？殷夫才与滥水手纠葛怎么紧接着可以谈恋爱？双人舞刚完，甩下真姑娘就到了地下党秘密编辑部了？

但我是顺从我的“意识”流的。再“传统”的观众也未有提出过诸如“惨案现场怎么忽然就到夜总会门前”之类的疑问，可见人人的思维都是这样流动的。除非你愣要他看着你在“惨案”后掩埋烈士遗体，然后要誓师为烈士报仇；换景，再揭露敌人的嘴脸；再换景，推出花园；再交代出女主角怎么会来到街心花园，男主角怎么也那么巧来到街心花园（他忘了刚刚发生的“惨案”了吗），然后两人谈恋爱。谈完恋爱，是有地下党同志来通知还是殷夫看看手表？和爱人暂别，赶赴秘密联络点；又得关幕了吧？然后忙碌的“地下编辑部”……

你若真这样写，当然观众也就只好这样看了。我看过古典版本《罗密欧与朱丽叶》，显然它就用了此法，我统计它足足关了21次幕。定是编导也有点烦，所以有一部分它就只开半边幕（几分钟后关起来方便）。当然它是经典，且是洋经典。我们有些评论家对西方的洋经典待遇向来不同，似乎关21次幕不但可以容忍，甚至可以说出一大堆它的精彩。

这样，我们整个做结构的过程是：生活（积累）与创作者（自我）心灵撞击的火花（“核”）在一个自由的空间燃烧（意识流）成一片灿烂，然后（理智）将其凝固、定格。

这样的一种操作的实质：已经将结构上升为语言了。

我们再看一个经典的例子：《欧根·奥涅金》的最后一幕：奥涅金与塔吉亚娜之间历经着一场巨大的感情波澜，奥涅金忏悔、求爱；塔吉亚娜又恨又爱，欲爱不能，“幸福消失了，但它曾经是多么接近……而现在，我的命运已经注定了”，“我请求你别立刻离开我；我知道你的为人，您一向为人正直，自视很高。我虽然爱你，但我已经是属于别人，我将要对他一世忠心”（普希金）。这段双人舞是公认编得很漂亮的，但这许多的意思单独靠那段双人舞能表达吗？绝不能。

为要使观众能接受和感知到这段双人舞中两位主人翁特别是女主人翁塔吉

亚娜的心绪，编导为这段双人舞铺垫下塔吉亚娜已经有了一个宁静、和睦的家庭和塔吉亚娜不能忘记在她少女时期奥涅金所留给她的心灵创伤的特定情景。这些正是这段双人舞的出发点和赖以存在的基础。可这些是绝不可能用手势、哑剧、道具…… 任何一种办法可以表达的。在舞剧《欧根·奥涅金》中，是结构处理完成了这一重要的对观众的引领。编导极聪明地在塔吉亚娜接到奥涅金约会信后，安排了一段夫妻戏。这段戏粗看并不显眼，而实质上却是对接着展开的那段双人舞能不能被观众所接受起了决定性的作用。在这一段夫妻戏中塔吉亚娜不愿意丈夫在这个时候离开，即预示了双人舞的基调。试想，如果这场戏的结构不是如此，而是奥涅金紧跟着塔吉亚娜到房中，两人紧接着就跳起了双人舞，这段双人舞势必令人费解甚至误解。费解或误解了，这段双人舞也就失去了魅力。

因此，在这场戏中我们可以看到结构是起着语言作用的。

描述过了结构的语言功能，那么，让我们再看一看：语言的结构意义。关于这一点有个最为典型的例子可以向大家提供。

1992年我创编舞剧《红雪》。写的是某美术学院一高才生，才华横溢却狂傲不羁。“文革”到来，昔日被他得罪过的或嫉才的或墙倒众人推的，趁机公报私仇，将他打成反革命。下放农村使他经受了严酷的生活洗礼，灵魂在剧烈的激荡中苏醒。

他在画室作画，他和同学们在一起，他写生，他和哑女，他和农民们都好编舞；唯独“打成反革命”怎么打法？这舞怎么编？在“文革”中打倒画家都用批“黑画”这一招，太阳画成绿色猫头鹰，一只眼开一只眼闭…… 这些就是“黑画”了。但现时代的人画太阳别说是绿，红黄蓝紫黑什么颜色没有？至于猫头鹰则本来就是一眼开一眼闭的；若在舞台上挂出这种画来，无论你花多少劲儿手舞足蹈比手画脚，相信是没有一个人会明白的。更不用说如此的舞台处理要多琐碎有多琐碎，要多难看有多难看了。

但这是剧情及男主角命运的转折点，避不开。

这一不到5分钟的段落，整整困扰我近一个月。

忽然有一天我想：反革命嘛就是反动，那么什么是反动？别人动，你不动是反动；别人不动，你动也是反动。只要和群众（亦即群舞）反着就可以了！

豁然想通了。

我编了4个八拍的一个组合，6个大横排，从最后一排开始舞起，传动到第五排，再传到第四排、第三排、第二排，我把男主角安排在第一排中间（这些都是最普通不过的调度了），再从左右传动近来，直到全体都已舞起，唯男主角一人仍呆坐不舞，确实够“反动”了。当有两人动手抓他强迫他“起舞”，他挣扎时，所有观众都明白他这是被揪出来了。28个八拍就轻易地把他打成“反革命”了。

当我向话剧导演谈及此例，他们都很羡慕。这是舞蹈语言的专利。再没有哪门舞台艺术像我们舞剧那样可以用28个八拍就将观众带回那悖谬、动荡的年代并“顺理成章”地将“反革命分子”揪出，同时又表达了编导对那场浩劫的批判。

还有一例，是语言与结构的渗透互补：

在舞剧《玉卿嫂》编创中曾有一难题：玉卿嫂最后要一刀将庆生刺死。

一个女人，一个温顺柔弱的女人，一个在白先勇笔下描写为“水仙般傲洁的女人”，忽然举刀杀人？忽然泼妇般把男主角杀了，不把观众吓着？！不破坏人物形象？！

可这一笔又是小说最特别也是最精彩的一笔，也是不可回避。

这回是利用结构来修饰语言的。

“高跷扮戏”→“高跷上的金燕飞与庆生”→玉卿嫂自然介入成三人舞→金燕飞与庆生舞下，剩玉卿嫂独舞。然后，在这后面开始做文章：好在高跷上已全是戏子戏装，让他（她）们由少及众，手中逐个出现刀枪剑戟，逐个撤去高跷，逐个开始“打靶子”，渐渐形成开打场面。这是戏中戏，又是玉卿嫂的心魔。大刀长矛，你劈我砍，台上杀气越来越重。营造到火候，就将“杀戮”场面以快节奏抹去，玉卿嫂独自一人坐在庆生屋中小床边。一把匕首！这时在玉卿嫂手中出现一把匕首，观众很自然地接受，不觉得突兀了。与大刀长枪相比，玉卿嫂手持小巧的匕首反倒秀气精致些，不太粗鲁。观众心理是挺奇怪的。以后男女主人翁那段最后的双人舞顺顺溜溜，玉卿嫂刺死了庆生，大悲剧顺利结局。

结构的语言意义，语言的结构作用；有时已好难分清这一幕戏或这一段舞是结构完成了创作者的意图还是语言表达了创作者心声。结构在舞剧中的重要性显现，并结构和语言的关系紧密而不可分割。

2. 语言（肢体语言）

虽然有舞剧也有说、唱、念的，但那必是只为营造氛围，犹如音乐般而存在，而不作为表达手段的。为什么舞剧要放弃几乎所有其他剧种通用的唱、念、说？

那么先得说一说舞蹈语言（肢体语言）的特点、独特的优势：

（1）因其抽象性而凝练。

它可以同时将喜怒哀乐在一个组合甚至于一个动作中得到表达。舞剧《欧根·奥涅金》全剧结束在塔吉亚娜两手相握由三位手位置向下压至一位手位置，两脚牢牢抓住地面，全身的力则向上。四拍而已。就这样一个动作将全剧及全场观众统统镇住。若是说或唱则不堪设想，“他走了，永远地走了；哦！我的青春我的宝贵的初恋，哦！ 他终究是爱我，哦！ 他为什么来到得这样迟，一切都晚了，哦……”很啰唆。还没说清呢！

（2）延伸。一个单一的感情、情绪在舞蹈语言中可以充分及至任意地延伸。这种例子比比皆是。“快乐”我们可以舞7分钟、10分钟、15分钟……若是话剧“我今天真快乐！ 高兴，高兴，真快乐！ 哈哈哈哈，高兴极了”，再怎么样？延伸对于渲染很重要，在延伸中我们将氛围营造，在延伸中典型环境、典型事件浓浓地包裹起观众，在延伸中舞剧、舞蹈编导可以对人物性格、人物关系有更多的篇幅和可能将其展现，在延伸中观众亦得到审美的满足。

（3）因其模糊性而多义。留给观众大的想象空间，使观众身不由已地参与。在舞剧《胭脂扣》排练时，十二少从婚礼转换到如花的蜗居，多出了一段音乐，我临场没辙，就让黄包车来了个过场。若按戏剧严格规律这黄包车完全是没来由没去因的。嘿！上演后，有观众解释为十二少对当年的回忆，有观众解释成因为十二少是偷偷地从婚礼中溜出，所以不敢坐黄包车，亦有观众说这意味着十二少从此潦倒…… 观众比我想得多，而他们的任何一种解说都对剧情有利。（这种事在我后来的创作中多次幸遇，好难一一列出）

而“抽象而又凝练”“模糊而又多义”的舞蹈语言如何产生？答案就是如何编舞。

编舞既然是舞剧编导的看家本领。那么，编舞的问题不解决，什么“结构的语言功能”“语言的结构意义”“结构与语言的渗透互补”，等等都将成空。

通常我们的编导是掌握有许多民间舞古典素材的，但民间舞因其自娱性而在感情表达上范围很小：快乐，男女挑逗，或祭祀舞的庄严肃穆。而古典舞给予我们的大多是抽去感情表达的风格美。这样的一些“舞汇”就好像一堆单独的字或词并不就是文章一样。

但它们又终究是“字”和“词”，写文章仍离不开它们。

怎么办？我们从这样几个方面讲：

①找到切合需要的主题动作 — 展开 — 发展 — 重新组合（这是最重要的一环，适用于以下②、③点）。

②独、双、三及多人舞的编舞。

③群舞在舞剧中的作用，以及如何编织。

④场面、调度及“留白”。

⑤民间舞与“古典舞”的关系在舞剧中。

⑥音乐与舞蹈的关系。

⑦舞美对于舞剧。

（因具体阐述大多属技术问题，略了）

注：本篇文章经由舒巧老师本人审校，将问答体更换为现在的陈述体。

舒巧采访手记

江东

舒巧老师是我们这个项目一定不可能绕过的老师了，换句话说，如果我们这个项目不记录一下舒巧的话，那我们这个以反映当代舞人的项目都会大打折扣。

舒巧之所以重要，是因为她为当代中国舞坛所做的贡献。她在内地和香港的一系列舞剧作品，成为新中国成立以来一道非常抢眼的风景。她不但为新中国的舞剧事业做出难得的积累，同时也实践了她个人那些难能可贵的舞剧主张。

2010年去上海，是全中国人心所向的事情，因为上海的世博会吸引了世人的眼球。就在5月份一个普通的“世博”周末，我们项目组一行人来到了舒巧位于上海威海路的家里，与舒巧老师进行了整整一个上午的交谈。

前辈舒巧老师，已经不是第一次接触，读硕士时，当时的舞蹈研究所所长资华筠老师就曾请她来所里做过讲座。当时的她，可是在中国舞坛上一位风华正茂、意气风发的人物。她爽朗的音调和那副为探求真理而不惜一切的神态，使我印象深刻。那时候，中国舞蹈界对她的舞剧《玉卿嫂》和《黄土地》赞赏有加。后来，我硕士刚毕业便去昆明参加第三届艺术节，又看到了舒巧老师在香港编创的舞剧《红雪》。她个人在舞剧观上的渐趋稳健和老练，已经让当时的我心驰神往。她在舞界引发的关于舞剧创作方法的大讨论犹在耳畔，她干练而又果断的大将风度，再一次征服了我这个小字辈。对我而言，舒巧简直就像是一个带着一圈光环的神话。

无数次在一些学术场合听到舒巧老师的谈话。她的话语里，大都是诘问，而且是一个大师的诘问。因此那些诘问都好高深、好重大，都是一个大师在大量实践的基础上对于事物本质思考而产生的。印象中，舒巧老师是一个勤于思考、善于提问的前辈，而那些重大问题也都实实在在、不着任何语言上的雕饰。最近的一次聆听，好像是在2005年上海舞蹈高峰论坛上。

乘电梯上了15层楼，最里头的一间房子大门敞开，我们径直走了进去并直呼“舒巧老师在吗？”“在！是江东吗？”未见身影，先听到了老师那爽朗依旧的声音。几步进屋，便看到了依然伏在电脑前玩通关游戏的舒巧老师……

这就是我们喜爱的舒巧老师，她有一颗永远不老的童心，有一双敏锐而洞深秋毫的双眼，有一个追索真理的心灵。

跟舒巧老师一旦拉开话题，那是很适意的事情。毕竟都是自己的亲历，对自己一路走来的路程，舒巧老师的谈锋很健。她童年时“被读书”的经历、她在新安旅行团时“被舞蹈”的过程、她的名字由“翘”而改为“巧”字、她在中华人民共和国成立后先去北京崔承喜舞研班学习后回上海舞剧团“被当编导”的故事、她在“文革”期间“被反动”的事件……一个“被”字虽然不能成为舒巧老师的经历概述，但看得出来，她所生活的这个时代和社会给了她怎样的影响。同时，正是这样一个独特而多变的时代和社会，练就了她一双坚硬的翅膀和一颗具有超强耐力的心脏，让她得以在当代中国舞坛的阔达天空中自如地翱翔。舒巧的“被经历”展现了一幅宏阔的历史画卷，而她的努力和积累，也成为这幅画卷中最为动人的精彩一页。

黄济世

1933—

舞蹈编导家、理论家

主要创作作品:《水兵舞》(获全军第一届文艺会演三等奖)、《大萝卜》、《丑媳妇》(获天津业余文艺公演一等奖)、《我爱油田》等。主要表演作品有《轮机兵舞》。主要理论研究:个人撰写或与王月玲合写舞蹈论文十多篇，如《民间舞本质的思考》《学习民间舞的五字诀》《谈河北地秧歌》《民间舞教学》《民间舞的时空应变力》《民间舞的接受意识》《舞蹈感觉剖析》《讶鼓探源》《论群众舞蹈》《花会改革管见》《论秧歌属性》等。还负责编写了《中国民族民间舞蹈集成·河北卷》中的“冀东地秧歌”专题。主要教育教学成果:曾多次应专业歌舞团和舞蹈专业会议邀请前往表演秧歌和教学。他在河北经常深入基层，普及秧歌，培训舞蹈骨干。任中国舞蹈家协会理事，河北省舞蹈家协会常务理事。

黄济世访谈录

访谈地点·北京 黄济世家中
访谈时间·2011年4月28日
底稿记录·张静
成稿整理·阮岷
完稿审阅·江东
完稿订正·阮岷

今天我们项目组要采访的是——河北泰斗级舞蹈家黄济世老师。

问：黄老师，您好！我们今天来聊聊您的成长过程，同时也一起聊聊河北秧歌。黄老师，咱们先从您个人的情况聊起吧。

答：我是1933年在湖北武汉出生的。

问：您是在武汉出生的？您父母是武汉人吗？

答：是武汉人。

问：那这么说您是湖北人，不是河北人。

答：对。

问：在武汉长到多大啊？

答：长到16岁参军。

问：从武汉走的？那您16岁参军之前在武汉是一个什么样的状态？喜欢舞蹈吗？或者跟舞蹈有什么样的关系呢？

答：没有，和舞蹈没有任何关系。我小时候喜欢画画。新中国成立了，我就参军了，参加了十二兵团的文工团。后来，文工团调到海军，我就跟着去了大连，到了海政文工团。

问：中华人民共和国成立之前，您是在武汉上学啊？

答：从小学一直上到初中。小学是一般的小学，中学比较有名，是文华中学。

问：哦。就是咱们现在说的这个“文华大奖”的“文华”？

答：对，“文华奖”。

问：那看来您从小接受的教育是比较正规的吧？

答：正规的教育。

问：也没怎么往艺术这边偏吧，除了画画。

答：对，我就喜欢画画。

问：喜欢画画，是一个什么样的状态，是比较认真地画呢？还是作为一个爱好？

答：我参军以后，专业不是绘画了。我要是一直画画，画到现在，可能就是个了不起的画家了。为什么改行呢，因为那时候请苏联老师来教舞蹈队舞蹈的时候，我坐旁边看，他们怎么也学不会，苏联老师急了，对学生又踢又推。我在旁边说，这太简单了。等老师一走，我就告诉他们，这是怎么回事，那是怎么回事。这个舞蹈不是踢踏，是鼓点。结果这么一教，被那个苏联老师看见了，说“啊呀，好好好！”非让我跳舞，我脸皮薄，不愿意干这个。没办法，这才转的行，跳舞是阴差阳错。

问：那咱们等会再说这段啊。您说从武汉走的时候，参加的是什么部队？十二军？

答：嗯，就是四野的十二兵团。

问：四野十二兵团是在东北吧？

答：嗯，在东北打四平啊！

问：您参军是在武汉，那武汉当时解放的时候，也有解放军进城啊，秧歌队之类的？

答：就是进城那一年，我一看这个秧歌扭得太好了。我就一直跟着走，走了一天，人家回过头来就问我。我说：“解放军太好啦，我喜欢看你们跳舞。”

她说："你愿不愿意参军？"我说："行啊。"就这样，我就参军了。

问：那您是文艺兵，您参军的时候总要有个说法嘛，您是去画画还是去跳舞？

答：参了军以后，先到干校学习，学习之后，文工团就把我要去了。

问：您当时要参军的时候还不知道要干嘛呢？

答：不知道。先学习两个月政治。

问：哦，就是思想政治。

答：在干校，把混进去的人清掉了，我是比较清白的，就留下来了。这还不算参军，在干校算是一个考察的过程。参军了以后呢，就在十二兵团文工团，文工团从武汉南下到了长沙，后来，十二兵团整个调到海军，就成了海军的编制。司令员、政委都去了，我们文工团也就一部分人跟着去了，这才是到了大连。

问：这个时候您已经是舞蹈演员了？

答：还不是，到了大连以后，还是画画，我那个时候都有作品了。当时一起画画那批人，他们后来都成了名家了。

问：您当时画的是什么画呢？

答：连环画。

问：有点像叶浅予、丁聪这样的？

答：对。

问：也是属于宣传性的，这种叫什么，文艺战士？

答：宣传"三大纪律，八项注意"，画些小连环画。

问：然后就这样到了大连，到了大连是同一年吗？

答：1950年到了大连。

问：就开始成了海军的人了。

答：对，成了海军的一名文艺工作者。

问：到海军以后就变成了文工团的了？

答：是海政文工团。

问：那您给我们说说是怎么到了海军，怎么到了大连这段？

答：我要是不画画啊，我还到不了海军，因为部队挑人，那时候我还很年轻啊，他们找到我，看我画得也不错就选上了。我们大概有三分之一的人到了海军，大部分留在湖南军区了，到了大连就成立了海政歌舞团。海政歌舞团在我们全军来讲，是底子比较厚的，经过专业训练的，无论是舞蹈、声乐、还是器乐，那都是经过了苏联老师手把手教的，一到了北京，总政、空政，跟海政都没法比。

问：您那个时候是画画的？然后又被整编到了海政，您当时算是海政的舞蹈演员？

答：我参军的时候，我们的指导员说："小黄，你挺幸运，你一参军，就有军龄了。"我16岁就有军龄，参加文工团。有的12岁，参军很早的，没有军龄，就算学员，我就算团员了，有军龄的。

问：您刚才跟我们说了，您当初其实是画画的，看人家跳舞，就跟着人家跳，而且很快就成为老师，就是指的这个阶段吧？就是在海政歌舞团刚成立的这个阶段？那您没跳过舞，您去干嘛呢？

答：苏联老师给我们排啊，学基训，排舞蹈。

问：您是不是当舞蹈队的演员啊？

答：对啊，演员啊。

问：跟别的演员都一样？

答：对，我们海政歌舞团跳的舞蹈，基本上都是苏联舞。水兵舞、乌克兰舞、俄罗斯舞，跳这些苏联舞蹈。后来到了北京，西南文工团也来了，我们也学了点《军民齐心》这样的舞蹈。

问：海军当时成立舞蹈队，当时有多少人？

答：我们那个团比较大，舞蹈队有90个人。30个男演员，60个女演员。

问：海政文工团当时有这么大的阵容。这应该是1950年的事了。

答：1950年的事了。90个人。

问：所有的部队歌舞团里面，海政应该算是比较早的？

答：不不不，我们是最年轻的了。

问：哦，比空政、总政都晚？

答：他们的底子，在西南，我们是十二兵团，基本上前后差不太多。

问：您说的这个十二兵团，90个人里面占了多少个人？

答：十二兵团里也就是一半吧。

问：然后请的都是苏联专家来教课？学基训什么的，是芭蕾吗？

答：对啊，主要是有代表性的芭蕾，还有东欧那些民间舞。

问：那你们当时学芭蕾舞，学苏联的民间舞，像乌克兰舞、红军舞这些是吧？那你们自己也搞创作吗？

答：也搞啊，都是反映海军生活的，用的素材也是苏联的基本的舞步。我们搞的那些《甲板舞》《轮机兵舞》，都是用的苏联的素材。我们那时候跳的代表性舞蹈，在全国那是很厉害的，后来张旭让我去海校教代表性，他说："小黄，你来吧，苏联老师最喜欢你了。"我一想，跳代表性你能跳过老外？我就想，我要搞点别人没搞过的东西。所以，我后来改学民间舞了。

问：就是说，当时您是学美术的嘛，接着就开始跳舞了，那您进入舞蹈以后，其实感觉还是很自信的是吧？

答：我给你讲我们跳舞，我在全军是比较靠前的，感觉也特别好。但是有两次给我的刺激很大。全国开战斗英雄模范会，那时候是个大会，我们海政和中国京剧院合演，我们是前半场，他们是后半场。我们海政的舞蹈最好，我们的舞蹈一个接着一个地上，但是底下的战斗英雄、模范根本都不看，开小会，场子凉了，郭沫若老先生呢，睡着了。演出总监一看不行，赶紧提前让我们撤了。可是中国京剧院小胖头一上，马上全场就热了。当时啊，给我刺激特别大，我有些想不通，我说我们跳舞跳得这么好，怎么没人看，就只能到大学里头演给苏联专家看，可到延安就无法打动观众，都不愿看。上级让我们下连队辅导战士识字，还要教战士舞蹈，我自己编的那些集体舞，我就费了很多脑子让他们跳，战士们老学不会。有一天，排以上的干部都到青岛开会，结果战士失控了，不学了，说你拉倒吧，我们一天到晚修炮，又要修阵地，还要扫盲，还要种菜，我哪有时间学你那个玩意啊，你赶紧回北京，别把你晒黑了，晒成黑老包了。有个战士就出来说，“看我们的”，就拿着手绢在扭秧歌，这一扭啊，把战士们的情绪调动起来了，连炊事员都出来了，民兵也都过来看，这下子给我气坏了。我一想，我搞的这个舞蹈，老百姓、工农兵不看，光是苏联专家、大学生，还有文工团看，我考虑这样不行。1952年有个民间舞会演，我一看那个民间舞蹈，就觉得将来得走这条路，那才是工农兵的道路。我要取得别人代替不了的价值，我就得走这条路。

问：但是当时在海政是不搞民间舞的吧？

答：也学点民间舞。

问：那都是什么呢？

答：有《采茶扑蝶》《藏民骑兵队》《竹篓舞》。当时我是参加了全军选拔的一批人，为的是参加布加勒斯特的联欢节，我们海政文工团就落选了。我们的节目是《纪念碑》，从苏联学来的，表现一群战士造型，前仆后继，最后都牺牲了，结果那个节目没被选中。最后，开了一个座谈会，要求一个大区的一个队长带着一个到两个比较优秀的节目去参会，规格比较高，当时是肖华主持会议，就漫谈了一下。轮到海政谈了，“小黄，你说说吧”。结果我一上去，脑袋瓜就热，反正我说的都是谦虚的话，我说：“这次全军会演的启发很大，你看西南歌舞团跳的什么，都是有生活的，还有《藏民骑兵队》，你看战友歌舞团的《炮兵舞》，中南歌舞团的《战士游戏舞》，那时我们海军跳的什么呢？《轮机兵舞》，这个《轮机兵舞》实际上是苏联教给我们的，所以我们老跳外国的舞蹈不行，我们要跳自己的舞蹈，自己创作。”说完了，有人就一个劲地勾我，不让我说，以为我惹娄子啦，说完以后，肖华就点名：“你上来，你上来。”我们的刘道生政委就坐在旁边，他问我：“你叫什么名字啊？”我说：“我叫黄济世。”“你多大了？”“我十七岁。”“你们海军有人才啊，你看这么小的年龄，他这个发言，就意识到这个方向问题”，他接着说，“今天开这个会，就要解决方向问题。”“方向问题是什么？三句话，面向人民，面向战士，面向前线，这是方向。”“小鬼，你们海军的方向是什么？”我说：“连队、战士、前线，面向海军、面向舰队、面向海洋。”哎哟，这肖华就过来了，“好好好”，回去后刘政委就建议政治部给我立了个三等功。我那可是蒙上的。不过那个时候我意识到这一点了。

问：已经意识到这一点了？

答：16岁接触舞蹈已经比较晚啦，软度也没有了，所以我就苦练，晚上睡觉的时候啊就趴着睡，绷脚面，开胯，半夜起来就不行了，练那个空转720度，天天吐，摔得鼻青脸肿，最后练出来了。练出来了全军就比较有名了。后来一看不行了，我说："张旭，完了。你看战友歌舞团小戴、小黑，人家是科班出身，那旋子加小翻，你看总政歌舞团的《陆军腰舞》，每个人都有一套绝活，我们想当排头兵没人理我们，那怎么办呢，咱们得找点别人没干的事。"我跳代表性舞蹈的感觉特别好，很认真，但是我不想干，想学民间舞。

问：那您在海政待了多久呢？

答：从1949年到1954年，待了5年。

问：1954年，就是北京舞蹈学校成立那年？

答：我那时就在陶然亭。我到河北以后就回陶然亭那边教民间秧歌，教许淑媖、马力学，那时我就教他们秧歌，他们不跟老艺人学，跟我学，跟老艺人他们学不会，就跟我学。

问：那您跟老艺人学的过程是怎么回事呢？您1954年就去了河北？河北您是什么单位啊？

答：河北那时的省会啊，省会一个搞舞蹈的都没有，所以我去了。

问：您刚才说你在什么单位？是转业吗？复员吗？

答：转业。

问：是您主动要求走的？

答：是的。河北的民间舞太棒啦！

问：您当时已经意识到了？

答：当时看到民间会演的《跑驴》了，我就看着，农民能跳这么好的舞蹈。到了河北我跟省长建议办学校。

问：白手起家。

答：办学校，全省、全国的第一个省级艺校是我办的。

问：那是哪年啊？

答：1954年。

问：1954年就开始办啦？您去了是什么名头啊？文化局还是艺校还是歌舞团？

答：不是，就叫文化学院。

问：哦，您去办的就是文化学院？

答：文化学院是个大学院，有电影，有书画，今天办会计班，明天培养电影班，放电影，后天办的就是图书馆班。

问：您是院长？

答：不是，但是他们都拿我当回事，你是个搞舞蹈的，河北省没有，你是不是去想点什么办法调点人来，招点人来啊？我说："那不行，省长啊，咱们自己办学校吧。"我又说："办学校，咱们没有教室。""教室你找我要，我可以给你解决。"我从海政、空政要了一些人，办起了全国第一个省级艺校。第一批的学生就有歌舞剧院现在的院长，现在河北省的舞蹈就是靠他们的，班期也不长，就办了两年，就出来了第一批人。

问：从1954年到1956年？

答：到1956年年底。

问：其实是跟北京舞蹈学校同步的。

答：同步的，跟陶然亭同步。那时我要不办这个，我就到陶然亭去了。

问：那您当时已经开始学河北民间舞了吗？

答：河北省有三大舞种：一个是拉花，井陉拉花；沧州的落子板；还有就是秧歌。我毫不犹豫地去了昌黎，我为什么去昌黎呢，那时候河北秧歌都集中在昌黎。地秧歌发生过三次质的突破，都在昌黎。最早的地秧歌是广场上祭祀性的，就是祈求老天爷保佑风调雨顺。有一个王举人，他有文化，他觉得秧歌老这么弄，没什么意思，他就首创秧歌演戏，表演就丰富了，舞蹈的表现力就丰富了，那是第一次大的突破，而且他从祭祀娱神到娱人。第二次是有人说我们老是演戏，用秧歌表现我们现实生活不行吗？就开始创作一大批反映现实生活的作品，如《瞎子摸杆》《合家欢乐》《夫妻观灯》等，这又是个质的突破，这样它的表现力就更强了。到了我的老师周国宝这一代，他说："咱们就表现这个丑、逗、溜。"这个就更反映人的情感了，完全超越了技术水平到了细化舞蹈了，表现人的情感，表现对爱情的追求，所以技艺性更强了，表现力更强了，秧歌就到了全盛时期。这三次大变革都是在昌黎，代表人物都在昌黎，而且到了20世纪50年代这批民间艺人，像周国宝、周国珍、秦焕这些，都在昌黎，所以学秧歌必须去昌黎。我就到昌黎去了。昌黎文化馆的馆长是个秧歌迷，对我特别热情，他说自从这个《跑驴》一演，这个地秧歌在全国都出名了，来学秧歌的人太多了，陆海空都来了，连那个八三四一的小文工队都来啦，东北也来人，西北也来人，他说从来没断过，最多的三四十号人，都来这里了。一般我给他们三句话，第一句话是什么呢？要想学好，就得找三哥。三哥是谁呢？周国宝，他排行老三，当地人都叫他三哥。

问：三哥？

答：秧歌都在他身上，你找别人不行，就得找他。你找三哥呢，不用费劲，哪里人多，哪里热闹，准有他；谁家娶媳妇，谁家死人办丧事，谁家盖新房，小孩满月，那都得办秧歌，准有他。你要是跟三哥学秧歌，他在前头一站一教，你什么也学不到，他没有情绪。他非得有人看有人动，他就来劲了，所以你要学秧歌，你就得看他闹秧歌去。

问：闹秧歌？

答：所以当时，我们那批人，东北的、西安的、天津的，海政的、空政的，这一帮人都是同时来的，我就给出了个点子：咱们现在都有工资，那个时候我一个月挣79块钱，我说咱哪，我多拿一点，你们也都掏一点，钱凑一块，咱们买点瓜果梨桃，买点花生、枣、瓜子，买点烟卷，把老艺人请来，吃一点，吃完了拿报纸一包，一人带点，再买几瓶酒，跳完秧歌以后呢，也就百十来块钱，够折腾几天的。本以为这两三天就能把地秧歌的基本动作、特征拿到手了。大家都说好啊，结果这么一来，刘馆长就高兴了，他在大院子支两个大灯泡，那个院子大概有不到一亩地，办秧歌，这老百姓就急了，他在那把门，谁也不让进，拦不住啊，进到院里面，就站一排，围着坐一排，门一关谁也不让进了，围墙上坐的全是，树上、房顶上全是人哪。好家伙，唢呐一吹，锣鼓一打，艺人一下场，我一看就懵了，感觉就跟哥伦布发现新大陆一样，从来没有见过的，我都不敢相信自己的眼睛，这是老百姓吗，这是农民吗？你看他那一个一个的表情，那个神态，那个动作啊。

问：就是说周国宝本人是吧？

答：啊呀，是那一帮人。

问：哪一帮人？

答：周国宝、周国珍、鲁凤春、张谦、秦焕，他们的表演有拐、有溜，完全是自由地发挥。没有一点章程，没有一点讲究，就在里头穿插、变化、配合，而且情感是那么的饱满。

我就想，我们的演员，上台那个美劲，那个帅劲，那个自豪劲，其实跟人家一比，是做样子的。这才是发自内心的，他心里美，这么精彩，这么细腻，观众的欢呼，艺人那种自由发挥、自得其乐的欢乐海洋一下子就把我给卷进去了，我也跟他们共鸣了。后来他们走了，我就想这是什么舞蹈，当时我的舞蹈概念全模糊了，消失了。苏联舞、蒙古族舞、新疆舞、古典舞，这全是自由地发挥啊，实在太好啦。结果说完了以后大家觉得好几天过去了，钱也花了，什么也没学到，就觉得算了吧，咱们在这待一年什么也学不会，我们跟着在后面找不到感觉，找不着，不知道从哪下手，你看吧，看不明白，等你稍微明白点，你就跟不上，就跟狗咬刺猬一样，不知道从哪下嘴，看那个刺猬就不敢张嘴。结果大家就说："小黄啊，咱们走吧，在这白浪费时间，在这待一年你也什么都学不会。"结果，这帮人都走了。我是不走，我觉得越是难的地方越值钱，越要学会，越是别人学不会的地方我要学，我就是要学会，要取得别人代替不了的价值，我坚持在那学。后来刘馆长说："黄老师今天哪个地方办秧歌，我告诉你你去啊，我把车子借给你。"那受的罪可大了，那时候没有柏油路，都是土路，连公路都是土路。下雨天车走完，那地坑坑洼洼的，你骑自行车晚上根本就骑不了，摔啊，走几步摔几步，这倒不可怕，就是一到了农村以后啊，每家都有狗，那个狗我怎么办，我去了以后，我拿这车子扛着，当地有看秧歌的人，我就跟他们一起进去看秧歌，就这么跟着学。

问：老跟着一拨人学吗？

答：不，他们今天在这办，明天在那办。

问：他们是一拨人？

答：不，不完全是一拨人，是精华，有那么一两个参加的，但周老师是每次都参加。

问：也是一个松散的组织活动。

答：松散的，差一点的，这是比较腕儿的这种。

问：最精华的。

答：哎，对，最精华的。这是腕儿，大腕儿了，他们也有的去有的不去，但是周宝国老师每次演出无论在哪，无论白天黑夜，多远我都跟着去学，这个东西开始不习惯，慢慢就适应了吧。不行，学了一两个月还是学不会。

问：就是它有它自己的规矩？

答：他这个动作，你也能看出这个动作来。你比如说，他们有这个最简单的拿个扇子，就这么最简单地一走一走（比画），就这个一走，他这个一走啊，我们一学就丑态百出，我们又撅屁股又弓腰，他们做得那个逍遥啊，那个自得啊，那个美啊，你看。

问：怎么说都是劲儿。

答：怎么做都行，咱就做不了。啊呀，我正一筹莫展，这时候一个大姐救了我，她是北京搞美术的，专门来这边写生。有一天她到文化馆，听说我是学秧歌的，就说："我这有几张速写。"我一看，她抓艺人的那个神态，那个造型，我一下子开窍了，我怎么不能像她那样，从千变万化的形态中一点一点地找呢。我今天不学别的了，我就专学这个头、颈，明天我就光学你的肩，一点一点地积累，从点到线，从最基本的开始，最后把它的规律摸清，不管你怎么乱，怎么花，我就只学这一个。等到各种都学到了，我就归纳成几种了：我学你的肩，绕肩、错肩、甩肩，我就找出来了。肩学完了，我就学身体，学胯，提胯、崴胯、坐胯；自然步、蹲步、趟步，一点点地学回来。

问：您自个儿就给它分解了。

答：对，今天学不会，明天接着学，复习记笔记，最后让它进入我的记忆之中，这算有了记忆。后来我就把它所有的规律全摸透了。最头疼的是扇子花，扇子满天飞啊，后来我就把扇子总结成五种舞扇子的方法：第一种是掂扇，这河北的拿扇子啊，全国拿扇子都这么拿，河北是用手指头，它是掂扇，掂。你看这个八字的舞法；第二种是握扇，握，开；第三种是捻扇，就是我们说的转扇，扇头朝天，扇把朝下，三个指头这么捻；端扇；再有一个就是磕扇。你看就是这五种，所以他随时变。他捻，捻完了以后他端，端完了以后他握，握完了以后捻，捻完了以后他这样，他就这几个来回变，所以过去这手指头来回变，我看不清楚，这就是五种基本的握扇姿势。

问：离不开这五种握扇姿势。

答：对。然后这扇子啊，跟我们坐班车似的，有一个一个站，有几站，八个站，八个扇位。这肩、掌、搭、贴、徊、磕、闪。到这个地方就站，一般要了半天到这里就，到这（边说边比画）。他就这几种，八个，当然还有更多的，最基本的就是这八个，有七条运动线，片扇、分扇、五花扇、乃扇、套扇、掏扇、过头扇。行了，把这几个找着了以后，互相谁都可以跟谁连接。一般来说啊，举个例子，它这一片完，哎，到肩这来了。这一到，分了以后就到掌这来了，掌完了以后可以到怀。一般这个五花，谁都可以跟谁碰面，就是我们这伙人没有谁跟谁说不上话，我也可以跟你发生关系，我也可以跟他发生关系，非常自由。我把这个搞清楚了以后，水落石出了。这个地秧歌大门的钥匙我就拿到了。所以回来以后啊，我就练啊，找这个窍门，我说每天练它半宿，每天晚上文化馆那个大院里头，不管是刮风、下雪、下雨，我都练它半宿。有时候文化馆的刘馆长就说："啊呀，黄老师你别把身体搞坏了，你睡觉吧。要不你上我家来，我给你熬点粥。""啊，不不不，你别耽误我的时间，我的时间是黄金，你赶紧走。"我就在那练，练到最后文化馆的人起来解手，一看这个人学秧歌学出毛病来了，都神经了。我还得练，练到最后我把秧歌里各个部位的运动规律、扇花的规律全掌握了，这下艺人甩不掉我了，我在外面看的时候，他怎么动我都能跟上，他怎么变我也能跟上，我也能看明白，甩不掉我了，我都可以和着音乐学，他在里头扭，我在外头扭。这么一来，我就把地秧歌这一套东西掌握了，我回到保定艺校就编成一套教材，由简到繁，由单一到组合，这么一套程序。我教学生，后来到北京教许淑媖他们，他们都是我们舞蹈界的大腕是吧。

问：您说您在舞蹈学校教民间舞啊？

答：马力学、刘友兰、许淑媖，他们当时是学生。完了以后呢，我就回河北省教我这一帮学生，教别人，也是教自己，越教自己越运用自如，得心应手。当时全国学民间舞热，就是说学民间舞，搞创作也好，你必须拿民间舞当素材，当时都不去昌黎了，上保定找黄济世。别说，你跟艺人你学不会，你学不了他的东西，谁要是找我还能学点东西，我的还是秧歌。我去昌黎，都跟着去昌黎。所以呢，当时我自己也以为啊，秧歌我是学到手了。所以当时人们都说我是地秧歌专家。这帮人还给我取了个美称叫“活脱周国宝”。那活脱啊，是指学老师学得特别像。当时我以为秧歌学得不错了，可是这时老艺人就跟我说了，你得下场啊。你要不下场，那不是秧歌。可是我不爱下场，我爱看，我就觉得每次看的不一样，千变万化。他不是重复的，像别的民间舞，今天是这样，明天也是这样，到山西也是这样，到北京也是这样。昌黎秧歌今天是这样，明天是那样，完全是自由的，所以我每天看，看着看着我就领悟了，发现问题了。为什么老艺人一下场，就完全变了，是另外一个人了，就不是原来的他了。人越多他越兴奋，发挥得越好，有些意想不到的东西就出来了。而且当地围观的人，一看艺人的情绪上来了，观众的情绪也上来了，他的情绪呢，水涨船高，所以场内外情绪不断地刺激，不断地反馈，不断地碰撞，这个时候秧歌已经不是我们平时看到的那个有风格的技艺了，它已经升华到精神和情感的表现力了，所以秧歌的潜在意义就出来了。就是说，场外扭秧歌那是死秧歌，只有下场才是活秧歌，才有新气，才有生命力。

问：对，没错！

答：所以我认识到这里，好像我的认识前进了一步了，其实不然。我就觉得老艺人说得对，我应该下场。我就是为了学应变，学灵活性。

问：您当时为什么不愿意下场呢？下场怎么了？怎么就丢不起人了？

答：丑啊。它那个秧歌啊，要化妆，一下场要扮，要么你就扮个妞，穿上服装，要么你就扮个老蒯，要么你就扮个谁，你不能穿着普通人的衣服。另外我们是文艺工作者，舞蹈工作者，我们哪能混同老百姓，我们只是要把他们的精华拿出来。那是我当时的思想，错啦，后来我一想，不对，我得下场。我不下场学不到真正的秧歌，我感受不到。所以那天有人说下来吧，一块热闹热闹吧，围观的人都这么说。一个老大爷说："你就是专门从省里来我们这学这个的吗？你要不下场你学个什么啊？你下去吧。"我就下去了，也没化妆，这一下去和在平时的感觉绝对的不一样，当时那个震耳的锣鼓声、唢呐声啊、群众的欢呼声啊，哎哟，当时我就感觉从没听过的，我的心情就激动得不知所措了，傻了，艺人在那里啊，得心应手，如鱼得水，满场飞啊！我呢，既不能和艺人配合，又不能歇，艺人主动溜过来，我不逗他吧，他主动逗我，老蒯逗，我也没办法。当时我有块表，回来我才发现，光剩一个表壳了，表没了。我都不知道啥时候丢的。我当时也没办法，只能重复我自己编的组合，一二三四五六七八，简直是和这气氛不搭调，丢人丢大了，洋相也就出大了那次。

问：这个就是你在河北艺校教的那套东西？

答：对啊，那是我教的那套组合啊，那是死东西啊，但它那是活的，那简直是羊群里跑乱，大家哈哈大笑，这啥玩意。所以下来以后，我好几天吃不下饭，睡不着觉，我说我还是一个秧歌专家，我算个啥，我连个门都没进去，闹了半天我秧歌学了个皮毛。我才感受到，这个秧歌啊，只有到特定的时空条件下，秧歌的潜在意义才能出来，那种灵活性、应变能力才能出来，所以我就觉得，为什么艺人一下场，观众越多他越来劲，为什么艺人发挥得越好，观众的情绪越高？地秧歌里头，显露生命的动态符号啊，都是和当地人的心态、共同愿望相辅相成的，你只能和当地人原始的心态沟通了以后，才能找到一条无形的、动起来的线索，你心里才知道这么动。要不然你是舞蹈，你就是舞蹈，你就不是秧歌，你就不是参与，你就不是灵魂的碰撞了，你就啥都谈不上。赵本山说的“诱惑”，真的是很深的诱惑，还真是那么回事。

我能听懂这句话，那真是不得了啊！那时我就是悟出这点来了，我说必须要下场。但是下场呢？我又如何与当地人的心态沟通？当地人说了“秧歌是啥？”“秧歌没有丑，就没有看头。”秧歌要是不逗，那是灯没够油。所以丑、逗、溜那是秧歌，看的就是丑、逗、溜。丑、逗、溜就是秧歌的一切，丑、逗、溜就是地秧歌的同义语，丑、逗、溜就是地秧歌永恒的主题。这是后来我总结出来的。

当时我就想，我要学到真秧歌，我就得逗，可是我有思想障碍，艺人在逗的时候，他讲究连打带闹，连追带跑，连摸带掏，连啃带咬，我就看不惯，因为太庸俗了，完全是糟粕啊！这还行啊，我不敢演。可是下去你没这套，你别说没法跟艺人配合，观众连看都不看你，那怎么办呢？入乡随俗吧。我也别啃，我也别咬，我也别摸，我也别掏。我收敛一点，我下去以后我就扮丑啊，那我就得盯着这妞，找着这妞，看准啦，我就靠近，围着她转哪，左翻哪，右翻哪，学着，翻完以后跟她表示殷勤啊，这秧歌就表达我的这点。结果老蒯来了，老蒯不干了，这个老蒯就纠缠，我就躲，最后我躲开，我又过去，又过来俩丑、三丑了，争风吃醋，我们就互相来，就这么来来回回，我就找着感觉了。我也能够随机应变了，只要你心中有人、有事、有情，那你跳的时候你心里就有底了，你是有目的性的，你在里头跟他们逗。这个逗啊，就是地秧歌里的主题，老百姓就说你行。我就联想到什么了呢？年轻的时候看舞剧《罗密欧与朱丽叶》，看《天鹅湖》，那时候觉得这个爱情多神圣，那感觉多好，后来我在那逗来逗去，我这感情又出来了，比过去的有过之而无不及，我说我收敛了一点，是吧。我说我们农民之间怎么就不能有对爱情的追求啊，他为什么不能通过对爱情的追求体现出对人生的追求、期盼，这完全是爱，太美妙了吧。这一来它也不庸俗了，所以我就想起黑格尔关于“合理”的那个核。艺人的“逗”里头啊，连啃带咬、连摸带掏，那个核都是好的，你倒脏水不能把孩子一块倒出去了，你得把孩子留下。所以后来我就慢慢瞄准这一点，我就摸索。我说这个秧歌啊，它表现这个对情爱的追求，实际上表现的是什么呢？是体现在当地人的那种合力，一种凝聚力，体现当地人祖祖辈辈、世世代代在各个不同的历史时期中对人生、对未来的一种美好的期盼、追求、寄托。一种好的东西，太美好了。所以我这心情就变了，心情一变，慢慢地我就适应了，我进一步体会到秧歌的美在过程中，美在变化中，在变化中不断地发亮光，我体会到年轻人在互相的碰撞中产生出意想不到的结果。

像我过去编好的组合，事先编好的，他来了，变的过程中，动作就出来了，随便用。还是那个素材，还是那八个位置，对角线，还是那个转，还是那些东西，用得不一样了，所以慢慢我就融到里面去了。这么一来，我一下场以后啊，老百姓承认我啦，说："啊呀，你中啊，你真行。你把我这个勾啊，给吃透了。好啊！你比他们更俊，你比他们更美，比他们更干净，你中啊。"走在街上，经常有人过来跟我。有时候我回保定有事，当地人说，"你可得回来啊，你不回来我们就得找你去啦。啊呀，你看你就是口音差点，剩下的就是跟我们这个地方的人一样啦。"所以我完全融入进去了，我就从触觉层面，开始那叫触。触着触着我就进到通的层面来了，这个通的层面啊，太难啦。

后来我的秧歌自由了，我可以下场了，我不化妆也行了，人们也接受了。当地人给我起了个美称叫"二老艺人"。一直到现在，北京舞蹈学院的吕艺生院长见着我老说："啊呀，二老艺人来了。"当时我觉得通啊，这个层面太难了，我在农场劳动了20年，又在油田待了5年，后来1982年回省里头，我的那帮大弟子，50年代培养的那帮学生，我一看他们还在第一个层面，触的层面都没达到，连那个找它的味啊、找它的劲啊、找它的点啊，那都没达到，何况通呢。他们的秧歌用这个通，得从秧歌背后去找它，这个需要花力气、花时间，那不是"一日之寒"。

我到北京舞蹈学院，我就跟他们讲，舞蹈学院的学生学的是什么？他们不懂得这个扇子是什么意思。这个扇子是妞啊，丑来了，一下子要摸女的这个胸脯，那个妞，这可不行，可你说不行，那又不是绝对的不行，那个心情非常的可爱，那个内心是非常的复杂的，这可不行，要掀她裙子，看我们那个舞蹈学院的学生跳的，一点内在都没有。所以我到舞蹈学院去的时候，教学也好，参加研讨也好，我说当老师这一代人，别说学生了，你们老师对民间舞就没有什么体会，民间舞背后的东西，你们把它分开得差不多了，完全把民间舞学科化了，它的基本体态，它的位置都到位了，那跟机器人一样啊，我想那机器人跳舞比你跳得准啊，那是很到位的吧。我说你那个民间舞背后的东西你得学，当然不可能让你们像我们那样，长期下乡那么泡。你们怎么样呢？你们把我们这些老家伙弄来，东北秧歌的、胶州秧歌的，我们来个十天八天的，给你们老师也弄一弄，这里面可是大有学问可做呢！

问：您刚才说的这些真是特别好。那个昌黎您走遍了吧？

答：那是没问题的。我在昌黎都不敢买东西，理发都不要钱，理发完了，给什么钱哪，不用了，中了。我一扭秧歌，他们就不做饭，就看着我扭秧歌了，我就到那个份上了。

问：那周国宝在哪啊？他的老家在哪啊？

答：昌黎啊。

问：您跟周国宝的故事跟我们说说，好不好？他是您的老师，是吧？您是怎么跟他拜的师？

答：因为学秧歌就得找三哥，我就找的他。但是找三哥，就是我说的“通”的这个过程当中，还有一段没讲呢。当时我就下定决心了，我学了半天就学了皮毛，这舞蹈真正的东西我没学会，老百姓心里想什么，我完全不知道，我就得在昌黎扎下去，昌黎县是我实现梦想的一个宝地。可是当时呢，我刚结婚，连我那校长都想不通，说：“小黄，你咋想的？你这结婚才几天，就放下你那么漂亮的媳妇也不管了，成天跑到地里去干什么？”我的心里就是不得待，我就往农村里跑，我怎么跑呢，就盯着周老师，盯着张谦，怎么办呢？白天，我要去。

问：周国宝是农民？

答：是啊，我就跟他一起干活，拔草、刨地，帮他捡粪，帮他喂猪，就是跟他一起干活了，晚上我就回家，他家的狗也不咬我了。

问：您就是住在他家？

答：不住他家，我住文化馆。我也不说是来学秧歌，把那个功利思想给放一放，和他们同吃同住同劳动，说他们的话，吃他们的饭，想他们的事。我就摸透他们的心思，我就把自己当成昌黎人。我就这样跟他们一块，他们干啥，我干啥，完了，他们吃什么，我就请他们吃。之后他们扭秧歌，就把我带去了，而且就跟我谈心里话了，告诉我学秧歌要注意什么。就跟我讲，你的毛病在哪，当时呢，是周国宝和张谦一块，后来我就把张谦甩了。

问：男的女的啊？

答：男的，那时候演员都没有女的。张谦的东西都是外在的东西多，周国宝的内心东西太厉害了。所以后来就不跟张谦老师了，我就跟周老师，开始啊，就一句话也没有，天天噘着嘴。后来我就每天干啥跟他一块弄，今天给他点这个，明天给他买几斤糕，买两斤烟叶子，买两斤红糖，老是这样。他有一次说："济世啊，我带你看我的恩师。"看我的老爷子去了。他把我带去了，那就是我的祖师爷聂国和。聂国和在那编筐子呢，当时买的什么东西呢？买的两斤烟叶，买了两斤红糖，买了两瓶酒，还有那个槽子糕，花了十来块钱，那时候我一个月挣79块钱。一去，周老师说："啊呀，聂老师啊。"他眼皮都不带睁的，也不像周老师个儿高，小矮个，蹲在那，理都不理。周老师说："这是省里来学秧歌的，专门来看你了。""给您带东西来啦。""放那吧。"让我搁那，搁桌上，还在编，完了我就帮着干活，我就把那柳树条清清，帮着干。

问：他那时候大概是什么岁数？

答：他大概是快90了。

问：周老师比您大多少？

答：周老师比我起码大20岁。

问：大一代人了？

答：嗯，大一代人了。结果呢，我就帮他干活，扫院子，周老师不爱干活，懒得很。哈哈总乐，过了一会，聂国和把东西一放，抽着一袋烟，说了几句话，我这一听，句句是真经啊。虽然我听得不太懂，但大部分听明白了，说，"周二，你那学生，你，周国珍、张谦、鲁凤春，你们中啊，你们现在秧歌都扭疯了，都成了秧歌精了，你看你们现在蒯是蒯，丑是丑，妞是妞，扇花也漂亮了，表现那个逗起来啊，比我们那时候好多了，这个秧歌就要破啊，这个不破是不中的，我的老师王举人，就把套子秧歌破了，出现楚子了，我就把楚子秧歌又破了，表现性提高了，《瞎子溜达》《打赵王》《合家欢乐》《跑驴》《傻猪追媳妇》。你们现在可好了，丑逗妞，这多来劲啊，这就叫破。”我就在想，这每次的都要破，你看现在多好啊，不破是不中的，你看我们这几代人把秧歌破的，越破越花哨，这是老爷子讲的话啊！后来老爷子说你给我动动看，屋里拿把扇子，老爷子唱着小曲，周国宝拿起扇子以后，这动了几下，这老爷子上去一个扫堂腿就把周老师撩地上了，说，“你这，什么叫破啊？你扭秧歌的时候，那个吹唢呐的，为了不让你踩上点，越吹越快，你点都踩不上，手忙脚乱，那咋办呢？你就得破他。你就得慢来，那叫紧打慢唱，紧吹慢扭，你慢下来，你越行得慢，我撑住你，秧歌不就是情绪一个曲子，舞住一个曲子，你这么脚底下躲着点走，不踩点，到最后收势的时候你踩上点就中了。你这下把吹歌的老艺人整了，观众的彩不就夺过来了，可他要慢吹，吹得很长，还拖长音，你要跟着慢下来，你就凉啦，咋办呢？破他。你就得紧忙活，你越忙活越忙活，最后就能踩上点，这就叫破。”

问：呵呵，很辩证啊。

答：哎，对。“你逗妞的时候啊，你老围着这个妞转不中，你就得跟放炮一样，又拿又怕，点炮的时候也怕。逗妞的时候也是，一上又回来了，回来以后，眼神盯着她，别收神，你越靠近她越没戏，你跟她撑开，一会上，一会又退，这才行。你走秧歌啊，你觉得扇子挺顺，挺花哨，你老这么折腾不中，观众不愿意博你的彩，你就得破，你就得变，咋变呢，憋着劲变，该咋地不咋地，不该咋地偏咋地。比方说，当艺人吹出个花音、彩音、亮音的时候，那是个火候。观众坐不住了，看着好像快松的时候，还有快疯了的时候，火候就得变，准行，这时灵机一动，踩着就出来了。”我听了茅塞大开啊，老爷子说的话很经典，这比我老师要厉害。他扭秧歌那个稳啊，他是文丑，我的周老师是武丑，他内在的东西多。

问：您是亲眼看过聂老师表演过，是吗？

答：不，就听他说。他90岁了。小矮个子，他的东西多。所以周老师一听，我一看我离周老师还远着呢，我远远地在周老师的自由王国之外，他老人家身上的很多东西我没学到家，没学到手。看到我的祖师爷，我就更想到了秧歌的深奥啊！越爱它越觉得它可望而不可即，这是真心话，这不是玄话。慢慢地我就习惯了以后，人称我“二老艺人”啊。我就到触、到通了。到通了以后呢，一到每年正月十五闹秧歌，我必定要下去。

1955年年底，我儿子刚出生两天——他12月28号出生，我就跟我们校长说我得下去，我们校长说：“小黄啊，我不是舍不得花在你身上的出差费啊，我是舍不得你啊，那么漂亮的老婆扔在家里，你小孩才出生两天，大过年的，你不好好过日子，你老想往农村跑个啥劲啊？那有什么值得你跑的？那秧歌你都学到这个份上了，我看是蛮好的啊。你这不是白折腾吗？”我没听，我老婆生产后两天我就下去了，为什么呢？我觉得老艺人的东西我没学到手，怎么没学到手呢？老艺人平时也冒光，但是到春节正月十五的时候，人山人海，锣鼓震天，群众欢呼。艺人是各路神仙下场打对台，都要压倒对方，都要把这个彩夺过来，这个时候啊，都要把潜在的力量发挥到极限，这个表现欲望啊，你想象不到它自己就出来了。

你像我刚才说的周老师，我就看到他有一次要的那个扇子花啊，是从上到下，从左到右，从胸到背，浑身满堂彩啊，突然间把手一背，一停，围着这个场啊飘起来了，就像那个鱼在水中漫游一样，忽而漂、忽而转、忽而翻、忽而停、忽而蹿，脚底下好似踩着节奏又没踩着节奏，身上和手上也不和底下是一根筋，他抛开了。老艺人这些东西太神妙了，怎么回事呢？百思不得其解。下场问他吧，他也说不出来，他完全是下意识的。所以我就在想艺人在那个时候啊，为了把对方压倒，反常的东西都出来了，可是这个时候不是每回都奏效，我就找这个东西，我到第三个层面就是悟了。

我下去了，就从周老师那里找到了，悟出来了，灵感也上来了，原来我百思不得其解的就两个字——“差异”，时空的差异，时间差、空间差，比如你跳《跑驴》吧，过去秧歌老艺人都是一根筋，你看过去抱着孩子，拿着鞭子，都是这样，浑身大协调，找到差异以后，跳《跑驴》就不那么跳了，一看脚底下先动，我看看孩子，看看你吗？一看我头是自由的，头和身体完全剥离开了，有了差异了，后来我这身体和头有个差异，我现在是四个节奏。在北京舞蹈学院我教课时，没有一个人学到家的。这个时间差异，老艺人他是无意识的，他是一次性的，你让他再重复，他也说不清楚，他有时候就出来了，我就追求这个东西，我悟出来了。但是悟出来不一定就能做得到，是身体配合不好，所以必须使你身体的各个部位不再像过去的那种一根筋。我把这个人的肌肉记忆全部打乱，重新开始。所以这也是学问，大智慧、大学问。正当我琢磨这个的时候，满怀信心去悟这个的时候，一场政治风暴开始了。

1957年，我被打成了“右派”，不得不离开我那一分钟都不舍得离开的扇子，到农场去劳动。这一去就是20年。但是农场我没白去，这20年啊，不能说每个具体的“右派”都那么优秀，“右派”里头也有孬的，也有坏的，但是绝大部分是民族的精英，他们都是不错的人才。我从这帮人那里得到很多。说我们到这来不要认为是种惩罚，我们就是普通劳动者，我们要在这学农业，搞生产，对社会做贡献。你心态放平了，就没那么多怨气了，就不会自己折磨自己了。还有人对我说：“小黄啊，我告诉你啊，我们现在是一无所有了，工资也没有了，地位也没有了，什么都没有了，什么也不是了。但是我们自己的东西别丢了啊，你比如说你喜欢秧歌，你秧歌扭得不错嘛，你得接着扭啊。”但那时不能扭，也不能看。他知道我喜欢秧歌，“你不是在琢磨时空应变吗？那是属于你的，你不能把它丢了，你只要这个别丢，你就找到自我了”。他说：“你既然发现了这个金矿，你就别丢，把它开发出来，尽管我们现在对今后的前途不抱幻想，今后怎么样不去多想，但你找这个就是你苦中作乐。”结果我们那批人啊，在繁重的劳动中造就了一种心态。人格受到侮辱，肉体受到折磨，精神受到摧残，但心态很好，既来之则安之。你不是让我搞农业吗？这里出现了很多病虫害专家、果树专家。外语有葡萄牙语、西班牙语、英语，他们自学。

"将来有用没用我不管，我自学总没有坏处吧，所以你那个地秧歌别丢了。"我一听这话就有了力量，要没有这帮人给我力量我就完了。

我说再苦、再累、再烦、再难，这个地秧歌不能丢了，这个记忆不能丢，这个时空差异我还得琢磨。我挑担、挑土方的时候，我就在琢磨，挑着挑着我这个肩膀，是不是可以断开啊；我就挖土方、割麦子、插秧、刨地，就老琢磨这个，学会了一心二用。有一天我运秧过那个田埂，很沉啊，100多斤，怎么办呢？我就把那个秧往前一悠，再一悠回来，这个惯性，就过去了，在我这么悠的时候，我脑袋里全是秧歌中身体的错落和节奏感，我这一悠，它就有个反惯性，我这一反惯性，我就连人带秧苗掉到水里去了，可是我找到灵感，找到感觉了。说到这差异，笑话特别多。你说经常调整自己身体，我挖土方，在扔土方的时候，扔出去以后我该回来了吧，我连锹也一起扔出去了，我老找那种感觉，时间长了我真找着了。被管饭的战士发现了，"呦，这家伙扭得不错啊"。有时候我就跟犯人一起干活，没有干部的时候，我就给犯人表演，犯人很高兴。所以我这20年没放下秧歌，一般人就废了。你看，我到农场20年，又在油田待了5年，还当干事，别人就早废了，可我没有废。我一回到省里以后，表演了一次《跑驴》，舞蹈学院、舞协的都很佩服，后来把我请到北京舞蹈学院去表演，同行们很认可。这秧歌在我想不通的劳动岁月里救了我啊，所以后来我就进到悟的层面了。把那个时间差、动律差都找到了，从触到悟的层面，我的秧歌就成熟了。

问：太了不起了！

答：1982年以后，落实政策，我在油田待了5年，为什么呢？非要我回石家庄。说我是国宝，说我是石家庄的宝，我说你早干什么去了？我20年没干，我不能回去。后来田静找到我了说："小黄，咱们到海政搞一套节目，搞十个，一系列节目，全是秧歌，第一个是《三个和尚》。"后来田静又对我老婆说："小黄不但是河北省的，还是全国的，他身上的东西太好了，在海政一表演，演员一看太好了，这么美啊。"之后呢，我就回省了，这25年啊，他们还在那趴着呢，所以我就觉得，这不是智商的问题也不是天赋的问题，是你的认识问题，你对民间舞要获取，你不去投入不行，投入进去你才能找到它背后的东西。秧歌这门艺术，只有你爱它，它才爱你，你爱它爱得越深，它才能给你给得越多。

问：您当了“右派”这20年，家属一直跟着您吗？您一个人去的吗？

答：我爱人也是海政歌舞团的。她后来到保定上班以后，带着工资上大学了。我被打成“右派”以后，学校说我是“右派”，让她必须和我划清界限，要离婚。我老婆说，那凭什么啊？她那两个姐姐，也动员她跟我离婚，也不知道什么原因她偏不离。说不离就开除。工资也没了，就跟我一块，我们的工资只有20块钱，带着儿子，三口人，别人说你这么大岁数怎么就一个儿子？再要一个我养得活吗？三个人20块钱，我一个人才7块钱，连咸菜都吃不起，她娘俩13块钱，而且那个时候见不到面。所以这20年别提了，现在我太满足了。我没想到还有今天。

问：那当时周国宝老师怎么样？

答：河北艺校把他接去当老师去了，一个月给他90块钱。有一次我去保定，我想既然来了，一定得见见我的恩师周老师，我舍不得坐车，就走到河北艺校，走了4个多小时，那时候是又没有钱，又饿，又有浮肿病。我去了以后，正好他出去调研去了，那会儿我那一帮学生都在那当教员呢，我说就等一会儿周国宝老师吧，到吃饭的时候了，大家假装客气下，“啊呀，老黄，吃饭吧”。我心想：你们就那一点粮票，我吃你们的，你们怎么办？我说：“你们别管我了，一会等到周老师，我们到外面吃去。”那好了，他们就都走了。过了一会，周老师来了，拿着5个大窝窝头啊，那个高粱面窝窝头，一碗小米粥，拐着就来了，“济世，济世”。啊呀，我说：“周老师来了。”“我听说你来了，快吃快吃。”我说：“周老师啊，这么多，我吃了你怎么办？”他说：“你别管我了，我这个粮票，连10天都不够，咋办呢？我就回昌黎，这城里不中，这昌黎有田就中，就能买到吃的，你吃吧吃吧。”我说什么也不吃，“你不吃不行？你看瘦的这个样，皮包骨头，快吃快吃。”我一边哭着一边把粥喝完了，那5个大窝窝头我死活不吃。“啊呀，我就知道你想啥了，你想回去带给你老婆孩子吃不是？你受罪，她也跟着你受罪，你就这个嘴啊，闹的事啊。”他又跑出去了，用粮票买了5个花卷，让我带回去。周老师对我说："济世啊，你知道我想啥啊？我们庄稼人讲究的是下一粒种子能出一根苗，这是我们庄稼人最盼的，你就是我心中的那棵苗。你现在遭难了，你身上的东西可不能丢啊。你走了以后，天津、北京、空军、海军我满满地教啊，教了半天啊，把我累死也不中啊，没一个中的，就你中啊，你可不能把这个苗没了。"说着说着，掉眼泪了，老艺人就怕断代，他说："我这代现在到你身上，你可不能断了代啊。"当时我一听，回去我一琢磨，周老师给我的这几个窝窝头和几个花卷是次要的，他给我了第二条艺术生命，没有他老人家那几句话，我人格上受侮辱，精神上受摧残，肉体上受折磨，被打成"右派"受那罪，小孩见了都"呸呸呸"，我早受不了了。我能活过来还搞秧歌，是因为搞秧歌也不完全为了我，我想着这些因素，所以后来1982年我参加工作第一件事，就是看老师去。

问：1982年他回昌黎去了？

答："文化大革命"造反派说一天到晚你们这些老艺人老议论政治啊，你们懂得什么叫政治啊？周老师说了一句话，"政治？政治是对人民有害的。"他不懂啊，这一句话就被人打成"反革命"，被弄回家一分钱不给，所以后来我去看他，他们这辈子也没想着还能看见我，悲喜交加，"呀，济世啊，你受难了，我都以为这辈子见不着你了。你这终于还回来了"。"扭两下看看。"我就这么一扭，扭完了周老师就说："几十年这么折磨你，就这么折磨你，也没把你身上的秧歌折磨掉啊，而且有些地方我都不中了。"呵呵，他都不会了。鲁凤春说："30年前黄老师是在跟我们学秧歌，现在啊，倒过来了，是我们在跟您学秧歌。"我都跪下来了，我说我的一点一滴都是你们给我的，是从你们身上悟出来的，没有你们这些老艺人哪有我啊，你们永远是我的亲人，我为你们养老送终。我说我这一辈子最大的遗憾，我的亲生父母，生不能养，死不能葬啊，我是右派啊，所以我没尽孝。但是我要在你们这几个老人身上，我要尽孝。最后他们每一个老人走的时候我都尽了孝了。

周国宝老师也不行，也潦倒不堪啊。两个儿子到40岁还没结婚，娶不了媳妇。穷啊，当时我利用我的能力，找他们局长帮忙。但是他们说："黄老师，我们救急也不能救穷啊。”他那屋里白天外面下雨的时候，外面小下，屋里大下，有一次我去昌黎的时候，当地的文化局局长请我吃饭，我的意思是把周老师也请过来，他们说：“周老师现在腿也不利索了，这样吧，以后我们会照顾他的。”我就很不愉快，我就一口不吃。那宣传部部长很年轻，说：“这样吧，黄老师，你没吃好，打包，叫文化馆的给拿回去。”天下着雨，我就到了周老师家了，我给周老师吃，周老师打开包以后连筷子都不拿，下手就吃了。他老伴说：“你这晚上刚吃了饭，吃了那么多啊。”他一边吃我就一边哭，当初这个老艺人红极一时，请他还得写借条，保证不能超过一个月，大家都抢着请。20世纪50年代跟朝圣一样。那天晚上我就看老艺人一边吃，我在一边哭。后来花了300块钱，找人给他的屋顶铺上沥青。每个月我都托人给他捎去点钱，也不多吧，最少是50，最多200，那时候我工资也不高，一月才挣100多。我也不会辅导收费，我到哪辅导都不要钱，也没什么钱，要放现在行啊，我现在一个月可以给他6000。所以我对父母没尽孝，对这些老艺人我都尽了孝了，包括秦焕、鲁凤春。鲁凤春有钱，做买卖，剩下张谦卖破烂都没钱，都很苦，所以我就觉得应该帮这些老艺人啊！

问：太让我感动了。

答：讲到悟这个层面了。我就简单谈谈后两个层面。秧歌学到这个份上了，我就真的觉得这个秧歌不行啊，各个地方都请我，包括东方歌舞团、中央歌舞团，请我教素材，这个编导和演员都得学素材，学得也都比较上心。可是后来搞民舞集成，文化馆的这些舞蹈干部，也喜欢学，所以不管走到哪，我每天晚上和张荫松教，不管多晚他们都过来学。学着学着，我发现这年轻人更喜欢新的东西，我就琢磨着能不能把我的秧歌发展一下。秧歌的继承和发展有它自身的规律，任何人不能左右的。不是谁想创新就创新，有的人提出秧歌、民间舞要与时代同步，那是不可能的，它和当地的人文环境、经济各方面，它是不可能同步的。但是我们有这么个任务，我们要把秧歌社会化，和时代的气息沟通、变通一下，让它越是封闭的越有风格，这种独特的风格从封闭的系统中把它拿出来，和社会上时代的气息、时代的节奏、年轻人的心态接近一点，这叫社会化。这和秧歌的发展、变异是两回事，你这不等于说你是发展的秧歌了，这是两个东西，所以怎么办呢？我就编了一些新的，不吹唢呐曲了，用《在希望的田野上》《在那桃花盛开的地方》《十五的月亮》，就编这些东西。这么一编，学生简直就是疯了的学，可问题来了，这么编编编，原来的素材就根本不够用了。那得发展，你发展东西不够用，所以我就把我变成一块海绵，见什么都学，西北的秧歌，海阳秧歌也好，花鼓灯也好，我看到有用的我就拿过来，但是拿过来要考虑到，要与我的秧歌风格协调，经过一些改动，这秧歌不能喧宾夺主了，不能搞成一个大杂烩了，所以编这个的时候，比学秧歌一点没省劲，天天晚上啊，一宿一宿地折腾，比方编《十五的月亮》，到头来还是那几个动作不行，语汇得变。

1983年开舞代会，正好张君秋他是文联的副主席，他来参加我们的舞代会了，我一看张君秋先生来了，抽空我就找他去了。他坐着轮椅，我说："张大师啊，我是您的崇拜者。"他说："好啊。"我说："请教你个问题，你编的《红色娘子军》唱腔是那样的优美，那样的好听，还是京剧，你是怎么解决这个问题的呢？京剧《红色娘子军》的唱段，好像是《万泉河水》。你看这还是京剧，那比歌还好听。"张大师说："没想到你对京剧这么感兴趣啊，你不是搞舞蹈的吗？我告诉你啊，我们京剧那么多流派，我是张派，我们表现的都是历史人物，你现在要表现红色娘子军，你就不能拿过去的东西来套，那不行，那就得发展，那就得变，怎么变呢？你就得创新，爱怎么变就怎么变，但是有一条，只要你自己的根基稳了，怎么变它都跑不了，你拿我来讲吧，我唱《马儿车》的马儿，也是京剧，不但是京剧味，还是张派。"这给我的启发太大了，只要我自己的东西精粹，别人的东西拿过来就像自己。我到一个地方弄个东北秧歌，我说你是东北秧歌，你做做看啊，他做不了。你是东北秧歌，你做不了那就是我的了。所以后来花鼓灯、戏曲，我都用上了，秧歌就丰富了。还是秧歌，但是我现在表现的秧歌呢，那绝对和老百姓的秧歌不一样，那比它要高雅多了，和时代接近，但是我不认为是创新，作为一个舞蹈家来讲，我们要把它推向社会，让更多的人喜欢秧歌，这样秧歌才有市场。这个秧歌在农村，随着经济的发展，人的变化，很多人都在外面做买卖，打工，回去以后他照样还是以前的秧歌，他当了老板了，穿上洋服了，喝咖啡，抽雪茄，他一回去还是家乡，包括在国外生活的人。所以我们把秧歌社会化了，一个音符都不带，被人接受了。我们前几年刮的那个西北风，前几年唱歌的那个西北风。剧种里的那个唱腔，就是那个小品卖大米的那个。

问：啊，郭达。

答：对，郭达，那就是戏曲里套来的。他把它套过来以后社会化了，人们接受了，我就认为民间舞的社会化很重要，后来有人说，黄老师啊，你跳啥都是秧歌味。所以你的东西，根基深了，所拿来的东西就会被人们喜欢。

问：您这个总结得很到位啊。触、通、悟、化。

答：秧歌社会化了。到了最后一个是体。这个体是最重要的。王羲之写字，每天都在那写，他老婆说了，你有你的体，我有我的体，王羲之悟出来了。什么叫体呢？以我为主，任何艺术都得讲究个性，你得有你的个性，麻雀虽小，肝胆俱全，秧歌虽小，肝胆俱全。你得有你的体，而且那个体，就得是理论，上升到理论。任何艺术如果不能上升到理论，它便不能摆脱它的原始性。只有把它的东西上升到理论以后，它才能发展、建立起它的体系。所以为了这个，我就得把我的东西总结成为理性思考，不光是编组合、整素材，最后让它达到最后一个体。触、通、悟、化，悟到什么程度，化到什么程度，那都不算，得上升到体。

我这一辈子没怎么上学，也没怎么读书，20多年没怎么读书，一开会，我也想写点东西，怎么写，拿起笔写不出来，茶壶里煮饺子，一肚子饺子出不来，写不了怎么办呢？有时开会，我就听民舞集成的那些民俗学、美学、美学概论、文学概论、舞蹈概论、社会学、人类学，我这一听，再叫我从头来学这些东西，打死我也学不会。有一天，于平说黄老师咱们一起侃一侃，还有一位同行，他俩就讲这个民间舞，从考古学角度研究民间舞的关系，舞乐文化谈了一晚上。我就是一电灯泡，我一句话也插不进去，不但插不进去我还听不懂，我就恨我自己怎么这么没能耐呢？就会扭个秧歌，不行我得学，怎么学呢？每天晚上学《美学概论》《文学概论》，还有隆荫培的《舞蹈艺术概论》。我就硬学，学完了以后怎么办呢？别人的《舞蹈论丛》的文章不管好坏我都要读，读困了怎么办？我就拿着念，念完我就录，困了我就放着听，不到三点我是不睡觉的，我就愣学。后来开会住到宾馆里我还那么干，人家说："老黄，我们搞理论那是跳不了，没办法。隆荫培、徐尔充我们都是一起的，跳舞不中，我们就走这条道了。你把你现在的玩意搞精了，什么都有了，你走这个干什么？你受这个罪干什么？白受这个罪了。我们看着都心疼，你别学了。我告诉你，你学了也是白学。"我就觉得不中啊，还是得学，学了以后就有机会了。

有一次，吴晓邦通过胡大德通知我，说在厦门开一次高层次的理论研讨会，点名要黄济世参加，我说是不是搞错了？你们研讨会我去干啥？我说不去，后来胡大德又请示了吴老师了，吴老师说非得黄济世来，黄济世为什么来呢？让他讲讲，他掉到老虎洞当中，没被老虎吃掉，他又出来了，有很多人掉进去都被吃掉了，你就讲讲你怎么进的老虎洞，有没有被老虎咬住，你把这个问题讲清楚。糟了，没办法去了，冯双白，董锡玖、王克芬都来了，他们一见我就说你怎么也来了？有你什么事？结果去了以后啊，吴老师说："黄济世来了没有？你们大家都注意啊，黄济世有很重要的事要讲，你们都要听。"这不是要我的命不是，结果下面有两个厦门大学的中文研究生，对舞蹈有研究，也参加了。这两个年轻人慷慨激昂的，把我们这帮搞舞蹈的快烦死了。我一听，思想新，语汇也新，理论也新，新名词也多，他说节奏不说节奏，说时间的切割。都看不起人家，这算怎么回事，最后晚上我就敲他们的门，一开门，"哎，干什么？找谁？""我找你们俩。""找我们俩？您是不是搞错了？""我说你让我进来。"这两个是我的大救星。我说我是诚心诚意的来向你们学习的，"您跟我们学什么东西啊？""你先让我进屋不行吗？"我说我是真的，搞了一辈子舞蹈了，可是我想把我的东西上升到理论，可是我写了半天我都不知道从哪下手，怎么弄。他们一听我是搞民族民间舞的，和别的人不太一样，他说："本来我们这个年龄的人见了你们这个岁数的老头本身就很反感，但是您和他们不一样，进来进来，那您谈谈你搞舞蹈的体会吧。"他们也想知道我的东西，我这一说开了，他就拿录音机给记上了。我说我是怎么学的，刚才我说的那些例子，他听了说："老爷子啊，您这个岁数啊本来我们都很反感，没法沟通，但是您呢，我们喜欢您，您是个好老头，欢迎您给我们多侃多谈，您谈的我们都录音了，你走了以后我们还放，我们还听，我们就觉得你们来的这些人里头搞理论的，您在他们中间呢，您是'百万富翁'，'千万富翁'，他们都比不上您。您今后不要再拿着您的金碗出去讨饭了，您的思维应该转个弯，您不要拿这个人类学、民俗学等这些东西来套你，您就把您的这些东西总结出来，把最复杂的东西简单化、条理化。"后来我的几十篇论文都出来了，比方说你谈的这五个层面，就是最精彩的一篇文章。当时吴老师、赵大鸣、张华这两个年轻人跟我交上朋友了。

年轻人说厦门没有白来，认识了老爷子。我说你别奉承我了。所以打那以后我就学着写，我就写了《民间舞本质的思考》《河北地秧歌的概述》《河北地秧歌的时空应变》《河北地秧歌的五个层面》《丑角艺术是对历史的超越》百余篇论文。学着写嘛，我就拿这个作为对民间舞研究继续的支撑，所以这五个层面我都提。我这个脚刚刚进入这个大门，所以今后我要是还能活下去的话，我还继续地学习，继续地钻研。

问：您太客气了黄老师，您是不是给我们来一段啊。

答：没有音乐。

问：没有音乐没关系，您自己就这样，我们给您哼着点，您来两下。咱们这个采访就圆满结束了。谢谢黄老师，非常感谢！

黄济世采访手记

江东

河北舞蹈名家黄济世老师的谈话，特别是关于他和他的恩师周国宝的一些事例，让我好生感动。老艺人周国宝把他视为自己栽的苗，苗刚发芽，便落难了：黄济世在20多岁刚刚离开海政歌舞团落户河北，到昌黎跟着周国宝等人学了远近闻名的地秧歌，便在24岁时被错划成右派，发配到团泊洼干校，一晃就是20年！还让我感动的是他的夫人，居然那么好的条件，顶着来自各方的压力，愣是没有跟已是右派分子的黄济世离婚，而是带着儿子跟着老公一起去了干校。这些事，说来轻松，但是，毕竟是几十年的坚守啊！听后令人难以克制自己的感情。

每次见到黄济世老师，都觉得他乐观、健谈。他特别乐意与有文化的人交往，而且说出来的话又总是有文人的味道。我哪里知晓，就是这么一个乐天知足而且酷爱秧歌的人，竟有过20年下放干校的经历。

这棵唯一让恩师老艺人周国宝视为破土的苗子，他曾“文革”前去天津看恩师，恩师一碗粥加几个玉米窝窝头，让黄济世感动得热泪盈眶。更让他不能忘记的是，周国宝对他的期望。这些都不是豪言壮语，然而却充满了人生的感悟和哲思。所有这些，让这个右派一直没有忘记他的地秧歌，一直没有忘记恩师的嘱托；所有这些，都让我这个采访者的心灵不觉为之震颤，并接受了一次思想的荡涤。我想，这正是这个项目带给我的关乎精神层面的力量源泉吧：不时地感受着这些，让人总是充满了正面的情绪和理想。

一直都没想过，舞蹈和秧歌的关系。黄老师的话让我有所感悟：原来，在民间艺人的眼中，舞蹈和秧歌不是一码事啊！他们的秧歌，要下到场子中，为当时当地的表达投入全部情感。在他们眼中，这是秧歌，不是简单的舞蹈动作。在这里，秧歌已经不是一种舞蹈形式了，而是一个积淀着他们人生全部的情感而做的一件事。后来，当这些动作进入课堂变得规矩而规范之后，在民间艺人的眼里，这些就是舞蹈动作而不是秧歌了。通过这样一个过程，我们的舞蹈失去了什么？

跟黄济世老师的交流甚是痛快，他不太爱沿着我的提问思路走，每到这时，总会语塞。我意识到这一点后，便不再问他什么，而是让他顺着自己的思路一泻千里地流淌下去。一听就知道，这些都是他经过深思熟虑的思考，他对秧歌的痴迷、他对秧歌的热爱，溢于言表，而且十分有感染力。他甚至会像所有舞蹈家那样，说不了几句便动将起来，真是言之不足而手舞足蹈啊！

北京舞院称黄济世为“二老艺人”。眼下，这些二老艺人们，也已经七老八十了。听着这位78岁（现已83岁高龄）老人热情的谈话，敬佩之情油然而生。他从不抱怨命运的曲折，从不低下他高昂的头颅，为了舞蹈事业，为了秧歌，他奉献了毕生的心血。

又一位和蔼可敬的舞蹈老人，又一位让我敬仰万分的长者，又一位带给我力量和信念的平民英雄。

蒋祖慧

1934—

舞蹈编导家

主要创作作品:《西班牙女儿》《巴黎圣母院》《祝福》《化蝶》《女民兵》《流浪者之歌》《泉边》《莫斯科郊外的晚上》和《烛光》等。合作编导的舞剧有《红色娘子军》《纺织女工》和《杨贵妃》《雁南飞》等。其中《祝福》在1980年文化部直属院、团艺术观摩评比演出中获创作一等奖;《流浪者之歌》获创作二等奖。1996年与战友文工团著名编导黄伯寿共同编创民族舞剧《元神祭》，担任大型歌舞史诗《中国革命之歌》编导工作。1966年赴阿尔巴尼亚导演了《红色娘子军》;1987年赴菲律宾导演了《祝福》第二幕。主要理论研究:在报刊上发表了《谈舞剧〈巴黎圣母院〉》《重排〈西班牙女儿〉有感》及《我是怎样编〈祝福〉二幕中的双人舞的》等数十篇文章。1987年在《舞蹈》中发表《回忆的欣慰》，2009年发表《有关红剧创作回忆点滴(深入生活的启示)》。

曾任中央芭蕾舞团副团长、第五届中国舞蹈家协会理事。

蒋祖慧访谈录

访谈地点·北京　蒋祖慧家中
访谈时间·2012年3月22日
底稿记录·孙雨欣
成稿整理·孟静
完稿审阅·蒋祖慧

今天是2012年3月22号，我们《中华舞人口述志实录》项目的团队来到了位于北京市里仁街3号院蒋祖慧老师的家里。我们今天要一块儿跟蒋老师聊一聊她的生活，她的艺术观，下面我们就开始了。

问：蒋老师，您好。

答：您好，您好。

问：一晃和您认识都有30年了吧？

答：有啦，20世纪80年代、90年代……有30年啦。

问：30多年了。我还记得当初蒋老师教我们那会儿……

答：（笑）不会教，不会教。

问：作为一个晚辈，我得向您表示感谢，从您这里学到了好多东西。同时，我们作为中国舞蹈界的晚辈，我向您表示致敬，因为蒋老师对中国舞蹈的发展做出了巨大的贡献。我们今天也是想借这个机会，跟蒋老师一块儿来聊聊您整个的从舞经历和对于舞蹈的一些看法。我们首先从您的生活聊起，好吗？蒋老师，说到您的时候，我们都会想到您的妈妈，咱从这儿开始说，好吗？您生在一个什么样的家庭，什么时间，什么地点出生的？

答：严格说来，我跟我母亲在一起生活的时间很短。我父亲呢，实际上是在监狱里跟我母亲在一起的，是在国民党的监狱里。

问：您父亲叫什么名字？

答：叫冯达。他是史沫特莱的翻译，跟我母亲相好以后，就结婚了。他是共产党员，我妈妈也是党员。有一天他为地下党做工作，去联系一个什么人，没联系上。第二次再去联系，他就怀疑怕联系不上，好像周围有些陌生人，他说“咱的住地这儿不安全”，就跟我母亲约定“如果我明天中午12点回不来，你就离开家”。他就去送信，还是没找到人，结果被国民党抓了。据说是国民党特务说，“那你既然没事，就带我们去你们家看看”，他一看时间到了12点了，就说“好吧，去吧”。但我母亲呢，就在12点前几分钟的时候，来了一个地下党的领导人，来了以后我母亲说12点咱们应该走，但那人很稳重，就是不着急，就又聊了几句。就在这个时候，国民党来了，就把我母亲给抓了。我母亲就是因为这个事情，别人老抓她的小辫儿。她其实到延安以后，康生就想抓这个辫子，就说她是叛变什么的，后来经过李富春、陈云等组织部的调查，在监狱里没有为国民党做任何事情。国民党要求她写剧本，要求她写申明，她没有。她只是写了我想回家养母，以后不参与什么政治活动。说这个不能够算是自首，因为自首应该是写我从此不再信仰共产主义什么的，她没有写。她说她是为了迷惑敌人，就写我现在就想回家养母，因为这个事情我母亲后来就没有任何问题了。1957年的时候，周扬把这个问题弄出来了。“文化大革命”时就说她是叛徒什么的，一直到最后又重新平反。我呢，这些事情本来不知道，一直到“文化大革命”之后，我才知道我的父亲是冯达。

问：您是哪年出生的？

答：1934年10月，我不知道是在南京，还是在苏州。

问：您母亲（丁玲）当时多大？

答：她比我大30岁。

问：您在家排行是老几呢？

答：老二。

问：上面还有一个？

答：哥哥。

问：哦，那就是你们兄妹两个。

答：嗯，我哥哥是烈士胡也频的儿子，他比我大4岁。我们两个人就是在1938年的时候由一个舅舅，那个舅舅大概也是十八九岁，带着我们从常德，一会儿坐船，一会儿坐车，我都没有印象了，把我们带到了陕北。

问：那个时候您才？

答：还没满4岁。

问：您哥哥和您差几岁？

答：他比我大4岁，他也不满8岁。

问：那时候不跟妈妈生活在一起？

答：没有。那时候跟我外祖母在一起。

问：您姥姥是在南京，还是在常德？

答：在常德。

问：严格说您是江苏人？

答：是湖南人。

问：您父亲是湖南人？

答：是广东人。

问：您就没见过，是吗？

答：1990年在他病危的时候见过他一次，去台湾见的。

问：哦，他去台湾了？

答：他在台湾大学国际关系学院做俄国经济翻译工作。

问：那您说和母亲生活时间非常的短，大概是哪一段时间呢？

答：我到了延安以后就进了保育院。

问：哦，您是延安保育院的？

答：保育院的。从延安保育院又把我送到保小，等于我就是一个公家的孩子，我们当时过得应该说是军事共产主义的生活。

问：和哥哥一块儿，是吧？

答：我哥哥不是，他一来以后到烽火剧团去待过一段时间。他虽然小，但和姥姥在一起，他读书多，什么《三国演义》《水浒传》……

问：8岁？

答：嗯，他都看过了。

问：您姥姥是不是也是一个书香门第？

答：书香门第。

问：所以您母亲其实是受家庭的影响走上了文学的道路？

答：嗯，而且我姥姥是很革命、很进步的。在我母亲大概几岁的时候，姥姥丈夫死得早，是个很大的地主，所以她就回娘家了。回娘家她就上学，要自立。上学的时候她跟向警予拜了把姊妹。

问：那就是在湖南了？

答：是在湖南。她跟向警予拜把姊妹，受到向警予的影响。向警予是老九，她老大，她们9个姊妹。而且她和向警予因为晚上特别冷，就睡一个被子，互相照顾。因为她受了向警予的影响，思想很进步、很开放，所以我母亲才能走出湖南，能够退婚啊什么的，给了我母亲很宽松的环境。

问：那您是到了延安以后才跟丁玲老师见到？

答：才见到。

问：那您是生下来就去姥姥那儿？

答：当时什么时候去的我也不知道，反正就是生下来不久姥姥来接我去的湖南。但是太小，根本不可能有什么记忆，也是后来才知道的。

问：那么在保育院的这段经历您还有印象吗？

答：保育院印象比较深，因为我们那些小朋友一直到现在还有联系。2008年我们还一块儿回过延安一次，我们还到了延安原来保育院的地址，请70岁以上的老人一块儿聚餐。

问：现在还有吗，那个地址？

答：有，在毛家湾。

问：去年不是建党90周年嘛，我去延安，在延安看了一台歌舞剧叫《延安保育院》。

答：哎哟，可能搞得不太好。

问：嗯，还可以。它用了很多很新的东西，我觉得那个歌舞剧本身让我认识到延安保育院当时的一些生活，包括那些孩子都是叫什么“红色后代”，是吧？

答：我们也没有把自己称为“红色后代”，但那时候的教育里我们就是“革命的后代”。

问：都是见不到爸爸妈妈的？

答：嗯，大部分都见不到，有的在前线，也有牺牲烈士的子女，有的父母在延安的话还好一点，有时候来看一看啊，或者接回去住几天。

问：是因为您母亲的情况才把您送到这个保育院的吗？

答：对。

问：也还是有直接关系的。

答：好像当时只要是革命队伍里的人，都可以送过去。

问：然后在延安您碰到母亲了？

答：对。我碰到她以后，延安保育院大概也就是1938年刚成立的，就进去了。我们这个保育院还有一个特殊的历史情况是什么呢，与战时儿童保育院会有联系，实际上是解放区根据地的。但是呢，它也受到国民党的照顾。当时宋美龄、宋庆龄、邓颖超同志，还有其他的一些妇女领袖跟国民党联合搞了一个战时儿童保育会，保护在抗日战争中失去父母的孩子，或是流离失所的孩子。这样在统战区办了很多这样的保育院，其中有很多地下工作者是阿姨。我们是延安的，也归它，也叫战时儿童保育会，所以后来邓颖超说这是统战的一个典范，就是可能从她那里还拨一定的经费，但是整个的领导班子都是共产党领导下的。

问：您当时很小吧？三四岁是吧？

答：很小，对。

问：好像那个保育院又教文化、又教文艺，是吧？ 唱歌跳舞啊？

答：唱歌跳舞很多。甚至连钱江同志，后来是电影界很大的摄影师，他还到我们那儿教过美术，他给我们画了一墙孩子们的画。

问：您走上文艺跟这时候的启蒙也有直接关系吧，应该？

答：好像没有太大关系。但是那个时候也在幼儿园里表演，小麻雀啊、小花朵啊什么的。我们应该上小学的时候都舍不得走，小朋友拉着老师，“我们不去，我们不去”，所以等于我们一年级是在保育院上的，后来去保小直接上了二年级。

问：您上小学也还是在延安？

答：在安塞，距延安七八十里路。

问：哦，在安塞。您刚才说这个延安儿童保育院是在安塞？

答：在延安。

问：是保育院小学，是吧？ 保小是哪个的简称啊？

答：延安保育小学。

问：这个是在？

答：安塞。

问：所以您等于说是小学二年级就去了保小。

答：保小，嗯。

问：那这个期间您等于一直是一个人，是吗？ 哥哥也没在身边，妈妈也没在？

答：对。在保小，我记得我母亲两年都没有去接过我，也没看过我。

问：但实际上，母亲是在延安的？

答：在延安，但是她离得远。我们的保育院是在延安，1939年因为轰炸在安塞也待过一段时间，之后又回到延安。再回到延安后，离我母亲的单位就比较近了。

问：丁玲女士当时是在什么单位？

答：在文抗，离我们保育院就稍微近了一点。那时候大概我稍微有点记忆了，就是五六岁，六七岁的时候。这时候她来看过我，也接我回去过，但并没有觉得很亲。

问：亲情的交流没有？

答：嗯，我哥哥跟她一起来看我的时候呢，我肯定是拉着我哥哥。

问：哦，你哥哥当时也在延安，是吧？

答：也在延安。对，后来他到安塞，进了保小。

问：他先去的保小？

答：嗯，他先去的保小。他正好毕业，我进去。保小是五年制，他毕业以后进的（学校）先叫自然科学院，后来叫延安中学。这个中学后来出了一大批中央的领导，一些部局级的领导干部比较多，都在他们那儿。我们这一代都是比较小一些的，大部分后来都是搞工程、搞技术的比较多。

问：您在保小待了几年呢？

答：两年。后来就到延安待了半年，等于1944年的寒假，我母亲把我接到延安了。

问：哦，这时候等于保小已经结束了？

答：没有结束，因为那时候她有条件接我过去了。这时候跟她在一起住了半年多，一直到日本投降。

问：1944年是您10岁的时候了，跟母亲住了半年多？

答：对。住了不止半年，后来就到山下的学校上学，延安市两级小学，走读了一段，后来又住校一段。这段时间跟我母亲就接触得比较多一点，我记得她还帮我改过作文哪！另外，我得过一场猩红热，住院的时候感到一点她的温暖。她来看我，给我讲故事啊，后来教我《木兰辞》。回来的时候，我上厕所比较困难，她还背我去上过厕所，这个时候感觉到了母亲的温暖，原来就没有过。等于10岁以后才有这个机会。从日本投降以后，我们从延安行军到张家口，那时候就是一大批人往东北、张家口这边走，我和我哥哥跟着我母亲走。

问：哦，您当时回到延安的时候，哥哥也在了？

答：哥哥没有在，哥哥还在延中。但是我母亲去张家口时，我哥哥就跟着一块儿了。经常就是有骡子，我们骑在骡子上面。

问：真的就是这么步行，不是坐火车、汽车什么的？

答：没有火车、汽车。我记得到山西左云那个小城市的时候，好像离一个教堂比较近。我们每次去都是有招待所，所谓的招待所就是客栈什么的。一去以后，我那个骡子先到，一下感觉怎么这么漂亮，那个床还是弹簧的那种软床，从来没见过。

问：就是条件特别好。（笑）

答：对，就是条件特别好。还跑出来哎呀，欢呼，我们住的是这样的床。

问：从延安到张家口走了多长时间？

答：我都不太记得了，可能有一两个月吧。

问：到了张家口这边，您就应该是十一二岁吧？

答：对。

问：到这边来还是在读书吗？

答：对啊，读书。好像叫第一完小。

问：那时候扭扭秧歌剧，是吧？

答：嗯，秧歌剧。在延安的时候演过《兄妹开荒》，我演哥哥。周扬的女儿跟我同班，她演妹妹，我们俩一块儿。

问：那时候9岁、10岁吧？

答：不，11岁。那时候都是很随便的，也没有什么艺术性，就是喜欢嘛。

问：那时候好像戴爱莲在延安吧？

答：戴爱莲不在，在重庆那边。我在延安住的时候，我母亲常带我去看秦腔。正好我有一个同班同学的父亲是秦腔剧院的院长，而且我们当时的人都喜欢看秦腔。在保小的时候也是，保小离真武洞有五里地，假期我母亲不过来接我，我们就到真武洞去，看那个土台子上演《赵子龙》啊什么的。

问：民间戏曲？

答：嗯，民间戏曲。然后呢，我们跑到田间地头，我记得在大麻地里有个小窝棚，老百姓有人拿个拨浪鼓什么的，就唱皮影戏啊、木偶什么的。我现在回忆，觉得我们小时候比现在的孩子要幸福，很自由，整个大自然跑来跑去，一会上山，一会挖甘草吃，一会采酸枣，吃啊，玩儿啊，到河里头去，河里的沙土是硬的，拿它刻一个什么东西，还有磨石板什么的，男孩就磨珠子，完了就弹珠子玩。

问：这种比较多啊，比现在的学生……

答：太自由了。那个山是一个山坡嘛，捉迷藏从山坡上"哗……"的一下跑下来。

问：反正玩得也比较野吧？

答：很野。而且我们小时候还剃光头，就是怕长虱子嘛，所以男孩女孩就不分，而且小学一年级的时候呢，男孩女孩都住在一起。有一个生活老师跟我们在一起。保育院的时候更是这样啦，男孩女孩都在一起。有过这样的状况，到现在还记得，夏天洗澡的时候，一排很矮的凳子，孩子们站一排站上去，老师就拿着盆往上浇水。然后，这边一堆干净衣服，这边一堆脏衣服，脱了，脏衣服搁这儿，完了再拿干净的衣服换上，所以拿到哪件就是哪件。

问：（笑）这有点共产主义社会啊？

答：那时候同学之间就是兄弟姊妹。一直到"文革"期间，我不是在干校挨整嘛，同学还偷偷地来看我。有的假期、礼拜天还把我和其他几个同学约到家里去。

问：就是共患难、同甘共苦的那种……

答：对，关系特别好。那时候因为大家父母都不在啊，所以同学之间、和老师的关系都特别好。

问：比亲兄妹还要亲啊。

答：对。

问：那在张家口待了多长时间呢？

答：在张家口从1945年冬待到1946年夏天撤退。

问：那您母亲到张家口是哪年？

答：到张家口她就去了涿鹿，搞土改去了。

问：您跟着去了？

答：我没有去，我住在萧三家里。

问：萧三？

答：嗯，就是诗人。他是老党员嘛，住在他家里，每天走读上学。

问：哦，住到他家去上学？

答：嗯。张家口撤退的时候，萧三和我母亲是一块儿撤出来的。

问：那是哪年啊？

答：是1946年7月。

问：刚去了就要？

答：上了半年学，大概在假期当中就撤了。

问：撤哪儿去了？

答：撤到阜平县。

问：哦，还是在河北？

答：在河北晋察冀，等于晋察冀边区。河北省的县有一个叫阜平，一个叫建平，挨着。阜平是特别穷，老百姓特别好。建平呢，实际上就是平山县。平山不贫，它有一个滹沱河。阜平不富。从张家口撤退的中学，就到了平山县。建平县是有一个英雄烈士啊什么的，为了纪念他，就把那个县的一部分改成叫建平县。晋察冀边区联中撤就撤到了平山县的东黄泥、西黄泥两个村。毛主席的中央呢，从延安过来的时候也是在平山县，住在西柏坡，离东黄泥大概也就10里地。那时候都住在老百姓家里。从张家口出来以后，就在阜平县先上了半年的小学。然后，1947年夏天进了晋察冀边区联中，它属于随军学校。我假期一进那儿，第一件事就是在阜平县叫陈庄的一个地方，同学们在那儿的被服厂给晋冀鲁豫的解放军做棉袄。我太小了，不会做，只干一些砸扣眼等简单的活。我印象当中进了这个学校就算参加革命了，它有生产任务，就是假期里帮着做服装。然后开学就上学。这个学校成立了一个文工团，就是业余文工团。很活跃，有的时候经常扭秧歌啊，还有拉二胡啊，自己做小提琴啊什么的，他们还演《白毛女》。当时配合“土改”演《白毛女》，我当时就没参加，因为太小了。顶多就是过年的时候参加秧歌队啊，扭一扭。这个学校出了一个名人，就是演“喜儿”的叫林汝为，当时红的很。她是高班，跟我也非常要好，林汝为等于把我当小妹妹嘛，那时候大同学都要照顾小同学。她后来是《四世同堂》《便衣警察》的导演。我就说，这个学校就是一边学习，一边又搞宣传什么的。所以，后来我离退休之前，我们的校长有一封信，就是写着“蒋祖慧，算离休干部”。

问：哦，就是算离休，因为进入到这个学校就应该算是参加革命了。

答：对，所以我现在就成为离休干部了。

问：哦，就因为参加了这个学校。

答：嗯，就因为这个学校。

问：但实际上您加入这个学校才13岁？

答：嗯，对。

问：那进这个学校主要干吗呢？

答：还是上学，读书。

问：哦，但是这是中学了，算是？

答：中学，对。读到二年级第一学期，等于是1948年快到冬天了，10月或11月份前后，我母亲去布达佩斯参加世界民主妇女第二次代表大会。会后回国将留在东北工作，就想让我也过去。所以1948年冬天，那时候有汽车了，我就跟一些人一起到了东北。

问：东北哪儿啊？

答：沈阳。住在鲁艺，跟陈锦清住在一起。鲁艺有一个舞蹈队，就是娃娃队吧。陈锦清教她们跳舞、唱歌什么的。有这么一批人，有时候我也跟她们玩儿啊。但待了不久，因为是冬天去嘛，正好是寒假，陈锦清从朝鲜学舞蹈回来，她当时学了半年，朝鲜商务代办处的主任来看陈锦清，我母亲也认识他，就说你干脆把我女儿也带去吧。

问：带到鲁艺去还是带到朝鲜去？

答：带到朝鲜去。朝鲜当时没有使馆，因为没有建国嘛。但是有个商务代办处，实际上就起使馆的作用，她是主任。那时候我们都是供给制，反正只要是把你的关系一拿去，供给情况就过去了。她说行啊，我就不太想去。因为当时我们在中学的时候有一个观念就是说，1949年后要开始搞工业，我们都要搞工业建设，我认定要去学化学，因为我们的化学老师非常好，他后来是101中学的校长。

问：北京101的？

答：当过北京101中学的校长。

问：工业救国，那时候？

答：对，工业救国。那时候有个跟我特别要好的女同学叫王树桐，后来就在钢铁学院当老师。

问：那是在东北的时候，还是在晋察冀边区？

答：在东北的时候。我还是想着要上学，我将来还要搞工、搞化学、搞化工。化工好像就是两个东西合起来就变成一个新的东西了，很有创造性。我母亲自己很喜欢舞蹈，她去苏联看了乌兰诺娃演的《泪泉》，看了《彼得大帝》，这两个都是普希金的诗改编的。《彼得大帝》呢，她就说印象特别深，整个台上就是河、就是水。《泪泉》呢，我母亲也看了，对乌兰诺娃特别欣赏。但是，我对这个……

问：没兴趣。（笑）

答：嗯，没兴趣，对。她就找别人来动员我。我母亲还说，“新中国成立后不但要搞工业，文艺也要搞，像苏联这么好的舞剧是我们从来没见过的，我们现在有这个机会就应该去学”，后来我就去了。

问：您当时是在鲁艺那边还是跟母亲住在一起？

答：住在一起。

问：她还找别人来动员你？（笑）

答：嗯，对，找别人来，后来我就去了。

问：去哪了？

答：就去平壤了。

问：哦，就去朝鲜了？

答：就去朝鲜了。但是去朝鲜不久，又来了一个人，就是东北的阿力，知道吧？

问：嗯，就是跳东北秧歌的那个？

答：对，他比我晚去几个月。这个之前还有人去过，是于颖，知道吧？

问：嗯，是中国歌剧舞剧院的那个？

答：嗯，她去过，都在那儿学习过。

问：您这之前没接触过吧，舞蹈这一块儿？

答：没有接触过。

问：就是突然上那儿了。您是1949年去的？ 是新中国成立之前吧？

答：对，1949年3月。

问：不满15岁？

答：对，不满15岁。学的时候跟朝鲜孩子们在一起，真的不入门。

问：学什么啊，学朝鲜舞蹈？

答：学的舞蹈有朝鲜舞、新兴舞，实际上就是现在的现代舞。

问：是跟着崔承喜吗？

答：是崔承喜，对。

问：哦，就是跟着崔承喜？

答：跟着崔承喜。她后来到中国也是这一套，也有新兴舞、芭蕾舞、南方舞，还有节奏课，这5门课。

问：南方舞指的是什么，民间舞啊？

答：崔承喜到印度、印尼、缅甸等南方地区学习了一些舞，她把这些舞的一些动作集中提炼成一套训练体系，主要以手的动作为主，叫南方舞。

问：这叫南方舞？

答：南方舞。它有一套自己的组合规律，就是从浅入深，由地面到上头，由不流动到流动，由没有技巧到有技巧，就是这么一套组合方式。新兴舞也是，先是地面的，我看跟玛莎·格莱姆好像挺像的，也是缩回来、伸出去。

问：像谁？

答：玛莎·格莱姆，有点像。它叫德国现代舞，可能是早期的现代舞，也是从地面开始到起来，起来以后有各种起来的动作，还有跳，适当的跳、原地的，然后也有摔，倒地的摔什么的。

问：这5门课都是她本人教还是？

答：不是她本人教，她有几个大弟子来教。

问：都是朝鲜人？

答：朝鲜人。她呢，有的时候到课堂上来看一看。

问：她当时在那儿已经是很有名的人物了，是吧？

答：挺有名。

问：而且1949年底已经带团来过一次中国了。

答：来过一次，是1949年冬天。她来的时候我跟她一起来的。

问：哦。

答：跟她一起来的时候，我干吗呢？ 在舞剧《春香传》中，我就打那个扇子。

问：哦，您还上去演了？

答：对，当宫女拿扇子。还参加跳了一个群舞《丰收舞》，就是朝鲜“控达拉达拉控，控达拉达拉控”这种节奏的叫《丰收舞》，打鼓的那种很快速的节奏。其实，我现在感觉到，我在那个时候还是傻乎乎的。

问：还没开窍？

答：没有开窍。

问：刚到嘛，刚刚接触嘛。

答：而且我还说这就是舞蹈吗？ 她说，“你说的什么意思啊？ 是不是要芭蕾舞啊？”我也不懂什么叫芭蕾舞，反正就是大概接触了一下，也学了一点儿。我和阿力有时候还跑到国家歌剧院舞蹈团，学点俄罗斯舞啊之类的。我跟阿力两个人在东北的时候，还给人家即兴表演过俄罗斯舞。

问：当初在朝鲜，崔承喜办的这个班算是短训班还是什么？

答：不是。

问：它是一个常规性的？

答：就是她自己的一个舞蹈研究所，叫舞俑研究所。

问：她不断地吸收学生来教，来学？

答：它跟现在国外的很多团体有点相像，有自己的一帮骨干演员和教员，然后再吸收一批学员，有的学员是业余的，有的学员可能是长期的。

问：那您算是什么样的学员呢？

答：我等于长期在那儿学的。

问：您跟阿力老师去之前，是陈锦清老师在这个地方学过？

答：学过，回来的。

问：您去的时候陈锦清老师还在那里吗？

答：不在了。

问：哦，这样啊！那除了中国的学生之外，还有别的国家的学生吗？

答：没有。

问：等于说就是以朝鲜学生为主，加上两个中国学生。

答：加上两个中国学生。我们两个人都住在使馆。它也不是从早到晚都学，就是学的时候我们去，不学的时候我们就回来。

问：回到使馆了？

答：回到使馆了自己看看书啊，有时使馆组织一些年轻人，当时他们想发展一些进步华侨，给他们讲政治课啊什么的。

问：您去听一听？

答：嗯，旁听一下。因为当时还有一个人很重要，就是郑律成，知道吧？

问：郑律成，啊！音乐家。

答：对，当时他是朝鲜协奏团的团长。

问：对对对，他好像就是朝鲜人。

答：朝鲜人。他的夫人叫丁雪松，是中国第一个女大使，驻丹麦的女大使。她在这个时候是驻朝鲜新华社的主任。

问：丁雪松？

答：丁雪松。郑律成是朝鲜协奏团，就是部队文工团的团长，他写过两首军歌，一个是朝鲜人民军的军歌，一个是八路军的军歌。他写的《延安颂》非常好。他对我学舞蹈非常关心，他说你学舞蹈必须学习音乐，还请了一个音乐老师教我伽倻琴，跟中国的古筝差不多。

问：弹拨乐的？

答：弹拨乐。他还给了我一个琴，我老拿着那个琴去老师家。都没有学成，因为时间也短。

问：您在那儿待了多长时间？

答：大概待了一年零几个月。

问：时间虽然很短，但是郑律成对您音乐上的影响还是有的？

答：有点影响，对，就是要重视音乐。另外，朝鲜的舞蹈也是非常重视音乐的。它的这一拍有重拍，但是它要在一个重拍延续，你不能够很死板。另外我觉得它不同的几种舞蹈会给你不同的训练，这个我觉得多少还是有点影响的。

问：就是多方面的影响啊！

答：它那个新兴舞吧，跟现在的现代舞有点不一样的就是它是很强烈的，它不是现代舞那么柔的那样，它很强，有摔啊！它那个跳的动作（比画）就是比较强烈的。芭蕾舞就是规规矩矩的，但当时对芭蕾舞的印象倒不是很深，因为它太死板了，没有什么舞蹈性。南方舞呢，手的动作也是很讲究。

问：很丰富，很精致啊。

答：很精致，老师教得特别慢，不到位还要再学，不到位还要再学，就这样。

问：磨出来的？

答：磨出来的。所以我后来觉得我自己的韵律啊、协调感比较好，可能跟这个训练有关系。另外就是乐感啊，跟这段时间也很有关系。

问：在这一年多里，崔承喜老师具体教哪门课呢？

答：她没有亲自教，但是她排节目。有时候到课堂上来看一看，有时候到我面前来纠正纠正啊，表示关怀啊。

问：在朝鲜待的一年，也就是说其实是您真正走上舞蹈之路了，是吧？

答：（点头）对，对。

问：这个动作本身其实就是把您送到舞蹈的艺术殿堂里边来了。那么这一年是什么概念？您在那儿毕业了吗？

答：没有毕业，抗美援朝战争开始了，因为战争所以就回来了。

问：哦，您回来的时候新中国就已经成立啦？

答：对啊！

问：然后抗美援朝啦，开始打仗啦？

答：那边开始打仗啦，咱们志愿军还没去。一开始打仗，使馆就赶紧把我们送回来了。

问：哦，是因为这个原因回来了。

答：嗯，战争一爆发就把我们送回来了。

问：如果不打仗的话可能还会一直学下去？

答：可能还会学下去。

问：哦，就当时去的时候不知道要待多久？

答：对。

问：那回来了就……

答：回来以后就进了中央戏剧学院舞蹈团。

问：就是戴爱莲那儿？

答：戴爱莲那儿，因为正好她们排《和平鸽》。排《和平鸽》的时候，叶宁老师就问我朝鲜舞啊什么的，就想加一段，后来我说有个剑舞，我就给她跳了跳，她说教教我们。她意思就说弄个4个人的剑舞，参加到《和平鸽》里头去。结果我就……

问：您会跳？

答：会跳，我就教她们动作，完了给组合一下，放在了《和平鸽》里头。

问：那《和平鸽》您也参加演出了？

答：等于参加演出了。

问：就是跳这个舞？

答：跳这个舞。

问：就这段？

答：嗯。还有没有朝鲜舞，我忘了。反正有这个。

问：那就是说您1950年，进入戴先生的中央戏剧学院舞蹈团。

答：对。

问：您应该算是第一拨了？

答：我不是第一拨儿。他们第一拨儿可能是华大、联大过来的。

问：哦……

答：李承祥他们可能算比较早一点儿的。

问：然后在这儿开始的话，您除了《和平鸽》之外，一边儿是正式演员了。

答：对，算正式演员，但同时也在学习。一边学习，一边也……当时没太多演出。

问：在这儿待了多长时间？

答：没待多久，1951年崔承喜又成立舞研班。

问：您又上了崔承喜的舞研班？

答：对，舞研班。

问：那这个班学的人就多了……

答：李正一、舒巧、王世琦、斯琴·塔日哈、高金荣、章民新，这个班很出人才。

问：在这个地方又学了，那对您来说，这次在这儿学习……

答：这次学习可能在我一生当中都起了特别大的作用。一个是她的那套东西对我来说就不陌生了，但是收获最大的是中国戏曲舞蹈。我对中国戏曲舞蹈产生了浓厚的兴趣。她在成立舞研班之前，就找了一些人，其中有我，好像还有孙玳璋，还有谁呢，我记不清了。她就开始整理中国戏曲舞蹈。首先是请昆曲的韩世昌、白云生、马祥麟，主要是韩世昌。她的整理方法是这样的：花旦有什么动作，你告诉我。手有什么动作，这么指月亮，小五花这么弄等等。步伐，走，花旦这么走，还怎么走，怎么蹲……她就这么来整理。然后，再整理青衣，青衣水袖怎么样啊 …… 她主要是要动作。

问：把这些动作先集中？

答：把动作先集中起来。她呢，跟她原来组合朝鲜舞差不多。就是由慢慢地走，到复杂的步子，到稍微有点儿技巧什么的。

问：那您觉得像后来李正一他们搞的中国古典舞啊，是不是还是受到了很大的影响？

答：李正一自己都跟我说，“我后来搞的还是受这影响，包括很多动作都是受了这个影响”。

问：那您从这里面得到最大的教益是什么？

答：最大的教益是 ……

问：对中国戏曲的认识？

答：对，对中国戏曲掌握了很多的素材。而且对于这个认识，我觉得是现在北京舞蹈学院不存在的，缺的，是净末花旦丑，要有个性。花旦，啊 …… 这样的（动作示范），青衣（动作示范）这样。

问：就角色的这种身份啊？

答：就角色的身份。武生、武旦。

问：您全学了？

答：都学了。

问：那当时伴随着崔承喜的这个过程，其实您是看到了她整个的整理中国戏曲的全过程了。

答：对，她最早整理，后来在舞研班开始成立之后就教这些东西，同时还继续在整理。后来，比如说有一个学生叫王诗英，她是王瑶卿派去的，是原来戏校的校长，让她在那儿学舞蹈，同时崔承喜让她教我们把子。

问：哦 ……

答：她帮着崔承喜整理把子。把子就是枪啊、棍儿啊。后来还学剑，学剑的时候呢，还请过一些人来客串的教。这个教呢，教片段。比如当时学过太极剑，学过《霸王别姬》的双剑，还学过“起霸”“走鞭”什么的。好像还学过《打店》，是一个老头儿教的。他腿瘸，说“我瘸你别瘸”。

问：那个老师他本身有点儿瘸？

答：他本身有点儿瘸，然后学那个《打店》的……

问：然后您本身也是学瘸的。（笑）

答：也是学瘸。

问：老师说，“你别学我这瘸子”。

答：对。我就有这个印象。

问：那这个班，您主要是为了当演员来储备的吧。

答：对。

问：其实，那时候还跟编导没什么关系？

答：没什么关系。对，但是在那时候就有……

问：有这个萌芽了。

答：对，有这个萌芽了。为什么呢？ 它有一门课，叫节奏课。

问：哦……

答：节奏课呢，它是不同的节奏，你一定要按这不同的节奏做动作。做动作，在朝鲜就有那样，转一个圈儿，做动作的时候呢，你随便做。

问：它即兴的这种……

答：即兴的，但是你必须按照节奏来做这个动作。

问：来设计这个动作。

答：她说这个“一、二、三”，她让大家跟着走。走的过程中，有的就想不出动作来了，这个是“一、二、三”（动作示范），一会儿两拍什么的，这就萌发了一点儿创作。另外她给我们讲过创作课，是讲她自己创作的经验，因为她当时编了一个《母亲》。

问：对。

答：她叫它《母亲》。有一个地方我记得很清楚，我就痛恨美国人，我指出去，就是你们杀了我儿子。她说你们看到这样一个动作，我是这样做有力量，还是那样做有力量？ 她说我是转了很多很多圈过来一指，和我就转一个圈过来一指，哪个有力量？她说在这个时候不要强调技术，要强调情绪。

问：情感。

答：所以她在这方面给我的影响比较大。另外就是对中国戏曲舞蹈产生兴趣，那个时候就经常去看京戏。

问：虽然您后来搞芭蕾，其实您前面积累的中国的东西还是相当多的。

答：相当多。而且，当时我们都有一种说法，就是羊毛还是长在羊身上，中国人还是要搞中国东西。所以，虽然学朝鲜那些舞蹈啊，什么都学。但是，注意力都在中国的东西上。

问：这个舞研班您大概上了多长时间？

答：嗯，一年多。它解散了之后还保留了一段，我们是走的比较晚的。

问：您走了之后去哪儿了呢？

答：就回到中央戏剧学院舞蹈团（后更名为中央歌舞团）。

问：哦，您回舞蹈团了。就资华筠老师啊……

答：对，对。姚珠珠啊，彭清一，就回到中央歌舞团。

问：您回中央歌舞团是演员？

答：演员，对。

问：中央歌舞团好像是1952年成立吧？

答：1952年，还是1953年？

问：那您不是成立的时候去的，您是从舞研班转过去的？

答：转过去，也就刚成立。它原来跟中国歌剧舞剧院是合并的。

问：对，是一个团。

答：就合并的时候我还在，后来分开的时候，我就在这边了。

问：您在哪儿边啊？

答：中央歌舞团这边儿。

问：哦，中央歌舞团这边儿。

答：汪曙云就跑那边儿去了。我们就一直在大翔凤胡同那儿。

问：您那时候就是一个正经演员了？

答：可能算。

问：那是最好的年龄了吧？

答：对，对。

问：十八九岁在中央歌舞团当演员。

答：嗯，中央歌舞团当演员，印象深的是有一次下乡，跟彭清一，我是学习组长，他是生活组长。我们一共大概10来个人吧，到安徽蚌埠郊区，我记得从蚌埠下去的时候是背着行李，大概是走20来里地还是多少。一边儿跳，一边儿跑。在那儿待了将近两个月。我们学花鼓灯，在这之前就学过花鼓灯。这个时候去学花鼓灯呢，我们基本上达到了这样的水平，就是在春节跟艺人一块儿表演，我们可以即兴地跟艺人一起跳。

问：就融入一体了。

答：融入一体。所以我对花鼓灯产生了特别大的兴趣。其中有一个原因，我觉得花鼓灯跟京剧有一点连带的关系，就是它也有人物，比如说大兰花跟小兰花有区别，不同的艺人也都有不一样的外号。比如叫“小玉玲”的艺人，他就更加腼腆，更加害羞；“傻丫头”就哈哈哈哈这样的（动作示范）；“小白鞋”就像寡妇，就比较浪的那种。而且，我跟艺人聊，他们挺有意思的，跟我介绍他这个动作怎么来的，说当时一到那个赶集呀，他们就看各种妇女的动作、表情。

问：就观察。

答：观察。走路的那个样子啊，怎么簸簸箕呀，怎么不好意思啊，或偷看啊什么的。

问：其实，可以说明它是来源于生活的。

答：它来源于生活。我最早学是在1963年会演。

问：1963年会演？ 1953年吧。

答：对，是1953年会演的时候，我们就开始跟一批艺人学。当时李正一跟的好像是“冯乡长”，我跟的是叫“田小银子”。就那车水步，她就是很刁的踩寸子的那样一个女的。那人年纪比较大了，他可能后来就死了，比较老。

问：是男的？

答：男的，都是男的。

问：男的跳女的？

答：他的外号叫“田小银子”，就“小银子”嘛。他们外号都有个性。“小银子”是挺脆的那种感觉，“冯乡长”做的风摆柳的动作就比较大气的那种感觉。

问：就冯国佩呀？

答：冯国佩。

问：冯国佩您叫什么？

答：“冯乡长”。

问：哦，他当时是乡长啊？

答：嗯。

问：哦……

答：像那个“小白鞋”，就是寡妇，他的动作就特别大。

问：放得开。

答：放得开。他的扇子就是拿在角落上，我跟他也学过。

问：反正是在中央歌舞团这个阶段，您是大量地学习了中国自己的舞蹈。

答：对。这个是比较深入地学习了一下。

问：您说您跟彭清一一起下去学习，彭清一比您大吧？

答：比我大。后来我们在团里练舞的时候，我站在彭清一的肩上。

问：哦，您站上肩？

答：上肩。

问：您也做这个了？

答：嗯。但是没排戏，就练的时候站在彭清一的肩上。

问：那就是说，您其实当时去的时候……

答：我们当时去的时候，有姚雅男、张宜秋、彭清一，还有张善荣。

问：张善荣？

答：嗯，就这么一帮人去的。

问：那其实当时您正经还是属于中央歌舞团的演员。

答：中央歌舞团的演员。

问：（笑）跟中央芭蕾舞团没关系？

答：没关系。那时候，我们还参加过联欢节。

问：嗯。

答：就是那年民间舞会演，就学习《采茶扑蝶》。

问：《采茶扑蝶》？

答：《采茶扑蝶》，其实就是把人家的节目移植过来，我们排。

问：你们团跳的，参加哪个联欢节？

答：对。

问：这个也获奖了吧，好像？

答：获奖了，二等奖。

问：这是哪年呢？ 1954年吧？

答：不是，是1953年，从民间艺人那儿学来，然后就去参加联欢节。

问：那这个联欢节是在很早的时候了吧？

答：布加勒斯特。

问：布加勒斯特，咱第一次参加这个？

答：不是第一次，1951年资华筠她们去过。

问：哦。

答：这个是1953年的，两年一次吧。

问：哦。

答：《采茶扑蝶》呢，当时都是一只手采，我觉得崔承喜南方舞动作很好看的，都是这样的（双手于胸前比画），我挺喜欢的。当时是游惠海来当执行导演，我说能不能加一个双手的？他说你做做试试（动作示范），后来就加进来这个动作了。

问：嗯。这其实是您出的点子？

答：就是等于当时为什么在当演员的同时啊，因为崔承喜灌输的就是，演员同时应该是编导。其实在舞研班也开始，因为崔承喜她本人是演员，她同时又是导演，又是编导。所以我感觉演员跟编导应该是有一个心要想着创作，所以有的时候他们在变队形呀，我也注意看。

问：开始琢磨这个事儿了。

答：就琢磨老师那手太单调，是不是加个双手？我就想能不能这么加？我就建议，说能不能加这么一个手搁进来。哎，后来同意了，加进来。

问：后来就有了这个动作。

答：后来我们《采茶扑蝶》就加了这个动作，本来都是单手的。然后排《荷花舞》的时候，戴先生也是用队形呀什么的，稍微注意一下。当时他们的排练方法，跟我们后来不太一样。时间比较长嘛，这个队形不行再改，那个队形不行再改。

问：试验性的？

答：试验性的。但是，我觉得我在表演上一直不是很开窍。因为我心也不在那儿，老想外在动作怎么美一点儿呀什么，有这个缺陷，我回想起来，还属于不是很自信、很放得开的。

问：那您的下一步，就应该是您走向编导这个……

答：没有，后来我去舞蹈学校。

问：哦，您去了舞蹈学校。1954年？

答：1954年我去了舞蹈学校，中央歌舞团派了好几个人去学习。

问：对，对。

答：赵青、汪曙云。

问：陈爱莲？

答：陈爱莲是属于中国院派的。

问：哦。

答：曹志光等这一批人。中央歌舞团是有王希贤、刘德康、我、赵青。

问：刘德康，赵青的先生啊。

答：对。好像我们4个人去的。

问：哦，您去学什么呢？

答：我读的五年级。

问：去的时候就是五年级？

答：五年级。我们中央歌舞团去的都是。它大概有一个选择，就舞蹈学校当时成立的时候，印象当中的不知道准不准确，就是表演上有一点发展的搁到五年级。

问：有一点儿基础的？

答：有一点儿基础的。四年级呢，将来重点培养作为老师。

问：嗯。

答：你看现在后来的老师，都是四年级的。

问：嗯，嗯。

答：就是有一些稍微年纪大一些的，能力强一点儿的，就在六年级。所以，我们五年级好像出来的演员多一点儿。你看赵青呀，后来湖北的刘凤啊，也是我们班的，吴福康是我们班的，吴福康表演也很好。就我们这一班好像业务基础稍微好一点儿。学了一年。

问：学了一年？

答：学了一年，后来就要派出去，去苏联学编导。

问：嗯。

答：当时好像印象是要派5个人。就从5个人当中选两个，有李正一。李正一呢，她的丈夫不太同意她去。说一去5年，家有孩子，年纪稍微大点儿，就不想去。后来就选了我和王希贤去，我是挺愿意去的。

问：您当时还算舞蹈学校的学生？从学生里面选5个人去？最后选了您和王希贤。

答：对。当时我们是该上六年级的时候，就学了一年。我们俩被送到俄语学院学一年俄语，然后就去苏联了。

问：王希贤这个老师，我不太熟，他是男的，还是女的？

答：男的。

问：男老师，跟您一块儿搞《红色娘子军》的吧？

答：嗯，嗯。

问：现在还在吗？

答：他在加拿大。

问：哦，我说呢。

答：他的特点呢，他是《跑驴》。《跑驴》你知道吗，在联欢节得二等奖。他就是即兴呀，出洋相呀，什么呀，牛鬼蛇神呀，就这种想象力很丰富。所以，我跟李承祥，我们3个人合作吧，有他在也很好，他编创风格是属于土豪劣绅这一类型的，李承祥属于大场面的，我就是人物塑造方面的，就是这样结合起来。

问：然后就是选中了您和王希贤去苏联。去苏联就属于是您真的进入了编导这条路。

答：就学编导了。

问：这个是待了多长时间？

答：5年。

问：待了5年。真是待了5年？

答：5年，真是待了5年。

问：没回来过，中间？

答：回来过两次。一次是放假，正好是国庆10周年。一次是利用假期，又加了一个月，排《西班牙女儿》。

问：那这五年您是在俄罗斯的哪个学校呢？

答：戏剧学院。

问：叫苏联戏剧学院？

答：莫斯科国立戏剧学院，这个学院在苏联很有名。

问：您和王希贤老师去，算是中国第一拨儿去学编导的吗？

答：对。

问：以前没有过？

答：没有。嗯，还去了一个人，叫叶阳。

问：叶阳。

答：他是最早演秧歌剧的那个，他是老的，比我们年纪大。是演歌剧《白毛女》里的穆仁智。因为他很有舞蹈天分，画画也非常好，就派他去学编导。但是苏联的编导系不是每年都有。结果他就跟话剧的导演一块儿学话剧导演，学了两年。我们去的时候，又跟我们一个班，学了不到两年吧。他因为跟苏联的一个人谈恋爱，就给送回来了。

问：哦，送回来了。

答：送回来了，当时不许谈恋爱。送回来了，所以后来他一直是湖北艺术学院的舞蹈系主任。现在去世了。

问：那等于说这5年的学习是属于非常严格而且非常专业的。

答：对，非常专业。

问：而且5年的话，应该是学得很到家，很到位的。

答：我觉得还是比较到家的，应该说受益还是很大的。

问：是从头开始，正好跟着一个班，一直上到毕业。

答：对。我们班就13个人。

问：其他的也都是俄罗斯人了？

答：有5个苏联人。有捷克人，保加利亚的，阿尔巴尼亚的，蒙古国和朝鲜的。

问：就是当时这个社会主义阵营吧？

答：对。阿尔巴尼亚的那个年纪比较大，是阿尔巴尼亚最有名的舞蹈家。等于咱们中国的戴爱莲之类的人物，但他年轻，比我大10多岁。我跟他开玩笑，叫他叔叔。

问：男的？

答：男的。

问：那您这又去朝鲜，又去俄罗斯的，您语言怎么解决的呀？

答：我们先学了一年俄罗斯语。在朝鲜不会语言，就是瞎跟着学，所以就傻乎乎的。但是在去苏联之前呢，学了一年俄语。

问：那您到那儿学习就比较轻松了吧？

答：也是很有问题，但是业务上没什么问题。专业课上呢，因为他一边比画，一边讲，有时候听不懂。苏联那时候特别友好，同学下来再帮你讲，老师下来有个别辅导。有一些课，就比较有困难了。我们都偷了点儿巧，就是属于文化课，他们对文化课还是挺重视的。苏联文学史、苏联戏剧史、西洋文学史、西洋戏剧史、美术史，还有音乐史，还有政治课。政治课呢，第一年联共党史，第二年政治经济学，第三年唯物论，第四年历史唯物论，第五年美学。这些课要大量的词汇。我们比较困难啊，我们那个留学生支部，不是有高班学生嘛，徐晓钟不也是那儿的嘛，徐晓钟比我高一班还是高两班的。那个班出来的导演特别棒，陈颙、张奇虹在话剧学院非常棒。而且他们这个班年纪都比较大，有3个人都是延安来的。

问：哦……

答：青年艺术剧院的吴雪，当时院长很重视向苏联学习，就派他们的老同志来学，跟我住一个房子，比我大14岁，《白毛女》刚排出来，她演大婶儿的。就这么一批人。我们有一箱子书，就是从国内弄来的，就搁在那儿。文学史，都是有简单的，俄国文学史两本。

问：汉语的？

答：嗯，汉语的，两本。西洋文学史几本。然后还有很多小说，戏剧让你看。还有一本辞典，其中有很多政治术语都在里头。中文怎么讲，俄语怎么讲。

问：对照的。

答：对照的。

问：哦，您说的讨巧，是这么讨巧的？（笑）

答：这么讨巧。因为考试是这样的，一学期完了以后，最后每一门课给3天到4天时间准备。准备的时候呢，哎呀，我记得那时候就晚上睡两个小时，白天睡两个小时。就抄，完了饿一顿，中午再抄呀。他出题目，一出题目四五十道题。完了到考试之前，抓阄嘛。临时进去，他都是口试，坐一排老师，然后你抓了这题以后，别人先答别人的题，你在底下准备40分钟左右，然后让你上去。

问：给你个机会，然后你就说去吧，是吧？

答：我记得一个是原来大学同学，他们考试的题借我们看看。一个就是阿尔巴尼亚，我叫他叔叔，他也不自信，他每次都写，每道题都写出来，写出来以后呢，他要背，那就找我，完了他就背，他一背，我就听。完了，两个人就说说。第二天考试，晚上肯定两个人说一宿，到第二天考试。有的时候正好抓到题呢，我们比如说回答吧，语言也不是说很流利，但不流利呢，想不出来我就怎么办呢？ 举例子，比如说是这样子的一个情况怎么怎么样，比如说那样的情况 …… 因为都是口试嘛，所以就比那笔试要容易一些。

问：反正就是把这学习坚持下来了。

答：但是这种学习吧，老师是不会给你5分的。俄文答得再好，他就说你没有看原著，你是不是没有看过？ 是。那我不能给你5分。和原著还是不一样，比如讲普希金，你说普希金的诗怎么怎么样，你说俄语的，我们也背了几首俄语的诗，因为在那儿也学了点，还有俄语老师教我们，什么《囚徒》啊之类。但他们那里也很少，也都是看的中文的，我们知道。所以，只能给你4分。

问：（笑）然后，那这边专业上的帮助，可以说是至关重要的？

答：专业上是这样，我觉得有两个专业老师是最主要的。一个叫芭蕾编导艺术，这是主课老师，他也是系主任，要统筹这个班。这个呢，就是从一年级开始，不断地创作作业。创作作业由浅入深，不像现在由一个动作发展，不是那样。先是民间舞，都学的俄罗斯，因为都有代表性课嘛，我们有芭蕾课、代表性课、宫廷舞课，他说你就用学过的俄罗斯舞编一个带有情节的作品。当时老师给我出的题目就叫《共青城诞生的第一个孩子》，就表现第一个孩子的诞生，你结构一下，自己找。我们每一个学生都有钢琴老师，因为当时没有录音嘛，3个学生一个钢琴老师，每个星期你有两次时间跟钢琴老师工作，他帮你找音乐。老师每个学期给不同的作业，来逐渐提高你的编舞能力。这个基本上都属于创作型的节目，到了高班的时候，可以用现有的舞剧片段。我记得好像是到了三年级的时候，我就用了《罗拉》这个舞剧的片段，自己重新编，等于是一个小的情节。在二年级还是几年级，也有自己的创作。我记得当时还创作了一个《思凡》，用朱践耳为我写的一个奏鸣曲，当时国内正在“大跃进”，我觉得我还在《思凡》那里念经，没劲儿，就是这么一个东西。反正每个学期他都给你编创作业，基本上都是属于带情节的。只有排歌剧片段的时候，它是没有情节的。这个课是要考试的，我记得这个课基本上都是5分，就是排《思凡》那次得了4分，原因是……

问：他们看不懂？

答：看懂了。我让一个演员帮我跳，可是里头很多中国动作，翻身什么的，后来想冲出去的时候，把那个幔帐撕了，撕了变成绸子，啊……又冲出去，拿着绸子（动作比画）。当时我太小，很幼稚，那样弄她学不会，最后就是考试的时候，我自己跳的。他说你没有排出来，所以我不能给你5分。

问：扣了分啊？（笑）

答：扣了分。但是我这个节目还受到了舞蹈学校艺术总监的喜欢，让我给他们的学生排，参加学校联欢节。我就去给学生排，排的时候又犯同样的毛病。他们不会的动作，我就老抠动作。结果，那个艺术指导来看，他说你怎么还没排出来呀，来不及啦，他说我给你的演员都是很好的毕业班的演员。我说，那就没排出来。后来，没法上演了。

问：您应该是五几年回来的？您刚才说，1958年还是1959年？

答：我是1961年毕业。

问：哦，1961年您才回来？

答：对。

问：那是1956年去的？

答：对。我说这个很重要的主课老师叫沙金，还有一个主课老师也很重要，叫捷芙兰诺娃。当时我给你们讲编导课的时候，我讲的就是她的课。原来是学舞蹈，后来转学话剧的这么一个人。她跟我们系主任研究，搞了一套适合于舞剧编导的斯坦尼斯拉夫斯基的表导演课。这个表导演课，我认为对我们完全搞舞蹈的人特别重要。后来在圣彼得堡当总编导的叫维诺格拉多夫，他也说“我在戏剧学院受益最大的就是这门课”，就是表导演课。一开始先表演，然后导演，就这门课，很起作用。另外学校还有一些课，我觉得是全面培养。这都属于要考试的课啊。还有两门不考试的课，就是叫测验。一个是芭蕾舞，一个是代表性。这两门课每学期都要编一个舞蹈，但编的这个舞蹈不进入考试，只是测试，只要够3分就行了，但一般都得通过。芭蕾课是由芭蕾舞老师上，这个老师是莫斯科大剧院很有名的老演员。后来编了教学法，北京舞蹈学校翻译过来了，就是达拉索夫写的，他教我们。同时教舞蹈学校的高班。还有一门是代表性课，老师叫特卡琴卡，代表性课是你每学期学了什么东西，你就用这个东西编一个舞蹈，基本上都是编情绪舞。有个别同学想编带有情节的，她也不反对。这两门呢，等于就是练手。但是虽然说是不考试，我觉得作用也很大。比如，我一年级的时候编《睡美人》中阿芙罗拉的变奏（独舞），到了三年级，让你编双人舞。都是用现有舞剧的音乐，但是你要跟它不一样。所以，我就编“阿芙罗拉”《睡美人》的那个变奏。严格说，我当时还没看过《睡美人》，但是知道是《睡美人》的变奏，我就拿那个音乐编，去回课的时候呢，这个老师其实特别和蔼，但是很严格。他就说，“你这编的哪是公主啊，简直是个疯丫头”，他说“公主是很娇嫩的”。

问：优雅。

答：很优雅。她说你动作张牙舞爪，那么多动作。当时他把我弄哭了。因为我很卖力气编呀，把我会的动作往里加呀，技巧什么的。后来下来以后，同学又帮助我。说你听音乐，按照音乐来编，音乐里头就有内涵。老师也讲，说“你编的舞蹈里没有公主的形象”，甚至于后来我才晓得，《睡美人》的公主跟《胡桃夹子》的公主，都是公主，还都是柴可夫斯基写的音乐，但是却不一样。一个是比较活泼、透明的；一个是更娇嫩一点，没有出过大门，是在花棚里长大的，这个是更浪漫一点的。就是说，俄罗斯学派是讲究个性的，但是我们学编导，现在都不太讲个性，包括学古典舞也不讲个性，就容易一般化。而他呢，就是要求强调个性，我觉得这一点对我的影响也比较大。另外，在苏联看的东西也比较多。

问：眼界也比较开阔。

答：而且对话剧也产生兴趣，因为我的大同学都是搞话剧的。他们去看话剧，就带着我去。

问：国立戏剧学院，戏剧也很重要。

答：对，对，这方面可影响乌兰诺娃的演出呢，乌兰诺娃原来的丈夫是话剧导演，是徐晓钟的老师，叫萨瓦斯基。他呢，虽然跟乌兰诺娃离婚了，但是乌兰诺娃每场演出，他都有票，要去看。

问：哦。

答：所以呢，有一次他给了徐晓钟两张《吉赛尔》的票，我去看了。确实就是很好。另外，我们在苏联看舞剧还有一个优势，有一个学生证，你只要拿着这个证到票房，他马上给你开一个站票，你就进去可以看，我去歌剧院看的比较多，就是斯坦尼斯拉夫斯基歌剧院。大剧院呢，它有时不太爱开，但是偶尔也可以，就是进里头去看。咱们现在的学生没有这个优势。

问：没有，没有。

答：但是他们现在看带子比较多了。

问：所以我就说，在这儿待了5年啊，这个5年的训练……

答：可能熏陶的比较多。

问：那这个期间您创作的第一个作品，就是《西班牙女儿》？

答：《西班牙女儿》，对。

问：这个是哪一年回来排的？

答：1960年。

问：1960年？

答：对，1960年回来排的。

问：为什么当时想到要排这个作品，这个作品当时是个什么情况呢？

答：我最早是想排《泪泉》，因为我很喜欢《泪泉》，而且我觉得《泪泉》在结构上有优势。一幕是波兰的风格，二幕后宫的中亚、西亚的风格，最后男子的舞蹈，而且人也不用特别多。当时我给陈锦清写信，想到舞蹈学校排。

问：您当时的关系算在哪儿呢？算舞蹈学校了吗？

答：出去了就哪儿都不算了。

问：文化部？

答：文化部教育司。

问：文化部教育司，哦……

答：陈锦清就说，欢迎我回来实习。但是他们正在搞《鱼美人》，她说你可以参加一个片段，后来我就跟我的老师汇报，老师说“你参加一个片段不合适，要搞就搞一个舞剧”。

问：舞剧啊，搞一台。

答：正好，1959年回来的时候，不是大庆嘛，我就看了天津的一个演出，叫《石义砍柴》。

问：啊，《石义砍柴》。

答：哎，我就觉得天津也有一点潜力，就是他们演舞剧嘛，加上曹火星和王辛都是作曲家，我就给曹火星写了封信。其实，我先是给武汉写了封信，武汉那边说他们不想排芭蕾舞。我就问曹火星，曹火星就说很欢迎来。但是我在分析《泪泉》的时候呢 —— 咱们中国那时候是“大跃进”，我就感觉到咱们中国人看得话，容易抓不着《泪泉》的意义在哪儿。因为苏联很讲究导演在分析的时候，这个剧上演的最高任务是什么。后来我就跟徐晓钟商量，我说我找不出最高任务。因为按苏联伯林斯基的那个意义，《泪泉》实际上是文明战胜了野蛮。因为鞑靼王吉列依看到了波兰的文明，玛利亚就代表了波兰的文明，他再回到后宫的时候，他对后宫的生活厌倦了。最后你再拿一群女人，再要号召战争，他都没有心思了，他只是用泪水来纪念这个美丽的玛利亚。我说中国观众不会这么去理解，会说爱情让那个屠夫放下了屠刀，徐晓钟说，“那你就再找一个舞剧吧”。

问：所以就选了《西班牙女儿》？

答：就选了《西班牙女儿》。《西班牙女儿》有两个版本，一个是大剧院的，是另外一个作曲家，我用的是音乐剧院的这个脚本，它的舞台台本的结构和音乐的戏剧性更强一些。大剧院那个版本舞蹈性比较强，把戏剧全冲淡了。我很喜欢音乐剧院的风格。

问：那就是说《西班牙女儿》是给一帮没有学过芭蕾舞的人，或者说略有基础的人排的？

答：对，略有基础。

问：这个团是不是就是从这个之后开始弄芭蕾的呀？

答：它后来排完这个以后又不搞芭蕾了。

问：哦。

答：再后来又搞芭蕾，就老这么来回来去弄。

问：那不管怎么说，您当时完成了这个任务，交了一个挺好的答卷。那么当时王希贤排的是什么呢？

答：王希贤跟游惠海一块儿排的《白蛇传》。

问：给哪个团排？

答：给中国歌剧舞剧院。

问：哦，就是赵青他们那个团。

答：对。但是他自己不是很满意，我没看着啊，不是很理想。所以他没有把它作为毕业作品去汇报。当时我这《西班牙女儿》排出来之后，考虑到演员的芭蕾基本功比较差，所以实际上是只用了少数人，重点突破足尖，包括主要演员。个子高一些的，就以代表性为主，把她们分开来。然后呢，我强调表演，所以第一批《西班牙女儿》的表演非常好。现在我给舞蹈学校的这个带子是1982年复排的，严格说就比较差了。

问：还是她们团？

答：还是她们团。1982年他们想复排，我那个时候还有别的事，用了几个老演员，帮着一块儿排，没有时间抠那么细。当时这个戏的特点可能就是情绪比较饱满，演出相当轰动，因为等于说是中国第一部芭蕾舞剧嘛。

问：在天津演的？

答：天津演，后来到北京演。总理看了，就说要邀请她们去给吴奴总理演。

问：缅甸的吗？

答：缅甸的。我这时候已经不在了，到北京的时候我就没来，在天津演完我就回去了。他们后来告诉我本来是邀请舞蹈学校的《海侠》（又名《海盗》），后来总理一看这个是中国人搞的——我觉得周总理就很注意长中国人的志气啊，就说我们用自己排的，所以把他们拉到北京，总理还跟他们一块儿合影。

问：这其实就是对您在俄罗斯整个学习的一个交代啊！

答：对。

问：有一个总结式的，后来还是以优异的成绩毕业了，在俄罗斯，是吧？

答：对。

问：您跟王希贤都是圆满地完成了学业。

答：我就是主课啊，就是那个……

问：刚才说那个？

答：刚才说那个4分，其他都是5分。

问：其他都是5分。那相当不简单了。（笑）

答：对，对。（笑）。

问：1961年回来，中央芭蕾舞团就成立啦？您就直接分到中央芭蕾舞团啦？

答：对，当时叫北京舞蹈学校实验芭蕾舞团。

问：嗯，您跟王希贤就都进中央芭蕾舞团了？

答：当时还是叫实验芭蕾舞团嘛。

问：实验芭蕾舞团？就是白淑湘她们那拨儿，1959年刚成立？

答：对，1959年刚成立。

问：刚成立的时候没有职业编导，是吧？

答：就李承祥。

问：李承祥就是学的编导班？

答：学的编导班，当时古雪夫在嘛，正好撤苏联专家，我们回来了。所以回来以后就成立了一个创作组。王希贤、我、李承祥，另外还有一个从苏联回来的舞美设计马运洪，加上原来的服装设计李克瑜。

问：嗯，你们是中央芭蕾舞团的第一个创作组？

答：第一个创作组就我们几个人。

问：那回来以后你们的任务是什么呢？就是找中国的舞蹈文化？

答：没有，没有明确是搞中国芭蕾舞，就是……

问：搞创作？

答：搞创作，排芭蕾舞。所以我在中央芭蕾舞团就是跟苏联学习以后，帮他们排练什么的，也有点这个任务啊。我在这里排的第一个芭蕾舞剧是《巴黎圣母院》，还是排的外国剧。

问：是从苏联带回来的？

答：苏联带回来的，也是带回来的音乐。因为当时没有录像，不可能用他们的舞蹈动作，整个结构啊，变化都……

问：还是自己编的？

答：还是自己编的，周总理来看了两次。

问：这是哪年啊？《巴黎圣母院》首演是哪年？

答：1963年。

问：您1961年回来的，等于说是两年时间排的《巴黎圣母院》？

答：不是两年时间，1962年王希贤跟我说他想排《泪泉》。实际上《泪泉》资料是我带回来的，而且我还跟《泪泉》的导演扎哈洛夫聊过，他搞创作的过程什么的，我就全都给王希贤了。后来，团里决定让他先排了《泪泉》。

问：那时候你们俩分头排的？

答：开始没有分头排，他排的时候演员都给他了。

问：嗯，都在一个团里？

答：都在一个团嘛。但是后来我要了几个演员，原来的主要演员都给他了。我呢，等于是要来了没有当过主要演员的人，我来培养成主要演员。

问：（笑）

答：所以当时就是武兆宁、吴振荣、程礼周。后来正式排的时候还来了两

个舞蹈学校的人 —— 王家鸿和唐秀云，他们俩后来是舞蹈学校特别好的老师，还有李承祥，李承祥也演神父。我一开始就先给他们磨戏，就给那个 ……

问：主要演员？

答：嗯，一开始选了几个，等于就是没有当过主要演员的人，在试排的时候感觉到武兆宁潜力比较大，就选了他。

问：那就是1963年《巴黎圣母院》正式在北京演出？

答：对。

问：就是中央芭蕾舞团成立了以后 ……

答：当时叫中央歌剧舞剧院芭蕾舞团。

问：对，对。

答：中央歌剧舞剧院成立以后的第一个芭蕾舞剧，就是《巴黎圣母院》。

问：对，你们当时叫中央歌剧舞剧院？

答：对。

问：赵青他们那个是中国歌剧舞剧院嘛。

答：对，对。当时也排了很多舞剧，王希贤排了《泪泉》，我排了这个。我回国的时候跟老师有过一次长谈，他帮我分析外国的各个舞剧，因为我说我想带回去一些剧目啊 ……

问：您跟哪个老师谈？

答：跟苏联的主课老师安娜托里·瓦西列维奇·沙金。

问：哦，哦。

答：我们都叫沙金老师。他理论方面比较好，他分析了很多作品，觉得真正思想性、艺术性都好的作品不太多。很有代表性的就是浪漫主义时期的《吉赛尔》《天鹅湖》《仙女》等。但是在苏联上演的主要就是《睡美人》《胡桃夹子》，就是柴可夫斯基的那三大舞剧，法国的《无益的谨慎》等。苏维埃时期的舞剧，像《罗密欧与朱丽叶》《泪泉》啊，都还是不错的。我当时很想排《塔拉斯·布尔巴》，是果戈理的作品。他就说果戈理的书很好，但是舞剧呢，它的第一主角不是英雄而是弟弟，那个弟弟实际上是跟波兰公主谈恋爱了，等于是个叛徒，对他哥哥的描写不够。他说你要改动起来呢，可能费劲比较大，因为音乐都在那儿了。完了就又分析了其他作品，他认为严格说来好的作品也就那么10来部吧。

问：可以供您挑选的作品……

答：他说不多。他都提了这个意见、那个意见，他说你最好就是排自己的作品。

问：嗯。

答：沙金老师还说，“你要是有点出息，可以先从神话、历史剧排起。你要是更有出息，就排现实题材的舞剧”。

问：哦。

答：他跟我这么说，当时校长介绍我说这个老师的特点就是培养个性，就是发扬个人的创造力。他一直鼓励我们创造自己的东西。所以为什么在苏联我搞过《思凡》啊。后来，总理第二次看了《巴黎圣母院》之后，在休息室，当时总理跟我们很平常、很随和，就像聊天似的还跟我说，里头我发现有中国味道，怎么？当时我还没理解什么地方有。后来我想到了，有一个女子群舞，手里拿了一个纱巾，本来说不拿纱巾跳舞的，我为了花哨嘛，弄个纱巾跳那些群舞。后来想……

问：他还蛮敏锐的。

答：对啊，他说你最好不要加中国的东西，他说你将来排中国舞的时候用中国的东西，你排外国舞就不要加中国的东西。后来我就说，我感到外国的舞剧好的也不是特别多，那排完了以后怎么办呢？他说，“你们可以创作我们自己革命题材的舞剧，可以表现巴黎公社或十月革命的舞剧嘛”！廖承志同志说，“哎，《十月革命》不错，《十月革命》你们可以排中国支队嘛”。他一说排中国支队，周总理就反对了，说“十月革命主要是靠苏联人民的力量解放的，中国支队表现都很好，但只是一小部分力量”，他说还是不要排这个，建议我们排《巴黎公社》。后来我记得演出结束后，周总理上台跟大家一块儿合影，他还说“我刚才跟你们导演说了，你们下个舞剧排《巴黎公社》”。

问：哦。（笑）

答：他讲了这个，那是1963年的11月份。

问：《巴黎公社》排了吗？

答：《巴黎公社》没排。它是讲述革命的，后来到12月份我们就去上海巡回演出，带着《天鹅湖》和《巴黎圣母院》去上海，然后到了南京。那时候正好京剧现代戏在演，在上海快演完的时候，大概是快1月份，说北京要开一个会，研究芭蕾舞下个舞剧创作的题材，当时因为《巴黎圣母院》我就留下来跟团演出，李承祥、王希贤就回来参加那个座谈。这个将来李承祥会讲得比较仔细，在整个座谈会上……

问：定下来？

答：回来我问王希贤，王希贤讲既然革命，咱们就革命点。《娘子军》和《红岩》，他说我们提的这个。又说，林默涵提的是改编电影《达吉和她的父亲》，周巍峙提的是关于护士的还是什么的，吴晓邦提的《红岩》，反正提了不少节目。之后听李承祥说他提的改编电影《红色娘子军》，赵枫院长就说《红色娘子军》好，第一故事家喻户晓，第二音乐主题歌好，第三又是女的为主要的，他就觉得这个比较好。因为赵枫当时是我们的院长。

问：哪个院啊？

答：中央歌剧舞剧院的院长，他是音乐学院的院长兼我们院的院长。我觉得这个条件非常好，这样一来作曲就解决了。他把作曲的吴祖强、杜鸣心给调来了。他又懂音乐，理论水平等各方面的修养都比较高。所以他就说这个比较好，就定下来了。那时候我正在南京演出，南京演出回来，他们定了以后，当时就决定我们三个人作为舞剧《红色娘子军》的编导。

问：哦，您回来就进入《红色娘子军》这个创作组了？

答：对。

问：这是1963年底吧？

答：不是，1964年2月份。

问：哦，1964年。

答：1月份定下来的，2月份组建创作组。

问：就刚才说这个会议是1963年底？

答：不是，1964年1月份开的会。1963年底我们在上海演出，我们演到1月份下旬就回来了。

问：嗯，《红色娘子军》当时排练的时候，这个剧本是怎么产生的？是从文学过来的还是从电影过来的？

答：电影。我们一开始首先就是看主题思想，主要人物矛盾冲突，都进行这些分析，然后也看了一些电影的评论。这是在走之前，心里对这个电影的矛盾冲突、人物等都有些研究。然后深入生活，实际上是深入生活过程当中丰富了很多的想象，完成了剧本的框架结构。

问：就不断地慢慢加工？

答：先请教梁信，梁信也搞了个本子，他那个本子根本就是活报剧，没法用，就听了一下。他讲了讲，好像讲一群女的拿小红布条啊什么的宣传。后来我们说像活报剧，因为他毕竟不是搞芭蕾舞，不是搞舞剧的。

问：对，对。

答：所以我觉得这个剧本的成功，主要是后来在下去生活的时候，沿路给了我们很大的启发。

问：深入生活是从这个组成立以后？

答：2月份就下去了。

问：就去海南了？

答：海南，在那儿深入生活一个半月。当时条件好，部队给车，地方上又开绿灯。

问：这个题材当时是周总理支持的？

答：对。

问：所以等于说是钦差啊，算是国家要你们做的这件事啊。（笑）

答：可能因为是部队题材，所以部队也帮忙。因为是文化部开的介绍信，所以当地文化局就接待了。

问：很支持？

答：很支持，介绍去这儿去那儿。

问：下去采风就是您、李承祥老师、王希贤老师？

答：还有几个演员，作曲就是吴祖强，舞美是马运洪。

问：都去了？

答：马运洪去了，还有是绘景的梁烨。演员还去了刘庆棠、白淑湘、钟润良。还有一个海南的李新颖，她是本地人，所以她去了方便。

问：去了一个半月？

答：一个半月。走这一路不断地在想，当时没有结构起来，因为知道它的主题思想和矛盾冲突嘛，主要的事件心里就很清楚，所以在很多地方就得到很多的启发。比如说先到那椰林寨，从来没见过那么一大片椰林，就在海边。一看椰林，我当时就感觉，哎呀，谁要是在这里逃跑多容易啊，搞那么多的树，连村子都看不见。

问：嗯。

答：而且椰林的那个椰树是比较粗的，有的树长到一定时候就倒下来了。横着长完了再起来。我当时就跟舞美设计的马运洪讲，我说你赶紧画点这个图吧，在这里逃跑最好。电影里逃跑是在街上，在城里头逃。我当时就觉得在这里逃跑很有条件，当然这也是经过大家讨论的，她可以藏藏躲躲的。

问：所以现在第一幕就是这样？

答：就在椰林。

问：有这个效果。

答：其实第一幕做结构的时候，因为电影上洪常青是两次进南府，在舞剧表现上是挺麻烦的。所以最后我们讨论，觉得从事件上来讲，琼花不就是跑，把她抓回来，洪常青又把她救了，就是跑、抓、打。那么没必要再回南府一次，就在椰林里头跑出去，抓，然后抓着了打，打死然后又获救了，就在一个地方。因为事先脑子里对事件、对人物都有底了以后，就觉得怎么可以精炼，有的人物可以不要，根据事件的需要，有的事就可以去掉。

问：对对对。

答：所以我觉得苏联的导演课，在这上面帮了忙，就容易捋清楚这条线。因为我后来负责序、一、二。

问：序、一幕、二幕？

答：嗯。

问：这是你们3个人的分工？ 您负责序、一、二？ 三、四 ……

答：对。三幕和五幕是王希贤，李承祥负责四幕和六幕。这时整个的脚本写出来以后，在写音乐长度表的时候，音乐长度表等于说是跟作曲合作的细致的舞台本。这时候，我们3个人才分工。我觉得深入生活这个经验应该传下去，就是生活提供了很多想象，因为对琼花这个人物，从感情上就接纳了，而且当时梁信讲了一句，说“它这个本子，实际上就是围绕琼花这个人物来写的，其他都是来陪衬她的，都是为了衬托她的个性”。所以我们就对这个人物进行了重点的琢磨。生活当中对于我的启发很多，就比如说我们到了一个大的广场，叫列宁广场，当初就是在这儿开大会的地方，有一个赤卫队的老队长给我们讲解当时开会的那个情况，除了军人，还有儿童团、有赤卫队员、有群众，可以有万人。有一个小土台子，而就在这个地方有棵木棉树，他们管它叫“英雄树”，后来我们搞二场的时候，就是两棵英雄树，就把这个场做起来了。你想，原来电影里头也没有赤卫队员，也没有儿童团，但生活提供了你有赤卫队员，有儿童团员之类，就是有群众。所以我觉得这个呢，就是想着娘子军成立，电影上是队伍正在那儿走呢，琼花追上去，人家就问她“你为什么要参军”“你看我受的伤”就这么一个镜头，但就这个事件从琼花的发展来讲，参军是她的一个转折，从一个奴隶到一个战士，所以顺理成章就一定要把它搞成一大场。

问：嗯，所以第二幕就主要是围绕着这个？

答：对，主要是围绕这个。具体舞蹈怎么安排，就是通过音乐长度表去写出来。然后关于南府，我们也看了原来那些土豪劣绅的房子之类，舞美设计想到它的设计特点。就说整个这一路下来 ……

问：就极大地丰富了整体的这个思维。

答：丰富了。包括它有一个阶级教育展览会，讲当时的压迫、水牢之类的，当时的水牢给我印象特别深。我序幕原来用的是水牢，好多人在那里头，有的人已经奄奄一息了，来两个人把他抬下去，后来在第一次钢琴联排以后，话剧导演吴雪提意见，说“你们这个序幕开场有点像话剧啊！ 芭蕾舞是不是应该有芭蕾舞的特点啊”。启发很大，就重新搞，就搞成是一个柱子上绑琼花，也是水牢，还有两个女佣人，这两个人用足尖跳。吴祖强写了一段歌谣，就是悲哀、感叹、愤慨搁在这里头。现在《红色娘子军》的这个序幕……

问：就没有要这个歌谣？

答：没有要这个歌谣，改的那个音乐和舞蹈都像是红军战士在就义的时候的那些动作，就改的不太好。后来粉碎“四人帮”以后，我要求……

问：恢复一下那个音乐？

答：原来那个音乐不太好恢复了。我说是不是把这些动作去掉，还恢复为原来那些动作？但音乐已经没有原来抒情的那个调子了，其实还是原来的那个音乐我觉得会更好一些。

问：那采纳了吗？

答：那音乐不可能改了，因为……

问：不是音乐，您说的这个动作上……

答：采纳了。因为当时我还在嘛，没退休，也是帮着复排。因为这个后来效果很好，老师过去讲过说，结构注意你一开始就是要点题，点题而且要把你的风格带出来，那一看你是话剧风格就不行了，你光激动、光想戏剧了，它一开始是芭蕾舞的风格，两个女舞者脚尖那么一做，整个抒情的那种感觉出来，然后再进入到主题。

问：您回来以后大概整个排了多长时间，就整个的《红色娘子军》成型了以后？

答：成型是这样的，我们4月份回来，回来以后就开始写整个舞剧长度表，可能是4月中旬还是5月份开始排练，7月中旬就排完了，就联排。我们是先排了一段，这个音乐当时写主题的时候也是先审查音乐，包括琼花的主题、南霸天的主题、洪常青的主题，先听一听这个主题合不合适。每个人先写音乐长度表，在4月份，写完了跟作曲家讨论，作曲家写出来一段以后你才开始编嘛，所以可能来来去去，我估计可能快5月份才开始排。先排出三段，就是每人先排一段，领导来审查，看看这个风格对不对。我当时排的是“琼花逃跑”，李承祥排的是“斗笠”，王希贤排的是“黎族少女”。赵枫院长一看，说很好，可以往下进行，赵枫院长曾经说过“琼花不像天鹅”。

问：不像白天鹅了？

答：不像白天鹅了，挺好，通过，继续往下排。这3个通过以后，我们才开始继续往下排的，7月中旬就排完了。

问：那速度相当快了！

答：嗯，很快。一边作曲一边排，一边作曲一边排，因为3个人分工嘛，毕竟快一些。

问：那么演出呢？

答：演出？不是，排出来是钢琴联排，整个拉出来了。后来呢，大家还很满意，赵枫院长说“咱们再上一层楼，请大家来看”。当时请了部队的，请了文艺界的，包括话剧界的，请了一帮人看。赵枫院长跟我们说：“让他们横挑鼻子竖挑眼，你们一定要听得进去反面意见，他们才能帮你提高一步。”这个思想很明确，很希望听到各种意见。所以，就是在这次钢琴联排之后，听到了很多意见。其中，一个重要的意见是，像娘子不像军，包括演员。当然，我想编导可能编的也有问题。因为有部队的人来嘛，我记得比较清楚的比如像序幕，所以序幕改了嘛，还有其他的一些意见我记不太住了，跟我牵连比较大的就是序幕的问题，还有就是像娘子不像军。当时还有一些其他人提的意见，比如说琼花晕倒以后慢慢又醒过来了，林默涵就说“因为海南岛经常有雷阵雨，是不是加一场下雨她才醒过来，那不是更好吗，台上也不空”，像类似于这样的意见也很好。所以就是琼花醒来的时候，原来是躺在地上，南霸天等一走她就慢慢起来了，现在是躺下，下雨，之后起来……因为当时也年轻嘛，你没有任何包袱就希望听见各种意见，改后效果很好。团里组织部130多个人，包括演员和乐队演奏员，到部队三十八军当兵去了，编导跟作曲留下来修改，就再琢磨什么地方不好，按照大家的意见什么地方还可以加工改一下。他们下去两个礼拜吧。

问：就去练那个英武之气啊！

答：嗯，他们都是拼刺啊、扔手榴弹啊、擦枪啊、队列啊什么的，他们在部队联欢的时候自己也编一点什么立脚尖、看齐啊这些东西，李承祥看见后就受到了启发，还把这些吸收到他编的舞段里去了，李承祥，我觉得他很聪明，另外他编群舞能力也比较强，他就提出来想重新编“娘子军操练舞”，我编的时候确实存在这样的问题，就是有点套古典芭蕾的老路子，所以当时，比如现在洪常青跳的那段音乐，我是两个女演员跳的，洪常青没加进来，等于说整个是一段女子舞蹈，我有刀舞，拿着刀，没有拿枪，因为刀好看嘛。李承祥了解下部队回来后演员的表演，把操练的动作等吸收进去，就更贴近生活，舞中首先是瞄准的枪，然后是刀，最后是拼刺的枪。实际上当时在30年代没有刺刀，他整个一改编，我觉得比我原来的那段舞蹈好了一大块儿，我完全心服口服。

问：有“军”的感觉了！

答：对，有“军”的感觉了。这段舞蹈我甚至给人讲课的时候我还分析它，因为后来我去阿尔巴尼亚的时候给他们排了全剧，给他们排这段舞蹈的时候我就发现了，因为亲自排和不亲自排有很大不同，我觉得确实是编得非常好。他把生活和舞蹈结合，而且变化非常丰富，甚至还喊“嗨！ 嗨！”把洪常青加进来，加得非常好。生活跟艺术结合以后，整个把生活给提高了，艺术又丰富了，就是不那么死板了，所以就这段舞蹈他改得比较好。我们最后演出是在9月二十几号彩排了一次。

问：那这次带了音乐了？

答：和乐，对。因为钢琴联排之后不是进行修改嘛，修改的时候有些定稿了的，作曲就开始配器，我们就开始修改，同时细排。定下来之后我们就要把它排整齐啊，感情排出来，抠到9月的21、22号，在天桥剧场审查。文化部的领导，这次江青来看了。

问：哦，这是江青第一次露面？

答：第一次露面。江青她原来根本没有指导过，这个事情按理说我们都不愿意提，因为老说是江青指导，但江青看完以后大概第二天，可能9月二十二、三号吧，她又来了，她也提了点意见。

问：当时她是什么职位呀？

答：当时我们因为是文化部的演出，请了很多文艺界的人来看，我们就把她当成文艺界的人一块儿请来了，也没有把她当成很特别的人物，就是主席夫人嘛，肯定是比较喜欢。她想来提提意见，因为我们就听各种意见嘛，所以赵枫院长说："江青明天要来提提意见，大家都别乱说。"就让我们别反驳啊什么的，因为他那一次也是给我们嘱咐了，就是横挑鼻子竖挑眼，你就耐心听，江青来了你们也认真听一听。江青就提了一个意见，这个意见我觉得还是不错的，因为原来一场呢，是红莲带着琼花去参军的，就没有洪常青，她说可以把红莲去掉，让洪常青给她指路，这个点子出得还是不错的。这样的话，红莲这个角色就去掉了，后来我在改第二幕的时候也觉得比较顺了，因为原来第二幕琼花诉苦的时候，红莲在那儿蛮尴尬的。

问：这样就删掉了一个人物角色？

答：对，这个改起来也比较容易，就是不到一个礼拜我们就正式演出了，总理看了，大概二十八九号吧，总理一看很高兴，提出用"红"剧作为国庆招待演出。所以，我们的首演就是国庆招待会，等于是30号。

问：那这个首演的几个主要演员都是谁呀？

答：就是刘庆棠、白淑湘。

问：白淑湘是第一任的吴琼花？

答：第一任，钟润良是第二任。因为咱们宣传部门吧，都喜欢宣传第一组，不宣传第二组，所以就是刘庆棠、白淑湘，李承祥是南霸天第一组，他演的是真好。

问：那第二组呢？您现在想想第二组的主要演员都是谁。

答：第二组当时是王国华……

问：哦，王国华是第二组？

答：对，但是王国华体力稍差一点，后来他演得比较少，“文革”时候基本就是武兆宁演了。第二组王国华、钟润良……

问：南霸天就还是李承祥？

答：还是李承祥，后来还有孙学敬。“老四”的第一组是万琪武，第二组是吴坤生。

问：国庆招待会肯定是第一组演的吧？

答：肯定是第一组，第一组演得也比较多。

问：所以，可以说1964年的国庆节，《红色娘子军》就已经定下来了啊？

答：对，而且1964年的10月8号毛主席看了。毛主席一看，就给了三句话：“第一方向是对头的，第二革命是成功的，第三艺术上也是好的。”所以，《红色娘子军》说是江青搞的，我就觉得这个宣传是非常错误的。

问：当时江青是别有用心的吧？

答：现在还有人这么说，那次有一个外单位吹单簧管的人说江青怎么怎么样，我说“哎呀，你不太了解情况”，他们又说“哎呀，那八个样板戏，包括你们《红色娘子军》不就是她抓的嘛！”我说“不是她抓的”，他们说“那她也是领导”，你没法跟他解释。

问：对、对。这个主要是后来因为是8个样板戏的事儿了。（笑）

答：对，《白毛女》也不是她抓的。《白毛女》是人家上海1965年就排出来了，我们是1964年排出来的《红色娘子军》。

问：你们是1964年，他们是1965年？

答：对，没有关系。江青想改《白毛女》……

问：江青也给提了不少意见，也是啼笑皆非的意见。

答：她提的意见后来他们并没有用，她上我们团来改，“文化大革命”的时候我们团一改以后，她又提出来“你们改坏了”，怎么怎么样。

问：上次我们采访舒巧老师，她也是说提的意见让人啼笑皆非，说“大春为什么就来了，来了为什么不给白毛女写一封信”，但是你说给白毛女写信，那时候山上哪儿有邮局呀？

答：还提了说加上赤卫队员，我们加了赤卫队员，穿一身红衣服，最后她说《白毛女》整个失败了，变成“红毛女”了。我跟她后来接触得比较少。

问：那《红色娘子军》首演之后，毛主席也给了这么高的评价以后，是不是演出就比较多了？

答：多了。

问：就是一个主流性的演出啊？

答：对。我记得在深圳演的时候……

问：深圳？

答：到深圳去演过。

问：那时候就有深圳了？

答：嗯，有啦，深圳还是很小的地方。

问：啊，小渔村吧？

答：小渔村，对。香港过来很多人，当时演两台戏，一个《天鹅湖》，一个《红色娘子军》。结果呢，《红色娘子军》轰动！

问：深圳那时候有场地吗？

答：有有有，我没去那里，但是他们去了。我没去，因为搞“四清”去了，深圳演出在香港很轰动。

问：这个是在“文革”之前？

答：“文革”之前，就是1964年。

问：哦，您做完这个就去搞“四清”了？

答：对。

问：那《红色娘子军》大红大紫的时候就跟您没什么关系了？

答：对，没关系了。

问：您就完成了这个事儿了？

答：对。我那个时候好像对这种东西不是很在乎，《西班牙女儿》也轰动得不行，我觉得它还是我年轻时候的作品，将来可能还会有更好的，都是这么一种心态。

问：您搞“四清”去了多长时间？

答：“四清”去了……先学习了一两个月，先把我们自己查清，然后再下去，也下去了大概四五个月。

问：那回来差不多就该“文革”了？

答：不是“文革”，那是1964年10月份下去的，1965年的五六月份到工厂去了，我们要搞舞剧《纺织女工》。

问：哦，您去体验生活去了。

答：对，整个团就在上海申新九厂，都到那儿深入生活呢。我去晚了，他们已经先在那儿深入很久了。

问：《纺织女工》好像后来搞出来了吧？

答：搞出来了，这个《纺织女工》啊……

问：《纺织女工》是您搞的？

答：我们3个人。

问：也还是你们3个人合作？

答：我们3个人，作曲是5个人。搞这个的时候呢，下生活，就看出来我们的一个弱点（包括李承祥，我们都承认），就是我们在编剧上没有人家真正搞编剧的人有本事，所以编来编去，由于从概念出发去编，所以故事和人物我们当时搞得很费劲。但是后来也是个故事：从苏北来的逃荒的年轻女子进入了纺织厂，然后在纺织厂怎么受欺负、受剥削、受压迫什么的，纺织厂的老工人是地下党，怎么组织她们跟资本家斗争，为了解放又参加游行，后来解放了等，这么一个故事，就觉得我们不太会编故事。但是在纱厂的这段时间，还是有对工人的一段生活体验。《纺织女工》因为音乐非常好，作曲开始写音乐之前5个人都写音乐主题，就是写那个赵小妹是一个地下党，小珍子是苏北的一个少女这两个主题，当然还有反面主题了，从里头挑。小珍子的主题后来是杜鸣心写的，赵小妹的主题是陈能继写的，他是当时音乐学院的毕业生，将要分到中央乐团。音乐写得非常好听，而且很有个性。我搞一、二幕啊，因为别的不用说，

第一幕有一个音乐就是搬运工，那个音乐是陈能继写，他就用那个号子的感觉（哼唱），完了乐队的演奏的感觉（哼唱），后来作曲家跟我讲，为什么音乐是这样子的感觉呢，因为搬运工从船上卸货下来或者上货上去，压的（呵气），所以音乐是那种喊出来的感觉。这个作曲家我跟他合作得特别好，很有感情的一个年轻人，后来去香港了。他觉得赵小妹的音乐主题很好（哼唱），很温暖，音乐发展得又很好（哼唱），整个的音乐跟《红色娘子军》完全不一样，虽然是工人抒情的音乐比较多，而且还有江南小镇（哼唱）很透明的那种感觉，还有一些江南的小调，我觉得音乐真的非常成功。而且，后来的那个舞蹈呢，第一场我认为编得不成功，但是那个号子的音乐还是很好，后来因为琐琐碎碎的事情太多，我都记不清了。二场到现在为止都可以说是编得很成功，就是你要去问团里的赵汝蘅啊，都怀念那时候的二场。二场如果说是交响芭蕾的话，其实二场等于是交响编舞法。为什么呢？因为当时跟李承祥我们一块儿研究，就说二场给我了，我的任务就是表现车间、压迫、苦难，所以整个就在车间里工作。我想车间怎么弄啊？车间就是一排一排横的机器，但舞台上不能有机器，舞蹈要叫人感到在车间，我们吸收了很多车间里这种手的动作（比画），脚底下还是芭蕾的。从一开始我就让她们站那么几排，在那个车间里跑，音乐时而抒情、时而急速，在这个中间穿插的有那个拿摩温，拉着小孩儿的辫子，小童工从这里面穿插过去，整个舞台就是这样子。

问：像纺织机、织布机一样？

答：对，因为没有机器，但是人在那里，人走的路线是那个机器的路线，然后人整个散开以后是小珍子和工头的一个双人舞，当时我还挺创新的，工头在高处的一圈大蹦子，小珍子在地下一圈乌龙绞柱。最后赵小妹号召大家团结起来（哼音乐），也是一个个加进来，人越来越多、越来越多，最后一看资本家出来，马上开始劳动，但现在的劳动处理有了较大变化发展。赵枫院长特别喜欢这一幕，说好像有《天鹅湖》第二幕的那种感觉，全是女的。当时不觉得，现在一回想起来，整个就是交响芭蕾那种虚拟的车间，虚拟的动作，整个切换也非常简练。也有停下来的地方，比如说很安静的，赵小妹扶着她，很静很静的一个动作，然后赵小妹一段独舞，号召大家起来，完了再团结就是力量。

然后，李承祥编的第五场也非常棒。他第五幕也相当于交响芭蕾编舞法，它是游行，有人用消防水龙头冲，杜鸣心写的音乐相当好，就是那个队形的变化，气氛。一会儿这样一队出来，一会儿那样出来，一会儿几个人的……《红色娘子军》戏剧性比较强嘛。我们这个不太会编戏嘛，也有一些败笔，比如说，我说第一场编得不太好。因为也是刚刚编出来，也是等于编出来还要再提意见，再修改嘛。但整个编出来联排之后，我就去阿尔巴尼亚了，去给他们排《红色娘子军》。等我回来的时候，"文化大革命"开始了。"文革"开始之前，《纺织女工》彩排了。已经彩排了，应该是很好的。因为后来贯穿了很多生活动作，什么纺织的动作啊（比画），什么工人啊，再加上脚尖啊、阿拉贝斯、弹跳啊什么的，就完全是另外一种性格的东西出来。结果呢，刘庆棠他们这些造反派啊，就愣说它是"毒草"，为什么说是"毒草"呢？他们说"玉珍，工人阶级怎么会哭哭啼啼呢？"因为她在那里受压迫的时候，有些痛苦的动作。赵小妹去安慰她，完了弄起来，就觉得我们工人阶级怎么回事儿，那人情味儿什么的。然后，解放了，为什么没出毛主席像啊，"毒草"！一开始就把它给打掉了。"文革"后呢，很多演员都呼吁要复排。总谱找不着了，总谱没有了。然后呢，结果就是没有排，我觉得是蛮遗憾的。

问：您是说1966年，"文革"之前去的阿尔巴尼亚？

答：对。

问：阿尔巴尼亚是不是您说的那个叔叔、舅舅，那个他请您去？

答：阿尔巴尼亚请我去，但是他是这个剧院的总导演。他是歌剧舞剧院舞蹈团的总导演，舞蹈团的团长也是他。

问：您是什么意思啊？他们排《红色娘子军》请您去？

答：对。

问：这个挺有意思的。

答：他们人不够。从部队文工团又调来一些人（也许是民间舞蹈团）。

问：就是阿尔巴尼亚部队文工团（也许是民间舞蹈团）？

答:对。因为阿尔巴尼亚一共才100多万人。地拉那(Tirana)才10万人。但他们唱得很棒，可能巴尔干半岛人的嗓子都比较好吧。

问:他们这个排好了也到中国来演过，是吧?

答:没有，来过两个演员参加演出。

问:哦，但是在他们国家是……

答:全剧公演。周总理是5月份去的阿尔巴尼亚，带了一个团，带的是北京战友文工团马玉涛啊等人。然后请总理看了第二场。看了之后总理很兴奋，晚上在使馆吃饭，把我给叫去一块儿吃的饭。

问:您是文化部派去的?

答:文化部派去的。

问:是国家间的交流项目吗?

答:国家间的交流项目。阿尔巴尼亚有一个毛泽东纺织厂，也是我国帮助建的，他们布料不够啊，颜色什么都不全，我就给国内写信，说缺什么什么。后来国内送来整个一批布料，等于完全无偿地支援他们。当时我去的时候，还带了一个演员叫张策。

问:哦，张策。

答:我们俩一块儿，他是演员。后来在“文革”期间好像在舞蹈学院当过一段时间的校长。他呢，原来是一般群舞演员，因为两个人去方便一点，后来我就说有一部分舞蹈就交给他帮着排。甚至于“五寸刀舞”是我编的，我都交给他排去了。他主要排男子的舞蹈。对打，他学男的，我是女的，两个人排。女子舞蹈和主要演员的舞基本上都是我来排。最后总体联排，我们一起看。

问:那您“文革”受冲击了吗?

答:开头没受冲击，因为我回来晚了，所以没赶上。我没怎么太受冲击呀，就是略微受一点儿，但是就无足轻重了。江青让搞《南海长城》，当时李承祥、王希贤我们3个人呢，实际上我和王希贤也都没受什么冲击，李承祥算是受了点儿冲击，主要是因为肖慎的关系，他就算严重了一些。

问:可是您有丁玲女士的背景呀?

答：团里头对这方面没重视，没太管这些。

问：其实您母亲并没有给您带来太大的麻烦？

答：没有，没有。

问：哦，那真不错！

答：反右的时候也没有影响。反右的时候，我现在很感谢我们戏剧学院那些高班的同学。

问：反右的时候您在苏联呐？

答：在苏联，我们那儿也有个学习什么的。我对反右的知识一点儿都没有。大同学是部队领导，对我说你母亲的事你不要管，你是延安的娃娃，你别管反右的事儿，你就好好学习。所以，关于我母亲怎么变成右派，我都不知道，因为我母亲也不跟我讲。她说“你就相信党吧！”所以我就一直都是很乐观，没有背任何的政治包袱，“文革”期间也没有背任何包袱。

问：我还以为您肯定对于……

答：我要背包袱的话，可能我会小心点啊，可能还好点，离江青远点儿。但是我正好也没有，所以江青让排这个的时候我们就下去了，当时就分工。

问：这是哪一年呢？

答：1967年夏天，中央“文革”小组的金敬迈来说要改《白毛女》，拿了一个修改《白毛女》的小报，上面有江青关于修改《白毛女》的意见，就组织改《白毛女》，我也参加。刚改了一段儿的时候，金敬迈又来说还可以改《南海长城》。所以就赶紧组织《南海长城》的创作队伍，我和王希贤是编导。

问：王世琦也上了吧？

答：没有，王世琦不是我们团的，是舞蹈学校的编导，当时没来。结果由一个军代表带着我和王希贤及几个演员就到南海去深入生活了，在那儿生活快两个月，搞了一个本子。原作者也搞了个本子，那本子我一看，排3小时都排不完。因为我们必须要精炼嘛。但这个很难改，但差不多也改了一个，就交上去了，等待领导的批准嘛，再开始分工。分工李承祥肯定要参加进来一块儿搞。从南海回来，《白毛女》搞完了，因为我们下去两个月嘛，就说去看《白毛女》。

在部队礼堂审查《白毛女》，军代表让我坐在江青的后边，我当时还觉得跟老首长在一起，解放区那阵儿讲话也比较随便。我的任务就是问一下《南海长城》的本子是不是通过了。所以我坐在后头，我就问："《南海长城》的那个脚本你看了吗？"她说："你觉得用《南海长城》搞芭蕾舞怎么样啊？"当时有一句话就是，千方百计搞好。因为我觉得挺难搞的，我也不愿意说很难搞，就说要千方百计把它搞好。后来继续看演出。休息的时候我到后台去看演员，演员就说："哎呀，我看到你坐在江青同志的后面，真羡慕怎么怎么样，又说演出完了我们希望她上台见见大家。"我们团演出，一般领导都上台看望并跟大家合影，这是一个惯例了。所以我下来就说："江青同志啊，刚才我上去，大家都希望演完了以后，您能够上台跟大家见面。"她挺严肃的："我不上去了。"我一想，没完成任务。

问：（笑）

答：所以我又说："哎呀，大家特别热情，演员都特别热情地让我转达他们的意思。"她没说话。后来，就演出完了以后，江青就说："我跟你们聊一聊。"在会议室，"文革"小组的戚本禹、康生都在，坐了一大批人。我首先关心的就是《南海长城》。

问：《南海长城》过了没有？

答：我问江青："《南海长城》的本子你看了没看，怎么样？"她说："我没让你们排呀？"我想，她可能忘了。我说："哎，是你让排的呀？还有一个复印的……"我还没讲完，她说："我就不相信他们写的东西，见鬼了。"就把我给驳回来了。她又讲《白毛女》怎么搞坏了。我呢，怕她又把李承祥提溜出来，我就说："《白毛女》是七个人搞的，七个人修改的，人多嘛，法不责众，改坏了也是大家改坏的。"后来，我当反革命到干校，有个革命群众就告诉我，说："你知道，是江青点你名的，说丁玲的女儿很霸道。当面顶撞我，还用群众来压我上台。"我的罪状就是用群众来压她上台。

问：她当时知道您是丁玲的女儿了？

答：我不知道她当时是否知道，但后来她肯定知道了。

问：所以是因为这事儿，您就给打成“反革命”了？

答：嗯。

问：您是哪一年呢？

答：应该是1968年隔离审查的，1969年大概定的案，1970年就下了干校。

问：您去哪儿了呢，干校？

答：小汤山那个朱辛庄。那4个样板团的叫红艺五七干校。

问：都上那儿去了？

答：都上那儿。后来大概是1974年挪到了黄村。

问：您一直到1974年挪到黄村？ 待了这么长时间？

答：待到1976年呢。我到文研院去待过一段儿。

问：哦，还到我们院待过？

答：1976年9月把我分到文研院，叫“控制使用搞资料”。

问：哦，董老师。

答：董锡玖老给我剪子，让我拿剪子剪报。

问：真的？

答：嗯。

问：您在我们院待了多长时间？

答：到1978年5月左右。

问：哦，就回到芭蕾舞团了？ 就还是想搞创作，是吧？

答：芭蕾舞团把我调回去了。

问：就是您这个创作的念头还没有消失，还是特别浓厚？

答：对。

问：回来以后好像就开始排《祝福》了吧？

答：没有，芭蕾舞团先搞的……

问：《林黛玉》吧？

答：不是，是《巴黎公社》。

问：哦，那时候开始搞《巴黎公社》了。

答：我刚回来的时候呢，他们在排《杨开慧》。

问：也就是说《红色娘子军》大红大紫的时候，您作为编创者之一，一点儿也没捞到什么甜头？

答：没有，我没有觉得有什么。

问：可是，8个样板戏，你们都是样板团的人，走到哪儿都穿着军装……

答：那时候我们特别强调集体主义，就是功劳都是大家的，我还把自己当成学生的那种状况，就是要不断地再搞新的，将来还要搞个更好的。你看《纺织女工》又搞了一个，将来还要……都是这么一种心态。

问：也就是说《红色娘子军》大红大紫，其实没对您带来任何的影响？

答：没有，没有。

问：正面的好处？

答：没有，也没带来包袱，觉得搞了个《红色娘子军》怎么怎么样了，就是很正常。因为《红色娘子军》搞得好，一个是下生活，再一个我也有崔承喜舞蹈研究班的古典舞的底子。而且在搞的过程当中，我还去找过京剧演员，跟他们聊京剧的表现手法什么的。所以，这些都帮了忙。

问：1978年回到芭团以后，第一件搞的是《巴黎公社》？

答：回来以后我开始没有马上搞东西，因为业务都生疏了。当时他们正在修改《杨开慧》，想让我参加，我就跟李承祥说，我不参加了。

问：就是说那个期间什么《草原儿女》呀、《沂蒙颂》呀都跟您没关系了？

答：对，跟我没关系，它都是"文革"期间搞的。那个时候王世琦他们调来了。

问：王世琦过来了。

答：我呢，就借口……

问：反正也是个"反革命"吧，也不让你干了。

答：对，也不让我干了。所以我回来还得恢复恢复，熟悉熟悉。

问：1979年开始出的作品？

答：对。那时候《红色娘子军》还出国演出，1979他们去国外演《红色娘子军》的时候让我帮排第一幕嘛，给他们弄一弄。那时候1979年就开始搞《巴黎公社》了，舞剧叫《巴黎的曙光》。搞《巴黎公社》剧本呢，看了大量的资料。就感觉到那个故事比较少，英雄事迹比较多，这个事迹呀，那个事迹呀，很散，但有几个人物，后来就捏成了一个本子，大概四幕吧。李承祥当时带队演出去了，后来就没怎么参加。但是我们还是给李承祥留着，等李承祥回来就希望他也参加进来，一块儿来搞。但是他说他不想参加了。我们那时候就已经开始排了，我排的是“巴黎公社起义”那场。整个都排完了，那个杜鸣心、刘林他们写的钢琴音乐。排得很粗糙，就排完了。我印象比较深的就是那段还比较好，就是“起义的时候”那个舞蹈可能还有点印象。王希贤排的宫廷的那场，在俾斯麦宫廷里的宫廷舞等排得很好。后来服装设计也出来了，我们又钢琴联排了。文化部的领导呢，一个叫吕鹏的，原来是歌剧导演，一个话剧导演是吴雪，他们看了以后就感觉戏剧性不够，他提的意见我觉得很难办，说里头应该出马克思和恩格斯。给我们提这个意见，当然也给了很多肯定的话。后来，总体意见就觉得排的像画卷，不像是舞剧。

问：现在的话，其实就是一个舞蹈诗？

答：对，可是当时我跟王希贤两个人呢，我们就搞画卷就完了呗，要是用这个思想的话，可能在这个基础上改，就很好了，就是画卷。一个是酝酿的起义，在蒙马特高原的那个山坡上，一个是宫廷的那个，后来人们怎么起义过来的，最后怎么失败了，大概四场戏吧，也挺好的。但是非要往戏上走。

问：这就难了。

答：就放下来了。正好这个时候呢，一片呼声想恢复《天鹅湖》，因为当时都不演外国戏了嘛。好吧，那就排吧。所以我们就放下来了。李承祥提了个意见，说你们改成45分钟的。这样的话呢，比较方便一点。45分钟，咱们就可以演。

问：小舞剧。

答：王希贤呢，也不愿意，当时我也觉得不愿意。我们俩就停留在酝酿阶段，有点接受不了。一个是从马克思，恩格斯怎么出？ 王希贤受的打击比较大，他特别卖力气，因为他收集宫廷舞的资料……

问：花了大工夫。

答：花了大工夫，因为我们在苏联也学过历史舞、宫廷舞，恢复那个宫廷舞，而且别人对他排的宫廷舞还很赞赏。

问：不舍得放下，就是。

答：就是有点无从改，不好改。这时候，正好有一个苏联同班同学，在加拿大给我们来信，他说他正在开俄罗斯舞蹈学校什么什么的。王希贤就以去他们学校的名义要求走。结果他干到1980年就走了。他一走，我就更没有兴头了，就算了。

问：那《巴黎公社》就等于说没演？

答：没演，就联排了一下。

问：哦。

答：联排了一下。后来我们俩去看陈颙导演在青年艺术剧院排演的叫《樱桃时节》，也是关于巴黎公社的题材。我们俩看完以后特别后悔，说“哎呀，还没有咱们那个好呢”。因为《樱桃时节》的戏剧性也不强。我说咱们还记得有几个场面什么的，但是那个时候团里正在排《天鹅湖》，我们根本上不了马，他就一气之下就走了。

问：然后，他走了以后您就开始单干了吧？

答：然后我就开始搞《祝福》。

问：《祝福》是1982年？

答：1980年。1980年排出的第二场。1981年呢，就把四场都排出来了。

问：1981年，就是演出的那个？

答：对。

问：然后《祝福》之后，您是又排了……我记得当时有《林黛玉》？

答：《林黛玉》是李承祥和王世琦排的。

问：就是张丹丹跳的那个，是吧？

答：对。后来让我当副团长，我当时不想当，吕鹏就非要让我当。

问：这个时候李承祥是团长，让您当副团长？

答：后来我就不想当，他就动员我当。结果后来就新班子，李承祥团长，我副团长，白淑湘副团长，郁蕾娣副团长。一分工，我抓创作。

问：哦。

答：本来那个吕鹏一直说，你当副团长的话，你就能放手搞了。但是，我当了以后，我更不好搞了，因为怕人说有私心嘛，你不能老是管自己，所以就经常让别人先搞。因为《祝福》搞成了之后，我不是很满意。第二幕比较成功，第四幕可能也好点儿，第三幕我觉得不太好，原因就是结构上有点儿太因循守旧。因为《林黛玉》搞出来以后呢，李承祥的第四场很成功，前头有三场不太成功，特别是王世琦想改"葬花"那场，我想一定要让他去改了以后，我再上马改。后来我又去参加《中国革命之歌》创作去了。团里头的呼声是要演出赚钱。演员演出一场能分点儿钱，在这种情况下，决定王世琦修改的时间总被团里改掉，王世琦三次开会，因为我主要抓创作的，团里开会我都定出来，什么时候什么时候你进入修改。结果团里过不久一安排，没有时间。第三次决定春节后他开排，春节他在教室里头想动作呢，我说："王世琦，你真不错。"他说："嗯，春节之后我就要进排练了。"结果这个时候演员又去演出了。

问：就没法排了。

答：后来我就发牢骚，我说你为什么不据理力争呢，他说没法据理力争，他就没上。结果，那时候照顾演出，后来就只排了些小节目，有的时候演出分两个小分队去演。所以当时出了一些小节目，什么《拾玉镯》呀、《觅光》呀、《苏三起解》呀，搞了一点其他人的小节目，就那样。之后再搞节目的时候是大概1990年，搞《杨贵妃》和《雁南飞》这两个舞剧，我觉得也不是很成功。

问：这些都演了吗？

答：演了，都演了。

问：都是整本儿的舞剧？

答：对，整本舞剧。《杨贵妃》是李承祥、我，还有蒋维豪，因为蒋维豪最早提议要搞这个，他也愿意搞编导，我们也需要一些力量嘛。他也喜欢编导，就让他一块儿搞。他是第一场，我第二场，李承祥第三场，搞的《杨贵妃》。这个不成功的很大原因是音乐不成功，音乐很现代。两个小年轻呀，搞的毕业作品，他掌握了各种技法，要展示他毕业的技法，搞得很现代。你知道现代到什么程度吧，群舞有的地方我没法数拍子，我只好数1、2……43、44、45、五十几，是这样子来数拍子的，他那三拍子找不着它的旋律，找不着节奏，编起来太困难了。而且后来搞创作准备的时间较短，就不像以前那么投入了，就是几个地方能出点儿彩就算了。我是搞的“醉酒”那场，我就使劲跟那作曲讲，我说你一定要有旋律，我实在是没法搞，他才稍微改一点，后来“安禄山”那段音乐也还可以。我们上演后，赵枫院长去看了，说音乐根本不行。大概第一轮演完，第二轮就没演了。

问：就放下了。

答：后来又改，那就是后话了。在我们快退下来之前，要改。那时候，重新研究本子的时候呢，当时就是稍微认真一点。因为当时最早是蒋维豪提出来的，就是按照《长恨歌》那样子搞。林默涵说了一句话，说帝王没有真正的爱情。我觉得这句话讲得很对。加上当时又是20世纪80年代末期，都追求物质，很多人都互相比，你看我这个戒指值多少钱。后来我就说，《杨贵妃》定位定在她物质是最富有的，感情却是很贫穷的。所以就加上了寿王，唐明皇从寿王手里夺过来杨贵妃。杨贵妃虽然感觉自己很好，但是，唐明皇还跟虢国夫人好。她被冷落，所以她才醉酒呢，最后被绞死。没有完全排完，音乐没有完全写完。原来排的《杨贵妃》有个别地方还是蛮好的。就是李承祥搞最后那个上吊的时候，赐绫那场，最后走上台的时候，那个效果相当好。临死前她将封妃时的袍子穿上，整个袍子把舞台全盖住，全是红的。一直上了台之后，台是白的嘛，一直上这么一个大斜面，这么一大红，这么一下下来，然后白的就高高的，一个白绫从这边下来，搭到这边（比画），给人印象很深。包括蒋维豪有个双人舞，反正都有些好的地方。但是，我觉得就是总体还是比较粗糙。

问：第二版的音乐就不是那几个小伙子了？

答：第二版的音乐换人了，是石夫和刘廷禹写的。

问：哦。

答：还没有完全写完，就突击地弄。没有以前搞东西那么慎重，主题先听一听，完了研究研究，3个人统一思想。蒋维豪毕竟不一样，我和李承祥很容易统一，跟他就沟通得少。特别遗憾的是，后来我们搞《雁南飞》，是1991年党的生日。当时一、二月份，文化部要求我们排一个舞剧。李承祥住院了。后来一说那先找题材吧。去找题材，李承祥提过可以排聂耳的。但他在医院，后来我又感觉到《归心似箭》挺好的，抗联的。斯琴高娃也很好，一商量，大家就同意搞这个。但时间来不及了，就扩成了7个人。我、李承祥、王世琦，我们3个人负责；又加了几个小导演，曹志光、蒋维豪、陈翠珠，还有牛得力；编剧还加进来陈湘、杨少浦，为了突击搞。所以，剧本搞得也比较仓促。3个人分工，李承祥重点一幕，王世琦重点二幕，我负责三幕。分工，三幕我带着陈翠珠，李承祥带着蒋维豪，序幕也是李承祥管，交给了牛得力。然后，王世琦带着曹志光，我和陈翠珠。编导多想法不统一，我觉得这教训很严重。搞出来了，也不是说很不成功，毕竟主题歌还是很好的，但音乐后来我也觉得比较单调。因为没有时间搞嘛，到处都是这个主题歌《雁南飞》，没有太多新的东西。舞蹈思想不统一。演出后，还得了一个新剧目奖。但我们自己心里头明白，排得不够好，要改。李承祥和我就商量，咱们是不是让整个编导组到东北去一下，去以后思想有一个统一，抗联是一个什么样子？长白山艰苦的生活是什么样子？老百姓想的是什么？思想统一以后，在编舞的时候，大家能想法一样才能够出新，我觉得出新关键是你有新的想法、新的内涵，才能出新吧。你不能把芭蕾组合成美丽的动作，那个电视上看的一些好东西抄来就是了。但是有几个人就觉得，哎呀，这么大岁数了，还去？我们现在还住马甸，可能不行什么的。

问：没去成？

答：没去成。一块儿开始讨论改这剧本，不太容易统一。为什么《红色娘子军》很容易搞，3个人很统一，都有同样的体会。

问：而且还下去采风。

答：下去以后，节目搞什么风格，都比较谈得拢。这个呢，就是有演员出身的，对编导感兴趣，严格说来就喜欢编动作，在课堂上当个老师很好，编舞剧没有严格的训练，你给他讲不太清楚。完了他们年纪也不小了，也都是一些好演员嘛，下去一趟可能就会统一。但他们不重视采风，所以我觉得这是个教训。所以，我在搞东西的时候，有成功的，也有失败的。我觉得成功的就是自己要贴近生活。另外什么叫出新？现在老想出新，我现在感觉他们想出新老是在动作上出新，你呢坐在凳子上，我能把凳子抬起来，哎呀，真有想象力。我后来在江南大学给他们教编导，后来为什么不愿意去了，有些教员教那东西我实在是不能忍受。毕业作品还有一个节目是四个女的上台，跳了一会儿以后把裤子脱下来，穿在袖子上，哎，我的裤子能当袖子，我袖子当裤子。我觉得这是什么想象力呀？！我觉得你要想创新，是你的这个内涵、内容，你的人物是新的，或者你的切入点是新的，你就必须找出一个新的办法来。比如《纺织女工》，车间、工人，那怎么办？我觉得你就得往工人上想。结果一看，不一样，是工人，对不对。其实《祝福》我也有点想法，祥林嫂是一个少妇，跟琼花不一样。少妇应该是什么样的动作感觉。她逃跑，跟琼花逃跑不一样，祥林嫂一开始也是逃跑，跟琼花为什么不一样？怎么不一样？她用什么东西作为她的基本韵律？因为你人物新，它才能够出新呀，你如果人物不新，视角不新，那你就只能在动作上玩。玩儿来玩儿去，也不能说一点好处也没有，可能玩儿出点儿新动作。

问：形式上……

答：形式上可能提供给你很多东西，但它出不了大作品，它不能给人留下强烈的印象。我觉得我们后来搞的东西，就是典型的人物啊，这方面不够。语汇看来可能还是挺丰富的，丰富了一些东西。但是我不是说这两部作品完全都失败，里头有些东西还是可取的。

问：嗯。

答：包括很多地区想一下子搞一个什么工程，投很多资，但是在创作上下功夫并不大。就是你要给创作人员“吃奶”，他才能够挤出奶，每一个新的作品，都是一个新的创作，要学习新东西。不是说我创作了一个以后，我就哪个都能够搞好。要是排民间舞可以，反正都是这些动作什么的。但你要搞新的东西的时候，都要有一个新的创造、新的吸收。包括学习素材，包括生活素材和舞蹈素材。我的看法就是：舞蹈，一个是要继承原来很多舞蹈，你学得越多越好。但是在继承的基础上发展的话，哪些可用，哪些不可用。另外创作的时候要借鉴很多，古为今用，洋为中用。另外还有来自生活的语言。逃跑，有逃跑的语言；你接钱，接钱前擦一擦手，这都是生活语言，搁到舞蹈里头去。我排《纺织女工》的时候，有生活动作 —— 擦擦汗，往那儿一放，把这结合起来，它才有一种新的形象。但是现在，就是比较脱离生活。我觉得有人想走一条比较捷径的路，当然，现代舞的很多编舞方法，我觉得应该吸取。但是它不是唯一的方法，而且只是手段之一。你借鉴一下，什么动作发展怎么弄。但是你不能成天在教室里这么发展，那么发展。今天发展这个，明天发展那个。这个是不行的。另外，我觉得领导，就是对创作人员的投资，必须得下功夫。现在讲自主产权，在工厂里养一批人，专门研究创新的人，而且给他们相当多的时间，我听有的工厂讲，这个大的什么工厂企业，包括海尔啊，等等，他们有大的创作班子，就是研发班子。而现在，芭蕾舞团没有创作组了，没有这研发班子了。当然也有一定的历史条件，这个不能怪任何部门，就是有历史条件，因为当时可能也出于后继无人哪，加上要挣钱哪，要向国外学习啊，所以尽可能请外国导演来什么的，有各种条件。那么现在，能不能够从部里头，从中央 —— 因为当时周总理就开始注意这个创作班子嘛，派人去学。你既然芭蕾舞是移植过来的，花了那么大力气培养编导，培养教员，培养演员，变成我们自己的东西，为什么我们现在就不认真去培养编导呢？靠舞蹈学校培养，我觉得不够，舞蹈学校本身我也觉得有培养人才的问题。就是它实践方面差，另外对舞剧的了解上 …… 你不实践，里面的东西你很难体会到。我们当时的老师都是大剧院的导演来教，他有实践。苏联戏剧学院的那个老师，话剧老师都是总导演来教。包括现在咱们中央戏剧学院也有这个问题，但比我们好一点，因为戏剧学院后来有一个同学出来，到“青艺”去了，他说他们现在很多老师也是毕业以后留校，他没有在剧院里待过，很多剧院的东西，那套他不熟悉，就是局限性很大。那么现在没有这个，不养编导，没钱。其实错误，《红色娘子军》到现在演了快50年了，可现在排一个戏，演一年、演两年就不演了。那你这个投资，你说值得不值得？那次我看白云生写了一篇文章，就说芭蕾舞剧的寿命起码得5年，他说经常你们演半年以后，演一轮你们就不演了。

问：对，对。

答：像我们《杨贵妃》演一轮不演了。你是没投那么大资，所以你演出时间也短，你投资大一点，要让导演下生活，让他们去采风，让他们编舞之前给他们点儿时间，像给了我们两个月时间，去深入生活，同时学素材，在我们编舞的同时，我记得还去找潘志涛学鼓子秧歌、秧歌舞，等等。我男性动作掌握得少，还在继续学。当然现在学习条件，录像带比较多，学动作是没问题，关键是生活。

问：沉淀到那个生活里面去啊。

答：对。现在芭蕾舞团倒是重视编导了，有一个工作坊，他们都是掌握了很多语汇。但是也有一个问题，我反对肖苏华的一个观点，他让芭蕾舞团搞先锋派，他说芭蕾舞的编导，我们中国芭蕾舞的编导已经过时了，落后40年到60年。但是，怎么落后，他没讲出来，观念？什么观念落后，具体是什么？难道说国外是交响芭蕾就进步，这是戏剧芭蕾就落后吗？人家国外根本不分戏剧跟交响的问题，在戏剧芭蕾里头，你用交响的手法也可以呀，《纺织女工》我们就是用了交响的手法，《红色娘子军》里头难道就没有交响芭蕾的因素吗？

问：而且最近看那个圣彼得堡的艾夫曼，他很戏剧的。

答：对呀。

问：搞那个《哈姆雷特》和那个……您看了吗？

答：我有艾夫曼的另外的节目。

问：他的《红色吉赛尔》，是吧？戏剧性非常强。

答：咱们中国吧，你要是找组里人跟他聊，他就会告诉你，人家没有分戏剧跟交响，他没有截然的分开。就是说，这个戏剧跟交响是理论家来评价你的时候说，你这个戏在这方面有了很大的成就，他也不说你这戏就是没有戏剧了，你就是交响芭蕾，没有这么一说。或者你这个戏在心理上、结构上有很大的成就，他是戏剧家、理论家来看戏的时候，帮你总结出一些你没有总结出的东西。其实《纺织女工》我现在一想，就是交响芭蕾，而《红色娘子军》也有交响芭蕾的因素。李承祥的斗笠，4个小斗笠做这个动作，大斗笠做那个动作。那么《红色娘子军》第二幕，琼花要参军的时候，她在中间一个人是做这种“哩哩喂”这个动作，旁边的人是做这个动作（比画），后面还有两排人在跳。三组完全不同的动作，这不也是交响嘛，你如果从……

问：它其实是编导处理的一个艺术手法。

答：就是你需要什么手法的时候，你就用什么手法，你不一定用这个手法代替那个手法，用那个手法来代替那个手法。而我觉得最基础的手法，还是现实主义创作道路，在这个道路中你吸收了浪漫主义的手法，交响的手法，什么蒙太奇的手法，什么这个结构了，都可以吸收进来，在你这个基础上来运用。

问：就还是让你自己变得更丰富一些。

答：对，但你的基础呢，还是生活，要比生活高一点。我觉得恩格斯提出的典型环境、典型人物没错，你要出现典型环境，你就必须要有新的东西。典型人物，你也必须给他新的东西。这就是创新嘛，那要高于生活。

问：现在有点儿乱了。

答：现在乱了。现在好像是现实主义东西你们别提了，你们都是过时的了。我们现在是交响芭蕾，我们现在要搞先锋派。而且我反对先锋派在中央芭蕾舞团做实验，为什么呢？你14个人的雷动天下现代舞团，你去搞去吧。你搞好了，我吸收啊。你有什么优点，我吸收。你可以搞。这么一个芭蕾舞团，你动用这么多的人力、物力和创作力，你搞出来以后就应该演5年。

问：嗯，不应该昙花一现。

答：不应该昙花一现。

问：蒋老师，最近的芭蕾舞团的，您退休之后啊，搞得像比如说《大红灯笼高高挂》啊，还有什么《牡丹亭》，您都看过了是吧？

答：看过了。

问：您觉得它整个的这种舞剧发展思想，跟以前的是一致的吗？还是说，它有它新的追求？您觉得这种追求是……

答：《大红灯笼高高挂》是张艺谋搞的。

问：对。

答：张艺谋搞呢，编导是王新鹏。王新鹏是在我在任的时候，想把他从舞蹈学校调到我们这儿来，吸收做我们团的团员，编导组的组员。很可惜，他拿了这个调令之后呢，他在转的时候，他把他的档案都拿来了以后，他就说到大连去休假两个月。去了两个月，就到了德国了，来一封信说，我现在在德国。其实，他应该是个很好的导演，因为他民族舞掌握得很多，他在芭蕾舞团再跟大家再混一混，跟大家再熟悉一下，应该会搞出很多东西来。他到了德国，是在一个小的团体里头，就是老搞些所谓的交响芭蕾啊，就是情绪舞，先搞些情绪舞，搞搞搞，动作变来变去。有一定的成就，但是对于创新人物，什么典型环境、典型人物，他这方面没有，因为舞蹈学校没教给他这些东西。舞剧中他没有好好掌握，对他来说完全是被动的。听说就是音乐都写完了，他又来编。像我们都是对音乐提出要求，完了音乐写出来以后，音乐也可以不同意我们的要求，也可以辩论嘛，但最后是他写出来以后，我们再按音乐编，他没有这个过程。张艺谋搞这个《大红灯笼高高挂》，我认为他的才华是在他的色彩呀，镜头呀什么的，但他缺乏思想性，他老拿中国一些落后的东西去讨好外国人，要票房价值。这个《大红灯笼高高挂》的主题思想吧，这个题目本身，我觉得不应该搞芭蕾舞，因为芭蕾舞是属于高雅艺术。所谓高雅艺术，我领会就是说，它是代表一个国家的最主流的思想。

问：国家主流一点的东西。

答：主流的思想，最高的审美。

问：比较正面的啊……

答：它要体现这种审美观和价值观，就是代表国家正统的，或者是主流的审美观，起码你要是美的吧。但是，《大红灯笼高高挂》有很多负面的东西。

特别还有一张二道幕，我很不喜欢。就是他们在打麻将，一个女人伸出一只小脚，另外一个人在蹭她的脚。这二道幕想体现张艺谋的主题，我对这点很反感。但他里头有些处理方法上，比如第一场我觉得他有些很简练的处理方法，就是那个人在那儿，马上轿子就来了，很简练的一些处理手法，我觉得还是出了一些新的东西。但是舞蹈上，他也想用民族的东西，当时我跟李承祥看完以后就说，有些东西我们早都用过了。在台上让那些小姐、太太们学京剧，我觉得都是太过分了，他没有结合，京剧是京剧，芭蕾舞是芭蕾舞，而我们要求的是京剧跟芭蕾舞融合在一起。

问：有中国的这种精神在里头。

答：中国的精神。在这点上我觉得，有他的……

问：有他的一点想法，但是……

答：有，比没有强。有些地方也还是不错的。比如说最后打人的时候，打的幕布呀什么的。

问：对，对。有一些想法。

答：有一些想法。就导演的手法上……

问：活泼一点。

答：嗯，导演的手法上，有些新的东西。从编舞的角度来讲……

问：对，对。形式上好像有一些新的东西。

答：形式上。但是从舞蹈肢体语言的体现上，没出现什么新的东西，真的没什么新东西。

问：那《牡丹亭》呢？

答：《牡丹亭》呢，他的想法其实蛮好的，3个人来做，3个人是代表他的想法。但是，观众不是很看得懂。

问：你说3个人什么，就是创作组？

答：不是，他的那个……

问：哦，就是杜丽娘……

答：杜丽娘是3个人来演，有个根本就是昆曲演员。

问：对对对。

答：他的胆子蛮大的，想出新嘛。

问：有点现代的意识流的艺术手法。

答：对，意识流的手法。我觉得这个倒无可非议，但是他得让观众看懂。

问：就是把你的这种想法传达给观众。

答：没有，没有传达过来。另外我觉得，这两个剧好的舞段也很少。《红色娘子军》吧，有几段舞蹈观众比较有印象，娘子军舞、五寸刀舞、斗笠舞，等等。他给人有一些段落印象。

问：现在，没有什么留的下印象的舞段了？

答：对。包括音乐也不是很理想，特别是《牡丹亭》的音乐。

问：《牡丹亭》的音乐就是一个属于……现在比较时髦的语言，就是拼贴的那种……

答：可能是快餐文化的代表吧，这个作曲叫郭文景吧。

问：他本身做的一种实验，我觉得。

答：你不能拿芭蕾舞团做实验。

问：就是您刚才的这个观点。

答：他自己写得很少，因为还不到五分之三 。然后外国的东西，不同年代、不同作曲家、不同风格。你要表现一个特定风格的东西，那典型环境、典型人物，你的音乐的典型性也没有，哪怕你多吸取点昆曲的东西，或者哪个朝代的，你多吸取点那种东西，你再跟现在的东西结合也可以呀。不管怎么样，我觉得《大红灯笼高高挂》的音乐比这个音乐还好一点儿。当然《大红灯笼高高挂》的音乐舞蹈性也不够强，毕竟舞剧的音乐也要戏剧性和舞蹈性结合嘛，舞蹈性也不够强。

问：对对对。

答：这个，我们团有一个原来是乐队的人，后来退下来了。他说“哎呀，我可离开芭蕾舞团了，我真受不了”。

问：哦。

答：他说一演《牡丹亭》，我就觉得有点不好意思拿出来，他说音乐都是……

问：混搭，现在我们说混搭。（笑）

答：因为艺术都有各个不同的定位嘛，你有你的演员和观众，他有他的观众。那芭蕾舞的定位，他有芭蕾舞的人群。它从产生之时就是宫廷的东西，它就代表国家的一个门面嘛，它还是要高雅。

问：一种国家的气质。

答：对。确实应该是高雅的东西。

问：你不能太实验性了，不能太开玩笑了。

答：不能太开玩笑。对，你恶搞不行啊，不能这样。

问：说到恶搞，您看过肖苏华的《梦红楼》吗？

答：我没看过，我就听人家讲像恶搞，别人告诉我的。我说："哎，怎么样啊？"别人说，简直像恶搞。

问：您不太同意用这种方式？

答：我不太同意在大的芭蕾舞团这样搞。我觉得这样失去了芭蕾舞团整体的风格，但是芭蕾不是保守地固定在一个东西上，它是舞剧，世界各国都可以发展，以它为基础来发展。但是，要比较重分量的，就好像原子弹，跟小手榴弹不一样。你是在搞上天的，搞火箭的，你不是搞小作坊的，你要区别开来。我觉得肖苏华没区别开来，他把什么交谊舞呀，什么伦巴，什么弄到一起。你有的东西可以用，你需要的时候。如果是我反映一个大舞剧里头，有一个场面是在小酒馆里头，一个人跳着，那个都可以。但是，你不能够以这个东西作为新。我觉得这个，不能丢掉最根本的东西，还是要来源于生活。

问：蒋老师，因为咱们时间有限，我想跟您最后探讨一个问题，您觉得舞蹈编导和舞剧编导是一回事儿吗？舞蹈编导和舞剧编导是不是应该有区别呢？

答：还是有区别的。

问：还是应该有不同的素质啊，对他们的要求。

答：对。

问：那您觉得作为舞剧编导一个最重要的素质是什么呢？因为我们现在，包括在舞蹈学院这个正规的舞蹈教育上面，可能没有正规的舞剧编导这样一个专业，是吧。那我们培养的都是舞蹈编导，就是编导出来编什么东西都行。那是不是就能够去驾驭那个舞剧编导呢？

答：我觉得就有一些困难。

问：还是有一些问题，是吧？

答：对。

问：可能主要的一点就是您刚才说的戏剧性。

答：一个戏剧，一个音乐。因为现在很多舞蹈编舞，不太听音乐的，音乐变成了一个背景。现代舞也不太听音乐。

问：都搭不上。

答：个别地方卡上了，但乐句都是拉开的。就电影不是也有……

问：背景音乐。

答：背景音乐，有点儿是这种。所以一个音乐，为什么我说我在苏联第一学期编的那个《阿芙罗拉》的舞蹈，印象太深，就是一个是不太形象，一个是没有了解音乐。这个苏联对音乐课很重视，音乐欣赏课、音乐史、音乐基础理论……

问：（接）和声呀。

答：对对，那是音乐基础理论。还要学钢琴，不是让你成为钢琴家，而是更了解音乐。

问：就是要提高你的音乐素养。

答：音乐素养。他说，希望你将来能从谱子上找到主题嘛。音乐史，大量的听音乐，不同风格的音乐让你听。我记得我在最后的时候，拿出带子来，我都大概能听懂这个是法国的还是俄国的，是法国哪一类人物的音乐，都能细微地分辨。因为你只有风格有区别，你才能够自立，立足于什么。现在没有风格这一说了。因为舞剧必须是戏剧、音乐和舞蹈三方面。而且舞蹈你必须要掌握大量的素材，民间舞、芭蕾舞、双人舞、性格舞，你都要大量地掌握。

问：就是越学越好了。

答：越学越好。作为一个小节目呢，要比较精致一些。其实作为舞剧编导，也应该能够编小节目。因为我们从一开始，也就是编小节目。

问：是。也就是说舞剧编导其实是可以驾驭舞蹈编导的，是吧？

答：嗯。

问：舞蹈编导如果要编舞剧，还是要再学点其他的，包括对戏剧的把握。

答：对。

问：可能我不知道您最近是否看过，目前的中国比较常见的一些舞剧作品，您看的多吗？

答：我没怎么看。

问：好像就是这方面出的问题比较大。就是整个的戏剧性，戏剧线索、人物关系……对，这个可能是一个大的基本功，还是属于比较大的缺失。那就是可能我们在培养下一步的后备力量时，可能还要专门有舞剧编导这样一个要求，培养一些专门做舞剧的编导。否则的话，就容易会有这些问题。我现在也是发现，我们舞剧编导创作过程中对戏剧化……

答：好像前一期陈铭琦写过一篇文章在《舞蹈》杂志，他的观点我还基本同意。

问：对对。他好像还是苏联的东西教过来，基本功还是比较过硬的。

答：对，他比较崇拜苏联的东西。

问：但是，也有人跟我讲，他的观点还是比较陈旧、比较过时。但是，我今天听了您讲完之后，我觉得作为一个舞剧编导，还是有一些起码的基本功你要具备。

答：其实就是说，继承发展。你连这个基本功都没有，你怎么叫过时呢？现实主义过时了吗？我觉得最早《诗经》就是现实主义的。文艺复兴，主要“复兴”什么呢？观念，现实主义。就是古希腊、罗马的现实主义的创作手法，当然还有他们的审美。什么黄金分割法呀等，那是表现手段了。咱们现在提倡社会主义这条道路。你从生活当中，生活就是现实。包括齐白石，都是现实主义，他首先是现实主义，然后他的创作才是实虚结合，就是实跟浪漫相结合。他先看那虾，是不是现实？把虾都看透了，把竹子看透了。他在画竹子的时候，他可以断笔，他也是现实跟印象、浪漫相结合的。所以印象派等，你都可以吸收。

问：他首先是从自己心里面去掌握了这个东西。

答：你基础一定要是扎实的。你首先不能从现实当中提炼东西来编，将来你老是在空档当中动作跟动作、舞蹈跟舞蹈，你编什么呀？编来编去，就没有个性。现在舞蹈学校编的很多东西，后来我不太爱看，就是都差不多，一样，它缺乏典型人物。

问：成为大家的话，可能还是要超越这样一个基础，是吧？

答：对。就是你编小节目的话，也要有风格特点吧。我有一个同学，后来没怎么太编舞。他在学生时期就老到文化馆去编代表性民间舞，编了无数个代表性民间舞。后来他到英国去，在英国皇家芭蕾舞团教代表性。

问：哦，就是比较有个性的，有想法。

答：他跟我讲，“我就喜欢代表性，我就编代表性民间舞”。所以后来他就收集印度什么的民间舞，他就想往这方面发展。可以，他不想老了搞舞剧。但是，搞舞剧基本功一定要扎实。

问：然后在基本功的基础之上超越……

答：有人说他过时，就什么地方过时，一定要讲清楚？肖苏华说我们落后40年，什么地方落后，为什么《红色娘子军》现在在法国演出还受欢迎？他的创作手法是不是落后？对吧？那么现在你再搞，当然不可能跟《红色娘子军》一样，因为你新的题材来了以后，又有新的时代，导演又吸收新的东西，肯定就要不一样了。你要让我现在去编一个卫星上天的、环保题材的话，我肯定又得重新去生活。我现在觉得我《祝福》第二幕比较成功，是想的比较多一点。后来那些不成功，也是因为做得比较快。觉得稍微轻易了一点儿，粗心了一点儿，大概其有了就是……

问：想的还不是特别的深入？

答：不是很深入，没有很严谨地想到要从人物，或者特定环境下怎么弄。另外，我一个人搞，我后来想还是在结构方面做得不够。

问：现在要是再给您一个机会，让您恢复《祝福》，您还想恢复吗？

答：那当然可以了，那我就一定要把四幕后面改一改，然后第三幕甚至想去掉，重新要结构一下。结构是一个大问题。另外在舞蹈的语汇上也是下功夫不够，因为一个人要一下子搞四幕，原来一个人搞一幕，完了后来排那三幕就是因为时间很短，大概两个月吧，一个人就有点糊弄，反正我这场有几个舞段能站得住，那儿有几个能站得住，其他地方就忽略不计了。后来就经常是这种创作方法，包括《雁南飞》《杨贵妃》都是这样。

问：蒋老师，您一辈子做了这么多舞剧，可以说都在上面用尽了自己的智慧和经历去想这个。您觉得作为一个舞剧编导，您个人的体会，觉得最难的是哪一步？形象吧？从舞蹈形象……

答：捕捉舞蹈形象。

问：我记得有一次您跟我说过，您是编《祝福》还是编什么的，睡不着觉，反复地在……

答：对对对，就是在塑造人物形象的时候，找到他特有的动作，特有的个性。

问：人物形象就像您刚才说的，跟您的生活基础有直接的关系。

答：对。

问：对这个人物是否了解，以及这个生活的基础。

答：对，我退休之后还搞过一个舞剧叫《元神祭》。

问：《元神祭》。

答：跟黄伯寿搞的。

问：哦，这是在哪里搞的？

答：在湖北，黄石。

问：芭蕾舞剧吗？

答：民族舞剧。不能算成功，但有个别地方试验还是有一定的收获。其实“盘古”那一场，实际上等于是交响芭蕾，现在回想是这样的。“女娲”那场，我觉得现在看来是失败了。因为当时有一个想法，他们的演员呢，本团演员就剩五六个，六七个了。临时招一些，有的是工厂的，有些是业余的，有些是艺校毕业的小孩儿。艺校毕业的小孩儿呢，十四五岁个子矮矮的。高的就让武汉拿去了，黄石就留下，这么矮。正好河北排了个《轩辕黄帝》，老是这种山上画着的动作。我说女娲是我们的母亲，我受了苏联《创世纪》的影响，我说应该是美的，然后尽量往高处找，因为女娲补天、造人，老用补天的这种东西为主，所以我就芭蕾用得多了一点。我们找天津那个演员，当时她41岁了。想着跟这个结合，我现在发现错了。因为老百姓不接受这个。如果说女娲化妆更加野性的，蛮荒时代的样子，可能就成功了。所以我当时觉得很好。而且，那些小演员没法给他们编动作。所以，当地说我们从来没有这么好过。当地是很满意啊。但是拿到北京，那就不够了。

问：到北京来演了？

答：来演了。黄伯寿是后两场，我是前两场。两个人风格有点不太统一。我往芭蕾上靠了靠，他是往民族、古典舞上靠了靠，完全统一也蛮困难的。我当时的想法就是，让他们尽量往长伸，别尽是小矮矬子，难看，要美一点儿。所以从这方面出发，后来我想，就这个美，美在……

问：什么是美。

答：定位没定好。

问：就是女娲的美应该是什么样子的？

答：对。女娲的美，应该是什么样子的。

问：这个还是您刚才说的，人物形象的问题，是吧？

答：整个人物和剧的定位，这个很重要。当然，结构也很重要了，结构就是反复研究。结构也是围绕着人物形象和矛盾冲突来做的。就是定位如果定不好的话，创作就容易一般化。

问：容易一般化，对，搞舞剧编导容易一般化。因为你很难超越已有的经验，因为你是不断地在创造。

答：对。

问：谢谢您，蒋老师，今天下午本来我们说两个小时，没想到这么长时间。

答：我有很多话吧，可能容易得罪人。

问：嗯，您的谆谆之言对我们都有很大的教诲。

答：没有，没有。

问：谢谢您，我们也代表晚辈祝您的晚年能够健康，能够吉祥，能够快乐！

答：谢谢。

蒋祖慧采访手记

江东

我以为，我是非常了解舞剧《红色娘子军》的编导之一蒋祖慧老师的，因为，大约30年前我在山艺当舞蹈老师时就曾参加过山东舞协在青岛举办的由蒋老师教授的暑期编导课，我还是在那次培训之后在山艺开设“外国代表性”课的。不过，采访蒋老师之后，我才发现，除了她自身几十年作为中国国家芭蕾舞团的编导和副团长创作了一系列大型原创中国芭蕾舞剧、除了她是丁玲的女儿之外，我知道的并不多。因为，我甚至不知道，她曾是我们的同事：在“文革”结束后，她以“反革命”的罪名从干校回城被安排在由董锡玖老师领导的舞蹈研究所任资料员！虽然那个时间段并不长，但是，还是让我感受到了一丝亲近。

蒋祖慧老师是一位平易近人、认真执着的艺术家。或许是因为她自小在延安保育院生活过的缘故，她对于正义感的坚持始终如一。作为中国当代饱受争议女作家的女儿，很不可思议的是，蒋老师跟母亲丁玲相处的时间并不长，她甚至是直到“文革”后才知道自己的生父是冯达的！这样的生活经历，让她饱受人世的沧桑，同时也练就了一副独立而凝重的品格。从延安一路走来，今年已年届78岁高龄的她，经历了新中国文艺建设的全过程，历经次次政治活动和种种磨难，她依然是坚定故我、执着依旧，特别是她业已成熟的艺术观，让她活得更为达观、更为虚怀若谷。

虽然外语不好，她却先后去了朝鲜和俄罗斯学舞。在朝鲜，她是跟随大师崔承喜学习的；而在俄罗斯，她花费了5年时间系统而专业地学习了舞剧创作，毕业实习作品，就是为天津排演了深受时任国家总理周恩来好评的舞剧《西班牙女儿》。回国后，她便投入到一部接一部的舞剧创作过程之中——《红色娘子军》《纺织女工》《南海长城》《祝福》《杨贵妃》《雁南飞》《元神祭》……一部部记录着她正反两方面创作心得的作品，让她成为业界之翘楚。大量的创作实践和经验让她获得了非常坚定的认识：艺术来源于生活！于是，她在生活中处处观察和体验、不断地找寻艺术的灵感。她对今日之舞剧创作的忧虑，也与此认识有关。她认为，目前很多创作活动是不讲深入生活的，而是闭门造车，这样的作品如何给观者带来艺术的感动呢。她还认为，目前的舞剧创作投入很大，但却唯独不在创作力量的培养上投入，长此以往，这个领域的艺术智慧就很难维系。总之，蒋老师对于舞剧创作的忧患意识是溢于言表的，由此看得出来，她对自己深爱着的艺术在感情上是如此真挚、深切。

如今，生活在北京南城里仁街3号院那宽敞明亮的高职公寓内（贾作光、白淑湘也住这里）的蒋祖慧老师，跟老伴一起享受着晚年的幸福生活。屋内的布置一看就知道女主人的工作背景：宽大的客厅里竟有一根把杆和落地的一面墙大镜子。墙上，慈祥的丁玲女士始终凝视着屋子里的每一个人，她一定是想告诉我们，她是多么为女儿所取得的成就而欣慰啊！

崔美善

1934—

舞蹈艺术家

国家一级演员，享受国务院第一批有突出贡献的专家特殊津贴。任第四至第九届全国政协委员，并任中国和平统一促进会理事、中国韩国友好协会理事等。1951年在中央戏剧学院崔成喜舞研班学习、毕业，1952年在中央歌舞团任舞蹈演员，1962年起在东方歌舞团任独舞演员。

主要表演作品:《长鼓舞》(在大型音乐舞蹈史诗《东方红》中担任领舞)、《喜悦》(1982年获文化部举办舞蹈比赛一等奖)、《挚爱》、《丰收曲》(1979年获文化部举办舞蹈剧目创作比赛二等奖)、《长白春来早》(领舞)、《育新苗》(领舞)、《孔雀舞》(1957年获莫斯科世界青年联欢节金质奖)、《灯舞》、《打鼓舞》、《盘子舞》、《思念》、《东方的微笑》、日本的《樱花》、印度的《波罗多舞》等。创作了《长鼓舞》《丰收曲》《思念》《三人长鼓》作品;改编的作品有韩国的《双扇》《僧舞》;与人合作编创的有《扇子舞》《白孔雀》《挚爱》《喜悦》《长白春来早》《育新苗》和《东方的微笑》。主要出版专著:《著名舞蹈家崔美善》大型画册。个人事迹被写入《中国大百科全书》《中国艺术家辞典》《中华古今女杰谱》《华夏妇女名人词典》《中国少数民族名人辞典》等。

崔美善访谈录

访谈地点·北京　崔美善家中
访谈时间·2012年11月2日
底稿记录人·周狄 党亚楠
成稿整理人·闫晶 刘泽华
完稿审阅人·崔美善

崔老师，首先谢谢您！您这么大岁数，我们觉得特别不好意思，但是我们也特别渴望能和您聊聊。

问：崔老师，您是朝鲜族，是吧？

答：嗯，是。

问：您出生在什么地方？

答：我生在韩国釜山，后来到了中国，那个时候我十岁。

问：您哪年出生？

答：1934年7月15日。

问：那个时候还不分韩国、朝鲜，是吧？

答：嗯，还没分呢。

问：那您应该算是……？

答：归侨。

问：您当时生在釜山，您父母是做什么的？

答：我父亲是20世纪30年代的民间艺人。

问：您说的民间艺人是什么呢？是唱歌跳舞吗？

答：不是的，它是一种农乐舞，（我父亲是）农乐舞队的指挥。那个年代我奶奶家庭比较富裕一些，所以奶奶和爷爷让他到汉城（今首尔）读书、做官。但我爸爸不愿意做官，他偏偏喜欢艺术。当时农乐舞还没有形成舞台艺术，村里面组织一个农乐舞队，就在院子里（进行表演）。农乐舞一般都在秋收以后，就是丰收季（进行表演）。舞场上堆满了稻子，晚上月亮升起来以后，他们就组织农乐舞队。男同志打长鼓、敲锣，还有吹唢呐、吹笛子的，妇女就跟在后面跳（舞）。韩国的整个艺术之乡都是载歌载舞的。端午节去山上野餐也打长鼓，唱啊，跳啊，特别热闹。春耕的时候，播种之前，往牛车里面装种子，跟着村里的老乡一起往稻田走。牛车在前面，后面就是农乐舞队，又打长鼓，又唱又跳，妇女也跟着一直跳到田埂上。然后把牛车卸了，卸了以后，又在那里跳一遍舞，完了就开始劳动了。播种完了回来的时候，牛车已经空了，但人们还是一边唱歌，一边跳舞。这个我小时候印象特别深。

问：那您从小就受这个影响？

答：从小就在这种环境下长大。

问：您家里兄弟姐妹几个呢？

答：一共是9个。

问：您排行第几？

答：我排第九。现在我们家里就剩我一个了，全走了。

问：那您的哥哥姐姐都是在韩国吗？

答：有两个姐姐都在韩国的，姐姐已经去世了，90多岁。

问：您是1934年出生，今年是83岁了？

答：嗯，83岁了。

问：在韩国的时候，爸爸妈妈其实也是要做农活，到了节庆一块跳舞？

答：嗯。在我的记忆当中，爸爸回来了，然后又跟着农乐队走了。当时为了解决温饱，他们农乐队自力更生，到富裕的人家，在院子里面给他们表演，富裕的人家给他们粮食、费用，完了他们就分着吃，接着又转到别的村里，流浪似的。农乐舞当时是这样一个环境。

问：您没跟着这个（农乐）队走吧？

答：那个时候我很小，才五六岁，但是懂一些。打鼓唱歌的时候，我就跟着妈妈，拉着妈妈的裙子。

问：妈妈也会跳？

答：我妈妈也是能歌善舞的，我哥哥也一样。

问：这个民族好像都是能歌善舞的。

答：嗯，是的。

问：那您在韩国釜山待到几岁呢？

答：10岁。

问：到1944年，就来中国了？

答：嗯，对。

问：您为什么会到中国来呢？是跟着谁来的呢？

答：父母啊！爸爸妈妈来了，当然我跟着来了，出嫁的姐姐就留在韩国了。

问：当时爸爸妈妈都带了几个孩子过来呢？就带了您一个吗？

答：我，还有我上面一个姐姐，还有3个哥哥。我跟随叔叔20世纪30年代就来到了中国。

问：您的叔叔？

答：我爸爸的小弟弟。他一个人先来的，当时很穷，就到山上打柴火，拿到市场上去卖，就这么过日子。他一个人，15岁就离开家，就到这边来了。后来他富裕了，让我爸爸到中国来，说比朝鲜半岛生活得好。东北那个时候人少地多。

问：朝鲜半岛也有很多人过来？

答：吉林省延边市大多数是朝鲜过来的，哈尔滨附近的五常县、牡丹江等，全都是韩国人。

问：您跟着爸爸妈妈落（脚）在什么地方？

答：落（脚）在黑龙江的道林村，当时叫宁安县，我叔叔就在那里。他在木材公司，所以他给我们的房子也买好了，所以（爸爸的）哥哥就把家里的人带了这来。

问：到了黑龙江这边是说什么话呢？

答：我们当时就说自己的朝鲜语。

问：但是中国这边完全换了一个环境。

答：完全不一样。

问：那您是在农村，还是在县城，还是在哪呢？

答：那是一个村子。

问：这个村子韩国人多吗？

答：不太多，汉族的比较多，但是那个时候我们汉语根本就不懂，朝鲜就有那么几家（懂汉语）。但是有一个学校，小学是朝鲜学校，但是不让我们说朝鲜语，让说日语。

问：在朝鲜语学校里面学日语？

答：嗯，不让我们说自己民族的语言。当时那里没有汉族（学生），这个学校全是朝鲜族（学生），然后我和哥哥就在那个小学上学。1945年日本投降以后，日本人在民族之间挑拨离间，（说）日本人是一等公民，朝鲜族是二等公民，中国人是三等公民。但当时对一个姓赵的汉族人印象特别深，他跟我们关系特别好，（称呼）大哥呀、弟弟呀，我们这样一起过着，他有什么好吃的都给我们，我们有什么好吃的也都给他。有一天他偷偷地告诉我们，说你们赶紧逃吧。那个时候日本投降了，组织了一个自卫队，帽徽是国民党的帽徽，实际上是国民党插手的。夜里两三点钟我们就逃出了那个村子，然后到了新安镇，也是在宁安县，离牡丹江很近，到那落脚。当时我们什么也没有，房子也没有，只好在街头上，正好有一个牛车，我们就住在马路边上。一个好心人过来，一看我们的劳动力很强，大哥、二哥、三哥、爸爸、妈妈、嫂子，我是最小的一个，姐姐已经出嫁了，他们就给我们一个自行车铺，说你们把这个修理好了可以住在里面。所以哥哥就到山上去挖石头，把房子修好了，就这样安家了，然后我三哥参军了，就是解放军，那个时候叫八路军。

问：那个时候已经融入中国文化没有？汉语说得怎么样？

答：汉语还是不会说，一直在朝鲜学校里，一直不会说，然后一直到了中学。

问：您中学在哪上的？

答：也是在新安镇，名字叫海林中学，就是海林县的中学。道林之后到了新安镇，新安镇和道林村都是海林县，后来改成宁安县，现在就叫宁安县了。

问：您跟着爸爸妈妈到中国来了以后，爸爸妈妈还有跳舞活动吗？

答：那个时候就没有这个机会了，周围全都是汉族人，韩国整个一个村里村民一起活动，过端午节、中秋节、春节等。

问：所以到中国来就没有这种活动了，周围都是汉族人了。

答：嗯，是啊！我爸爸自己会制作长鼓，家里有长鼓，妈妈做米酒，晚上爸爸干活回来以后，盛一碗热的米酒给爸爸喝。爸爸喝完了以后，就拿着长鼓。我那个时候名字叫万伊，“万”是朝鲜语里面“满”的意思，我妈妈以为不会再生孩子了，结果又生了一个，我就叫了这个名字，汉语叫“万伊”。

问：那您本来的名字叫“崔万伊”？

答：嗯，是这样的。

问：那什么时候开始改名的？

答：中学的时候，我跟我表哥说我的名字不好听，他说你长得很美丽、很善良，那就叫美善吧，就这么开始的。

问：汉语的名字叫“美善”，就是改名改的？

答：完全是改的，小学的时候叫“万伊”，初中一年级开始就叫“美善”了。

问：中学还是在海林这边？

答：也是在新安镇，小学的时候我学习特别好，一直是第一名。

问：学日语的那个学校？

答：嗯，朝鲜学校。那时候不是解放了吗，我们那是老解放区。新安镇日本人投降以后，国民党没有进来，有些土匪进来以后，被我们的自卫队、民兵队打垮了。所以它是一个老解放区，有时候八路军路过我们那里。那时候我学习一直特别好，后来上中学的时候保送，不考试，我那个时候受家庭影响，我从学校回来以后，十里路都是走路上学，冬天、夏天（也一样）。

问：您那个时候还穿朝鲜族的衣服吗？

答：我们是校服，中学是校服，上面像海军服，跟日本人的那个一模一样，因为受日本的影响嘛。穿裙子打褶，穿黑袜子，下面穿白袜子、球鞋，戴一个帽子，上面写着“海中”，这里名字都写上。

问：中学是哪一年？

答：我是1951年中学毕业的。

问：您中学也是朝鲜学校吗？

答：对，朝鲜中学。那个时候新安镇有汉族学校、朝鲜学校，小学是分开的。那里没有汉族中学，但是有朝鲜族的中学。我小时候在学校里，暑假呀、寒假呀，老师组织一个宣传队，排一些舞蹈，唱啊。这样以后，我们煮了玉米、土豆揣在兜里面。老师带着我们到这个村、那个村（表演）。一个村有10里地，有20里地，也有30里地的，我们就晚上走路去演出，给老乡们演出，完了回来，就是这样。

问：那时候演什么呀？

答：那时候老师给我们排的双人舞，也是一个朝鲜舞。那个时候哪有服装啊，穿的是妇女结婚时候的衣服，他们平时不穿，放在箱子里面搁着，结果我们去借，她们都给你借，她们结婚时候穿了一次的衣服都给我们。当时我跳双人舞就是这个样子的。

问：到中学还有这些活动？

答：中学有啊，中学也有一个宣传队，也是那个冬天，还有暑假。

问：您自己喜欢跳舞吗，那时候？

答：我喜欢啊，我特别喜欢，小学的时候，正好一个姓朴的老师给我们排（舞），不是教课的老师，是辅导我们宣传队的，跳舞，唱啊，给我们辅导。我们在树林里，休息的时候，他给我们讲。还有一个朴碧珑，我们一起跳双人舞的。

问：朴碧珑是男的？

答：女的，我们两个人不是跳双人舞嘛。她给我们讲故事，我说讲什么故事，她说你知道崔承喜吗？崔承喜是很有名的一个舞蹈家，她是在朝鲜，她就讲她（崔承喜）舞蹈怎么好怎么好。

问：她知道崔承喜？

答：知道啊，当然爸爸是我的启蒙老师，后来我们两个人，我和小朴，我们两个人就说好了。因为她学习老不好，老不及格，她比我高两年级，但是她等我，她毕业以后上不了中学，她等我小学毕业，就这样说好了，毕业以后我们就找崔承喜去。我毕业了拿着毕业证书，到了老师的办公室，我说我不上中学了。老师问为什么呀？我说想找崔承喜学舞蹈。我的那个老师哈哈大笑："你这个农村什么小丫头，你还到朝鲜去找崔承喜？你做梦吧！你学习这么好，人家考试都进不去呢，你保送了，你还不上学，你还要去学舞蹈？不能去！"我在那里就这样，哭啊，哭啊，就在办公室里哭。

问：他就觉得您是异想天开了？

答：所以我的老师有意思极了。最后我没办法，只能服从他了，这就没去成，当然了我们去不了，那么小不点儿的，怎么去朝鲜找崔承喜？不可能。

问：也是有一点异想天开，呵呵。

答：但是呢，我是太喜欢了。后来上了中学，就是三年级刚准备要毕业典礼了。那个时候，有一天，我走10里路上学——我在农村里面，这个是城市里面，上中学嘛。我刚到学校的教室那里，就看到他们在院子里面嘀嘀咕咕，嘀嘀咕咕。后来我就把书包搁在桌子上，赶紧就出去。"喂，你们说什么呢？""哎哟，美善你知道吗，你那么喜欢的那个崔承喜到中国来了。"那是1951年嘛。

问：1951年，她来办舞研班？

答：哎呀，我就愣了，我就"腾"地坐下来以后，这怎么办啊？她说在北京呢。我们那个时候多向往北京啊！我们怎么去啊？我就学习也学不下去了，我就一直哭，掉眼泪，这怎么办呢？我同学都知道，我老跟他们说。那个时候，朝鲜战争爆发了，军官家属都迁移到东北来，那个时候毛主席统一把军官家属都安排到这里来。延边，黑龙江（都有），我们家里也住了一个军官家属，部队上的军官，家属保护嘛。

问：哪个军官，就是朝鲜的军官吗？

答：朝鲜的军官。那个时候不是美国打起来了嘛，所以朝鲜部队都去前线了。这些家属怎么办呢？我们就把他们接回来，安排到每家每户，我们家也安排了。当时我们中学有一个很大的会议厅，也有舞台，他们就在那排了一个《春香传》。哎呀，那是我第一次看到那么好的朝鲜舞。朝鲜的军官家属自己组织起来排了《春香传》在那里演。哎呀，我都傻了，原来舞蹈这么美啊！完了我就不上学，不吃饭，就找演出的军官家属去了，我说能不能给我教一点儿朝鲜舞啊？他说，那好吧。就在那个炕上，他一个动作、一个动作地给我教。这个时候，我们中学13名三年级的男生支援抗美援朝。后来欢送他们，一个欢送会的晚上，我们中学有一个乐队，他们当时演奏《阳山道》。这是一首民谣，哎呀，美极了，美极了！我自己都不知道，“嘣”跳到老师的讲台上去了，跳学的那个朝鲜舞。

问：就是情不自禁了。

答：嗯，是啊。他们就愣了，老师也愣了。哇，美善，你怎么跳得这么好？什么时候学的？就有这个过程嘛。所以学生都知道了，老师也知道了。后来我们那个教汉语的一个梁老师，老跟我开玩笑，你看，美善个子这么高，腿也长，你跳舞准能当舞蹈家，他老跟我这么开玩笑。那个时候我们穿裙子，他说你穿裤子肯定很美，老这么开玩笑。那天他们不是说崔承喜来了嘛，来了以后怎么办呢，我又去不了。后来下课以后，我们的班长说，美善、美善，教务处的杨老师叫你呢。哎呀，我就赶紧跑去办公室。杨老师对我说，美善，你想不想去学习啊？哎呀，我知道这可能……去啊！去啊！他说得了吧，你妈妈让你去吗？当然可以了！当然可以了！你知道去什么地方吗？我说北京呗，他说是啊。来招生的招生证上，什么芭蕾、朝鲜舞、中国舞，我哪知道什么芭蕾、朝鲜舞、中国舞？朝鲜舞我知道，我学了嘛，可是还有新兴舞，舞研班的课程。崔承喜到中国来了，那时候1951年，终于把她请来了，在中央戏剧学院成立了崔承喜舞蹈研究班。可是没有学生，于是到东北三省去招生，我们新安镇也来了招生简章。杨老师首先想到了我，还有一个金彩玉，整个中学就选了两个。她后来在中央歌舞团跳完了，就去延边了。她个儿比较矮，当演员不大合适，就选我了。选我了以后，那等着吧，等着通知吧。接着还得考试，后来我们那个音乐老师，把我们两个人叫去以后，让我们跳中国舞。我不会跳，我会跳秧歌，我就在那里扭秧歌。我说会跳朝鲜舞，跳了几个动作。芭蕾呢？我不会跳啊，我不知道芭蕾是什么，可是金彩玉在哈尔滨文工团待过，所以她知道，把杆扶着以后，擦地，开始跳。哎哟，我说这个是芭蕾，我的心里嘀咕，这可怎么办啊，我不会啊。后来老师看看我们的身体，检查这个那个，就是这么考试的。

问：来新安镇考的？

答：嗯，就是我们学校里面。选完了以后，起码得送去，你得有一个考核的过程。后来等、等、等，哎哟，等了很长时间。我在家里等啊等啊，（心想）可能就不行了吧。有一天，又是我们的班长就叫我来了，他说："美善，美善，明天下午你就要去北京了！"哎哟，这下（我）就高兴啊！

问：通知了？

答：通知来了，完了以后我就赶紧跑回家，跑了10里路。我跟妈妈说，妈妈就哭，我也哭，又高兴。完了我大哥他们都来了，大哥住在城里，他说我本来让你上大学，可是你却不愿意上大学，要去学舞蹈，那你愿意去就去吧，你好好学吧。我爸爸当然也高兴，但是我到研究班去学什么呢？不知道啊，我们根本就不知道嘛。后来，我的老师派一个老师把我们送到哈尔滨。我们那个地方连灯都没有，电灯都没有。到了哈尔滨，那哈尔滨多繁华啊，那个灯都是五颜六色的。苏联人到这来盖房子，全都是俄罗斯风格，完了之后，就是那个小车就过来，吓得我——那个时候朝鲜爱吃辣椒酱，妈妈就给我这么一个小罐，我拿在手里提着，还背一个包，车过来了，我就往那边跑，车好像又往我这边来了，完了又往那边跑。我的老师说，美善，美善，你别跑，别跑，车不会撞你的，你就站在那，你别跑了。我拿着那个辣椒酱罐，提溜提溜。那时候才16岁嘛。

问：16岁就是1951年的时候？

答：1951年3月11号，就这么到了哈尔滨。整个黑龙江选了5名学生，集中到了哈尔滨的政府那里，我们待了一个礼拜。

问：在哈尔滨待了一个礼拜？

答：嗯，一个礼拜，从那里又把我们送到北京。

问：你们那拨儿有多少人？在哈尔滨集中的？

答：哈尔滨集中的，你看宁安县是1个，大概5个吧。

问：你们一起的全是朝鲜族吗？

答：全都是朝鲜族，那她去省里中学招生，当然全都是朝鲜族了。

问：全是女的？

答：全都是女的，没有男的。我们在火车上见到了吉林省来的学生。到了北京前门，我们一下火车，（心想）肯定北京比哈尔滨还豪华。下车一看，哎哟，怎么这样啊，全都是瓦房，矮的瓦房，一个楼房都没有，怎么这样啊。后来我出来，三轮车排了长队，每个人坐一个三轮车，就这么拉到中央戏剧学院。戏剧学院现在不是在交道口那边吗，在那里。

问：就是现在那个戏剧学院的位置？

答：啊，就是中央戏剧学院。

问：1951年就开始参加这个舞研班了？

答：是啊，完了之后就来了，帮我们安排宿舍。宿舍也是平房，床是两个木头凳子这么一搁，上面搁一个木板，铺一个白的薄薄的褥子，盖的也是薄薄的一个褥子。晚上躺下以后，害怕呀，不能翻身，好像马上要掉下去似的，咯噔一下，咯噔一下，吓得一夜都不能睡觉。

问：那终于见到崔承喜了。

答：是啊，但是不马上让我们见。待好几天吧，大概一个多礼拜，一个多礼拜以后要考试。

问：当时那个班人都齐了？

答：朝鲜班不到30个人，就有一个是男的，赵成哉。

问：都是朝鲜族？不是还有李正一？

答：全都是朝鲜族。李正一是汉族班，汉族班和朝鲜族班是分开的，汉族班都是从部队文工团那里来的，有陈春绿、王连成、王世琦，还有那个张奇，中央歌舞团的，这些人。

问：她们是汉族班？

答：汉族班，她们都是有基础的。王连成是从大学来的，其他人是从文工团里面来的，还有几个都是从部队来的。

问：到了舞研班，您说没有马上让您见崔承喜啊？

答：没有啊，我们特别想见，可是又害怕。她们说她特别美。

问：你们班是31个人？

答：差不多30个吧。

问：都是没有正式学过舞蹈的人？都是业余的？

答：延边的好像有，后来好像业余的有几个学过。然后大概过了一个多礼拜吧，说要考试，崔承喜来考试。哎呀，紧张得不得了。后来戏剧学院这边的一个二楼，让我们都到那里去，我们都在教室外面站着。后来看见崔承喜确实很魁梧，那时她是42岁嘛！非常有风度，她喜欢咖啡色的衣服，大衣是咖啡色的，裤子是浅驼色的。总是这种颜色，很高雅，皮肤白白的，长得非常美，第一次看到那么美的女性。她旁边是她带的第一期学生，在平壤不是开办舞蹈研究所嘛，第一批毕业的学生都留下来当教员，她把第一批学生都带到中国来了。完了（她们）教我们朝鲜舞、新兴舞、南方舞。

问：崔承喜老师不亲自教你们？是她的学生教？

答：是学生教，但是她经常来纠正。老师教完了，哪些地方应该这样，应该那样，她还要给我们示范。

问：她来把关？

答：嗯，把关。

问：当时她管两个班？

答：管理两个。

问：汉族班和朝鲜族班不是一起上的？

答：不是一起上的，我们都是分开的。

问：汉族班的老师是谁教呢？

答：也是（同样的老师）啊。

问：老师是一拨人，学生是两拨？

答：朝鲜舞汉族班也得学啊。这一套，你看看几堂课啊，朝鲜舞一个老师，新兴舞一个老师，南方舞一个老师，芭蕾舞一个老师，还有中国古典舞里面的各行当，马鞭子、剑舞、对枪，还有青衣、武生。多少堂课吧，你看看这些。每天都十几堂课这样，还有个节奏课，礼拜六还有个文学课，文学课是崔承喜喜爱的，有的时候从朝鲜请来一个文学家、诗人来给我们讲课。

问：当时你们班上课是不是比较方便啊，语言上通的啊？

答：语言是方便啊，但是这些东西我们哪儿接触过啊，非常非常累的。芭蕾舞是当时苏俄大剧院的一个主要演员巴兰诺娃，还有舒可尔夫斯基，还有什么斯基，三个人教我们芭蕾。中国行当啊，她们都写了，都是京剧里面的，请的都是很有名的名家。你想想崔承喜，总理请来让她在这里培养咱们中国的艺术（家）。

问：我好奇的就是，她教你们用的是朝鲜老师，语言是通的，朝鲜老师教汉族班的怎么教呢？

答：反正她们可能都得通呗。

问：你们那个时候还是不会说汉语？

答：不会说，我们不会。

问：到北京来还是不会说汉语？

答：对。到了中央歌舞团才开始学汉语的！以前崔承喜的时候，我们都说朝鲜话，我们都是朝鲜族嘛。

问：那等于在这个班里全面接触了舞蹈？

答：是啊，青衣、花旦、武生，武生是男的嘛，那个时候你跳什么，给你穿什么服装：朝鲜舞就穿朝鲜服，芭蕾舞就穿芭蕾那个短裙子，武生穿袍子，花旦和青衣穿水袖，就是那样。然后新兴舞，是现代芭蕾舞嘛，崔承喜后来给起的名字叫新兴舞。我们在美国那个玛莎·格莱姆的现代舞团里去参观了嘛，它那个开头是崔承喜从那里引进的，以后就差不多是那个形式吧。

问：您说崔承喜是周总理请来的，那周总理没有到你们这个班来吗？

答：当时总理没有来，但他们经常见面。

问：欧阳予倩来了？

答：欧阳予倩是中央戏剧学院的院长嘛，有的时候来看一下。

问：这个舞研班，朝鲜族班和汉族班是一样的时间吗？

答：一样。

问：两年是吧！

答：是。完了以后呢，芭蕾舞是这样，新兴舞是这样，南方舞是印度和东南亚这些舞蹈结合起来编了一个南方舞，都是罗明老师教的我们。中国舞蹈就是刘老师教，她是演花旦的。我们那个时候都是跳什么穿什么服装。因为崔承喜特别讲究，不许穿着普通的衣服裤子就练，其实是让我们找感觉的嘛。我们学完了疼得走路都困难，蹲都蹲不下去，就哭。那时候16岁嘛，上厕所蹲都蹲不下去，就哭。头一年的夏天暑假，崔承喜去上海演出，带自己的学生，还有一部分演员从我们这些学生里面选了一些。后来崔承喜就把我叫到办公室说：美善，你跟我去上海演出吧。我就琢磨琢磨，我就想回家，饿的。那个时候我们13块钱工资，10块钱买饭票，3块钱我们攒起来买肥皂、雪花膏。还要买一点布块啊，做衣服。我们那时候都是农村来的，都是钱也不多嘛，就这样。10块钱吃不饱啊，一顿是饿着的。有一次印象特别深，一个大过节的，今天三顿吃的话，下一顿钱就没有了，饭票没有了。当时黑龙江来的我们几个都是穷孩子。延边来的，沈阳来的，她们家里还是比较富一点，所以家里寄钱啊，我们家里就没法寄给我们钱，所以，只靠这10块钱。然后，咱们就这样吧，晚起来，盖着被子，咱们就11点钟起来。我们都住在一块嘛，被子自己就蒙着，

"咯咯咯咯"就笑。你饿了吗？饿了咱们就忍着点。

问：就这样忍过一顿饭去？

答：饿一顿饭才能解决中午和晚饭嘛。

问：这你就想回家？

答：特别想家，家里的大米饭，种的大米，就想家。我琢磨琢磨，后来崔承喜问我是不是想家了，我说是，我想妈妈了。她说你到底跟我去啊，还是你想回家啊？我说，老师，我想回家。这样我就没跟她去上海演出了。

问：就没去啊？

答：崔承喜特别通情达理嘛。我们16岁离开家，我们也知道在这里肯定吃不饱，在这里练功多累啊，那个时候我们也是正要长身体的时候。早餐吃果子，圆的，现在没有了，细细的一个圆的，二分之一的烙饼，一两烙饼里裹着一个这么小的，就这样吃，这是一顿饭。早晨的一顿饭，连粥都喝不上，钱不够啊。所以精打细算，可是这样，老是饿着。我们戏剧学院一出门吧，烤白薯，还有卖香蕉的、卖烧饼的，哎哟，那个香得不得了。可是买不了啊，就忍着。

问：这个演出就没有去成？

答：没有啊，然后上海就没有去成，参加排练来着。那是一个中秋节的在打谷场上的舞蹈，让我参加了以后，不是准备要去上海嘛，（崔承喜）就问我跟她去还是想回家。她一看我的那种态度吧，想家了嘛。所以她就说，那好吧，你就回家吧。哎呀，我高兴的啊！然后有的人脑子挺鬼的，就给家里写信撒谎嘛，家里什么爸爸病重啊，来电报，这样就可以批准回家。

问：那是哪一年啊？

答：那是1951年的夏天，暑假嘛。3月11号到的北京嘛。7月还是8月啊，快到秋天了，玉米都熟了。高兴地回家以后，妈妈做了白白的大米饭。后来我就待了有10天吧，不想回来了。告诉妈妈，我不学了。后来我爸爸问我，你到底在那学什么啊？我告诉他我们学长鼓了，还学打鼓，学长鼓的鼓点，演奏方法。我爸爸听说学这么多课高兴的啊。"哎哟，太好了，早知道这样，我早就给你教了。"后来我说，爸爸你打一下长鼓看看。哎哟，爸爸打得太棒了。我在崔承喜舞研班的时候也没有学过打的这么好的双鼓点，打得特棒。我爸爸高兴地（说）：“你好好学啊，好好学。”完了我妈妈也是鼓励我，不要这样啊（不去上学），你既然去了，一定要学好。后来我没办法。农村没有钱，爸爸妈妈把已经买了的50斤米，分着扛着，坐了火车到牡丹江。后来妈妈到牡丹江卖米的店里去，把米卖了，变成钱，然后给我买火车票。到了牡丹江还有3个一起回来的（同学），我们集中一起回北京。那时候没钱怎么来啊，就这样，我们就又回到崔承喜舞研班了。后来我们就参加崔承喜的《沙头城》的一个舞剧。

问：什么舞剧？

答：沙头城，沙是哪个啊，一个城的名字，一个舞剧，古典的。

问：您刚才说的朝鲜语？沙头城？

答：是，沙头城，这是一个朝鲜舞。

问：是一个地方的名，是吗？

答：是朝鲜的一个古城，它流传了一段一位国王和王妃的故事。后来崔承喜演王妃，还有一个她的学生赵什么来着，演王子，我们就当小兵，参加演出。还有一个（原因）是我为什么那么喜欢跳长鼓啊，是因为我父亲教我。然后我们到了北京。开学以后，崔承喜老师安排我们的老师在小井剧场示范演出，演新兴舞、朝鲜舞、南方舞，还有几个舞蹈，就是给我们示范我们准备要学的东西。舞蹈跳得太美了。后来我们在儿艺儿童剧场，东单那里，以前那个现在没了。

问：现在还有，儿艺不在东单了，在王府井。

答：那是青年艺术剧院的剧场，崔承喜组织一台晚会，那时候崔承喜演了《乘风破浪》，还有一个长鼓，还有几个舞蹈。

问：她自己跳长鼓舞？

答：当时我第一次看长鼓舞，那么美。原来我爸爸都在院子里面跳的，男的跳。女的没有背长鼓的，都是男的背长鼓，女的用圆的手鼓。当时穿的红裙子和绿上衣，太美太美了。还有一个《乘风破浪》，《乘风破浪》（讲的）是一个船夫，一个老头，去给游击队送公粮，在海上遇上了风浪，然后小船就和风浪搏斗。最后太阳出来了，他就胜利地到达目的地了。这么一个内容。

问：崔承喜自己演的？

答：崔承喜根据这个内容自己编的。

问：然后她自己跳的吗？

答：跳啦，穿了一身白的，带了一个老头的假面，最后演完了以后她把假面一摘，灯光整个追到她那，哎呀，那个美啊！周总理特别喜欢这个《乘风破浪》舞蹈。好几次我们东方歌舞团 —— 不是总理创建的嘛，每个礼拜六（周总理）给我们团长来电话，（说）把那几个主要演员带来吧。我们到中南海去给几个中央领导跳舞，每个礼拜六晚上我们都一起去。总理就问这个问那个，下面工作怎么样？团里落实的怎么样？房子落实的怎么样？（他）都了解了解，他老是问我。还有北京饭店。有一次，我们东方歌舞团建团，总理上台就说，我今天晚上请你们上北京饭店，咱们跳舞！我们就上了北京饭店。当时我演得欢喜，朝鲜舞，在那个周围就演了，总理特别喜欢。（他）跟我说："你特别喜欢崔承喜那个《乘风破浪》，学了没有？"我说没有。他说为什么呀？那时候我们很小，没有那个水平，她就没有教我们了。总理说："那她太保守了。那节目很好，我很喜欢。"舞剧院请来了朝鲜的洪贞花、一个男演员和一个编导。我去见他们，很想学崔承喜的《乘风破浪》，他们答应了，但由于时间关系，就没学成。

在小井剧场，我看了崔承喜的长鼓舞。从那以后，我心里就有一个梦：我一定要跳长鼓舞。因为太美了！当时没有女子的长鼓独舞。农乐舞都是男生集体的长鼓舞，崔承喜把它改编成女子长鼓独舞，搬到舞台上。当时中央歌舞团没有一个能编朝鲜舞的，就金明一个编导，何况他也是不会跳舞的。后来1960年，我作为代表参加第三次文代会。其间，我找了我们的领导任虹同志，跟他提出来了。我说任虹同志我想搞节目，到延边我想搞一个长鼓舞，他就特别同意我。那个时候1957年《孔雀舞》得了金奖，还有中央歌舞团其他什么新疆舞啊、蒙古舞，就这些我都跳过独舞，他知道我的底细。（他说）好吧，你去吧。就这样我一个人到了延边，我到延边艺校找那个校长。都是朝鲜族嘛，我就把意图给他讲了。他给我安排了一个他们请来的民间艺人，他打长鼓特别好，唱得也好，跳舞也很好。他说，美善同志，你就跟他学吧。我就和那个民间艺人学了鼓点，在他的帮助下，我编了一个长鼓独舞。我想表现现代妇女的刚强的性格特点，有快板和慢板。那个快板呢，我当时就想，左手鼓棒，右手鼓槌，边打边跳。

问：这是您的创新？

答：这是我的创新，然后回来以后我在王府井一个吉祥剧场（演出）。

问：吉祥剧场？现在也没了，我知道。

答：那是演京剧的地方。就在那里，我汇报了（演出），艺术局局长周巍峙都来看了，当然那个时候不是很成熟，第一次嘛。那个时候长鼓独舞还没出现呢，我是第一个，你想想1960年。所以我表演以后，周部长特别鼓励我，他说很不错很不错，继续努力，很好很好，你背着鼓有点儿像崔承喜。就这样。

问：崔承喜的个头和你一样高吗？

答：嗯，一样。那个时候，就和我现在一样，当然那个时候我是比她矮一点。

问：您比她还矮啊？您年轻的时候？

答：那个时候我16岁嘛，那当然比她矮，所以她表演时穿的那个衣服总是叫我（试）。朝鲜族里面我是个高的，她就叫我，把她的衣服给我穿上，我穿着她的衣服都到这儿了。她说你就站在那，她就眯着眼睛看：嗯，OK，行了，这个颜色也行了。她就这么定下来了。我们演出的那个料子，崔承喜带着我去王府井布店，要这个，要这个，要这个，她自己选，所以她的颜色配得那么的好，特别好。

问：很独特，特别好看。很有眼光的一个人。

答：所以说崔承喜是全面的艺术家。

问：崔老师，您说到了长鼓舞，我想问问您，就是在舞研班毕业以后，您直接到了中央歌舞团吗？

答：啊，对。

问：没回老家？

答：没有回家，当时崔承喜有个演出，我们正在院子里面，服装都是我们自己做，崔承喜把料子都拿来了。做服装的师傅有两个，也是请来的，然后正准备做，要演出，突然崔承喜接到金日成通知，让她回国。突然就要她回去了，所以整个就停下了。当时崔承喜要带走我们留下来的13名同学，13个朝鲜族学生，文化部却不同意，把我们留下来送到刚成立的中央歌舞团。

问：您是这13个人中之一吗？

答：是啊！定下来以后，崔承喜就要离开北京，我们就到火车站去送她，我们那个时候真是难过。

问：这是1952年吧？

答：是。

问：1952年，她就教了一年？

答：一年，一年多一点，但是我们学到的东西呀，比学校十年学的课还要多。东西多，太多了，所以后来我自己的艺术道路上的成功啊，都是跟这个有直接的关系，因为学到的太多。虽然那个时候小吧，她就硬给你填鸭似的塞呀，塞进去了。但是我们那就要学，不懂啊，当时也没有理解，就硬学，学完后就慢慢理解了，掌握了。

问：崔老师走了，那你们班等于说并没有解散？

答：不是，已经没有啦，汉族班整个都已经回去了。

问：汉族班都走啦？

答：我们13个人留下来的嘛，这13个朝鲜族，崔承喜要带到朝鲜的。完了以后，我们住在那个教导员的安定门的一个四合院，等通知。反正文化部就是不让崔承喜带走我们。当时是没有艺校嘛，没有艺术学校，完了以后，（我们）就留下来。后来中央歌舞团就成立了。各个文工团筹集了以后去德国演出，回来总理就根据外交文化交流的需要，成立了这么一个中央歌舞团。

问：这是1952年吧？

答：1952年的12月就成立了中央歌舞团。然后，就把我们13人全都送到这个中央歌舞团去了。

问：你们算是中央歌舞团的第一拨？

答：第一拨，筹建的时候我们去的嘛。

问：那个时候团长是戴爱莲吗？

答：是戴爱莲。

问：包括汉族班？

答：都来啦。后来舞蹈学校是中央歌舞团之后才成立的嘛。

问：他们弄了一个舞蹈教员训练班？

答：不知道。完了后来留下来的汉族班，有王世琦等。

问：中央歌舞团建团的时候有多少演员？

答：那个时候就不清楚啦。你看舞蹈队13个，男的12个。那个时候中央歌舞团男的女的演员是最棒的，个儿也高，形象也好，他们那个时候那么评价嘛。

问：你说的这13个，全都是你们那的13个人？

答：嗯，13个。

问：朝鲜族13个人全都上中央歌舞团啦？

答：全都到啦，全都送到那里去了。

问：哦，就大翔凤胡同的时候？

答：对对对。所以当时就不放了。崔承喜培养的学生哪能随便给别人嘛，都留着，文化部留着。

问：然后中央歌舞团成立后，你就不光跳朝鲜族舞了，是吧？还包括刚才您说的《孔雀舞》？

答：对。到了那以后，我不是比他们个儿都高嘛，那集体舞老没给我安排，你知道吗，所以有一段时间就没有节目了。后来1954年，付超、李永团他们都去朝鲜慰问去了。我们朝鲜的有4个留下来。留下来以后，戴先生特别好。她说朝鲜娃娃，你们一定要到你们的民族地区去学民族舞蹈。我们一听太高兴了，于是就背着被子、褥子——那个时候我们自己带的。

问：去哪了？

答：去延边啦。我们四个朝鲜族嘛，就去坐火车到了延边。到了以后呢，各个县城我们背着铺盖去，哪有会演就到哪里去。到那以后，学了扇子舞，大扇子，很大的一个扇子。有一个离延吉很近的一个村里，那个地方叫朝阳村，村子里边有一个老大爷，他是个民间艺人，他年轻的时候跳扇子舞的。他们都告诉我们，我们去了解。后来大爷拿来那个扇子，扇子这么长，一打开是这么大。然后在那里学了那个动作。后来到了延边歌舞团，他不是正式编导，但是他会编，然后我们四个跟他一块，把这个动作编成了一个四个人的舞蹈，然后用民谣编了个曲子。这么带了回来，就给戴先生汇报了。当时戴先生特别高兴："这个节目好，这个节目好！"完了就加上了。那四个朝鲜族不是没去嘛，加上了后变成8个人的扇子舞蹈，特别美。后来给穿了衣服，排练的时候，钢琴伴奏没有了。钢琴伴奏只能给芭蕾舞，不给我们伴奏。我们自己唱，后来大家一块唱。戴先生说："你们别唱，就美善一个人唱。你们知道吗，我为什么要让她一个人唱？美善跳得最好，所以我就让她唱。你们现在还不行，你们别唱，就跳。"完了以后，这个就成功了。金明他有想法，他是一个编导嘛，他改成12个人的舞蹈。这样我和李连顺又到延边去，又跟那个民间艺人再学一些，再回来跟金明一起，全都这样搞（创作）了。实际上这个扇子舞是个集体创作，后来得金质奖了。

问：这个扇子舞当时是在中国获得的第一块金质奖？

答：是。

问：当时我记得花鼓灯得金质奖是不是这个时候前后？

答：花鼓灯是后来的，那个时候叫花扇吧。五几年的青年联欢节吧。1954年印度文化代表团来啦，中央歌舞团派我跟丁玲，还有民族歌舞团的贾作光，军舞团的王雪莹，大连的张译，还有部队的李正康，还有个广州的，那个名字我叫不上来，就我们这几个，跟着印度艺术团一直到东北、南方、重庆、上海、广州、杭州演出，就是表演一些当时的印度舞。后来到了杭州以后，英德拉妮拉汉曼——来过中国的，印度的一个很著名的舞蹈家——是跳婆罗多舞的（古典舞）。他到了杭州以后，就提出来给我教这个婆罗多舞。他说我学印度舞特别好，为什么呢，舞研班那时是南方舞，有基础啦。印度舞得有基础，所以我学得特别好。那个舞蹈家给我们拍拍子。到了广州以后，就要我们跟他们同台演出。他给我化妆，完了演出特别好，成功了。第二天见报了，印度舞蹈家演的，昨天晚上印度舞蹈家演婆罗多舞怎么好，怎么好，这些评论。后来回来给戴先生汇报以后，戴先生特别高兴，特别满意。中央歌舞团就发现我在艺术舞蹈方面的才华，也是戴先生发现的。后来印度总理访问中国，需要表演印度舞，戴先生编了一个《收割》，是一个印度独舞，后来就给我排嘛。

问：什么《收割》？

答：割稻子的收割舞。印度的莎丽特别漂亮，灰色、金黄色的辫子给我了，穿上后就学感觉 —— 穿完后特别漂亮，自己感觉特别美，特别好。然后给我教，就排了个《收割舞》，然后就表演。还有中山公园（演出），可是那个时候我有点闹情绪。黑人，戴先生给我点那个红点，闹情绪呀，然后戴先生一再给我鼓励，为什么学呢？你呢，长得有一个东方的美，知道吗？我干嘛选你啊？你特别适合跳这个，你身上有这个东西，气质。那个时候我还不理解，还是小啦。那个演出很成功。然后呢，给我派到那个印度文化代表团，跟他们学印度舞。所以那个时候我学了很多呀。婆罗多舞、马尼普里、卡达卡里呀，8个人的集体舞，还有好几种舞蹈。然后到中南海，给毛主席去汇报。

问：印度舞？

答：是啊，印度舞。跳了一个集体舞，回来以后我就把那个婆罗多舞汇报给戴先生了。她特别满意，觉得特别好。这个时候东方歌舞团要筹建。

问：那是哪一年？

答：那是1962年。

问：那跳印度舞是1954年的事？

答：对。后来戴先生就调到那个北京舞蹈学校当老师了，当时舞蹈学校成立是1954年，她到那去当校长了。

问：您跟我们说说《孔雀舞》的那个情况吧？

答：《孔雀舞》是1956年嘛，1957年金明、程代辉、邢德辉，他们三个到西双版纳去搞了个《孔雀舞》回来。回来了以后，他就教我们。那个中央歌舞团的女演员不是13个人嘛，全都学。我就觉得，过去的这种做法都是挺好的，挖掘人才，你知道吗？学完了后谁跳得最好谁就是领舞的。这样学完了以后，德辉他们说，美善的动作太好了，最好了，很有味儿，然后让我做孔雀的领舞。

问：《荷花舞》你没跳啊？

答：我没跳，徐杰是《飞天舞》《荷花舞》的领舞，她特别适合这样的一个节目，但是每个人不是什么都可以的。

问：拍电影也是你拍的？

答：我拍的，我那个时候已经得金奖了，回来以后拍的嘛，完了1957年到苏联去的。

问：到苏联这一年，只有这一个节目吗？

答：有，中国是那个《花鼓舞》。

问：第七届呢？

答：第七届的时候，我的长鼓舞已经成名啦。在北京影响特别大，尤其那个部队的军区文工团。他们说老师你这次长鼓没问题，得金奖是没问题的，他们都这么评价。这个我也特别高兴，肯定没有问题，那个时候独舞不多嘛！后来对外文委的主任在新侨饭店找我来了，来了以后，（说）上边让我别参加比赛。后来朝鲜有一个长鼓舞的比赛，独舞比赛。咱们怎么办呢，让步吧，你就别去啦。我在那个新侨饭店，哭啊哭，干嘛呀，比一比呗，干嘛不让我参加啊！他说咱们是大国家嘛，让他们去吧，就这样《长鼓舞》就没有得过国际奖，没有去。

问：没有去吗？

答：没有去成，领导就是不让我去。

问：您说的这个是赫尔辛基那次？

答：啊，赫尔辛基这次。

问：那后来您获得的金质奖章有《孔雀舞》？

答：是啊，这是国际奖嘛。后来是《喜悦》，我的代表作是《长鼓舞》《丰收曲》《喜悦》这三个，完了那个《丰收曲》是哪一年？“文化大革命”刚结束。

问：1976年？

答：那个时候搞的嘛，然后呢，这个是在大连那个全国舞蹈比赛。

问：1980年？

答：1980年就是那个优秀表演奖，《丰收曲》还有就是创作得二等奖，就是文化部举办的创作比赛嘛。

问：崔老师，我们再说说东方歌舞团成立的事吧。

答：1962年，东方歌舞团筹备的时候，当时总理把几个外地的，还有中央歌舞团的我，还有刀美兰（叫来），莫德格玛是后来的啦——1961年以后她来的，来了以后主要是跳独舞。

问：当时中央歌舞团进去多少人？

答：中央歌舞团那个时候是张善荣、我，还有朝鲜族有个叫安胜子的。

问：哦，反正不多是吧？

答：不多。

问：还有那个谁吧？张均吧？

答：张均就是原来东方班啦，舞蹈学校，张燕玲在的时候她去的。

问：等于说你们过来的时候，你们这一批人准备当独舞演员？

答：独舞演员。我们去了以后，就是没有适合刀美兰跳独舞的。当时张均在那里，谁能不给她安排呢，也是这样的。完了张均就要跳那个东方舞。

问：总理那个时候还是希望您能去东方？

答：是啊，总理也看过我跳那个《长鼓舞》。1961年元旦的时候，李连顺那个编导回来了，他是一个专业的舞蹈编导，到捷克去学习专业编导回来。然后就我们两个人，那就下去把我的《长鼓舞》在基础上再修改再提高，就这样我们两个人又下到延边。当时呢，没有深入到民间当中去，完了在我的这个舞蹈的基础上又稍改变了一下，完了回来以后，就开始演出。

问：演出最长是多长时间？整个舞蹈时间的长度是多长？

答：这个长度……

问：我看电影上那一段长度挺长的嘛。

答：是那个电影，《彩蝶纷飞》吗？那是一个完整的《长鼓舞》。

问：那个比较长吧？

答：是啊，那个是完整的长鼓舞，《东方红》是一个片段。

问：《彩蝶纷飞》那个是完整的？

答：那个是完整的，有莫德格玛、阿依吐拉的《摘葡萄》，我的那个长鼓舞在北影拍的。

问：然后到东方以后跳这个，以这个为主了？

答：在中央歌舞团的时候，我是跳新疆舞、盘子舞，还有打鼓舞。打鼓舞也是独舞，但是，是一个鼓伴奏。那个时候也是这三对：徐杰一对，资华筠一对，我一对。然后我们学，那个时候歌剧舞剧院的一个胖胖的女演员，她到新疆学了以后教我们，然后就审查，审查完了后，领导又决定把我放在了A组，这样以后就参加演出了。当时他们歌剧舞剧院的那个演员，就是那个孙天路和余颖主要来教我们。后来团里呢，就不方便了，都老借人家来跳这个舞蹈。后来就干脆学吧，学完了以后就选吧，就又把我选第一组。

问：您跟谁跳啊？

答：男的是唐世英，还有田沛，完了他们两个人后面配那个伴唱的吗，就是这样的。完了以后就又选了我是第一组，后来在五道口那儿演出。第一场成功了，特别受欢迎，鼓掌鼓得呀。后来访问苏联时候演出了。那个时候跳了打鼓舞，还有蒙古族的灯舞；陈爱莲跳的《春江花月夜》和什么笛子双人舞。

问：东方歌舞团成立后，《东方红》也就开始演了？

答：《东方红》是在东方歌舞团啦，1964年了，我们去西欧六国国家访问演出。

问：东方歌舞团到西欧演出？

答：对，是东方歌舞团。

问：《东方红》就是你们这些老艺术家们每人一段是吧？

答：嗯。完了我们从西欧刚回来，就接到这个通知啦。我们三个人一定要参加这个《东方红》，我们一去一看长鼓，民族歌舞团自己就都编了。编了集体舞，没有领舞，所以非要塞一个领舞。没有我来编，人家都已经弄成型了，没法编啦，没法编进去啊，所以就简单地在那编了一下，编这么个动作，所以我那个是特别短。阿依吐拉那个时候怀孕了没去西欧。我是加进去的，就中间出来那个旋转的，这样就完了嘛，特别遗憾。

问：差不多说到“文革”啦，“文革”您受到冲击了吗？

答：哎呀，我们这几个人，都是修正主义的苗子，所以就是靠边站。完了就东方歌舞团抓“五一六”，我们就都被打成反革命了嘛。

问：您也是“五一六”啦？

答：啊！那个时候我因为是崔承喜的弟子啊，他们到内蒙古那里去查呀，问我有没有跟崔承喜来往呀，他们查了半天，没有查出什么证据。所以呢他打不了啊，后来就不让我演出，实际上呢就完全靠边站啦，不用了，我们单位呢都不演出啦。后来总理知道以后，把我们都交给北京军区，到那个张家口，张家口有个农村，一个部队的一个连队里面，让我们锻炼一年。然后让我们再回来。结果呢，一年、两年、三年，就是回不来啦。“四人帮”准备把我们的户口都转到农村去，就不让我们回来啦。后来有些人就偷偷地跑回来，给总理写信，那个时候别的团也有，就这样。总理收到了这封信，完了以后追问怎么回事呀？他们说这种借口，那种借口，实际上就是不让回，就拖了3年嘛。我们到那去自己种地，可苦啦，后来3年完了以后，终于命令他们让我们回来，文艺界全都回来。

问：必须回来？

答：嗯，必须回来。

问：那这是哪一年？

答：那时候“四人帮”还没倒嘛。

问：那是1974年左右吧？

答：现在我都记不大清楚了。回来以后呀，也不让我们演出，成天到郊外农村去拔草。

问：回来还是东方歌舞团的人吗？

答：还是啊！但是我们的房子都没了，东方歌舞团也没了——“文化大革命”当中合并了嘛，把我们中央歌舞团、东方歌舞团、歌剧舞剧院三个团合并成中国歌舞团。东方歌舞团没啦，所以连房子都没有啦。排练的地儿都没了，后来我们就没办法演出啦，反正不让我们演，一直就不让我们上台。后来“四人帮”彻底垮了以后，才开始跟王昆，跟天津歌舞团一起出国去日本，后来莫德格玛和我，我们两个人一直没有演出。这个时候国家体委有一个大活动，邀请我们去那边演长鼓。他们那边那个乐队不愿给我演奏。后面东方歌舞团有那么四五个人，他们说，没事，咱们自己来，他们不来算了。我们自己在地下室里面，连夜抄谱子——总谱子都没有了，记下来，演奏，后来到工人体育场演出。

问：当时打倒了“四人帮”没？

答：打倒了。演出时把我的名字一报，体育馆鼓掌雷动。我当时背着，我眼泪哗哗地就下来了。我转的时候，他们又哗哗哗地鼓掌，就是表演那个长鼓。

问：你“文革”期间没练功的吧？

答：没练功。后来我就要在家里练功。不在这里，是在和平里。有个桌子，我就转呀转呀，练呀练呀。可不是吗，都有十年没有练了，没有上台。

问：所以一在工体演，非常成功吧？

答：非常成功。他们一看到我，都说太美太美了。他们也好久没看到这种节目了。还有一些别的节目，东方歌舞团就我一个人演。

问：大连全国第一届舞蹈比赛，您就编了《丰收曲》？

答：那个时候是1979、1980年吧。《丰收曲》是摄影家李兰英到日本参赛，把它作为摄影作品，得了一等奖。

问：然后在大连比赛得了一等奖？

答：嗯，那个是文化部剧目创作比赛二等奖，优秀表演奖。

问：你开始恢复了在东方歌舞团的跳舞？

答：对。

问：独舞晚会是什么时间？

答：独舞晚会是1981年，跳了《喜悦》。

问：独舞晚会《喜悦》是首次表演，还是新节目？

答：独舞晚会此前就编出来了，和这个是一块的，编的和拿的手鼓。

问：《喜悦》是手鼓舞吗？

答：嗯，拿着手鼓，这个舞和《丰收曲》《喜悦》是"三个代表"。

问：当时怎么想起搞独舞晚会呢？当时您不年轻了。

答：是呀，已经47岁了。后来王昆同志提出要搞一个独舞晚会。

问：那个时候最初是谁搞的呀？

答：陈爱莲吗？赵青？应该是陈爱莲吧。后来王昆说，搞一个独舞晚会吧，你跳了那么多年，很出色的。后来我就答应了。

问：东方独舞是你第一个搞的？

答：是。独舞晚会就是我一个人。莫德格玛是在内蒙古搞过。最后嘛，王昆同志提了这个问题，当时我就高兴了。这时候呢，书记还没到东方歌舞团来。后来，我找来了李连顺，我们两个合作，这才开始合作独舞晚会。

问：您独舞晚会这三个舞都表演了？《长鼓舞》《丰收曲》《喜悦》，还有什么日本的舞蹈《樱花》，埃及舞您跳了吗？

答：埃及舞没跳，那个和舞台美工不协调，所以那个节目就拿掉了。王昆审查了觉得挺好的，所有我的独舞晚会的节目都审查了。

问：您还跳了哪些舞？有《孔雀舞》吧？

答：对，有白孔雀舞，也是李连顺我们两个人。

问：是傣族吗？

答：对，白孔雀。

问：在东方歌舞团，这个独舞晚会搞了几场？

答：是三场吧。

问：三场？只在北京吗？

答：对，有一场民族宫，还有一场在天桥。

问：外地没去？

答：外地没去。到了延边，我就生病了，怕影响到巴基斯坦的演出，团里就让我回来，所以就没有演成，回来就去巴基斯坦演出去了。

问：你的艺术生涯，能再和我们讲一下吗？你是后来办了一个训练班吧？就是在东方歌舞团的时候？

答：这个事情太多了。后面，阿依吐拉、莫德格玛和我商量了一下，准备搞一个训练班，给团里做一个后备接班人吧。就跟王昆同志提出来了，这个经费呢，我们自筹，没有团里什么负担。当时她们两个人属于自治州呀，自治区都给她们了。我呢，又不算延边，又不算黑龙江，就离开了。我是韩国的，我就苦恼呀，马上就要筹备了。那时正在开政协会，我一看有一个外事组的经理是朝鲜族，后来我知道他是安全局的头儿。他不公开，他告诉我的。后来我给他讲了这个情况，我很想培养一些接班人，你看我老了，也跳不了了。他听了我的想法很感动，就说：这样吧，我给你们解决。后来他们赞助了8万吧，我就提出来8万就够了。

问：后来您就去少数民族地区选的人？

答：后来我就到延边艺校选人，黑龙江中学也都去了。

问：像你们老师崔承喜那样，又重新开始做这样的事了？

答：嗯，黑龙江那个中学吧，选不上了。我是到延边艺校去，招了两个学员，就是朝鲜舞，我的风格嘛！1986年，我找到了姐姐以后，去韩国探亲去，在那里韩国政府特别支持我。在那里的国立艺术剧院，我学习研究了三个月。我学了韩国的一些古典舞，传统舞蹈，扑蝶、僧舞，还有扇子舞。金白凤是崔承喜她爱人的弟媳。她是个著名的舞蹈家，她搞的扇子舞、双扇舞，特别好。虽然她已经老了，不跳舞，但是国立艺术剧院的传统舞，就跟他们学了下。这些学生就跟我们一起学，包括长鼓舞、鼓乐呀，都给他们传授了一下。

问：这个班有多少人呀？

答：当时独舞演员一共有4个。那时经费根本就不行，只有这个样子。

问：你还要管他们吃住是吧？

答：吃住，我一分钱是没管他们要。不收学费，所以全部都是我们自己支付，就是这样。后来毕业，公演以后反映还不错。这些学生，本来是要留一个，不过领导不知道怎么回事，就没留成。我最好的学生，已经死了。在我61岁的时候，独立编创了独舞叫《思念》，根据韩国的那个歌星唱的歌，特别特别好听。

问：您刚才说的是什么活动，那时您61岁了？

答：就是那个“金秋晚会”呀，已经61了。

问：就是在亚运村那个？

答：不是，是中国大剧院。

问：“金秋晚会”，是张继钢导演？

答：没有，没有，没有张继钢。斯琴·塔日哈也参加了，她演的筷子舞吧。然后就是贾作光，然后是我吧。戴先生是最老的一个。

问：您跳的长鼓舞吗？

答：不是。我已经快十年没有演出了。他们提出搞一个老艺术家的“金秋晚会”，我说行吧。我就把我编的《思念》表演了。

问：“三峡杯”您还跳过吗？

答；那个是在下面随便就来一段。

问：崔老师这艺术的一生，很不平凡呀，很有成就！

答：反正不管怎样，我的艺术成就吧，跟生活很有关系。我曾经写过：“生活给了我艺术生命。”这艺术离开了生活吧，就失去了生命，没什么价值。你看我从小家在农村，那里春天有一望无际的稻田，冬天有一望无际的雪海。那个新安镇呀，其实是一盆地，周围都是山，平的全都是稻田，一灌水，一片全都是白色的。我的家就挨着那个稻田边，一打开门都看得见。撒种后种子出来了，一打开门，满眼都是翠绿翠绿的，一望无际的翠绿。后来长出来了，是那种墨绿颜色。后来就开花了，全是白色，风一吹像波浪似的摇呀摇。秋天的时候，那真是一望无际的金色的大海。哎呀，那景色，美着呢。我的父母就是农村的农民，早晨太阳还没升起，草地上露珠白白的，鲜亮鲜亮的。踩着那个草呀，奔向稻田去。到稻田看那个稻穗，一个个数一下那个穗粒。一数就能算出一亩地多少斤，是丰收还是减产都知道。他们经常一数，有一百、二百多粒。哎呀，那就知道要丰收了。那种喜悦，你没有生活过是体会不到的。所以我这个《喜悦》，完全就是生活中来的。奔向稻田，蹲下来，数那个稻粒，高兴了就起来，一下子就舞起来了。一开始跳舞我都忘记了在表演，好像眼前一片都是稻田，我在稻田里面。我的舞蹈里面每一个动作都注入了这样的情感。

问：大家评论说您的舞蹈有雕塑美。

答：舞蹈评论家们说我的表演中每一个动作都富有雕塑美，我觉得这种雕塑感就来源于对民族文化的情感，是生活赋予了我天然的美感。不过，对雕塑感这种姿态的感觉，最初是来自于法国。我1964年去法国的卢浮宫，法国到处都是雕塑，千姿百态的造型，特别美。后来我有了一种想法，我的舞蹈动作要像雕塑一样。舞蹈是动的，雕塑是静的，能不能把静态的美吸收到我的舞蹈动作中来？所以呀，我的《长鼓舞》也好，《喜悦》也好，就都设计了舞蹈的造型美。练舞的时候，画好90度、45度、20度，这样画，画完后，照着镜子，一个动作一个角度地练，我就反复想象这个造型美不美，几年如一日，团里的人都知道我是怎么练的，后来就众口一致，都说“美善舞蹈的美就是雕塑的美”。

问：那就是说，雕塑美是您的一种刻意的追求？

答：那个就是太美了，得到了这样的评价，我的这个努力没有白努力。一个艺术家脱离了生活真是一事无成。很多现代编导吧，就不深入生活。过去就是毛主席也好，周总理也好，就强调说，一定要深入到广大的基层，进入到人民当中去，了解他们的喜怒哀乐。我这边呀，延边也好，我的家乡也好，是艺术来源于生活嘛，生活离不开艺术。现在的舞蹈演员也好，舞蹈编导也好，创造的舞蹈就没有生命力，就是不感人。艺术本身是个美的东西，不是丑的东西。现代的一些舞蹈，现代的东西太多了。就那个民族舞蹈而言，离开了那个美，它能谈什么艺术呢？我就这么看。一个舞蹈就是给人美的享受，然后美，然后精神上的向上，得到这样的一个感受，我觉得应该这样。我独舞后，他们给我来信，说崔老师的这台晚会给了我们艺术享受，美的享受，给了我们向上的力量，给了我信心。我的舞蹈确实是没有离开过生活，它们给了我丰富的营养，丰富的生命，丰富的美，所以我的舞蹈就是成功了。当然，这里也是领导的培养。

问：还有您的努力。

答：自己的努力，还有观众对我的艺术的爱。所以我那时候去韩国的时候，他们就想办法把我拉过去。可是我们安全局都动员了，文化局局长都动员起来了，不让我去。我说1947年我才找到我姐姐，为什么不让我去？他们说："美善同志，你知道吗？现在韩国政府出面，他们想把你拉过去。你这次呀，不能去，这是国家的政治问题，不能去。"我哭了鼻子，就回来了。拖了3年，1986年3月，全国政协会，我没办法，就给我们组长——贺龙的爱人薛明——讲了。她说："明天呀，邓大姐要来，你给她写封信。"后来，我写了信，把我姐姐信也给赵秘书了。一个礼拜，给我就批下来了。就这样。

问：您主要是太有名了。

答：我想，那些教授也都去，干嘛不让我去？我不就是个普通的舞蹈演员嘛。邓大姐是我们的政协主席，她说了算呀，你说谁拦得住她呀。所以，安全局也是没办法。

问：周总理、邓大姐对您还是相当关心的。

答：他们相信我。我虽然是出生在韩国，但我是中国人。我更有中国人的自尊，知道吗？后来他们的KBS开了记者会。二三十个记者都来以后，问这个，问那个。因为是政协管政治的，他们问这个问题，我一概不会答复。我就是探亲来的，他们给我安排，连演出都安排好了。要是我演出的话，不知就赚了多少钱了，我都拒绝了。后来还是让我留下来。

问：他们也还让您留下来？

答：对。他们一再劝我留下来。待遇上要政协给我个国会议员嘛，韩国的国会议员不光是政治待遇，那还有很高的物质待遇，都有别墅、汽车、警卫。还提出如果我不愿意到韩国，可以到美国，一句话，就可以马上把女儿接过来。

我当时想：不，不行，我是中国人，虽然我生在韩国，但是中国的政府培养了我。我的艺术，我的观众都在中国，我爱我的中国。还是要回去。他们说：你再考虑考虑吧。我就没有考虑了，我爱我的中国，我要回去。就这样拒绝了，回来了。

问：当时去了见到姐姐了吧？

答：见到了。他们神秘得不得了。

问：她是在釜山吗？

答：是在釜山。去的时候，他们派人来，秘密和我接头。你知道吗？那时还没建交，是敌对国家，还有安全局看着。他们美国大使馆的一等秘书的爱人是韩国人，安全局是通过她来跟我接头，来电话叫我下去。车在远远的，崇文门那边，我家在崇文门那边。完了后，她就跟我商议去韩国的事：要是中国政府不让你去，要么姐姐来。我说不不不，我还要去，我就去看看韩国。就这样，他们安排飞机场，那时候经过中国香港再到韩国，台湾地区没有直达的飞机。先到香港，三星公司的会长亲自接待我。安全局都给安排好了，安排的豪华的宾馆，一个礼拜在那玩。让我吃好吃的，带我出去玩。

问：语言还通吗？

答：当然通。一个民族嘛。完了以后上飞机，经过台湾，经过汉城。乘客都下，不让我下，在飞机上就等着，后来一个人就过来，问哪位是崔女士呀？让我过去。那时候我多紧张呀，特别紧张。完了带我就下去了，出去不是走其他乘客走的通道，是另外一个通道。接着就带我去注册，给我安排到汉城，南山下边的那个地方 Tower Hotel。第二天就是中秋节，看姐姐来了嘛。其实釜山那个最快的火车，咱们叫高铁，跟他们一样。他们其实早就有这个了，其实坐3个小时就到釜山了。但是不让我坐那个，让我坐飞机，全都是政府的安排，到釜山以后，又往另外的一个通道上去。完了，楼上我姐姐把我接了，在飞机场那里见的姐姐。我和姐姐见面时，我大哭，姐姐也大哭。到了姐姐家以后，家周围每天都有人看着，怕我有危险。我早就有声明了，我谁都不见，记者都不见。这次，我悄悄来见姐姐，再悄悄地走，我就平安地回去了。要不然我不回就不好办了，就这么样，完了就离开了韩国。

问：您从哪年开始在政协工作？

答：1964年。

问：您是第几届？

答：第四、五、六、七、八、九届。

问：从第四届一直到第九届？

答：第四届周扬，文化部的部长是周扬，他是我们的组长。

问：从1964年一直这么干了好几十年啊？

答：啊，就是。我六届嘛，30年了。在那个之前，我1960年当的北京市人大代表。

问：那是哪一年？

答：1960年12月，第四届北京市人大代表。然后呢，1963年12月，又是第五届北京市人大代表。

问：那个也连着呢。

答：嗯。1964年的时候，12月又当全国政协委员，又是北京市人大代表。那个是跟陈毅总理一起访问柬埔寨。后来“文化大革命”，这什么都没有了嘛。政协也取消，什么什么都取消了，就人大留下来。完了以后，第五届才恢复。

问：崔老师，谢谢您！这一上午两个小时，您这身体，我都觉得过意不去。我代表我这个项目组，祝您晚年能够健康，能够吉祥，能够快乐！

答：没事，常来，欢迎你们！

崔美善采访手记

江东

先说一下采访之后的事：在头一天上午与崔美善老师结束采访之后，第二天上午，崔老师给我打了一个长长的电话，特别记述了她在周总理的关怀之下克服种种困难不断成长的经历。听着她言辞恳切的话语，让我的心灵继前一天在与她交谈时获得了精神的洗涤之后，再次受到震撼。由于崔老师身体状况不是太理想，头一天的访谈到了后来已经让她觉得疲惫不堪，许多计划中要讲的事情，就只能是一带而过匆匆作罢，这让她觉得有遗珠之憾，于是这才有了第二天我们之间的电话交流。从这样一个细节可以看出，这是一位多么细致、多么认真的人啊！我们的谈话涉及当年她单独被周恩来总理嘱咐过，总理希望她能不断完善她的朝鲜族舞蹈艺术，这让她终于成就了《长鼓舞》。这个舞蹈伴随她走过了人生几十年的艺术之路，甚至在她罹患癌症之时，她也从没忘记过总理的嘱托，以惊人的毅力克服病痛，从而让自己的艺术道路得以继续。

崔老师情真意切的表述，让我深为感动。

按说，“东方三花”是我们在做“中国当代舞人口述志”这个项目时所绕不过去的三座高峰，崔美善老师是我一直都急于采访的对象之一。当年，她以稳重端庄优雅大方而著称的舞姿风靡全中国时，她的名字就已经被牢牢地镌刻在中国当代舞蹈艺术的功劳簿中。今天，我们很多人未必再有机会能一睹她当年的舞台风姿了，但在大型音乐舞蹈史诗《东方红》结尾的那一部分中，影片为我们永久地留下了她那富有艺术气质的舞容。细观之，她的每一步态、每一造型、每一出手，那凝练到极致的台风都给人以无比的艺术享受。当然，从遗存的影片中仍然可以看到的《孔雀舞》《长鼓舞》等，更是让今天的我们惊叹：中国居然曾经有这么一位有气质、有品质的舞蹈家！

虽然已近八旬高龄，而且身体不是很理想，美善老师还是在她位于团结湖的家里热情接待了我们摄制组一行。在交谈中，她让我们更加清晰地认识了一位一生钟爱舞蹈艺术的舞蹈家之心路历程。

虽然出生在韩国，但崔美善从来都说自己是中国人，即使在几十年之后与失散的姐姐在韩国重逢时，韩方有意挽留她，她也从来没有改变过心意，因为她深知，她的一切是中国人民给她的，她的艺术在中国才会获得这么大的成功。

作为一名少数民族舞蹈家，这位最初跟着崔承喜在事业上起步的舞者深深懂得，艺术上的完善需要多方面地汲取。从20世纪50年代早期进入中国歌舞团的那一刻起，她无时无刻地都在不断汲取，悉心思忖着自己的艺术观，终于成就了她“富于雕塑美”的艺术感悟和实际美学效果。看她在事业上一步步地走过，我要说，这是一位十分用心的舞蹈家。

端庄和美丽，几十年来一直伴随着她，平和的心境、执着的个性，成就了她的舞蹈事业。即使在今天已近八旬的年纪，那份端庄，那份美丽，仍如此鲜明地写在崔美善的脸上，让人越发感觉到那份端庄与美丽的天然与真切。

图书在版编目（C I P）数据

中华舞人口述志实录（2010—2014）. 第二卷 / 邓佑玲，江东主编. — 北京：文化艺术出版社，2018.6

ISBN 978-7-5039-6483-1

Ⅰ. ①中… Ⅱ. ①邓… ②江… Ⅲ. ①舞蹈家-访问记-中国-现代 Ⅳ. ①K825.76

中国版本图书馆 CIP 数据核字（2018）第059722号

中华舞人口述志实录 | 2010—2014 第2卷

主　　编　邓佑玲　江　东
执行主编　毛　毳
副 主 编　闫　晶　阮　岷
责任编辑　程晓红　王　琦
特约编辑　孟　静
书籍设计　顾　紫
出版发行　文化艺术出版社
地　　址　北京市东城区东四八条52号（100700）
网　　址　www.caaph.com
电子邮箱　s@caaph.com
电　　话　（010）84057666（总编室）　84057667（办公室）
　　　　　（010）84057696—84057699（发行部）
传　　真　（010）84057660（总编室）　84057670（办公室）
　　　　　（010）84057690（发行部）
经　　销　新华书店
印　　刷　北京荣宝艺品印刷有限公司
版　　次　2020年9月第1版
印　　次　2020年9月第1次印刷
开　　本　787毫米 × 1092毫米　1/16
印　　张　27.25
字　　数　350千字
书　　号　ISBN 978-7-5039-6483-1
定　　价　98.00 元